Albrecht Schau

FIVE-ZERO-OUT

Peter Valentin Verlag

Mit freundlicher Unterstützung
von Forum Literatur Ludwigsburg

Albrecht
Schau

FIVE—ZERO—OUT

Mit fünfzig bist du draußen

Blitzlichter
auf einen
nicht enden
wollenden
Kriminalfall

Crimi baroque 3

Band 12 der Reihe
EDITION BAROCCO
Auflage: 1000

ISBN 3-932290-23-2

1. Auflage April 2002

Brühlstraße 6, 71640 Ludwigsburg
Telefon 0 71 41-86 13 33
Telefax 0 71 41-86 35 03
E-Mail: p.valentino@t-online.de
www.valentin-verlag.de
www.forumliteratur.de

Lektorat: Peter Valentin

Korrektur: Angelika Adam,
Ferdinand Lautenbacher, Gerhard Müller

Satz und Gestaltung:
BrunnerBuchDesign, Schorndorf
Gesetzt in Stone Sans
mit Stone Serif und Helvetica

Druck und Herstellung:
Ungeheuer+Ulmer, Ludwigsburg
Gedruckt auf der Speedmaster 102
von Heidelberger Druckmaschinen

Fotonachweis: Umschlag S. 4
Michael F. K. Nether

Umschlag:
250 g/qm, Tintoretto Melange,
Angora, Marcate, Fedrigoni, Verona

Inhalt:
115 g/qm, Munken Pure, Schneidersöhne

Buchbinder:
E. & G. Bässler, Kornwestheim
PUR-Klebebindung

Printed in Germany

Respekt vor dem Alter

ist die zivilisierte Form des Mitleids

der Jugend,

die ihren Sieg in der Tasche hat.

Hans Kasper

Das Alter hat nichts als Erfahrung,

und die zählt nichts bei einer Generation,

die nur Erfindung will.

Neues! Frisches! ruft die Gegenwart,

und das leistet nur die Jugend, die Kraft.

Johann Nestroy

5
OUT

5
PLUS

1.

Die Geschichte könnte so beginnen.
Es fing alles ganz harmlos an. Wie auch sollte man den Ereignissen, die hier und da in die Wirklichkeit einfielen, Schatten andichten, die sie noch gar nicht geworfen hatten?
Die Zeit war die Zeit, das Wetter war das Wetter, und die Menschen waren die Menschen geblieben, die sie immer schon waren. Mal sympathisch, meistens unsympathisch. Wie die Zeit, wie das Wetter.
Und doch konnte, wer aufmerksam das Auf und Ab der Weltläufe verfolgte, ein Rumoren und Grummeln im Untergrund wahrnehmen, das nichts Gutes verhieß. Die Statistiker waren schnell bei der Hand, als es darum ging, alarmierende Anzeichen zu finden. Sie sprachen denn auch gleich von einem Besorgnis erregenden Paradigmenwechsel, der sich in der Gesellschaft andeute, die Politiker nahmen einen gefährlichen Stimmungswandel in der Bevölkerung zwar wahr, aber nicht ernst. Das Wort von einem Politikwechsel wollten sie daher erst gar nicht in den Mund nehmen. Und die Polizei? Die war notorisch unterbesetzt, notorisch überlastet, frustriert und voller Wut. Sie kam gar nicht dazu, die Brisanz, die sich in den harmlos scheinenden, vorerst vereinzelt auftretenden Auseinandersetzungen anmeldete, zu erkennen.
Das Schlagwort von einem Symbolwechsel machte auf einmal die Runde: weg von der Pyramide, hin zum Pilz, der dramatische Entwicklungen anzuzeigen schien. Aber von Konsequenzen sprachen lediglich einige Haushalts-, Finanz- und Rentenversicherungsexperten am Stammtisch nach dem vierten, nein, dem fünften Bier. Auch zwei, drei Wissenschaftler steckten ihre frischen Köpfe aus dem Fenster, schrien Warnungen in die Luft, die niemand hören wollte, und mahnten grundlegende Strukturveränderungen an. Was soll's!
Es standen Neuwahlen an, die Abtretung der politischen Mündigkeit des Volkes an die Politiker.
Wer will da schon schlafende Hunde wecken?
Nicht einmal die Opposition tat es. Und dann gab es da noch einen Apokalyptiker aus K, einen hässlichen Philosophen mit Schmuddelbart und Nickelbrille, der Nietzsche ähnlich sah, ja, der hängte sich mächtig aus dem Fenster, blies heftig in eine Jerichotrompete und malte in schrillen Farben den Exitus der Menschheit an die Wand. Er wurde von den Medien dafür belacht und als mürrischer Miesmacher und Einzelgänger nicht ernst genommen. Wer nimmt schon Philosophen im eigenen Lande ernst? Man gestattet sie sich als ein überflüssiges Alibi, um sich brüsten zu können: Seht her, bei

uns herrscht Meinungsfreiheit! Man hält sie sich, so wie sich früher die Feudalherren ihre Hofnarren leisteten.
Und die Medien?
Für einen Sensationswert gaben die ersten Warnmeldungen allemal etwas her. Doch andere Sensationen standen bereits vor der Tür, vor der ein heftiger Verdrängungswettbewerb stattfand. Und außerdem hielten die Politiker, die im Aufsichtsrat saßen, den Daumen nach unten.
Nur keine schlafenden Hunde wecken. Es war Wahl-Zeit.
Ja, und dann, wie das häufig so bei zu großer Gleichgültigkeit zu gehen pflegt, war man plötzlich mittendrin im Schlamassel und wusste nicht wie und warum.

So also könnte die Geschichte beginnen.
Und es spricht nichts dagegen, sie auch so beginnen zu lassen.

2.

In der ›Kathedrale des Wohlstands‹, wie das Hotel ›The Fairmont‹ in San Francisco im Volksmund genannt wird, fand im September 1995 ein denkwürdiges Treffen statt. In dieses Heiligtum des Luxus, in welchem amerikanischer Übermut Elemente der Jahrhundertwende und des Nachkriegsbooms schmelztiegelhaft verarbeitet hatte, hatte Gastgeber G, der real existierende Totengräber des real existierenden Sozialismus, eingeladen. Zum Dank für diese Liquidierung hatten ihm amerikanische Mäzene, ausgerechnet auf einem Militärareal in der Nähe von San Francisco, südlich der Golden Gate Bridge, eine mit amerikanischen Dollarmilliarden ausgestattete Stiftung eingerichtet, der G vorsaß. Wie das so mit dem Dank zu gehen pflegt: auch hier wäscht eine Hand die andere. G rief zu besagtem Zeitpunkt fünfhundert Menschen von Rang und Namen zusammen, die es in Politik, Wirtschaft oder Wissenschaft zu Ehren und Reichtum gebracht hatten. Man sprach von der Weltelite, die G zu einem dreitägigen Symposium nach San Francisco gerufen hatte, um über ›Wege in das einundzwanzigste Jahrhundert‹ nachdenken zu lassen, das heftig an die Jahrhunderttüre pochte. Dort, in San Francisco, machte dann ein Schlagwort von epochaler Bedeutung die Runde, das aufging wie ein Hefeteig. Die Rede ist von der ›Globalisierung‹, der neuen Heilsbotschaft des einundzwanzigsten Jahrhunderts, die nach der Beendigung des Kalten Krieges den Himmel besetzte. Unter den wenigen Frauen, die eingeladen waren, fiel neben der alten Hexe aus England eine muntere und sehr attraktive Frau

von Modelmaßen auf, klug und gepflegt, die den Mut hatte, in den Pressekonferenzen kritische Fragen zu stellen, die zu stellen sich manches Mannsbild nicht traute. Das Privileg der Anwesenheit verdankte sie dem großen amerikanischen Medienunternehmer Jynx Troquilla, auf deutsch Wendehals, der mit Nachrichten handelte und diese frisierte, was ihm sehr viel Geld einbrachte. Mit dem Erlös kaufte er nach und nach die USA auf. Was Judith mit Jynx am Hut hatte, ist demgegenüber uninteressant. Wenn sie, die große Schwarzhaarige, meistens kostümgewandet, durch den Konferenzsaal wandelte, war sie ein begehrter Blickfang und stets umlagert, was die alte Hexe aus England ein ums andere Mal wüten ließ. Judith berichtete für die große Zeitung, von welcher aus über viele Jahre der dicke Lispler und Nörgler Autoren schurigelte und für die Literatur das Maß regelte. Für diese Zeitung also hörte, schrieb und faxte Judith nach Deutschland. Erst notierte sie das Konferenz-Reglement: ›fünf Minuten Redezeit‹, dann hielt sie die ›neue Weltformel‹ fest, die die hochkarätigen, hochangesehenen und finanziell sanierten Experten für das nächste Jahrhundert ausgaben. Es war eine einfache mathematische Formel, die etwas auf das Verhältnis ›zwanzig zu achtzig‹ bringt. Ein gewisser Washington S, steinreicher Magnat, setzte diese Zahl in die Konferenzwelt, die von Wirtschaftsexperten später bestätigt und von den Medien und Politikern sofort aufgegriffen wurde. Die Zwanzig sollte die Glücklichen festhalten, für die die Gesellschaft Arbeit habe, die übrigen achtzig Prozent, das seien die Überflüssigen, der menschliche Bodensatz, um den sich der Staat zu kümmern habe. Irgendein Firmenchef, ein gern gesehener Prediger bei den Baptisten, der sich als sehr religiös vorstellte, formulierte den Skandal zur Lachnummer um, als er in die Diskussion einfließen ließ: »Worum geht es? Ich will es Ihnen sagen: to have lunch or to be lunch.«
Die ›Weltformel zwanzig zu achtzig‹ blieb unwidersprochen. Dann hatte einer einen großen Auftritt, der unter dem Präsidenten Jimmy C Nationaler Sicherheitsberater war. Auch er experimentierte mit der Sprache und beschrieb den achtziger Anteil der Welt-Botschaft, für den die Staaten aufzukommen hätten, mit dem appetitlichen Kompositum ›titty-tainment‹. Bitte sehr! Die Unternehmen seien für die Jobs zuständig, der Staat solle sich um die Versorgung und die Unterhaltung der Ausgeschlossenen kümmern. Die männlichen Konferenzteilnehmer lachten, dass sich die Balken bogen. Die anwesenden Damen lächelten und blickten in den Schoß. Erst als Judith sich meldete und dieses Sprachungeheuer

»frauenfeindlich und zynisch« nannte, klatschten ihre Geschlechtsgenossinnen, aber auch einige Männer, dezent Beifall. Dieser Einwurf Judiths erschien in keiner amerikanischen Zeitung. ›Anpassung nach unten‹, kritzelte Judith aufs Papier.

Andere Redner brachten sich mit konkreten Vorschlägen ein, wie der Weltformel zu Weltgeltung verholfen werden könne. Und sie waren mit viel Leidenschaft dabei, Verzichtforderungen zu formulieren: Staatsausgaben kürzen, Löhne senken, Sozial- und Kulturleistungen streichen, Ausweitung des Jobsharings und Erhöhung der Zahl von Niedriglohnjobs, Gewinne ausweisen, wo der Steuersatz am niedrigsten ist, Deregulierung, also Liberalisierung von Handel und Kapitalverkehr, Internationalismus als Ausweitung der Märkte ohne staatliche Einschränkungen, verbunden mit zunehmender Konzentration der Wirtschaftsmacht in Händen weniger und so weiter...

»Was denn?«, schrie Judith unvermittelt in den Saal. Das solle Zukunft heißen? Das seien schlechte Wirtschaftsmanager und Financiers, die nur die Habenseite verbuchten und sich einen Dreck um die Sollseite, den Preis, kümmerten, den man zu zahlen habe. Und wie man so unkritisch und unwissenschaftlich mit den Fakten und Einschätzungen umgehen könne? Die Redebeiträge zeigten doch unmissverständlich, dass es einzig um Profitmaximierung, um den Erhalt und die Erweiterung von Wirtschaftsmacht gehe, dass der Staat geschwächt und zum Büttel der Konzerne degradiert werden solle, dass die Reichen noch reicher und die Armen noch ärmer werden sollten. Wenn man das Thema ›Globalisierung‹ kritisch behandeln wolle, müsse man sich vor allem dem Phänomen der Armut stellen. Ob sich denn bei den Teilnehmenden noch nicht herumgesprochen habe, dass ausgerechnet in den armen Ländern der Bevölkerungszuwachs 95 Prozent ausmache?

Noch hielt man Judiths Philippika für einen übermütigen Gag und ließ sie gewähren. Indes – Judith war nicht mehr zu bremsen.

Diese Armen, fuhr sie fort, würden nicht mehr lange stillhalten. Das Aufbegehren werde schlimme Folgen haben. Eine neue Völkerwanderung ungeheuren Ausmaßes sei bereits im Gange. Auch sei jetzt schon die Kriminalität nicht nur in den Industriestaaten nicht mehr aufzuhalten. Man solle sich doch einmal vor Augen führen, dass hier in Kalifornien die Ausgaben für die Gefängnisse schon jetzt die Ausgaben für den gesamten Bildungsetat überstiegen. Schon jetzt gäbe die

amerikanische Bevölkerung für bewaffnete Wächter ihrer Wohnungen doppelt so viel aus wie der amerikanische Staat insgesamt für die Polizei.
Judith sprach ohne Punkt und Komma, ohne jegliches Konzept, und sie sprach, so schien es, ohne zu schlucken.
Die meisten Konferenzteilnehmer kriegten ihre Klappe nicht mehr zu.
Im Jahre 2020 würden 1 Milliarde Autos weltweit auf den globalen Verkehrsinfarkt zusteuern. Das könne doch niemanden gleichgültig lassen. Vom Klimawandel, der von Jahr zu Jahr deutlicher spürbar werde, wolle sie gar nicht erst reden ...
Das war das verabredete oder spontane Zeichen für ein Eingreifen. Judith hatte sich in einen heiligen Zorn hineingeredet und nicht mitbekommen, wie zwei stramme, wohl trainierte Saalordner sie flankierten, dann mit ihren kräftigen Armen leicht anhoben und aus dem Saal beförderten, was sie nicht hinderte, weiterhin mit noch schrillerer Stimme Wortkaskaden in den Saal zu schleudern. Der letzte Satz, den die Teilnehmenden deutlich vernahmen, lautete: »Der globale Fortschritt ist in Wahrheit ein Rückschritt, weil er die systematische Zerstörung von Welt und Mensch einschließt. Shame on you! ...«
Dann hörte man die Saaltür schlagen. Dann vernahm man nur mehr vereinzelte schwache Beifallsbekundungen. Dann ging man zur Tagesordnung über. Der nächste Redner war an der Reihe.
Judith wurde von ihrer Zeitung auf Grund des ›Vorfalls‹ in San Francisco ›nahe gelegt‹ zu kündigen. Man wolle ihr nichts in den Weg legen, die Zeitung werde sich großzügig erweisen mit einer Abfindung. Man würde sich freuen, wenn sie der Zeitung als ›freie Mitarbeiterin‹ erhalten bliebe. Auf ihre ausgezeichnete journalistische Arbeit wolle man nicht verzichten. Aber Judith, die Starke, verzichtete darauf. Sie fand bald Gelegenheit, sich an anderer Stelle zu engagieren.

3.

Es gibt geschichtsträchtige Orte, die einmal in der Geschichte zu großer Bedeutung gelangen, um dann in der Bedeutungslosigkeit zu versinken. Daneben gibt es aber historische Stätten, die sich gleich mehrmals in der Geschichte zu Wort melden. Zu diesen zählt die Wartburg, die sich südwestlich von Eisenach, auf einem Bergfelsen von exakt dreihundertundvierundneunzig Metern erhebt, eine der symbolträchtigsten Burgen deutscher Geschichte. Auf vierhundert Meter oder gar darüber hinaus kam der Berg niemals, da ihm Jahrhundert für Jahrhundert zahllose Menschenmassen auf dem Kopf herumtrampelten. Und in neuerer und neuester Zeit sorgten und sorgen Autos und der Massentourismus dafür, dass der Berg sogar allmählich zu schrumpfen beginnt. Das ist der Preis für die große geschichtliche Bedeutung.

Am Anfang der Wartburg und das heißt ihrer geschichtlich bemerkenswerten Bedeutung steht ein Landraub. Den beging ein Bursche mit dem bezeichnenden Namen Ludwig der Springer, der als der Begründer der Ludowinger Landgrafen gilt, an dem Geschlecht der Herren von Frankenstein, denen die Wartburg zunächst gehört haben soll. Die Geschichte dieses Landraubs, der sich um 1067 zugetragen haben soll, ist so ungeheuerlich, dass sie an dieser Stelle erzählt zu werden verdient.

Ludwig der Springer wandte einen gleichermaßen fiesen wie genialen Trick an. In einer Nacht-und-Nebel-Aktion okkupierte er die Burg, indem er zwölf Knappen und Ritter, die ihm ergeben waren, anhielt, Erde von seiner Schaumburg auf die Wartburg zu karren, um auf dieser, seiner eigenen Erde, dann einen Burgfried aufzuschlagen. Das ließen die Frankensteiner natürlich nicht auf sich sitzen. Sie brachten den schnöden Handstreich Ludwig des Springers vor Gericht. Und dort passierte etwas Ungeheuerliches. Ludwig der Springer konnte, wie es das Gericht vorsah, zwölf Zeugen aufbringen, eben jene Ritter, mit denen er den Landraub begangen hatte. Er hieß sie den Meineid schwören, er habe die Wartburg ›auf das Seine‹ gebaut, eben die nachts rasch herbeigeschaffte Erde. Das Reichsgericht glaubte Ludwig dem Springer, vielleicht, weil die Frankensteiner sich ihren Besitz nicht rechtzeitig hatten beglaubigen lassen, vielleicht auch deshalb, weil sie ›oben‹, bei der Gerichtsbarkeit, die schlechteren Karten besaßen.

Sogleich ließ Ludwig der Springer die Burg für das Ludowinger Herrschergeschlecht als Wohn- und Herrschaftssitz ausbauen, was er natürlich allein nicht konnte. Da mussten seine Nachfahren schon ein wenig mithelfen, was sie dann auch taten. Das Geschlecht der Ludowinger erschöpfte sich bereits 1247 genetisch, was viele als einen Akt später Rache und ausgleichender Gerechtigkeit ansahen.

Sei dem, wie dem wolle. Jedenfalls wurde die Wartburg zunächst einmal von dem Landgrafen Hermann dem Ersten zu einem kulturellen Zentrum von hohem Rang ausgebaut. Fortan galten die Ludowinger allgemein als große Mäzene und Förderer der Kunst. Und so überrascht es nicht, dass im Mittelalter alles, was Rang und Namen hatte, hier seine Aufwartung machte. Herbart von Fritzlar übersetzte hier den ›Troja‹-Roman von Boite de Saint-Marc, Albert von Halberstadt Ovids ›Metamorphosen‹, und Wolfram von Eschenbach schrieb hier an seinem ›Willehalm‹. Walter von der Vogelweide hielt sich gleich mehrmals auf der Wartburg auf, um einige Minnegedichte auf den Weg zu bringen. Schließlich profitierte auch Heinrich von Veldeke von der Gönnerschaft der Ludowinger, als er hier sein ›Eneit‹-Epos verfasste. Die Sage hält uns an, die Wartburg auch als die Stätte großer Dichterwettstreite, der so genannten Sängerkriege, im Gedächtnis zu bewahren, die auf den Wandgemälden der Burg festgehalten sind. Neben den Künstlern machte auch eine mutige Frau die Wartburg berühmt. Die Rede ist von der Heiligen Elisabeth, der großen Samariterin, die mit dem Gebot der Nächstenliebe Ernst machte und dabei gegen die damalige Staatsraison verstieß, weshalb man sie von der Burg verbannte.

Im Jahre 1247 kam dann das erwähnte Aus für das Ludowinger Herrschergeschlecht. Es hatte sich erschöpft. Die Folge waren lange währende Auseinandersetzungen um die Nachfolge, die mit der Aufteilung des Ludowinger Herrschaftsreiches endeten. Die Wartburg kam zu Thüringen. Dann wechselten die Besitzer in rascher Folge, was an dieser Stelle nur erwähnt zu werden braucht.

In die Schlagzeilen geriet die Wartburg dann erst wieder 1521/22, als der durch das ›Wormser Edikt‹ gebannte Martin Luther sich hier incognito als Junker Jörg verstecken konnte, weil der Kurfürst Friedrich der Weise von Sachsen seine Hand über ihn hielt. Innerhalb von zehn Wochen, zwischen 1521 und 1522, entstand hier eine Epoche machende Übersetzung. Luther brachte das Neue Testament aus dem griechischen Urtext ins Deutsche, womit der Startschuss für die deutsche Standardsprache gegeben war.

Dann dämmerte die Wartburg eine Zeit lang als Gefängnis vor sich hin. Die berühmtesten Insassen waren die Wiedertäufer, die Anhänger von Thomas Müntzer. Denn mit ihrer Kritik an der Staatskirche und an dem Herrschaftssystem der Zeit, mit ihrer Ablehnung des Kriegsdienstes sowie aller Obrigkeit stellten sie eine gefährliche fundamentale Opposition dar.

Zwischenzeitlich war die Wartburg an das Fürstentum Eisenach gefallen. Und als dieses Fürstentum ausstarb, kam das Fürstenhaus Weimar an die Reihe, dem die Wartburg fortan als Gefängnis, Rumpelkammer und Gelegenheitsabsteige diente. In dieser Zeit lernte auch ein anderer berühmter

Deutscher, der Geheime Rat Johann Wolfgang von Goethe, die Wartburg kennen. Bei seinem ersten Besuch nannte er die Wartburg ›einen nüchternen öden Kasten‹, rühmte aber immerhin die Lage der Burg und den phantastischen Rundblick, den man von ihr hatte. Später gab er einmal seiner ›Madonna‹ Charlotte von Stein, mit der er insgesamt siebzehnhundertmal korrespondierte, einen ganz anderen Eindruck wieder:
»Hier wohne ich nun, Liebste, und singe Psalter dem Herrn, der mich aus Schmerzen und Enge wieder in Höhe und Herrlichkeit gebracht hat.« Um dann fortzufahren: »Diese Wohnung, ich wohne auf Luthers ›Patmos‹, ist das Herrlichste, was ich erlebt habe, so hoch und so froh.«
Das mit dem Psaltersingen ist nicht so ernst zu nehmen wie so vieles bei Goethe. Um die Wartburg wieder ein wenig aufzuwerten, empfahl Goethe seinem Herzog, diese in ein Museum zu verwandeln, was dann auch in langsamen Schritten geschah.
Letztmalig war Goethe 1815 auf der Wartburg und mag vielleicht ein schwaches Erdbeben wahrgenommen haben, das dann zwei Jahre später zu einem Vulkanausbruch führte.
Am 18. Oktober 1817 war es dann soweit. Knapp fünfhundert Studenten aus fast allen Staaten des deutschen Bundesgebietes strömten an diesem Tag auf die Wartburg. Es war ein berühmter historischer Anlass ausgesucht worden, an den die Burschenschafter anknüpften. Es galt, des 300. Jahrestages der Reformation und des vierten Jahrestages der Völkerschlacht bei Leipzig zu gedenken. Die Erinnerung an diese geschichtlichen Daten war ein Anlass, ein Fest der deutschen Einheit zu feiern, von der man so lange geträumt und für die man so ausdauernd gekämpft hatte. Die provokativ gehisste Fahne in den Farben Schwarz-Rot-Gold, zunächst das Emblem der Lützow'schen Jäger, später der Burschenschaften, war noch nicht die deutsche Nationalflagge. Aber man ahnte damals schon, dass sie kommen würde. Die politischen Ziele des Wartburgfestes, das mehr ein politisches Spektakel als eine politische Demonstration werden sollte, waren beschränkt auf zwei Forderungen: die nationale Einigung und die immer wieder versprochene und immer wieder hinausgezögerte Verfassung. Für Furore sorgte allerdings ein sehr aufregendes und folgenreiches Ereignis. Ein Schüler des Turnvaters Jahn, der zwanzigjährige Hans-Ferdinand Maßmann, inszenierte die erste Bücherverbrennung in der deutschen Geschichte. Doch das ist nur bedingt richtig. Vorher hatte bereits Luther mit Papier gezündelt, als er die päpstliche Bulle und die ka-

nonischen Rechtsschriften verbrannte. Daran erinnerte wieder der Bücherverbrenner Hans-Ferdinand Maßmann.
Was genau war geschehen?
Maßmann hatte mit Kalkül dreißig Bücher einer bestimmten Observanz für seinen Zerstörungsakt ausgesucht. Darunter waren:
Schriften von Gegnern des Turnwesens und der Burschenschaften;
Schriften, die gegen die akademischen Freiheiten sprachen;
Schriften, die für eine Beibehaltung der feudalistischen Gesellschaftsordnung oder deren Wiederherstellung warben.
Hinzu kamen der Kodex der Gendarmerie sowie, höchst merkwürdig, der Code Napoléon, der doch im Vergleich zu allen vorausgegangenen Gesetzesbüchern sehr modern war.
Auszugsweise wurde aus diesen Schriften vorgelesen, ehe ein so genanntes ›Makulaturpapierbündel‹ mit den besagten Buchtiteln den Flammentod starb. Diesen Dokumenten wurden einige Symbole absolutistischer Gewalt beigegeben: ein ›preußischer Ulanenschnürleib‹, ein ›Pracht- und Prahlzopf‹ sowie ein ›Corporalstock‹. Alles zusammen wurde mit einer ›Heu- und Höllengabel‹ den Flammen übergeben. Dieser Akt der symbolischen Bücherverbrennung war für die herrschenden Kräfte ein willkommener Anlass, das ganze Wartburgfest mitsamt seinen Studenten, den Burschenschaften sowie den vorgebrachten politischen Zielen als Akt eines ›Hexensabbats‹ zu diskriminieren und einen riesigen Katalog von Gesetzes- und Polizeimaßnahmen zur Unterdrückung der Opposition in Gang zu setzen. Die Karlsbader Beschlüsse von 1819 sind der beredte Ausdruck dieser Gegenmaßnahmen der reaktionären Kräfte, die in Zensurmaßnahmen an Hochschulen, im Verlags- und Pressewesen sowie der Verfolgung der fortschrittlichen Kräfte, der so genannten ›Demagogen‹, gipfelten.
Dann war die Restauration an der Reihe. Ganz im Geiste des erwachten bürgerlichen Nationalbewusstseins, geprägt von dem Widerstand gegen Napoleons Imperialismus und beeinflusst von den Idealen der Romantik, floss in die deutsche Restaurationspolitik die Renaissance des deutschen Mittelalters ein. Sie schuf die Voraussetzungen für das, was die Herrschenden ›Erbepflege‹ nannten. Die Wartburg bekam dies zu spüren. Sie wurde wiederentdeckt und sie wurde ganz im Sinne des Historismus restauriert. Erbherzog Carl Alexander von Sachsen-Weimar-Eisenach gab 1838 den Start frei für den lange währenden Um- und Wiederaufbau der Wartburg sowie deren innenarchitektonische Ausgestaltung.

Im Revolutionsjahr 1848 wurde die Wartburg dann noch einmal zur Plattform eines national-demokratischen Ereignisses, des zweiten Wartburgfestes, das die Delegierten des Vorparlamentes der Frankfurter Nationalversammlung ausrichteten.
Längst war die Wartburg wieder fürstlicher Wohnsitz und Museum in einem. In die faschistische Geschichtsschreibung ging die Wartburg dadurch ein, dass der Arbeitsdienst hier ins Leben gerufen wurde. Gegen Kriegsende wurde die Wartburg dann wieder durch Beschuss weitgehend zerstört. Nach Kriegsende erfolgte erneut eine Phase der Restaurierung, die bis in die Gegenwart fortdauert.

4.

In jüngster Zeit dann erlebte die Wartburg ihr drittes Wartburgfest. Zeitgleich mit dem ersten Wartburgfest von 1817 zog am 18. Oktober wieder eine riesige Menschenmenge, die Polizei zählte fünfhundert Personen, von der Stadt Eisenach aus zu Fuß den Hügel hinan, ausschließlich Jugendliche zwischen achtzehn und dreißig Jahren. Der bunte Haufen hatte sich auf dem Marktplatz gesammelt, auch am Schwarzen Brunnen. Von dort zog die Menschenschlange, bunt und fröhlich singend, auf die Wartburg.
Es spielten mehrere kleine Kapellen und Solisten auf ihren Gitarren, Trompeten und Klarinetten.
Überhaupt alle Instrumente, die sich eigneten, Töne hervorzubringen oder Lärm zu machen, wie zum Beispiel Ratschen oder Trommeln, kamen zum Zuge. Die Luft vibrierte von Pop-, Rock-, Folklore- und Jazzklängen. Viele Jugendliche trugen die altdeutsche Tracht der Burschenschaften. Statt Nationalflaggen wurden Transparente hochgehalten und am Anfang und am Ende des Zuges Spruchbänder mitgeführt. Man konnte Aufschriften lesen wie ›Das Alter ist ein Spital, wir räumen es radikal.‹ Oder: ›Die Erde den Jungen, den Alten der Orkus!‹ Das war schon deutlicher. Deutlich genug waren auch die Transparente, auf denen zu lesen war: ›Die Chance der Alten – erkalten!‹ Oder: ›Erlöst die Alten. Sie haben es verdient.‹ Hin und wieder begegnete man auch der Aufschrift: ›Wir sind das Volk!‹ Oder es hieß schlicht: ›Den Jungen die Zukunft!‹ Nicht besonders originell war der Slogan: ›Young is beautiful!‹ Angemeldet wurde auch die folgende Forderung: ›Die Jugend an die Macht!‹ Schließlich wurden Luftballons an Bindfäden mitgeführt, die beschriftet waren. ›Den Alten gibt's der Herr im Schlaf‹, stand darauf. Auf anderen hieß es: ›Gebt

den Alten Zunder, Zyankali macht sie munter!‹ Alles verlief fröhlich und friedlich. Junge Frauen hängten sich bei Polizisten ein und trugen deren Schirmmützen, Polizistinnen hielten mit männlichen Protestierenden Händchen und schmusten miteinander. Die Hüter des Gesetzes waren ausgelassen. Da es nichts zu hüten gab, feierten sie tüchtig mit, im Wissen darum, dass so die Steuern gut angelegt waren. Eine Polizistin hielt denn auch ein Schildchen hoch: ›Mit Steuern lässt sich gut feiern.‹

Bald im Haufen drin, bald daneben, sah man verwegen gekleidete Gestalten wie den Charon, der eigens aus Griechenland eingeflogen worden war, eine äußerst hässliche, struppige, hundeartige Gestalt mit Schlangenhaaren und rötlichen großen Augen, die einen Hammer schwang und die Menschen zu einer Fahrt ohne Wiederkehr gegen die Entrichtung eines Obolus auf dem Acheron mit den Worten einlud: ›Das große Abenteuer-Event. Kommt und lasst euch ein auf eine Fahrt ohne Wiederkehr. Für alle Aussteiger. So werden Sie am einfachsten Ihren Ehepartner los. Eine Erlösungsfahrt für alle Alten.‹

Es wurden auch Särge mitgeschleppt; viele Krücken sah man geschultert; manche Galgen marschierten mit, an denen stilisierte Puppen hingen, die das Alter verkörperten. Die Menge machte einen disziplinierten Eindruck: Man sang, man diskutierte oder bewunderte die Landschaft. Vom Stadtzentrum ging es zunächst am Lutherhaus vorbei in die Lutherstraße, dann kam man am Bachhaus vorbei, dem Geburtshaus von Johann Sebastian Bach.

Über die Marienstraße gelangte die Menschenschlange in den Fritz-Reuter-Weg, benannt nach dem Burschenschafter Fritz Reuter, dem Mundartdichter des Realismus, der wegen seiner Teilnahme an hochverräterischen, burschenschaftlichen Verbindungen in Jena und wegen Majestätsbeleidigung sieben Jahre in Haft kam.

Erst nach drei Jahren Haft wurde ihm das Gerichtsurteil mitgeteilt: Tod durch das Beil. Die Strafe wurde dann umgewandelt in lebenslange Haft, die nach sieben Jahren zu Ende war. Seine weiteren Jahre verbrachte er bis zu seinem Tode 1874 in Eisenach. Da er sehr wohlhabend war, konnte er sich eine Villa im römischen Stil bauen lassen. Heute sind darin das Reuter-Museum sowie eine große Richard-Wagner-Sammlung untergebracht. Für seine Verdienste um die Dichtung wurden ihm von der Universität Rostock die Ehrendoktorwürde und vom bayerischen Königshaus der persönliche Adelstitel verliehen.

An dieser römischen Villa machte der Tross Halt. Man gedachte Fritz Reuters. Es wurden Passagen aus dem Kriminalrapport über den Gefangenen Fritz Reuter verlesen, den damals der preußische Kriminalrichter Dambach verfasst hatte, Auszüge aus den Romanen Reuters sowie einige seiner Gedichte. Reuter wurde von den Jugendlichen als einer der Ihren betrachtet.
Dann ging es hoch, immer höher hinauf. Und dann war man da.
Allmählich füllte sich der Burghof der Wartburg. Sämtliche Gebäude, sämtliche Dächer, sämtliche Treppen waren besetzt. Es herrschte allenthalben große Enge, was der Ausgelassenheit keinen Abbruch tat.
In diesen unruhigen Zeiten, von denen hier berichtet wird, hatte sich ein kleiner maßgebender Kreis von jungen Intellektuellen an die symbolische Bedeutung der Wartburg erinnert. Sie wollten bewusst an die Burschenschaftsbewegung und deren Wartburgfest anknüpfen, die sie in ihrem Sinne umzudeuten versuchten. Es gab einen Fürsprecherkreis, den ›Inner Circle‹ sozusagen, der für die ideologische und organisatorische Ausrichtung Sorge trug. Er umfasste die junge Generation der Philosophen und Naturwissenschaftler, die avantgardistischen jungen Künstler, die kühnsten Vertreter der technologischen Intelligenz aus der Computer- und Medien-Branche und, man höre und staune, einige junge Wilde aus der Modebranche, für die der Kampf für eine juvenale Welt ein ästhetisches Anliegen war. »Jungsein ist schön, schön sein heißt jung sein«, lautete ihre Parole. Unter ihnen allen wiederum ragte der Philosoph Nihilo Juvenis, der Hauptagitator, seiner kühnen und klar formulierten, in die Zukunft weisenden Gedanken wegen hervor. Wie alle großen Philosophen hatte er bereits Jünger um sich geschart, die genauso jung waren wie er, knapp unter dreißig. Mit zweiundzwanzig Jahren hatte er bereits seine Doktorarbeit mit dem Titel ›Das Motiv der Jugend und seine politische Bedeutung bei Nietzsche‹ summa cum laude abgeschlossen. In seiner Habilitationsschrift führte er seine verwegenen Gedanken weiter und differenzierte sie aus. Dieses Mal führte er Nietzsche mit Schopenhauer in der frechen Themenüberschrift zusammen: »›Also‹, sprach Nietzsche. ›Na dann wollen wir mal‹, antwortete Schopenhauer. Die Bedeutung des Willens im Werk von beiden, mehr die von dem einen als die von dem anderen.« Nihilo Juvenis, in der Gedankenwelt der modernen Philosophie wie keiner zu Hause, trug an dem denkwürdigen Tag der Erneuerung des Wartburgfestes Gedanken Nietzsches vor,

die als Grundlegung eines Kampfes für eine junge Welt, also als Kampfschrift, gedacht waren. Juvenis' Ziel war es, die hin und her wogenden diffusen Kräfte der Erneuerung auf einen archimedischen Punkt hin zu fokussieren, um so die Kampfkraft zu erhöhen. Die Erwartungen waren hochgeschraubt. Die Medien waren bei diesem Ereignis präsent. Eine junge attraktive Dame aus der Werbebranche, wie es hieß, eine der Favoritinnen von Nihilo, hatte die Vermarktung des Spektakels übernommen. Man durfte gespannt sein. Und man war es auch.

Für das Fest war eigens eine Hymne ›An die Jugend‹ komponiert worden, für die ein junger Heißsporn unter den Dichtern, der sich Franz Willon nannte, einen aufsässigen Text schrieb. Das Fest sollte eine Mischung aus einem wissenschaftlichen Symposium mit Vorträgen und Diskussionsrunden und einem grellen politischen Happening sein. Den Hauptvortrag, wie auch anders sollte dies sein, hielt Nihilo Juvenis, das geistige Zentrum einer geistigen Bewegung, die als politische Bewegung eigentlich erst noch im Entstehen begriffen war. Für dieses Ereignis war Juvenis in weißem Anzug und in schwarzer, breiter Krawatte erschienen. Er trat schwungvoll vor die Versammelten, unter denen man auf den ersten Blick einen hohen Anteil an Frauen ausmachen konnte.

Als Juvenis ans Rednerpult trat, gab es bereits anhaltenden Beifall, den der Redner genussvoll einsog: Er lächelte, winkte jovial in die Menge und begann dann mit seinen Ausführungen.

»Liebe Freundinnen und Freunde, oder sollte ich besser sagen: meine lieben Juvenalen?

(Gelächter)

Wir haben uns heute hier an einem geschichtsträchtigen Ort versammelt, an dem bereits vor bald zweihundert Jahren die Jugend Deutschlands für eine junge, moderne Gesellschaft focht und noch nicht erfüllte utopische Ziele einforderte. Ich meine das Wartburgfest von 1817. Um eine schöne junge Welt von morgen zu gestalten, eine Welt der Jugend, muss zunächst das Ziel präzise herausgestellt werden, auf welches wir hinarbeiten wollen, ehe wir darangehen können, eine Strategie für unseren Kampf zu entwickeln.

(Zögerlicher Beifall)

Denn allzu vieles in unseren Gedankenspielen und Verlautbarungen ist noch zu diffus und bedarf einer fundierten Legitimation. Ich möchte diese Legitimation in einem knappen, griffigen Referat darlegen. Grundlage meiner Ausführungen sind Denkanstöße von Väterchen Nietzsche, unserem Ur-

Jungen, auf den wir unser Denken zurückführen können. Er ist einer der wichtigsten, wenn nicht der wichtigste Vertreter der Moderne, der leider oft verfälscht und missverstanden worden ist.

(Vereinzelter Beifall)

Meine erste These lautet:

1. Für den politischen Kampf um die Zukunft genügt es nicht, aus einem nur emotionalen Impuls heraus zu handeln.

2. Damit hängt etwas anderes zusammen: Wer kein klar umrissenes Ziel hat, kann nicht kämpfen. Denn ein Kampf kann nur organisiert geführt werden. Daher möchte ich mich im Folgenden vor allem um diese klare Zielsetzung kümmern.

(Mickriger Beifall)

3. Friedrich Nietzsche hatte bereits aus einer radikalen Infragestellung der christlich-abendländischen Kultur heraus auf die Bedeutung der Jugend für die Gestaltung einer neuen, modernen, einer juvenalen Welt hingewiesen.

(Mittelstarker Beifall)

In diesem Zusammenhang ist sein ›Antichrist‹ von großer Bedeutung, weshalb ich mich vor allem auf diese Schrift berufen möchte.

4. Eine der stets bei Nietzsche wiederkehrenden Basisfragen ist die alte philosophische Frage nach dem Sinn des Lebens. ›Was heißt Leben?‹, so lautet Nietzsches Ausgangsfrage, auf die er die originelle Antwort gibt: ›Leben – das heißt fortwährend etwas von sich abstoßen, das sterben will; Leben – das heißt: grausam und unerbittlich gegen alles sein, was schwach und alt an uns, und nicht nur an uns, wird.‹«

(Lang anhaltender Beifall)

Juvenis hob den Kopf. Zum ersten Mal sah man ein Lächeln auf dem sonst so ernsten Gesicht des jungen Wissenschaftlers. Er genoss den Beifall offensichtlich.

»5. Letzter Grund für seine Philosophie ist das Leben selbst, kein künstlich darüber gestülpter metaphysischer Grund, etwa ein Schöpfer, von dem das Leben sich abzuleiten und auf den es sich immer zu beziehen hätte.

(Enden wollender Beifall)

Und insofern könnte man seinen Denkansatz einen lebensphilosophischen oder existenzialistischen Ansatz nennen.

6. Daher polemisiert Väterchen Nietzsche auf breiter Front gegen das Christentum, das für alle Begrenzungen des Lebens zuständig sei, da es eine ›Religion des Mitleids‹, mithin eine ›Religion der Verneinung des Lebens‹ sei. Und er nennt demzufolge das Christentum einen ›Multiplikator des Elends‹, damit auch eine ›Praxis des Nihilismus‹. Denn das Mitleid

diene der ›Steigerung der Dekadenz‹, es schwäche die ›Energie des Lebensgefühls‹.

(Erneut aufbrandender, nicht enden wollender Beifall, vermischt mit Bravorufen)

7. Das Christentum, das sich als Fürsprecher aller Schwachen sieht, ist nach Nietzsche selber der Inbegriff der Schwachheit. Es betreibe daher die ›Entwertung der Natur-Werte‹. Darum ist für Nietzsche das Kreuz, das Symbol des Christentums, die größte ›Verschwörung‹ gegen Gesundheit, Schönheit, Tapferkeit, ja gegen das Leben selbst.«

Und jetzt wurde Juvenis' Stimme mächtig wie die eines Chorknaben: »Darum weg mit den Kreuzen, wo auch immer wir sie antreffen!

(Lang anhaltender, starker Beifall)

8. Alles, was das Leben aufhält, so will es unser aller Vater Friedrich, sei daher zu vernichten. An erster Stelle das Christentum, die Kreuzkultur aller Schwachen. An zweiter Stelle das Alter, die ›Entkräftigung des Lebens‹.

(Tosender Beifall)

9. Nietzsche fragt sich nach diesen negierenden Auslassungen, was denn nun als positiv oder als gut zu definieren sei. Und er findet darauf die bekannte Antwort: ›Alles, was das Gefühl der Macht, den Willen zur Macht, die Macht selbst im Menschen erhöht.‹«

Jetzt machte Juvenis eine Pause, sah in das Publikum und lief rot an, als er schrie:

»Die Jugend ist diese Macht. Die Jugend ist die Stärke des Lebens!

(Unbeschreiblicher Beifall mit Hurrarufen, Klatschen und Standing Ovations)

10. Mit einer bis dahin nicht bekannten, auch heute noch als schonungslos anzusehenden Direktheit benennt Nietzsche, unser geistiger Vater, die Begrenzungen des Lebens, die es mitleidslos zu bekämpfen gilt: ›Leben – das heißt also: ohne Pietät gegen Sterbende, Elende und Greise sein? Immerfort Mörder sein?‹«

(Anhaltender, spontaner Beifall, begleitet von rhythmischem Klatschen, vereinzelte »Juvenis«-Rufe)

Juvenis stand etwas hilflos im Bad der Menge. Und wieder huschte ein Lächeln über sein Gesicht, als er fortfuhr.

»11. Und damit komme ich auch schon zum Schluss, den ich wiederum mit einem Friedrich-Nietzsche-Zitat aus seinem Werk ›Der Antichrist‹ setzen möchte, das sozusagen eine Losung unserer Bewegung sein und diese legitimieren könnte.«

Und an dieser Stelle machte Juvenis, der längst schwitzte, was seine Schweißdrüsen nur hergaben, wieder eine Pause, ehe er fortfuhr:

»›Die Schwachen und Missratenen sollen zu Grunde gehen. Das ist der erste Satz unserer Menschenliebe.‹

(Frenetischer Beifall, begleitet von starkem rhythmischem Klatschen und chorischem Skandieren »Ju-ve-nis«)

Liebe Freundinnen und Freunde, lasst uns ganz im Sinne Nietzsches diese ›Umwertung aller Werte‹ vornehmen, weil wir es dem Leben, weil wir es uns schuldig sind!

Es lebe die Zukunft. Es lebe die schöne neue Welt. Es lebe unsere juvenale Bewegung der Erneuerung des Lebens!«

Was nach diesem Schlusswort passierte, lässt sich kaum beschreiben. Alle Anwesenden erhoben sich, wenn sie nicht schon standen, klatschten heftig, soweit die beschädigten Hände dies noch zuließen. Eine kleine Gruppe skandierte auf einmal »FIVE-ZERO-OUT«, das von den Vielen allmählich übernommen wurde, ohne zu wissen, was der Slogan meinte. Die Massen strömten Juvenis entgegen, hoben ihn auf ihre Schultern und gaben ihn nach hinten weiter. Jeder wollte den neuen Christus berühren, ihm nahe sein.

Dann wurde die Diskussion eröffnet, und der dies tat, war ein ganz in schwarzes Leder gekleideter, gut aussehender, großer und gepflegter Mann, der mit seinem Lederanzug verwachsen zu sein schien. Er stellte sich als Jus vor und legte großen Wert darauf, dass er Informatiker sei, also einer modernen, kraftvollen Wissenschaft angehöre, die nicht den Ballast von Jahrhunderten mit sich schleppe. Dass er auch einem Medienunternehmen von Bedeutung vorstand, behielt er für sich. Seine leise Stimme wollte so gar nicht zu seinem martialischen Aussehen und zu dem, was er dann sagte, passen. Es sei akademisches, hohles Gewäsch, was er da eben vernommen habe, von dem er nicht wisse, was er davon halten solle. Für Aktionen sei daraus herzlich wenig Plausibles abzuleiten. ›Chirurgische Schläge‹ müssten her, entschlossenes Handeln sei gefragt. Davon aber habe er kein Sterbenswörtchen vernommen. Wie denn solle man handeln, frage er Juvenis. Weder sei eine Zielsetzung erkennbar gewesen, noch habe er etwas von einer Strategie gehört, wie denn die ›Erlösung‹ der Alten zu bewerkstelligen sei.

So schnell, wie er das Podium betreten hatte, so rasch hatte er es auch wieder verlassen. Der Beifall hielt sich in Grenzen. Jus, der Mann mit den markigen Sprüchen, war von einigen Gleichgesinnten, ebenfalls Schwarzgelederten umgeben, großen Typen, die vorher den FIVE-ZERO-OUT-Slogan angestimmt hatten, und die ihm nun auf die Schultern klopften oder, wo dies nicht ging, nach Jungenart über den fast kahl geschorenen Kopf strichen oder ihm einen Klaps auf den Po gaben, was Jus sich gern gefallen ließ. Während der Ledermann noch damit beschäftigt war, hier Lob und Danksagung entgegenzunehmen, dort Hände zu schütteln, betrat eine hübsche Blondine die Bühne, gekleidet in einen modernen, blauen Hosenanzug, der bequem zugeschnitten war, der männlichen Wahrnehmung aber dennoch herrliche Angriffsflächen bot. Sie trug ein auf den Körper gewickeltes Baby, den Wurmfortsatz ihrer weiblichen Egomanie, wie ein Kultobjekt vor sich her. Man merkte ihr an, dass sie erregt war und vermutlich ganz spontan reagierte. Sie stellte sich als Hermine vor.

Nein, so gehe das wohl nicht. »So nicht«, rief sie. Sie sei entsetzt, wie ein junger Mensch nur entfernt an solche Lösungen, die sie mit Anführungszeichen versehen müsse, denken könne. Sie meinte vermutlich Jus.

»Haben wir denn noch immer nichts aus dem Holocaust gelernt?«, schrillte sie ins Publikum, worauf das Baby heftig erschrak und zu weinen anfing.

(Hier kam Beifall auf, erst vereinzelt, der dann nach und nach anwuchs.)

Die Einschränkung der Macht der Alten, das sei eine Forderung, die sie unterschreiben könne. Aber die körperliche Unversehrtheit sei ein Tabu, an dem nicht zu rütteln sei. Immerhin seien doch die eigenen Eltern unter diesen Alten, die einem das Leben, das kostbare, geschenkt hätten, so wie sie ihrem Baby, betonte sie mit brüchiger, jetzt schon weinerlicher Stimme, indem sie dabei in die Runde sah, schützend ihre Hände um ihr Baby legte und tüchtig vor sich hinweinte.

(Wieder Beifall, dieses Mal sofort von bemerkenswerter Stärke)

Nein und nochmals nein zu jeder Form von körperlicher Gewalt. Jugend, daran wolle sie in aller Deutlichkeit erinnern, habe immer schon in der Geschichte mit Humanität zu tun gehabt. Dafür hätten auch die ›Wartburger‹, sie meinte die Burschenschaftler, seinerzeit gekämpft. Sie wolle herausstellen, das Problem des Umgangs mit den Alten sei ein politisches Problem und müsse demzufolge auch politisch gelöst werden. Und es lasse sich auch politisch lösen, auch wenn sie im Augenblick selber kein fertiges Programm vorweisen könne. Jedenfalls müsse in diese Richtung weitergedacht und -gehandelt werden.

In den Wogen des Beifallsstroms ging sie, als wäre sie erneut schwanger, gemächlich und mutterselig lächelnd, von der Bühne.

Während alle Augen auf Hermine gerichtet waren, wurde nur von wenigen bemerkt, wie Jus sich mit seinem schwarzen Haufen wegschlich. Im Augenblick war für ihn kein Strauß zu gewinnen. Im Augenblick.
Der dritte Redner, der auf sich aufmerksam machte, war wieder ein junger Philosoph mit gepflegtem Bart, schwarzer Brille und in schwarzem Pullover über blauen Jeans, der mehr hergeben sollte, als in dem schlanken, ja dünnen Kerlchen steckte. Er schien von einem anderen Stern zu sein.
»Ich heiße Bertil«, lispelte er.
(Lachen im Saal)
»Das kommt von Berthold und heißt: der glänzende Herrscher.
(Stärkeres Lachen, ›Ahs‹ und ›Ohs‹ stiegen in die Luft.)
Über mich habt ihr gelacht, dann könnt ihr wenigstens dem, was ich sagen möchte, mit Ernst zuhören.
(Beifall und vereinzeltes Bravorufen)
Ich finde die Ausführungen aus dem Grundsatzreferat sehr hilfreich. Sie haben uns eine, wie ich meine, richtige Richtung gewiesen und sind deshalb für jede Argumentation bedeutsam, auch wenn sie in ihrer Reichweite begrenzt sind. Meine Einschränkung erklärt sich daher«, und an dieser Stelle blickte Bertil zum ersten Mal auf und in den Saal, »dass Nietzsche sicherlich unser Ideenlieferant ist. Allerdings muss dann mehr kommen als nur eine Zitatensammlung, wie sie uns Juvenis geliefert hat.
(Hier kratzte sich Bertil energisch hinter dem rechten Ohr.)
Versäumt hat es der Redner meiner Meinung nach, in guter alter philosophischer Tradition die Argumente Nietzsches aus dessen Gesamtdenken und dem Kontext der Epoche heraus zu entwickeln.«
Die Stimmung war auf einmal umgeschlagen. Man sah überall aufmerksame Gesichter.
»Auch fehlt mir im Grundsatzreferat von Juvenis, dass die Gedanken Nietzsches nicht, wie man es hätte erwarten können, in den Kontext der aktuellen philosophischen und wissenschaftlichen Diskussion zu diesem Thema gestellt wurden, die im Augenblick läuft.
(Stärker werdender Beifall)
Hinzu kommt, dass die Polemik Nietzsches gegen das Alter als Provokation zu verstehen ist. Provokationen gehören nun einmal zum Geschäft der politischen Auseinandersetzung. Sie dienen der Schärfung der eigenen Position, die aus der Negation hervorgeht. Wir haben also noch genug zu tun. Wir sind erst am Anfang der Diskussion. Und solange nicht

nach allen Seiten hin differenziert nachgedacht worden ist, kann ich nur warnen, solchen Heißspornen wie Jus und seinem schwarzen Haufen das politische Handeln zu überlassen, das schnell ins blinde Agieren umschlagen kann.
(Rauschender Beifall, vereinzelte Bravorufe)
Ich sehe es übrigens auch so wie meine Vorrednerin: Die Macht der Alten muss radikal beschnitten werden. Aber deren Leben darf nicht angetastet werden.
Er trat von der Bühne ab und in den Beifall hinein. Und wäre fast gestolpert, so sehr war er noch beschäftigt mit seinen Gedanken.
Dann kam das Ereignis, auf das alle gewartet hatten, die Verlesung des Juvenalen-Manifestes, die Juvenis vornahm:

»Ein Gespenst geht um in der Welt, das Gespenst des Alters. Schon jetzt erleben wir ein Altersbeben, das, wenn ihm nicht Einhalt geboten wird, die Menschheit in die Katastrophe treibt. Heute schon kommen in Deutschland auf sechzig Prozent arbeitende Menschen fast vierzig Prozent Menschen im Ruhestand. In anderen Ländern sieht das Verhältnis noch dramatischer aus. Im Jahre 2030 werden in Deutschland auf sechsunddreißig Millionen Berufstätige sechsundzwanzig Millionen Ruheständler kommen. Die Folgen sind bekannt. Der Staatshaushalt gerät ins Ungleichgewicht, die Staatsverschuldung nimmt dramatisch zu, Unruhen sind zu befürchten. Was tun?
Staat und Kirche sind nicht in der Lage, das Problem zu lösen. Wir, die Jungen, müssen unser Schicksal selbst in die Hand nehmen! Überall! Und zwar sofort! Stehen wir daher solidarisch zusammen.
Krieg den Alten, Friede den Jungen!«

Das Fernsehen hatte sich eingeblendet und zeigte heitere jugendliche Gesichter, die das Manifest rhythmisch beklatschten und in den alten Friedenssong einfielen: »We shall overcome!«
Als die offizielle Veranstaltung beendet war, sah man in einigen Nischen des Hofes kleine Gruppen, die weiterdiskutierten, während die Menge in den großen Hof strömte, um den nachfolgenden Belustigungen beizuwohnen. Links und rechts war je eine Theaterbühne aufgeschlagen. Dazwischen reihten sich Schießbuden, wo man mit Luftgewehren auf Tonfiguren schießen konnte, die alte Menschen darstellten. Es gab Essensstände, Büchertische und einen Stand zum Dosenschießen. Hier konnten Büchsen mit aufgemalten alten Menschen, die zu einer Pyramide aufgeschichtet waren, mit Bällen umgeworfen werden.

Derweil wurden auf der einen Bühne Stegreifstücke aus der ›Commedia dell'Arte‹ aufgeführt. Man sah, wie ›Pantalone‹ steif agierte, der alte venezianische Kaufmann, ein würdevoller, aber kränklicher Alter, eine vom Zipperlein geplagte Lustspielfigur, die trotzdem munter in Liebschaften verwickelt war, ein lüsterner Witwer und Junggeselle, der den vorbeihuschenden Frauen an die Wäsche ging, immer auf Geldvorteile bedacht und dabei knausrig, eitel und leichtgläubig war, so dass er immer wieder ein Opfer von Dienern und Dirnen wurde. Ihm zur Seite bewegte sich der rhetorisch geschulte Bologneser Jurist ›Dottore‹, ein alter Sack auch er, der letztlich trotz seiner Belesenheit und seines reichen Zitatenschatzes, den er wandelnd zum Besten gab, leeres Stroh drosch und sich in seiner Rede im Kreise drehte, was szenisch kongenial umgesetzt worden war.
Dazwischen sah man auf Stelzen weitere Figuren aus der ›Commedia dell'Arte‹: den Dummkopf und Prahlhans ›Coviello‹, den Anführer der Wilden-Teufels-Jagd mit den geschrumpften Teufelshörnern, ›Arlecchino‹, einen Bauer aus Bergamo, wie ›Brighella‹, den Typus des durchtriebenen Spaßvogels. Auch der ›Capitano‹ war zu sehen, der Miles Gloriosus, der Maulheld, der mit der Stimme des Donners vermeintliche Heldentaten berichtete und deshalb auch oft ›Giangurgolo‹ (Großmaul) genannt wurde, eine feige Sau; nicht zu vergessen die ›Columbina‹, die weibliche Korrespondenzfigur zu ›Arlecchino‹ und ›Brighella‹, ein heiteres, selbstbewusstes Wesen, schlagfertig, immer aktiv ins Intrigenspiel verwickelt, das kein Blatt vor den Mund nahm und es den Männern in derber Sprache heimzahlte. Von oben herab spielten sie ihre Rollen und warfen sich lautstark die Worte zu, während es von der anderen Bühne mächtig dröhnte.
In der Mitte war ein Kreis aus Steinen gebildet worden, darin brannte ein Feuer, das unter Lachen und allerlei frechen Bemerkungen ausgelassen umtanzt wurde, indem immer wieder weiße Perücken oder Gebisse und Krücken den Flammen übergeben wurden. Auch Kreuze, die schon Nietzsche gegeißelt hatte, wanderten ins Feuer.
Die Polizisten, gering an Zahl und allesamt jung, fielen kaum auf. Sie waren längst in das Spektakel eingebunden worden und vergaßen nach und nach völlig ihre eigentlichen Aufgaben. Ihnen gefiel der Mummenschanz, der veranstaltet wurde.

5.

In D wurde eines Nachts gegen vierundzwanzig Uhr eine Polizeistreife wegen einer handfesten Auseinandersetzung in den ›Pferdefuß‹ gerufen. Es hatte einen Schwerverletzten gegeben, der später wegen eines Schädelbasisbruchs in der Klinik starb. Der Tote war ein alter Mann, der von einigen Jugendlichen vom benachbarten Lessing-Gymnasium ohne einen erkennbaren Anlass zusammengeschlagen worden war.
Was ergaben die Nachforschungen?
Im Gemeinschaftskundeunterricht der Abitursklasse hatte der Geschichtslehrer Boy van Hist in der Klasse das Thema der Überalterung behandelt, die Ursachen herausgestellt und auf mögliche Folgen für die Zukunft – die Zukunft der Jugendlichen – hingewiesen. Er war auf die Globalisierungsformel Zwanzig-Achtzig zu sprechen gekommen, hatte die herausragende Bedeutung des Symposiums von G in San Francisco von 1995 betont und zusammen mit den Lernenden die täglichen Wirtschaftsnachrichten in den Medien daraufhin untersucht, inwieweit die Forderungen des Symposiums bereits Wirklichkeit geworden waren.
Während des Unterrichts hatte es, so berichtete Boy van Hist den Ermittlungsbehörden, kein außergewöhnliches Erschrecken, keine über das Maß des Normalen hinausgehende Reaktion bei den Schülern gegeben.
Noch nicht.
Erst am Abend des folgenden Freitags, unter dem Einfluss von Alkohol, wurde mit Spätwirkung handfest nachgeholt, was den Schülern offenbar während des Unterrichts noch nicht klar geworden war.
»Die fünf Jungen und Mädchen saßen zunächst ganz ruhig an ihrem Tisch, den sie stets besetzen, wenn sie kommen«, sagte der Wirt.
»Dann wurde es etwas lauter, später noch lauter. Es ging alles so schnell. Ehe ich mich versah, stürzten zunächst zwei oder drei Jugendliche, ein Mädchen war darunter, auf den Nebentisch zu, an dem der Alte allein saß, sein Bier trank und in der Tageszeitung las. Ich hörte Beschimpfungen wie ›alter Sack‹, ›unwertes Leben‹, ›Schnorrer auf Kosten der Jungen‹ und ›Jobkiller‹. Ich bekam mit, wie der Alte von seiner Zeitung aufsah, völlig hilflos – er verstand wohl nicht, was da gespielt wurde – vom einen zum andern blickte und den Kopf schüttelte.«
Ein weiterer Zeuge ergänzte: »Dann wurde er böse, hielt aber immer noch die Zeitung offen in den Händen, wehrte sich verbal. Es sei nicht seine Schuld, dass es ihnen schlecht

gehe. Er sei selber Vater von zwei Kindern, die selber schon wieder Kinder hätten. Wo käme man denn hin, wenn man den Alten die Schuld gäbe für Versäumnisse der Politiker. Auch sie würden rasch altern, dann wären sie selber dran. Sie sollten doch ihren Protest vor die Tore der Parlamente und der Konzerne tragen und dort ihre Klagen anbringen. Je mehr er redete, desto mehr stachelte dies die Wut der Jugendlichen an. Noch während er sprach, ergriff einer von den Jungs, der Kräftigste und Sportlichste, den Bierkrug des Alten, schüttete ihm zunächst den Rest Bier ins Gesicht, und als der Alte aufstand, wohl um sich zu wehren, schlug er ihm diesen auf den Kopf.
Ich habe geschrien: ›Aufhören, seid ihr denn verrückt!‹ Dann stand ich auf, ging zum Nachbartisch und zerrte den Schläger vom Alten. Mir half dabei einer von den Jungs, so ein schmächtiges Kerlchen. Aber ich kam nicht weit. Ein anderer Junge mischte sich ein, versetzte mir einen Handkantenschlag, sodass ich niedersank und das Bewusstsein verlor. Ich wachte im Krankenhaus wieder auf.«

6.

Ferdinand Klöpfer, der ›Klumpen‹, wie er wegen seines Umfangs kurz im Kommissariat genannt wurde, war das Vernehmungsgenie. Zwar schon zweimal strafversetzt wegen seiner schlagfertigen Vernehmungsmethoden, war er dennoch beliebt und gefürchtet zugleich. Ersteres bei der Kollegenschaft, Letzteres bei den vermeintlichen und tatsächlichen Tätern. »Der hat keine schlechte Handschrift«, mit dieser Empfehlung wurde Klöpfer immer wieder vorgestellt. Jetzt sah man ihn breitbeinig und mit verschränkten Armen an die Wand gelehnt stehen. Sein rechtes Spielbein hatte er lässig vor seinem Standbein verschränkt. So sah er den jungen Kerl an, der ihm gegenüber saß am kargen Verhörtisch in dem kargen Raum mit der kargen Ikea-Lampe, so wie man dieses Inventar aus Filmen zur Genüge kennt.
Klöpfer hatte Zeit. Viel Zeit. Mit der pflegte er zu spielen. Wer sich die Zeit nimmt, sagte er sich, der hat die Macht. Und so lehnte er und lehnte und lehnte, fixierte sein Gegenüber ununterbrochen, einen langen Lulatsch von einsneunzig, glatt rasierte Birne, ein Irgendwer-Schüler, überall bepickelt, wo sich nur Haut zeigte, typisch Pubertät, neunzehn Jahre alt, einmal hängen geblieben, jetzt in der Abitursklasse des ›Lessing‹.
Gernot hieß Klöpfers Gegenüber, Gernot Sigbot.

Klöpfer steckte sich eine Zigarette an, genüsslich und sehr langsam. Das bekannte Zeitritual. Klöpfer nahm sich die Zeit. Das Fixieren vergaß er nicht. Er machte sich dann immer selber kühl, räumte seine Gefühle aus, steckte sie weg, irgendwohin. Ein Eisblock. Und so wurde er auch wahrgenommen.
Klöpfer rauchte, ging jetzt wie im Gefängnis nach rechts bis zur Wand, verweilte dort einen Augenblick, nahm einen Zug aus der Zigarette, wendete, den Blick zur Decke gerichtet, ging langsam zurück bis zur nächsten Wand, diesmal mit dem Blick auf dem Boden.
›Vergessen wir einfach dieses Muttersöhnchen‹, sagte sich Klöpfer.
Das Ritual wiederholte sich und wiederholte sich, bis die Zigarette abgebrannt war.
»Was soll die Scheiße?«, muckte der Junge auf. »Dieses nervöse Hin- und Herlatschen.«
›Aha‹, gab jetzt Klöpfers Denkapparat von sich, ›der Junge wird unruhig.‹
Klöpfer ging weiter, blickte und ging, das Fleisch gewordene Schweigen.
Der Junge wurde noch unruhiger, er folgte den Bewegungen Klöpfers, wartete darauf, dass etwas passierte.
»Darf ich rauchen?«, fragte er dann.
Keine Antwort. Er hatte keine eigenen Zigaretten, war auf Klöpfer angewiesen, der auf einmal stoppte und – ohne den Rhythmus zu ändern – auf den Tisch zuging und die Marlboroschachtel in die Mitte des Tisches legte, dann das Feuerzeug so weit von dem Jungen weg auf dem Tisch platzierte, dass der aufstehen und sich strecken musste.
Ein »Danke!« ließ sich vernehmen.
Gernot steckte sich ungelenk eine Zigarette an, zog den Rauch genießerisch ein, um ihn dann wiederum genießerisch mit großer Kopfgeste im Raum zu verteilen, wie er es den Filmhelden abgeguckt hatte. Er rückte den Stuhl nach hinten, streckte seine Beine aus und verschränkte sie. Wie er dies tat, daran erkannte man, dass er nicht gerade sportlich war. Die Bewegung fiel schwerfällig aus.
Nun qualmten die beiden die Bude voll. Als Klöpfer seine Zigarette ausgeraucht hatte, ging er zum Tisch, stellte sich, die Arme auf den Tisch gestemmt, vor Gernot auf und schob den Kopf zu diesem hin. Er legte alle Kälte, die er auf Vorrat hatte, in seine Augen.
»Weißt du, was dein Vorname bedeutet?«
»Ich weiß nicht, was Ihnen das Recht gibt, mich zu duzen.« Diesen Satz schleuderte Gernot Klöpfer an den Kopf.

›Donnerwetter!‹, dachte Klöpfer. ›Das können die jungen Kindsköpfe. In diesen Dingen kennen sie sich aus.‹
»Für dich Wichser, der einen alten Mann ohne Anlass zusammengeschlagen hat, ist noch das Du zu schade«, spuckte Klöpfer und hob den Tisch leicht an, so dass der Junge vor Schreck die Beine einzog.
»Dann will ich dir sagen, was dein Name bedeutet. Gernot ist der, der in der Not, im Kampf, wenn er angegriffen wird, seinen Ger, seinen Speer benutzt. Hast du gehört, du Mistkerl, im Kampf benutzt der seine Waffe, um sich zu verteidigen«, zischte Klöpfer Gernot an.
Dann der Faustschlag auf den Tisch.
»Hat dich, du feige Ratte, der Alte angegriffen? Hä? Hat er dir etwas getan?«
Die Wortladung schrie er dem Jungen ins Gesicht, indem er sich gleichzeitig aufrichtete und erneut am Tisch rüttelte. Das machte Eindruck auf den Jungen, der hilflos und ängstlich zusammenzuckte.
›Der wird mir doch nicht am Ende noch den Tisch an den Kopf schmeißen?‹, dachte er.
Nicht an den Kopf, aber in den Raum schleuderte Klöpfer den Tisch, stellte sich vor dem Jungen auf, indem er langsam mit seinen kräftigen, trainierten Beinen die Streichholz-Beine des Jungen umstellte, ihn dergestalt einschnürte und dann seine Beine eindrückte, bis sie schmerzten.
»Was Sie da machen, ist Körperverletzung eines wehrlosen Opfers«, stöhnte Gernot.
Klöpfer lockerte die Beinzange, löste sie allmählich wieder auf. Er hatte schon daran gedacht, ihm eine runterzuhauen.
›Ich muss mich zusammennehmen, sonst ...‹
Er nahm sich zusammen.
»Hast du kein schlechtes Gewissen? Der Alte, den du geschlagen und getreten hast, ist jetzt tot.«
Auf einmal lief der Junge zu großer Form auf.
»Erstens war nicht ich allein es, der den Alten ein wenig gestreichelt hat, es waren mehrere. Und töten wollte ich ihn nicht, ihm nur einen Denkzettel verpassen.«
»Denkzettel? Wofür?«
»Weil er alt ist, weil er vergessen hat, dass er alt ist, vergessen hat, dass er abzutreten hat. Daran wollten wir ihn erinnern.«
Klöpfer kam nicht dazu zu kontern.
»Und wer sich nicht mehr erinnert, bei dem muss man ein wenig nachhelfen, verstehen Sie, Herr Kommissar Klöpfer? Wir haben ihm lediglich Nachhilfeunterricht erteilt. Sonst nichts. Können Sie das nachvollziehen? Wahrscheinlich nicht,

dazu fehlt Ihnen die Phantasie, denn auch Sie sind ja schon alt. Ein alter Sack«, dehnte Gernot den Satz. Dann setzte er sich zufrieden auf seinem Stuhl zurück und blickte nun seinerseits Klöpfer mit verschränkten Armen kampfeslustig an.
»So, so! Nachhilfeunterricht nennst du einen Mord, du Muttersöhnchen! Ich hätte große Lust, dir auch einen solchen Nachhilfeunterricht zu verpassen, bis dir Hören und Sehen vergeht.«
»Einmal ist Schluss. So ist das mit dem Leben nun einmal. Und wer das nicht begreifen will, dem muss ein Denkzettel verpasst werden. Okay! Der ist bei den paar Klapsen hopsgegangen. Früher oder später hätte ihn der Tod sowieso erwischt. Vielleicht hat er sich so manchen Ärger erspart. Sehen Sie das Ganze als einen Akt der Erlösung an.«
»Einfach zuschlagen, wenn einem etwas nicht passt. Das ist also deine Moral, deine Unmoral?«
»Sie mit Ihrer verstaubten alten Moral, die so alt ist wie der Typ, der draufgegangen ist! Wir werden uns nie verstehen, die Alten und die Jungen. Wir Jungen haben eine andere Moral. Wir sind die Zukunft, wir sind die Macht und die Kraft und die Herrlichkeit.«
»In Ewigkeit, amen«, ergänzte Klöpfer, schon ausholend. Der Schlag kam fast ansatzlos und sehr präzise. Mit der Rückseite seiner rechten Hand hieb er den Schlaks von einsneunzig vom Stuhl, der schlug trocken auf und kam naseblutend wieder hoch, verschmierte sich das Blut-Rotz-Gemisch im Gesicht, sagte aber keinen Ton.
Sein Kampfgeist war ungebrochen.
»Ene mene mu, und raus bist du!«, krächzte der Junge.
»Auch Sie sind bald dran, sehr bald, vor der Zeit. Ihnen ist die Hand ausgerutscht. Ein unfähiger Macho, der einem Schüler intellektuell nicht gewachsen ist, vertraut auf seine rohen Kräfte. Ist das die deutsche Polizei? Sie können Gift drauf nehmen, das wird ein Nachspiel haben. Mein Vater ist Facharzt hier am Krankenhaus, der kennt Hinz und Kunz, und er kennt den besten Anwalt am Platz.«
Wieder verschmierte er das Nasse in seinem Gesicht, suchte und fand dann doch noch ein dreckiges, aber trockenes Papiertaschentuch in einer Hosentasche, reinigte sich, konnte nicht sehen, wie seine Nase anschwoll, spürte dies aber.
»Du kleiner mieser Wichser. Wie wäre es denn mit Widerstand gegen die Staatsgewalt nach Paragraph 113 Strafgesetzbuch: ›tätlicher Angriff‹ auf Vollstreckungsbeamte. Genügt diese Kostprobe?«
Gernot schluchzte.

»Einer wie du, der einen hilflosen Alten fertig macht, der ist auch durchaus bereit, einem Bullen eins über die Rübe zu geben. Eine Notwehrhandlung nennt man das dann, wenn der Polizist den Angriff abwehrt. Das werde ich aussagen. Es gibt keine Zeugen. Dann steht Aussage gegen Aussage. Dreimal darfst du raten, wer wohl Recht bekommt. Na, zufrieden jetzt?«
Wieder stand Klöpfer mit gespreizten Beinen und verschränkten Armen vor Gernot. Wohlweislich hatte er die Kamera, die sonst immer bei Verhören läuft, abgestellt. Es gab keine Zeugen.
»Wie alt sind denn deine Eltern? Auch schon reif für Nachhilfeunterricht der gezeigten Art? Hä?«
»Scheiße, ja, meine Eltern sind auch schon alt. Noch nicht so alt wie der abgekratzte Sack. Aber eben doch auch alt. Mein Alter ist älter, viel älter als meine Mam, schon über fünfundfünfzig.«
»Und?«
»Wie und?«
»Wann sind die dran?«
»Sie verstehen nichts, das sind meine Eltern. Keine besonders guten, aber auch keine besonders schlechten. Aber eben die Eltern. Blut vom eigenen Blut. Eine emotionale Beziehung eben.«
»Aha. Eine emotionale Beziehung kommt ins Spiel. Da scheint sie ja doch noch vorhanden zu sein, die Moral, zumindest Reste davon. Und da hat unser verzogenes Akademikersöhnchen auf einmal die Hosen gestrichen voll, wie?«
Klöpfer grinste.
»Was kommt denn da für ein kleiner Feigling zum Vorschein?«
Klöpfer ließ die Worte wirken, machte eine kleine Pause, während der er Gernot ins rotzblutverschmierte Gesicht sah.
»Deine Alten kannst du auch gar nicht umlegen, weil du sie noch brauchst. Du gehörst nicht zu der Sorte Mensch, die sich ihr Leben erkämpfen müssen, von null auf hundert. Das Muttersöhnchen will noch finanziell ein wenig gehätschelt werden, wie?«
»Das geht Sie nichts an. Wenn Sie an einem Neidkomplex leiden, weil Sie ein Underdog sind, dann ist das Ihr Problem, für das Sie einen Therapeuten, besser noch eine knackige Therapeutin, brauchen. Das ist nun einmal so im Leben: Scheiße bleibt Scheiße. Einmal unten, immer unten. Da ändert auch der Titel ›Kommissar‹ nichts.«
Klöpfer kochte, wollte erneut zuschlagen, als es klopfte und die Polizeipsychologin ihren Kopf hereinsteckte.

Eine achtbare Frau von fünfundvierzig Jahren, groß, sehr fleischlich, mit einem schönen, markanten Gesicht. Mit wem soll man sie vergleichen? Es ist gerade kein passender Vergleich zur Hand. Es muss also auch ohne Vergleich gehen. Unauffällig gekleidet, beigefarbenes, ärmelloses Strickshirt aus feinem Merino, enganliegend, sehr sogar, dazu ein langer, grau melierter Rock mit Tweedstruktur, aus einem Schurwolle-Seide-Gemisch, mit ungewöhnlicher Gehfalte, schlank geschnitten und weich fließend. Ja, die schwarzhaarige Polizeipsychologin Johanna Selig, die früh verwitwete Alleinerziehende, machte etwas her. Und die Männer machten sich über sie her. Oder versuchten es zumindest. Auch Klöpfer, der sogleich sein Verhalten änderte, als die Selig wie ein Engel auf der Bildfläche erschien. Ob sie ihn ablösen solle, fragte sie, die die ganze Vernehmung durch den Scheibenspion miterlebt hatte.
Sie kam, um Schlimmeres zu verhüten. Das sagte sie nicht, dachte es aber. Darum ihr Eingreifen. Klöpfer spürte das Hilfsangebot und nahm es an, nicht undankbar, vermutlich sehr zur Freude von Gernot. Klöpfer nickte, steckte die Zigaretten und das Feuerzeug ein und strich im Vorbeigehen mit seiner Rechten, die kurz vorher noch zugeschlagen hatte, zart über die rechte Schulter und den rechten Oberarm von Johanna.
»Dann bis später. Ich bin nebenan.«
Ehe er ging, stellte er noch den Tisch auf. Johanna sammelte sich, indem sie im Raum vor Gernot stehen blieb, die Hände gefaltet an ihre Lippen führte wie eine schöne Nonne und mit den Zeigefingern langsam und vorsichtig über ihre Oberlippe fuhr, diese ein klein wenig hoch schob und dabei den Jungen fixierte. Wie sollte der Junge dieses Bild aushalten? Er hielt es aus, fuhr allerdings etwas unruhig auf seinem Stuhl hin und her. Wer weiß, was in ihm vorging.
»Ich möchte gern verstehen«, war Johannas erster, in ruhigem, weichem Ton vorgetragener Satz, »was du getan hast und warum du es getan hast.«
Schweigen.
Zweiter Satz: »Ich habe einen Sohn, ungefähr in deinem Alter, ebenfalls Gymnasialschüler...«
»Was soll der Scheiß?«, fuhr Gernot ihr sofort in die Parade. »Kommen Sie mir jetzt auf die mütterliche Tour, die verständnisvolle, weiche Frau und Mutter? Empathiescheiße. Leck mich!«
Johanna blieb unbeeindruckt, änderte weder die Stilfigur, zu der sie geronnen war, noch ihr Verhalten. Nach kurzem Schweigen der dritte Satz: »Mich würde interessieren, wann

man bei dir alt ist, um für deinen Nachhilfeunterricht reif zu sein.«

Jetzt hatte sie sich verplappert, jetzt wusste der Junge, dass sie die Vernehmung vorher mitgehört hatte, was nicht gut war für ihre Rolle.

Der Junge schien aber nichts gemerkt zu haben, jedenfalls ließ er sich nichts anmerken.

»Sie jedenfalls sind noch nicht in diesem Alter, dafür sehen Sie zu knackig aus«, gab Gernot grinsend eine Sprechblase heraus.

Johanna hatte ihre Haltung nun geändert und stützte sich wie vorher bereits Klöpfer auf den Tisch.

»Und wann hört das Knackigsein auf?«

»Das kann man nicht so genau festlegen.«

»Wann ist man reif für den Nachhilfeunterricht?«

»Wenn man nach Grab riecht, ein schleichender Leichnam ist, krank und hilflos, dann ist man reif für die Erlösung.«

»Aha. Und das legst du fest, junger Mann. Ja? Du spielst dich auf zum Herrn über Leben und Tod? Sehe ich das richtig? Ganz schön anmaßend!«

»Versuchen Sie nicht, mir ein schlechtes Gewissen zu machen. Zwischen den Jungen und den Alten gibt es keine Verständigungsmöglichkeit. Die hat es nie gegeben. Das habe ich schon Ihrem Klumpen von Kollegen gesagt. Es gibt nur den Kampf um die Lebenschancen. Und wenn die immer geringer werden, müssen die Alten abtreten. Das ist ein Lebensgesetz.«

Zufrieden mit sich, breitete sich Gernot aus, streckte seine Beine von sich, blickte Johanna unverschämt an, penetrierte ihre Brüste, wanderte munter mit den Augen auf und ab, hielt hier an, hielt dort an, fasste sich dann, Johannas Augen in seinen aufnehmend, an jene Stelle im Schritt, an die zu fassen sich in Gegenwart einer Frau nicht gehört. Dort verweilte seine Hand und krampfte sich irgendwie zusammen, löste sich wieder. Dieses Ritual wiederholte er mehrmals.

»Na, wie wär's mit einem Quickie?«, breitete Gernot seine Botschaft vor der Psychologin aus.

Johanna Selig griff langsam, langsam hinter sich, wo der Stuhl stand, fasste diesen und machte Anstalten ..., als die Tür aufging und Klöpfer dieses Mal seinen Kopf hereinsteckte.

»Kann ich behilflich sein? Es scheint Meinungsverschiedenheiten zu geben?«

»Dieses Schwein!«, schäumte die gar nicht selige Johanna.

»Dieser widerliche kleine Macho wagt es, mir ein unmoralisches Angebot zu machen», wutschnaubte sie.

»Woher nimmst du die Million, du Wichser, um mich zu bezahlen?«
Diesen geschäftlichen Satz schleuderte sie Gernot entgegen, während sie gleichzeitig den Stuhl heftig rüttelte, den sie in der Hand hatte, und nahm ein theaterwürdiges Reißaus mit Türenschlagen.
Klöpfer ging auf den Jungen zu, der ahnte, was auf ihn zukam, denn er hielt sich auch noch die andere Hand an seine Pestwurz. Dann trat ihm Klöpfer in die Eier.
Gernots Schrei drang wie ein Echo in sämtliche Mauern des Polizeipräsidiums.
Später konnte man im Protokoll nachlesen, dass die Polizeipsychologin Johanna Selig sich gegen einen sexistischen Angriff des zur Vernehmung vorgeführten Schülers Gernot Sigbot mit Tritten zur Wehr gesetzt und dabei den Angreifer verletzt habe.

7.

Während Klöpfer mit der Demontage des Schülers Gernot Sigbot und Johanna Selig mit ihrer Imagepflege beschäftigt waren, stand im Nebenzimmer der Kriminalpolizei eine andere Vernehmung an, die kontrapunktisch verlief. Hier wurde ein weiterer Verdächtiger, Thorwald Manbiss, ebenfalls Schüler des ›Lessing‹, ebenfalls Abiturient, aber erst siebzehn, auch nur einssiebzig groß, vernommen. Auch suchte man vergeblich nach den typischen Pubertätsmerkmalen im Gesicht des Jugendlichen. Ein hübsches, schlankes Kerlchen saß da verloren auf dem Vernehmungsstuhl. Diesem hätte man ohne weiteres Feinsinniges zugetraut – Klavierspiel zum Beispiel oder Schachspiel. Auch eine Leseratte hätte er sein können, desgleichen ein Computerspezialist. In der Kleidung unterschied er sich nur unwesentlich von seinem Klassenkameraden Gernot Sigbot. Eine Besonderheit zeichnete ihn dann wieder vor den anderen aus: seine Sprache. Er verwendete die Standardsprache auf einem ungewöhnlich hohen Niveau, was für einen Jugendlichen seines Alters auffällig war. Die zu erwartende Jugendsprache kam bei ihm nicht vor, jedenfalls nicht während der Vernehmung. Das fuchste natürlich Thorwalds Gesprächspartner, Hartmut Hammerl, einen achtundvierzigjährigen Schwaben aus B, einen eingefleischten Mundartsprecher und erfahrenen Bullen, wie es im Jargon hieß, Typus Sanguiniker, ein erfolgreicher ›Knacker‹ wie auch Klöpfer, der so manches verstockte Gemüt zum Singen gebracht hatte und dabei schon einmal tyrannisch werden konnte. Er war mit Klöpfer befreundet, was bei der Verwandtschaft ihrer Namen nicht verwunderlich war. Sie gingen regelmäßig zum Kegeln, regelmäßig zum Skatspiel und regelmäßig in den Puff, wo andere Regeln als bei der Polizei herrschten. Diese und andere Freizeitbeschäftigungen konnten sie sich als Junggesellen leisten.

Dem schwäbischen Naturell entsprechend, aß Hammerl Brezeln für sein Leben gern, ohne Unterlass, mit oder ohne Butter, lieber mit Butter, brach gelegentlich zu große Salzkristalle aus der Brezelhaut heraus und schnippte diese mit dem Finger in die Lokalität, in der er sich gerade befand. Diese Unsitte behielt er auch während der Vernehmungen bei, was dem Gespräch, so Hammerls Einschätzung, vordergründig eine gemütliche, ja, intime Note verleihen sollte. Zwischen den Kaupausen, aber auch mittendrin, quetschte Hammerl dann aus seinem vollen Mund seinen Wortbrei heraus, am häufigsten Einwortsätze, die plattgewalzt und vernuschelt waren wie Kartoffelbrei. Dem Essens- und Verdauungsvorgang schien diese Verschmelzung von Wort- und Brotteig nichts anzuhaben. Dem Verstehensvorgang sehr wohl.

»Name, Wohnort, was, wann, wo, wie, weshalb« – solche Sprechblasen quollen dann aus Hammerls Brezelbrei, wobei er, geschah es aus taktischer Berechnung oder aus Gewohnheit, den Blick auf die immer kleiner werdende Brezel gerichtet hielt, deren letztes Stück er stets mit einem kleinen Klaps in den Rachen schubste. Sein Sprachduktus war eher gemächlich, ein ungekünstelter Parlandostil, wie er sich für einen richtigen Schwaben von der Alb gehörte. So viel zu Hammerl.

Die Vernehmung fand in einem kargen Ambiente statt, das schon bekannt ist. Hammerl stand vor Thorwald, holte seine Brezel aus einer Tüte und biss hinein, dass es knackte.

»Du warst also auch an der Prügelei beteiligt«, war der gemümmelte Einleitungssatz Hammerls.

»Für Sie immer noch ›Sie‹, Herr Kommissar. Auch eine Vernehmung sollte die Spielregeln des Anstands nicht verletzen.«

›Aha, so einer ist das‹, dachte Hammerl. ›Der will mir auf die Finger sehen, weiß alles besser, dieser Gymnasiast, da muss ich mich wohl vorsehen.‹

Nach außen zeigte sich Hammerl jedenfalls unbeeindruckt von dieser Auslassung, die er von seiner jugendlichen Klientel bereits bestens kannte. Immerhin war man erfahren. Das hatte er dem Dreikäsehoch voraus.

Er kaute daher erst einmal weiter mit einem Sprechpäuschen dazwischen. Es gehörte zu seinem Verhörstil, sein Gegenüber,

vornehmlich, wenn es sich um Jugendliche im fraglichen Alter handelte, zu duzen. Das Duzen wurde von ihm als gezielte Taktik eingesetzt. Den Typen erst einmal den Schneid abkaufen, sie auf Niedrigmaß bringen. Ihnen zeigen, wo der Barthel den Most holt. Das war für Hammerl ein geflügeltes Wort. Bei Menschen mit einem schwach ausgeprägten Selbstbewusstsein, so meinte er, griff diese Masche der Kränkung des Egos. Sie überreagierten dann immer wieder einmal. Nicht immer. Aber meistens.
»Du warst also dabei?«
Ein Achselzucken. Mehr preiszugeben, war Thorwald nicht bereit.
Hammerl, der sich mittlerweile gesetzt hatte, vertrieb einige Brösel von seinem Hemd, ein Vorgang, den er mit großer Sorgfalt betrieb und peinlich genau beobachtete. Den Kopf hielt er dabei leicht auf die Brust geknickt, sodass sein Redefluss in die Tiefe ging:
»Wer schweigt, stimmt zu. Auch das ist eine Form des Geständnisses.«
Jetzt wurde Thorwald hellwach. Ein Ruck ging durch seine Gestalt. Er hob den Kopf.
»Herr Kommissar, ein Geständnis muss sprachlich formuliert sein und schriftlich vorliegen. Das wissen Sie genau. So viel zum einen. Zum anderen: Wenn ich hin und wieder einmal schweige, dann geschieht dies, um die deutsche Sprache zu schonen.«
›Donnerwetter, der ist nicht auf den Kopf gefallen und weiß auch noch Bescheid. Eigentlich ganz witzig.‹
»Du wurdest von Zeugen eindeutig identifiziert, die sahen, wie du in dem Haufen warst, der auf den wehrlosen alten Mann einschlug, der blutend auf dem Boden lag und der, wie du vielleicht weißt, später starb.«
Thorwald zeigte sich unbeeindruckt.
»Darf ich Sie, Herr Kommissar, auf eine Unterlassung aufmerksam machen?«
»Wie bitte? Seit wann ist der Esel klüger als der Herr?«
»Mit diesem albernen Vergleich kann ich nichts anfangen. Jedenfalls sind Sie Ihrer ›Belehrungspflicht‹ nicht nachgekommen. Vor jeder ›Einlassung in die Sache‹, wie es im Juristendeutsch heißt, hätten Sie mich, so will es die Strafprozessordnung nach Paragraph 52, Absatz 3, und Paragraph 55, Absatz 2, auf mein ›Auskunftsverweigerungsrecht‹, das Recht, einen Verteidiger zu befragen, gegebenenfalls die Beweiserhebung bereits in diesem Stadium zu beantragen oder das schriftliche Äußerungsrecht hinweisen müssen. Das, wie ge-

sagt, ist nicht geschehen. Sie wissen, welche Folgen ein solches Versäumnis nach sich zieht?«

Thorwald hob seine Augenbrauen triumphierend, beobachtete dabei Hammerl, der gerade dabei war, den letzten Rest seiner Brezel in sein Kontor zu befördern. Dann zerlegte er silbengerecht und dehnte den nachfolgenden Wortbandwurm in nachäffender Manier:

»Ein Be-weis-ver-wer-tungs-ver-bot?«

Hammerl hielt den Mund offen, so dass man befürchten musste, dass der Brezelbrei dort wieder herauskam, wo er hineingeriet. Diese Sorge war umsonst. Hammerl bemühte sich, rasch wieder zu seiner Contenance zurückzufinden und konterte seinerseits mit einem Satz, der Hilflosigkeit ausdrückte:

»So, so. Unser gymnasialer Besserwisser will mich belehren.«

Hammerl setzte sich auf, stützte seine Arme vor sich auf dem Tisch auf, sah Thorwald grinsend an und holte aus seinem Mund den Fragesatz:

»Wo, bitte schön, junger Mann, steht denn, dass ich meine Belehrungspflicht verletzt habe? Siehst du hier irgendwo ein Protokoll? Oder einen Zeugen, der das bestätigen könnte?«

Thorwald stutzte kurz, blickte Hammerl mit seinen großen Augen an und machte sich an den nächsten Schachzug:

»Außerdem vergaßen Sie, mir den Straftatbestand exakt zu formulieren. Sie sprachen nur sehr ungenau von einer ›Beteiligung an einer Prügelei‹. Was also werfen Sie mir konkret vor?«

»So! Ungenau war ich! Und das muss ich mir von einem Grünschnabel wie dir sagen lassen.«

Und jetzt blähte er sich auf, seine Muskeln begannen zu zittern und seine Stimme wurde brüchig, aber laut:

»Du Neunmalkluger! Die Hürden für ein Beweisverwertungsverbot sind vom Gesetzgeber sehr, sehr hoch gesetzt worden. Das zum einen. Und zum anderen: Vergiss nicht, alles, was du gegen mich vorbringen willst, durch Zeugenaussagen oder protokollarisch zu belegen. Sonst gehst du baden. Aber wie!«

»Das ist eine hässliche Drohgebärde, die Sie da zeigen. Ich bin zwar jünger, auch schwächer und auch weniger erfahren als Sie, aber ich lasse mir das Denken auch und gerade bei einer Vernehmung nicht abgewöhnen. Ich könnte darauf bestehen, einen Rechtsanwalt zu Rate zu ziehen. Es wäre alles etwas leichter für Sie und für mich, wenn Sie etwas menschlicher wären. Und im Übrigen ...«

Hammerl war aufgestanden. Er ging langsam auf Thorwald zu: »Im Übrigen stelle ich hier die Fragen. Verstanden?«

»Sie reden wie ein Feldwebel auf dem Kasernenhof, der im geschützten Raum, wo die Öffentlichkeit ausgeschlossen ist, den Feldherrn spielt, einen Feldherrn ohne Heer. Sie sollten doch wenigstens die Satzschlussregel beherrschen, wie wir das in der Schule täglich eingebläut bekommen. Jemanden ausreden zu lassen, ist die erste kommunikative Bürgerpflicht. Sie sind mir in den Satz gefallen. Ich habe ein Anrecht darauf, den Satz zu beenden.«
Hammerl stand plötzlich wieder der Mund offen, was nicht schön aussah mit den Brezelschlieren zwischen seinen ungepflegten Zähnen. Nein, so etwas hatte er noch nicht erlebt. Wie reagiert man auf Hilflosigkeit? Richtig, man übergeht das, was das Gegenüber gesagt hat.
»Bist du jetzt fertig mit deinem Gelabere? Können wir nun mit der Vernehmung fortfahren?«
»Erst dann, wenn ich zu Ende reden darf.«
Hammerl lenkte ein: »Also, bitte!«
»Sie sprachen von einem Plural, ich wäre in dem Haufen gesehen worden. Natürlich war ich in dem Haufen, wir traten als Gruppe auf. Aber ich habe nicht geschlagen. Weder zu dem Zeitpunkt, als der alte Mann auf der Erde lag, noch vorher.«
»So, das war jetzt nicht ein Satz, den du zu Ende gesprochen hast, sondern gleich vier Sätze. Und was hast du dann gemacht, wenn du nicht geprügelt hast?«
»Beschwichtigt.«
»Ach, beschwichtigt? Dass ich nicht lache! Du versuchst dich jetzt nur herauszureden.«
»So war es aber!«
»Hast du dafür Zeugen?«
»Vermutlich dieselben wie Sie.«
»Sieh mal einer an! Woher willst du denn wissen, wer die Zeugen sind, die ich meine?«
»Das nehme ich einmal an. Einfach eine Hypothese. Jedenfalls bin ich unschuldig, jedenfalls in dem Sinn, dass ich kein Unrecht begangen habe.«
»Und in welchem Sinne hältst du dich für schuldig?«
»Dass ich zu spät reagiert habe und dass es mir nicht gelungen ist, die Gruppe zu besänftigen, sie von der Gewaltanwendung abzuhalten. Können Sie das nachvollziehen?«
»Na gut. Dann fragen wir einmal andersherum. Wie erklärst du dir denn dann, dass es zu einem solchen überraschenden Gewaltausbruch deiner Kumpels gekommen ist?«
Hammerl sah Thorwald durch dessen Nickelbrille in dessen große Augen. ›Sieht aus wie Peter Pan oder Harry Potter. Ja, eher Potter-artig, aber keinesfalls artig. Klein, schlank, etwas

verträumt, dann aber wieder hellwach. Fünfzehn würde man ihm zutrauen, aber nicht siebzehn. Erstaunlich reif.‹

Der Junge fing an, ihm zu gefallen.

»Da muss ich ein wenig nachdenken, was ich die ganze Zeit über getan habe. Ich stehe selber vor einem Rätsel. Möglich, dass die angeregte Diskussion im Gemeinschaftskundeunterricht über das Altersbeben in der Gesellschaft eine Rolle gespielt hat. Die ging uns allen unter die Haut, hat uns sehr betroffen gemacht und uns die Augen geöffnet.«

»Wovon waren denn vorher eure Augen verklebt?«

»Herr Kommissar, lassen Sie doch diese alberne und höchst überflüssige Ironie. Sie dient nicht der Wahrheitsfindung, aber sie entlarvt Sie.«

»Hör einmal zu, du Wichser...«

»... langsam, langsam, Herr Kommissar. Welch ein hässliches Wort. Igittigitt! Und außerdem ein Schimpfwort, mit dem Sie mich diskriminieren, was Sie als Polizist in einer Vernehmung nicht dürfen.«

Hammerl merkte, wie er allmählich in seiner routinierten Verhörpraxis unsicher wurde. Und er hatte keine Brezel, an der er sich hätte aufrichten können. Also weitermachen, als wäre nichts gewesen. Einfach nachfragen.

»Was ist denn so Erschütterndes im Unterricht passiert?«

»Herr van Hist, unser Geschichtslehrer, hat mit uns das Thema ›Die Überalterung – ein gesellschaftliches Problem von großer Brisanz‹ abgehandelt, mit dem wir uns lange beschäftigt haben. Er hat uns mit Zahlen und Statistiken versorgt, die deutlich machen, dass die Bevölkerungspyramide sich in einen Pilz verwandelt, dass es heute bereits vierzig Prozent Alte gibt, hat mit uns über das Symposium von 1995 in San Francisco und die Gefahren der Globalisierung gesprochen, dass sich allmählich die Globalisierungsformel zwanzig zu achtzig durchsetzt...«

»Zwanzig zu achtzig?«

»Dass in Zukunft nur noch für zwanzig Prozent der arbeitswilligen Bevölkerung Arbeitsplätze zur Verfügung stehen werden und der Staat die restlichen achtzig Prozent ruhig stellen soll. Können Sie sich nicht vorstellen, wie eine solche Information Jugendliche beunruhigt?« Thorwald hatte sich verausgabt. Er musste erst einmal Luft holen. Hammerl ließ ihn Luft holen.

»Und? War das alles?«

»Haben Sie schon einmal das Kompositum ›titty-tainment‹ gehört, Herr Kommissar?«

»Ja, irgendwie... Aber du Oberlehrer wirst es mir sicher gleich erläutern.«

»Was Titten sind, ist Ihnen geläufig, nehme ich einmal an. Die Möpse stehen für Milch oder Ernährung. Und den anderen Wortbaustein ›tainment‹ kennen Sie aus dem Wort ›entertainment‹, Unterhaltung. Für beides habe der Staat zu sorgen, für Ernährung und Unterhaltung, damit keine revolutionäre Stimmung aufkommt.«
Hammerl staunte erst einmal. Dann füllte sich sein Mund wieder allmählich mit Wörtern: »Bis jetzt sehe ich aber noch keinen direkten Zusammenhang, der von der Globalisierungsformel und vom ›titty-tainment‹ zum Totschlag eines alten Mannes führt, der euch nichts getan hat.«
»Mich nehmen Sie bitte vom Totschlag aus. Damit habe ich nichts zu tun.«
»In Ordnung. Mach weiter.«
»Herr van Hist berichtete dann von einem Treffen auf der Wartburg, auf der mehrheitlich junge Leute die Zukunft der Welt diskutierten und dass es dort auch eine militante Strömung gegeben habe, die sich FIVE-ZERO-OUT nennt. Die planten die Ausrottung der Alten über fünfzig.«
Hammerl war jetzt hellwach.
»Und du meinst nun, deine Kumpels hätten an dem betreffenden Abend im ›Pferdefuß‹ den Ernstfall geprobt?«
»Es könnte so gewesen sein. Ja. Ich weiß es nicht. Wie gesagt, eine Hypothese.«
»Habt ihr denn nach dem Unterricht noch über diese Bewegung gesprochen? Vielleicht auch auf dem Weg zur Pinte oder vielleicht in der Pinte selbst?«
»Wir haben über das Problem immer mal wieder gesprochen, aber nicht ausschließlich über die Bewegung. Und immer nur ganz kurz. Bis dann einer ohne Vorwarnung auf den Alten losging. Sie kennen den Vorfall ja. Ich war erst so überrascht, dass ich gar nicht reagieren konnte. Wer denkt denn an so einen Gewaltausbruch? Das hat es bei uns noch nie gegeben. Erst, als der Alte blutend auf dem Boden lag, habe ich mich eingemischt. Zu spät.«
»Würdest du sagen, dass die Problematik, die euer Lehrer im Unterricht angesprochen hatte, dich und deine Freunde so tief beeindruckte, dass eine solche Kurzschlusshandlung eine Folge gewesen sein könnte?«
»Ja, das könnte so gewesen sein. Genau das versuche ich Ihnen zu vermitteln. Ja.«
Hammerl war aufgestanden und ging nachdenklich im Raum herum, indem er die Arme hinter dem Rücken verschränkte. Worüber er nachdachte, das hat niemand erfahren. Vielleicht war die Armverschränkung auch nur eine leere Geste.

Dann machte er sich auf den Weg zum Tisch, stand auf einmal hinter Thorwald und beugte sich zu diesem mit der Frage herunter: »Und jetzt frage ich dich: Wer hat denn den ersten Schlag getan?«
»Das weiß ich nicht. Das deutete ich bereits an. Ich saß mit dem Rücken zum Geschehen und habe mich erst umgedreht, als es laut wurde und ich Schreie hörte. Sie dürfen auch nicht vergessen, dass wir ganz schön gebechert hatten.«
»Wie viel? Ungefähr.«
»Ich habe nicht aufgepasst und gezählt, wie viel meine Kumpels tranken. Ich kann nur für mich sprechen.«
»Ja, dann tue das.«
»Ich bin kein großer Trinker, bin mehr ein großer Thinker. Ich habe drei Bier getrunken. Und bin dann fast umgesunken. Das ist das Äußerste, was mein Körper zulässt. Sonst: Übergeben. Die anderen, schätze ich einmal, sind so auf sechs bis sieben gekommen. Das ist so ihr Maß.«
Hammerl ging um den Tisch herum und holte aus der Schublade einen Schreibblock und einen Kugelschreiber. Dann forderte er Thorwald auf, in einer Skizze die Sitzordnung der Gruppe festzuhalten. Während Thorwald erst kurz nachdachte und dann zu skizzieren begann, lief Hammerl das Wasser im Mund zusammen: Er war in Gedanken bereits bei seinem Rostbraten und seinem Viertele Trollinger. Dann wollten sie noch etwas für ihren Sexhaushalt tun, er und Klöpfer...

8.

Die LUX GmbH war in Lg in einem Loft untergebracht, der erst vor kurzem fertig gestellt worden war. Das alte Fabrikgelände war ehemals eine Waffen- und Munitionsfabrik des Friedemann Schwert gewesen, der sich damit bis an die Schwelle der neunziger Jahre eine goldene Nase verdient hatte, hauptsächlich durch Waffenverkäufe in Spannungsgebiete, die er über andere Länder abwickelte. Als dann die Mauer geschleift wurde, die die Welt in zwei Hälften geteilt hatte, und der rote Block zerbröckelte, war es aus mit den lukrativen Geschäften. Rechtzeitig verkaufte Schwert den größten Teil seiner Werke, so auch das Werk in Lg, und konzentrierte sein Restunternehmen in der Schweiz, von wo aus er die Entsorgung von militärischem und atomarem Müll nach Polen und nach Russland betrieb.
Das Stammhaus in Lg ging zunächst für einen guten Preis an die Stadt, die es wiederum für einen guten Preis an eine

Immobiliengruppe weiterverkaufte, die das Gebäude zu einem Loft ausbaute und die neu entstandenen Wohneinheiten abermals für gute Preise vermietete oder verkaufte. In diesem Loft, einem Industriedenkmal aus Klinkern, das um die Wende zum zwanzigsten Jahrhundert erbaut worden war, residierte unter anderem die LUX GmbH, ein kleines, feines Unternehmen mit nicht einmal hundert Mitarbeitern, das Verschlüsselungs-Handys, so genannte ›Krypto-Handys‹, abhörsichere Mobiltelefone, herstellte. Die ersten und besten Kunden für diese ›Krypto-Handys‹ waren naturgemäß alle staatlichen Behörden sowie die Kirchen, die verständlicherweise ein großes Interesse daran hatten, dass der Vertrieb auf einen kleinen sicheren Kreis von Kunden beschränkt blieb.

Der Geschäftsführer und Chef des LUX-Unternehmens war Maria José Bay-Reuth, ein Jude aus einer deutsch-spanischen Familie in Saragossa. Sein Vater, ein Katalane, war ein stadtbekannter Bonvivant und großer Liebhaber der klassischen Musik, vornehmlich Wagners. Mit billigem Olivenöl aus der dritten Pressung belieferte er die Supermärkte auf der ganzen Welt. Er heiratete durch die Vermittlung eines Wagnerenkels die bekannte deutsche Wagner-Sopranistin, die sich den Künstlernamen Isolde Bay-Reuth zugelegt hatte, und so zugleich auch Wagner mit in sein Haus einbrachte. Aus dieser von Wagner beeinflussten Liaison ging Maria José hervor, das einzige Kind, mit dem das Ehepaar denn auch seine Zeugungskraft verausgabt hatte. Der Sprössling gedieh prächtig, nicht zuletzt dank der großzügigen finanziellen Nachhilfe des Papas, der den Sohn mit dem vortrefflichen Vornamen in allen Elite-Schulen und Elite-Universitäten unterbrachte. Maria José erwies sich als ein dankbarer Sohn und durchlief alle Stationen jeweils mit den besten Noten, worüber sich einige Leute wunderten.

Der Vater, mit einem feinen Näschen für innovative Entwicklungen auf dem Weltmarkt, hatte dem Sohn zu einem Informatik- und Medienstudium geraten und stand ihm auch nach dessen Abschluss mit Rat und Geld zur Seite. Maria José, ein hübsches Kerlchen mit weißer, weicher Haut, sah als Junge wie Caravaggios ›Amor als Sieger‹ aus. Schon damals zeichnete sich ab, dass er einmal sehr zur Freude der Frauen zwei Handbreit unterhalb des Bauchnabels gut ausgebaut sein würde. Böse Zungen behaupteten, er unterhalte zu seiner Mutter, die ihm den liebevollen Kosenamen ›Jus‹ gab, eine erotisch nicht ganz geklärte Beziehung.

Trotz seines feinen Aussehens verfügte er über den gleichen Geschäftssinn und Ehrgeiz des Vaters, was nicht lange gut gehen konnte. Und als der Vater tatsächlich keine Anstalten machte, den Sohn an den Geschäften teilhaben zu lassen, kam es zu ernsten Verstimmungen, dann zum Krach, schließlich zum Bruch der Beziehung. Die Mutter intervenierte nur halbherzig, sie war zu sehr mit Wagner und ihren jugendlichen Liebhabern beschäftigt und wagnerte ohnedies die meiste Zeit auf allen Weltbühnen.

Es kam schließlich doch noch zu einer Versöhnung, die durch die Mutter vermittelt wurde und die dem Sohn einen Großteil des Erbes, die Rede war von einigen Millionen, als Startkapital für seine Existenzgründung einbrachte. Jus verließ Spanien und gründete in Lg, das ein bekanntes Medien- und Technologiezentrum beherbergte und dabei war, Silicon Valley zu übertreffen, sein Unternehmen. Lg bot sich auch deshalb an, weil Brunhild Lohen-Grin, ein Künstlername auch dies, von hier stammte, ein aufgehendes Wagner-Sternchen und zur Zeit Favoritin von Jus, der dieses brust- und stimmgewaltige Wesen unten und oben tüchtig förderte, allein, um der Mutter eins auszuwischen. Wagner war übrigens, das dürfte jetzt auch kaum noch überraschen, neben Beethoven Jus' Lieblingskomponist. Sprachliche Probleme gab es keine, da Jus' Mutter früh dafür sorgte, dass Jus zweisprachig erzogen wurde.

Nun hatte er sich also in Lg, in einem Loft-Komplex, in einem flachen, zweistöckigen Fabrikgebäude mit einem Dachgeschoss, niedergelassen. Die Verwaltung war im Parterre untergebracht, die Labor-Station im ersten Stock. Das Dachgeschoss, ganz in Glas, besser ganz unter Glas, mit aufwändigen, versenkbaren Jalousien ausgestattet, zog sich über eine dreihundert Quadratmeter große Fläche hin, die wie folgt aufgeteilt war: Ganz links ein Schwimmbecken, eingebettet in einen exotischen Garten, in dem Palmen, Oleander und Bougainvilleen dominierten. Durch eine Glastür gelangte man in einen kleinen Saal, der als Fitnessraum eingerichtet war und alle Torturgeräte enthielt, die modernes Körpertraining benötigt. Aus dem Fitnesscenter gelangte man in einen großen Saal, der mit hellblauem Veloursteppich ausgelegt und mit allem ausgestattet war, was einen großzügigen Konferenzraum auszeichnete: zwei Personalcomputer, eine große Leinwand, einen Overheadprojektor und eine Hifi-Anlage von aktuellstem Zuschnitt. Dominierend aber war der lange ovale Mahagonitisch mit dreizehn gepolsterten Stühlen aus demselben Edelholz. Der Raum wirkte zwar hell und freundlich, aber andererseits merkwürdig leer. Außer einem Bambus- und einem Papyrusgehölz gab es keinen Raumschmuck.

Lange, beigefarbene, auf Schienen laufende Vorhänge, die automatisch betrieben wurden, waren in vier Ecken eingezogen. Sie konnten je nach Bedarf zugezogen werden und verhinderten den Einblick. Bloß – wer sollte da Einblick nehmen? Der Loft-Komplex lag am Stadtrand von Lg, das LUX-Gebäude auf einer kleinen Anhöhe. Die nächsten Häuser waren weit genug entfernt, sodass voyeuristische Kontrollblicke gar nicht erst möglich waren. Ganz rechts außen befanden sich dann noch drei kleinere Räume: Zwei Toiletten sowie eine Kitchenette, die eine kleine Kochplatte, dafür aber einen umso größeren Kühlschrank enthielt. Eine andere Besonderheit bestand darin, dass das Konferenzzimmer nur über einen Fahrstuhl zu erreichen war, der vom Parterre über den ersten Stock nach oben führte, eine Sicherheitsmaßnahme, wie Jus einmal einen Besucher wissen ließ.
Warum eine Sicherheitsmaßnahme? Das bleibt zunächst unklar. Auch ist in der Beschreibung bisher ausgespart worden, dass man von dem Dachgeschoss aus den schönsten und auch einen weiten Blick in die nahe und weite Umgebung hatte. Links vom Fahrstuhl aus gesehen machten zwei Barockkirchen auf sich aufmerksam. Sie reckten ihre Hälse in die Höh, um auf eine Bedeutung hinzuweisen, die sie heute nicht mehr hatten.
Flaches lag unmittelbar um die Stadt, die zu den waldärmsten zählte. Dann ein markanter Punkt, der aus der Flachheit fast gefährlich aufragte: der Gefängnishügel, der die gesamte intellektuelle Prominenz erst der Vergangenheit, dann der Gegenwart beherbergte. Etwas weiter hinten lockten bewaldete Hügelketten, Weinberge auch, zum Teil nicht in Schuss. Von Ferne drohte die nahe gelegene Metropole mit ihrem hässlichen Fernsehturm, der vielen Selbstmördern als Absprungbasis diente.
Hier wird in nächster Zeit eine rege Konferenztätigkeit stattfinden.
Zum ersten Mal traf sich heute eine illustre Tafelrunde, dreizehn Personen, die Zahl wird konstant bleiben, darunter eine attraktive Quotenfrau. Die sich hier einfanden, waren keine Mitarbeiter der LUX GmbH, sondern waren auf eine andere, sehr intime Art Mitarbeitende. Was sie zunächst auszeichnete, war etwas Äußeres, das Alter. Alle waren um die dreißig. Auffällig auch die Größe: Niemand war unter einsachtzig groß. Doch von entscheidender Bedeutung war das geschäftsübergreifende Interesse von Weltrang, das sie zusammenbinden und zusammenhalten sollte. Jus hatte die zwölf auf dem Wartburgfest eingesammelt.

Als man zusammenkam, wurde durch eine geschickte, unauffällige Regie bereits ein Ritual eingebürgert, das fortan, von kleineren Veränderungen abgesehen, beibehalten werden sollte.
Wie sah es aus?
Zuerst entspannte sich der Zirkel in dem auf vierundzwanzig Grad erwärmten Schwimmbecken, duschte, trocknete sich ab und genoss Obst- oder Mineralsäfte. Nach dieser Kurzweil fand die Konferenz der besonderen Art in dem lichtdurchfluteten Saal, nach dem Firmennamen LUX-Saal genannt, statt. Die Sitzung machte eher den Eindruck eines altgriechischen Symposiums, das mit einem Aperitif eröffnet wurde. Danach gab es meistens ein Festmahl, das durchaus Ähnlichkeit mit einem Gelage hatte.
Wie ein Symposiarch eröffnete Jus denn auch das erste Symposium mit besagtem Trank. Dann kam das Festessen, das üppig und edel zugleich war und aus griechischen Vorspeisen bestand. Das sich anschließende Gespräch verlief, so hatte es den Anschein, in großer Zwanglosigkeit. Man hatte nicht den Eindruck, als würde hier nach einem festen Plan diskutiert.
Das Moment der Geselligkeit schien zu dominieren, wie denn überhaupt die Grenzen zwischen Unterhaltung und ernstem Gespräch fließend waren. Eine Sitzordnung war offiziell nicht festgelegt worden, hatte sich scheinbar mehr informell ergeben. Der Stuhl in der Mitte des Tisches blieb Jus vorbehalten, davon ging jeder der Anwesenden aus, vermutlich, weil Jus der Gastgeber, vielleicht auch, weil er der Kopf der elf Botschafter und der einen Botschafterin war. Um ihn herum saßen, wenn man Jus ins Gesicht sah, von rechts nach links:

- Petrus Schlüssel, blonder Lockenkopf, ein zum Jähzorn neigender Bundeswehroffizier, im Führungsgremium der ›Führungsakademie für Militärwesen‹ (FKM), Studium der Kriegswissenschaft in den USA in Fort McNair, ein Trumm von Mann, der wegen Körperverletzung (er hatte dem Bodyguard eines Ministers einmal ein Ohr mit einem Handkantenschlag abgeschlagen) vorbestraft war; ein Experte für Strategiefragen sowie Sicherheits- und Schlüsselsysteme;
- Jakobus Lingus, ein Sprachwissenschaftler sowie PR- und Werbefachmann;
- Thomas Zwivel, ein bärtiger Hüne, der Bio- und Gentechnologe der Gruppe, Mitarbeiter am von Brüssel finanzierten Projekt ›Gerontologie und Genentschlüsselung‹;
- Matthäus Münz, eifriger Leser des Börsenblattes, selbst während der LUX-Sitzungen, als wollte er demonstrieren, dass er Versicherungsexperte und Börsianer war, Sitz im Vorstand

des internationalen Finanz- und Versicherungskonzerns SANITAS in Zürich;

- Barthel Most, ein eher unscheinbarer, bacchantisch anmutender Mensch mit Glatze, was auf eine starke Ansammlung von Testosteron schließen ließ, Pharmakologe, Toxikologe, ein hervorragender Experte auch er, zudem Önologe, für den gutsortierten Weinkeller von Jus zuständig;
- Philipp Stein, Polizist, Sprengstoff- und Brandexperte, Spezialist in der Nahkampfausbildung, der an allen möglichen und speziell der einen Stelle gepierct war;
- Andreas Kreuz, Gentechnologe und Virologe, Deutscher Schachvizemeister, Träger eines Andreaskreuzes am Kettchen um den Hals, mit dem er andauernd und ausdauernd spielte;
- Judith Salomé, Journalistin, Mischung aus Angelina Jolie und Jennifer Lopez, triebhafte feministische Therapeutin, hielt die Truppe durch ihren wohlgestalteten Körper auf Trab;
- Simon Windows, Texaner, erschien meistens im Cowboylook, Computer- und Softwarespezialist mit eckigen Augen, beim größten internationalen Computerunternehmen angestellt, Fastfood-Liebhaber ohne feste Wohnung, schlief in seinem Büro neben seinem PC, fuhr einen Porsche, zum Starrsinn neigend;
- Thaddäus Ratgeb, Versicherungsexperte, Unternehmensberater, Vater von sechs unehelichen Kindern; Mormone, hatte drei Ehefrauen, denen er ständig untreu war;
- Jakobus Jeschke aus Jever, von Judith als ›dreigestrichenes J‹ apostrophiert, Dozent für Sozialarbeit, Leiter eines Kriminologischen Forschungsinstituts für Senioren-Delikte; einziges Nordlicht unter den dreizehn, war verknallt in alle Arten von Matjes, stand auf Judith;
- Johannes Wistum, ein dünner Schlaks von zweimeterundzwei, mit gepflegtem kurzem Bart, ehemaliger Zisterziensermönch, Philosoph und Religionssoziologe, der gern seinen Kopf an Jus' Schulter lehnte.

Da saßen sie nun, die Botschafter der neuen Bewegung, die Freunde und Freundinnen des Lichts, wie sie sich selbst gern titulierten, entspannt und erwartungsvoll, was wohl die erste Sitzung bringen würde.

Jus nahm ein Baguette, brach es und sprach: »Dann wollen wir einmal.«

Dann reichte er es nach links an seine rechte Hand, Petrus, weiter und so weiter und so weiter. Die abgeteilte Menge reichte gerade einmal für einen symbolischen Biss. Dann kam Barthel Most an die Reihe, der Mundschenk, der auf Geheiß von Jus, dem Sommermonat entsprechend, einen frischen

Terrassenwein, ›Rosa del Golfo‹, kredenzte, einen Tropfen ohne große Allüren, wie er meinte, dafür fehle ihm die Tiefe und die Breite, dennoch von erstaunlicher Dichte, zugleich weich und von nuancierter Fruchtigkeit. Fotis, der Pächter des ›Vinum‹, eine stadtbekannte Weingröße in Lg, hatte ihn empfohlen. Und was Fotis empfahl, darauf war Verlass. Jedenfalls meistens.

Jus hob das Glas, hielt es mit beiden Händen hoch, blickte nicht nach oben, sondern in die Tafelrunde, indem er mit dem erhobenen Glas einen Kreis beschrieb und den Umsitzenden ein »Jamas!« zurief. Dann fixierte er den Wein, testete die Farbe, führte das Glas an die Nase, alle Bewegungen gekonnt und elegant, typisch für den Weinkenner, nahm schlürfend den ersten Schluck, der bekanntlich der verheißungsvollste und dichteste Schluck ist, zog ihn in den Gaumen, schloss die Augen, ließ das rötliche Nass den Gaumen hinunterlaufen, knallte mit der Zunge und sagte:

»Ein delikater Duftmix von Strauchblüten vor allem.«

Petrus wollte dem Meister nicht nachstehen, kostete und reichte dann gleich sein Urteil hinterher:

»Ist zwar kein ›Pétrus‹, aber ich schmecke die Erdbeere deutlich heraus«.

Petrus, der immer alles besser wissen musste, vielleicht weil er ein militärischer Karrierist war, als einziger Deutscher in Fort McNair an der ›National Defense University (NDU)‹ studiert und dort seinen Magister der Kriegswissenschaft gemacht hatte. Sein Doktorvater, Adolf Krieg, ein Professor für internationale Politik, der einzige deutsche Gelehrte, der an der ›NDU‹ lehrte, hatte ihn als wissenschaftlichen Mitarbeiter mit nach McNair genommen. Krieg musste bald erkennen, dass sein Mitarbeiter zwar ein flinker Karrierist war, der es rasch verstand, Kontakte zu knüpfen und durch seine guten Manieren auf sich aufmerksam zu machen, aber wohl kaum ein kritischer und ausdauernder Wissenschaftler werden würde. Petrus' Vorschlag, eine Doktorarbeit über das Hauptwerk des preußischen Generals Karl von Clausewitz ›Vom Kriege‹, der meistgelesene Theoretiker an der ›NDU‹, zu schreiben, wurde daher von Krieg abgelehnt. Da er befürchten musste, dass Petrus nicht die Ausdauer zu einer Doktorarbeit haben würde, empfahl er diesem als Magisterarbeit das Thema ›Grundlagen konspirativer Kriegsführung, dargestellt am Beispiel der Roten Brigaden‹. Diese Arbeit lag nahe, da Petrus längere Zeit in Italien geweilt und im Vatikan als Archivar gearbeitet hatte. Er kannte also die italienischen Verhältnisse sehr gut. Heraus kam eine Arbeit, die aus

Recherche und präziser dokumentarischer Darstellung bestand.
Und wenn zwei Männer etwas sagen, wird es höchste Zeit, dass sich eine Frau, in diesem Fall die einzige Frau, einschaltet.
»Und ich die Banane«, ließ Judith abrupt verlauten. Ein verdrucksteś Lachen wollte sich Bahn brechen, kam aber nicht zum Durchbruch, da Judith scharf guckte.
Die Expertenmeinungen machten weiter die Runde.
Johannes, das Glas an den Lippen und Jus im Blick, verwies auf den Abgang:
»Eine feinherbe Note.«
Sofort giftete der Sprachexperte der Gruppe, Jakobus Lingus:
»Was soll denn dieses schwammige Hochwertwort ›feinherb‹? Das ist unpräzise und widersprüchlich. Aber was soll man auch von einem Theologen anderes erwarten. Die Poesie sollte man den Schriftstellern überlassen.«
Jetzt kam Stimmung in die Bude. Johannes wollte diese Abkanzelei nicht auf sich sitzen lassen. Doch Jus hob die Arme in die Höhe. Und wer gemeint hatte, er würde jetzt segnen, sah sich bitterlich getäuscht. Es waren Beschwichtigungsarme, die da in die Höhe wiesen: »Bitte keine Nebenkriegsschauplätze, meine Freunde und meine liebe Freundin«, mischte sich der Meister ein, »konzentrieren wir uns ganz auf unser heutiges Thema, das ernst und schwierig genug ist und uns unsere ganze geistige Kraft und Kreativität abverlangt.«
Damit war die Tonart vorgegeben.
An einem schmalen Nebentisch aus eben dem gleichen Mahagoniholz wie der Konferenztisch war einiges aufgefahren, das die Augen und Herzen lachen ließ. Jus machte eine kleine Pause, die die Botschafter am Tisch dazu nutzten, die Weingläser tüchtig zu schwenken. Die Farbe Rosa schwebte auf einmal in der Luft, wenn die Gläser zum Sehtest hochgehalten wurden und der Wein anschließend in den Mund einfuhr.
Da meldete sich das dreigestrichene J ungeduldig zu Wort.
»Auch ich möchte etwas Wesentliches sagen: 'n Glas Wien is beter as 'n Hand vull Schohnagels.«
Der Tisch lachte und bebte, was aber mehr an dem ungewohnten Plattdütsch als an dem Inhalt lag, den keiner verstand.
»Ich übersetze euch Dösbaddeln, was das heißt: ›Ein Glas Wein ist besser als eine Hand voller Schuhnägel.‹ Das sagt man bei uns als Lob des Wohllebens.«
Auf dem Nebentisch wartete die griechische Vorspeisenkultur, raffinierte Winzigkeiten im Überfluss, um in entspannter, zeitdehnender Zurückhaltung genossen zu werden, beglei-

tet von ernsten Gesprächen und aufgelockert durch mancherlei Fabulierkunst: Tsatsiki – Taramossalata – Melitzanossalata – Skordalia – Lahano Salata – Gigantes – Sardeles – Piperie Tiganites – Melitzanes Tiganites – Feta – Oliven – Tiropitákia – Spanakópitta – Kalamarakia Tiganitá – Dolmadakia – Horiatiki – Sutzukakia Smyrneika ... eigens von einer griechischen Familie hergestellt, die aus dem gastronomischen Eldorado Griechenlands, aus Thessaloniki, stammte und bewandert war in der kleinasiatischen Vorspeisenkunst.

Man konnte den Eindruck gewinnen, hier werde ein Gastmahl gefeiert, aber nicht konferiert. Jus, ein Philhellene, der griechischen Sprache mächtig, der Griechenland besser kannte als mancher Grieche, übernahm auch die griechische Lebensart: Essen und Trinken hochleben zu lassen und zwischendurch zu arbeiten. Ach ja, der Hinweis darf nicht fehlen, dass zwei Dutzend Ouzoflaschen auf dem Tisch standen, genug vom guten Plomari aus Lesbos. Nur der durfte es sein. Sonst keiner. »Jasas« hörte man hier, und »Jamas« kam es zurück. Die Stimmung war prächtig.

»Liebe Freunde, liebe Judith«, meldete sich Jus da kauend zu Wort. »Lasst uns die Gläser auf unsere humanitären Aktivitäten heben und einen Toast ausbringen auf die Jugend, das Leben und das Licht. Jamas!«

9.

Nachdem der Ouzo flott die Kehlen hinuntergerollt war, nahm Jus dies zum Anlass, die Diskussion wieder in Gang zu bringen. Doch Petrus machte sich geräuschvoll bemerkbar, schaltete erst den Tageslichtprojektor an, auf dem eine Folie aufgelegt war, und gab dann per Knopfdruck den Befehl, die Filmwand auszufahren.

»Nachdem jetzt alle in aufgeräumter Stimmung sind, können wir unser Gespräch in aller Ruhe und ohne jeglichen Zeitdruck fortsetzen. Da wir uns in Grundsatzfragen einig sind, könnten wir die strategischen und taktischen Fragen unserer Erlösungsarbeit in den Mittelpunkt unserer heutigen Bemühungen stellen. Wir sollten unter anderem jene Multiplikatoren ins Auge fassen, die vor Ort mit dem Altenmaterial tagtäglich zu tun haben. Daher möchte ich euch bitten, mir Namen von solchen Personen zu nennen, die als Frontkämpfer und damit als Multiplikatoren für uns in Frage kommen. Petrus wird die Stichwörter für alle sichtbar auflisten. Wir sollten dabei im Auge behalten, dass auch alle in Frage kommenden Berufsgruppen einbezogen werden.«

Bald schon hallte der Konferenzraum von Namen wider, die Petrus, so schnell der behäbige Mann nur konnte, auflistete.

1. Krankenpfleger
2. Krankenschwestern
3. Ärzte
4. Sozialarbeiter
5. Psychologen
6. Pfarrer
7. Versicherungsangestellte
8. Hochschullehrer
9. Polizisten
10. Künstler
11. Jugendszene
12. Organisation ›Attac‹ (Gegengipfel)

Alle sahen nun auf einen Blick, welche möglichen Ansprechpartner genannt worden waren. Petrus, schon so mit Ouzo angefüllt, dass für ihn ein Platz unter dem Tisch durchaus angemessen gewesen wäre, schlug zur Überraschung aller vor, man solle die genannten Namen noch einmal mit der Maßgabe durchgehen und überprüfen, inwieweit die Souveränität der Bewegung nicht gefährdet sei. Kooperationen sollte man daher nur dort zulassen, wo der Risikofaktor für die Bewegung möglichst gering sei und dementsprechend auch keine zu großen Schwierigkeiten zu erwarten seien.
Johannes, der Ouzo nicht mochte und sich deshalb standhaft an den Rosé und an das Mineralwasser hielt, meldete sich als Erster zu Wort, um noch einmal sehr ›grundsätzlich‹ etwas zu sagen, auch wenn Jus dies vorhin mit einer Handbewegung so leichthin als überflüssig abgetan habe. Das kardinale Problem sei seiner Meinung nach ein Grundwiderspruch, da ja die angesprochenen Gruppen wie Krankenpfleger, Krankenschwestern oder auch Ärzte und Psychologen gerade von den Alten lebten. Man würde ihnen sozusagen die ›Existenzgrundlage‹ entziehen, wenn man von ihnen erwartete, sie sollten die Alten von ihrem Leiden erlösen. Hinzu komme der andere grundsätzliche Widerspruch, dass ja alle Eltern besäßen, und die eigenen Eltern so einfachhin umzulegen, stoße auf Hindernisse, auf moralische Hemmungen. Er wolle nicht missverstanden und gleich als Umfallkandidat angesehen werden, nur weil er Widersprüche benenne, durch die man hindurch müsse und die man nicht verdrängen sollte.
»Ich zweifle mit dir, Johannes, denn Zweifeln ist meine Lebensdevise«, mischte sich Thomas ein.

»Aber ich halte diese grundsätzlichen Probleme alle ›grundsätzlich‹ für lösbar, schließlich haben wir doch alle Arten von ›Kadern‹ unter uns, die für die Bewusstseins- und Überzeugungsarbeit infrage kommen.«

Ja, er gebrauchte den Begriff ›Kader‹ aus der altlinken Tradition.

Aber, führte Thomas seine Überlegungen weiter, solche Widersprüche stellten sich bei jedem Problemfeld und überall mit der gleichen Schärfe. Viel sinnvoller fände er es daher, wenn man ›pragmatisch‹ vorginge.

Da war es, sein Lieblingswort.

Er frage sich jetzt, in welchen der aufgeführten Berufsgruppen denn am ehesten ein Konsens zu finden sei. Und dann solle man die nächste Frage stellen, die sich logischerweise anschließe: die der ›Individualisierung‹ der globalen Frage. Er verstehe darunter, dass man gezielt auf solche Leute zugehe, bei denen schon eine gewisse Sympathie mit der Bewegung und der Botschaft vorausgesetzt werden könne.

Jetzt hielt es Judith nicht mehr aus. Sie wollte unbedingt in die Diskussion eingreifen, was sie dann aber zunächst ließ. Warum?

Sie hatte sich auf ihrem Stuhl aufgerichtet, sich gestrafft, um ihre Kampfeslust zu demonstrieren, was sofort für Unruhe sorgte, da die weiße Bluse, die sie trug, auf einmal eine riskante Spannung erhielt, so dass sie überspannt wirkte. Sofort waren wie auf einen geheimen Knopfdruck vierundzwanzig männliche Augen, die eine nahende Explosion erwarteten, auf den obersten Blusen-Knopf gerichtet. Aber die Explosion kam nicht. Petrus, zwar massig von Gestalt, eben ein Felsen, aber, was Frauen anging, kein Souverän seiner Gefühle, denn es brannte auf einmal in seiner Lendengegend lichterloh, es zuckte und rumorte, Petrus also musste sich erst einmal einen hinter die Binde gießen. Es war sein dreizehnter Ouzo. Andreas, der als Schachvizemeister darin geübt war, in Risikosituationen einen kühlen Kopf zu bewahren, bekam auf einmal zittrige Finger und verschüttete einen Teil seines Ouzos, was mit Schmunzeln und geröcheltem Lachen quittiert wurde. Die Augen von Jakobus Jeschke aus Jever, dem Schweiger unter den jungdynamischen Botschaftern mit seinem trockenen Humor, wenn denn einmal einer kam, klebten an Judiths Titten, von wo er sie den ganzen Abend nicht mehr wegbekam. Judith beobachtete diese Umtriebe ihrer Lichtbrüder fassungslos.

Johannes, wahrscheinlich noch mit Grundsätzlichem beschäftigt, steckte den rechten Zeigefinger in die rechte Nasenta-

sche, um dort nach weiteren Argumenten zu suchen. Das machte Judith noch wütender. Sie tobte und verwies auf die guten alten Anstandsregeln, die doch auch hier, gerade von einer Eliteorganisation, beachtet werden sollten.
Wo sie sich denn hier befände, raste sie. In einer billigen Spelunke oder gar in einem Puff? Sie sollten doch endlich einmal die alberne Gafferei sein lassen, sie würden sich wie pubertierende Teenager benehmen, las sie den zwölf die Leviten. Wer den Wunsch habe, mit ihr unter die Decke ins Manöver zu ziehen, der solle auch so couragiert sein und ihr dies signalisieren, sie sei keine Kostverächterin. Und im Übrigen wundere sie sich über manche Memmen hier in dieser Tafelrunde, die doch, sie betone dies gern noch einmal, die Elite der Nation darstelle. Jetzt müsse sie aber erkennen, dass Hamlet im Saal anwesend sei. Sie beziehe diesen Hinweis nicht auf alle. Sie als ›Quote‹ – so wurde sie etwas despektierlich gelegentlich von den Mitgliedern der Tafelrunde genannt – sei offenbar schon einen Schritt weiter als die anwesenden Mannsbilder, die sich noch mit Bedenken herumschlügen. Sie jedenfalls sei schon beim Handeln angekommen, wolle eine Strategiedebatte führen, wolle wissen, welche Schritte wann und wo und von wem mit welchen Mitteln und in welcher Reihenfolge eingeleitet werden sollten, um den ›demographischen Ausgleich‹ vornehmen zu können. Und dabei sah sie das dreigestrichene J an, ordnete ihre Brust neu, indem sie sie erneut dehnte. Das dreigestrichene J lümmelte unterdes gelassen im Stuhl mit der großen Rückenlehne, an der sein Kopf festzukleben schien und sah Judith mit verklärten Blicken an, die von weither zu kommen schienen, als trauere er verlorenen Chancen nach.
»Und ich wundere mich über die merkwürdige Passivität vom dreigestrichenen J, der doch sonst zupackender ist«, kam es aus Judiths hochgereckter Brust.
Danach goss sie sich einen Ouzo ein und zischte ihn mit einer kurzen, energischen Hand-Kopf-Ruck-Zuck-Bewegung hinunter und knallte das leere Glas auf den Tisch.
Stille herrschte da auf einmal, während derer die Tafelrunde an Holofernes und Johannes dachte und sich an den Kopf fasste, um nachzusehen, ob er noch da sei. Jus hob die Arme leicht an, was aussah, als fiele ihm dies schwer, und entließ sein Lieblingswort »nun!« aus dem Mund. Alle dachten, er würde jetzt fortfahren.
Auf einmal wurde Andreas unruhig, er fühlte sich irgendwie angesprochen, zankte aber vorher noch wegen der Wortmeldung mit Barthel, der eigentlich nur wissen wollte, ob

er Most holen solle. Dann war Andreas dran, der sein Hemd weit offen trug, fasste sich an sein x-förmiges Kreuzchen, das er an einer Silberkette um den Hals trug, und hielt es Judith entgegen.

Wollte er sie ärgern, wollte er sie anlocken? Wie auch immer. Er als Mann der Tat, so leitete er seinen Redebeitrag ein, meine, dass es nichts bringe und die Gruppe nur schwäche, wenn man sich jetzt von Memmen wie Johannes auseinanderdividieren lasse, sich gegenseitig ausspiele. Nur die Einigkeit mache stark. Auch er wolle jetzt die Strategiedebatte führen, von der Judith gesprochen habe. Er habe nicht so viel Zeit, schließlich müsse er noch im Anschluss an die Sitzung in den Dienst. Dann griff er zu einer Spinattasche und biss herzhaft hinein. An einer solchen kaute auch bereits vergnüglich Johannes, dem der letzte Happen aber aus dem Mund fiel, als er das Wort »Memme« hörte.

Da er persönlich diffamiert worden sei, stehe ihm jetzt eine Replik zu, moserte er gleich, bedeckte seine Augen mit der linken Hand, durch die hindurch er zu Andreas schielte. Andreas, dem schlimmen Schulmediziner, empfehle er, nicht mit Worten um sich zu werfen, deren Bedeutung er nicht kenne. Memme sei eine Ableitung von Mamma, was bekanntlich Mutterbrust, auch die stillende Mutter bedeute. Wie man aber unmissverständlich sehen könne, sei er, Johannes, doch männlichen Geschlechts.

»Da sollte man wohl erst einmal die Nagelprobe machen. Da müsstest du schon die Hosen runterlassen«, lachte das dreigestrichene J ihn an.

»Auf ein solches Niveau begebe ich mich nicht«, grantelte Johannes und fuhr fort:

Er könne und wolle auch nicht die Bedeutungsverschlechterung, die mit Memme verbunden werde, nämlich, weicher, ängstlicher Mensch, was auf Feigling hinauslaufe, auf sich sitzen lassen. Dass er ein weicher, einfühlsamer Mann sei, nehme er gern und mit Stolz in Anspruch, im Gegensatz zu Andreas, dem Hornochsen, der noch in der Steinzeit lebe. Er erwarte eine deutliche Entschuldigung von Andreas.

»Nimm du erst einmal den Hornochsen zurück«, wetterte Andreas daraufhin.

Jus hob wieder seine Arme und Andreas seine kräftige rechte Faust, die er zu Johannes hin schüttelte.

Jetzt müsse er doch wieder grundsätzlich werden. Johannes war wieder an der Reihe. Denn was sich hier im Raum breitmache, sei ein gefährlicher blinder Aktionismus, der kluge, geplante Handlungen mit Muskelspielchen verwechsle. Und für ein solches kopfloses Drauflosschlagen stehe er nicht zur Verfügung. Erstens stehe zu viel auf dem Spiel. Und zweitens gäbe es einfach noch viel zu viele Unklarheiten wie zum Beispiel die Altersbegrenzung von fünfzig. Wie jeder wissen müsse – und damit wendete er sich zu Andreas, der an seinem Kreuzchen nuckelte, das gelte auch für solche Deppen wie Andreas – würden Künstler, Wissenschaftler und Politiker erst jenseits der Altersgrenze von fünfzig ihren großen Wurf zuwege bringen. Und im Übrigen ...

10.

Weiter kam Johannes nicht mehr, denn Andreas war aufgesprungen, hatte dabei seinen Stuhl umgeworfen und wollte Johannes an den Kragen. Doch Judith hielt ihn davon ab, umarmte ihn von hinten und biss ihn in den Hals. Andreas verdrehte darauf die Augen, Judith schob ihm den Stuhl unter den Hintern und drückte ihn darauf nieder. Johannes hatte dem Treiben amüsiert zugesehen. Jetzt konnte er fortfahren, was er auch tat.

Ein anderes Problem sei die Gewaltanwendung, worüber in der Gruppe scheinbar ein Konsens herrsche, den er aber nicht mittragen könne. Er sei überstimmt worden und melde hiermit ein Minderheitenvotum an. Er sei für weiche, humane Lösungen. Und schließlich, und hier wolle er insbesondere den Draufgänger Andreas gezielt ansprechen, was solle man denn mit sich anfangen, wenn man selber einmal fünfzig sei? Darauf, bitte schön, möchte er jetzt eine Antwort.

Sofort wollte Andreas Johannes wieder an die Gurgel. Aber diesmal hielt ihn Jakobus Lingus fest und brüllte zur Überraschung aller: »Nicht schon wieder!«

Dieser Urschrei trug zur Beruhigung der Lage bei.

Jus konnte seine Arme auf der Lehne lassen.

Es hatte sich nach dieser Frage eine betroffene Stille breit gemacht, die nicht weichen wollte. Daher ging Judith, die befürchtete, die Konferenz könne kippen, zum CD-Player und legte eine CD ein. Es meldete sich Goran Bregovics ›Ka-lasch-ni-kow‹, eine raffinierte Kakophonie, gegen die die sprichwörtlichen Trompeten von Jericho eine sanfte Brise sind. Zu den peitschenden Rhythmen begann Judith sich plötzlich geschmeidig wie eine orientalische Bauchtänzerin zu bewegen und dabei im vorgegebenen Rhythmus in die Hände zu klatschen. Innerhalb von wenigen Augenblicken, die Musik war mittlerweile noch lauter eingestellt worden, sah man nur noch eine klatschende, stampfende und schwitzende Jünger-

schar, die Judith umtanzte und den Kreis um sie immer enger zog. Judith, die Ouzogeschwängerte, nahm dies als Aufforderung, sich Stück um Stück zu entkleiden, bis sie sehr zur Freude aller völlig nackt vor ihren Brüdern stand. Jus, der befürchtete, die Situation entgleite seiner Kontrolle, drehte einfach die Musik ab, was Judith nicht hinderte, weiterhin »Ka-lasch-ni-kow« zu skandieren, was wiederum Johannes animierte, sich das Hemd vom Leib zu reißen und seine behaarte Brust zu zeigen. So entblößt, fiel er vor Judith auf die Knie und küsste ihr die Füße.
»Haltet ein«, rief Jus, als Judith sich anschickte, auf den Tisch zu klettern, um einen Table-Dance hinzulegen, »und kommt wieder zu euch! Solche dionysischen Feste sollten wir erst feiern, wenn wir Siege errungen haben. Unsere Freude sollten wir nicht vorher verausgaben.«
So beschwichtigte Jus die Wildgewordenen mit seinen Fuchtelarmen. Er drückte auf einen Knopf, die Ventilation zirkulierte und ließ frische Luft herein, die die hitzigen Köpfe kühlte.
Ein weiterer Knopfdruck rief einen livrierten Diener herbei, der kurz darauf griechischen Mokka und griechisches Mandelgebäck aus Karvala auf zwei Tabletts hereinbrachte. Judith war mit ihren abgelegten Klamotten aufs Klo verschwunden, wohin ihr zweiundzwanzig Augen folgten. Die restlichen zwei irrten woandershin.
Als Judith kurz darauf in einer Parfümwolke wieder hereinkam, hatte sie ein rotes Kostüm, schwarze Strümpfe und rote Pumps an – weiß der Kuckuck, wo sie die herhatte –, was der guten Stimmung keinen Abbruch tat.
Eine Zeitlang hörte man nur ein Schlürfen, mit dem der Mokka vorsichtig in die Münder geholt wurde. Der Kaffee brachte die Gemüter wieder unter Kontrolle, sodass die Diskussion nun fortgeführt werden konnte.
Wer war jetzt dran?
Richtig, Thomas Zwivel, ein sehr ernster, nüchterner Mensch, dessen gesamte Persönlichkeit sich auf den Nenner Geld und Nutzeffekt bringen ließ, was eigentlich ein und dasselbe war.
»Wo stehen wir jetzt?«, japste er. »Typisch deutsch, diese Grundsatzdebatten.«
Er pausierte. Warum machte er jetzt eine Pause?
»Ich möchte mich auf die von Johannes aufgeworfene Frage nach der, wie er meinte, fragwürdigen Zahlenbegrenzung von fünfzig kurz einlassen. Dir scheint, so sagtest du, die Zahl beliebig gewählt, sie sei ein Produkt der Willkür. Dem muss ich energisch widersprechen. Ich lasse beiseite, dass schon

Nero, so erzählt man sich, diese Altersbegrenzung erfunden habe. Nero sollte nicht unser Urahn sein. Die Zahl fünfzig ist meines Erachtens Ausdruck einer durchaus vernünftigen Entscheidung. Und dies aus folgenden Gründen.«

Thomas blickte in die Runde, fast alle Augen waren auf ihn gerichtet, nur Judith und Johannes versenkten ihre Blicke ineinander.

»Aus demographischer Sicht muss gesagt werden, dass wir, wenn wir eine ganz junge Gesellschaft wollen, in der die Jugend der Träger der politischen Entscheidungen ist, nicht darum herumkommen, möglichst früh mit der Erlösung der Alten zu beginnen. Und in diesem Kontext ist vierzig zu früh angesetzt und sechzig ein zu spätes Datum. Dieser Zusammenhang wird noch deutlicher, wenn wir uns an die Globalisierungsformel Zwanzig-Achtzig erinnern, die von den tonangebenden wirtschaftlichen Kräften konsequent durchgesetzt wird. Schließlich, und hier spreche ich besonders Thaddäus, unseren Versicherungsexperten, an, haben die Versicherungskonzerne, Rentenanstalten und die staatlichen Stellen, die für die Staatspensionen zuständig sind, ein gesteigertes Interesse an einem frühen Erlösungstermin, da so die eingezahlten Beträge in den Kassen verbleiben. Das sind unsere Gelder, das ist Zukunftsgeld. Das wollte ich doch einmal zu bedenken geben.«

»Du hast von Tuten und Blasen keine Ahnung. Deine Berechnungen stimmen vorn und hinten nicht. Wenn alle mit fünfzig liquidiert werden sollen, dann fehlen zehn bis fünfzehn Jahre ...«

Thomas ließ sich nicht beirren und fuhr einfach fort.

Im Übrigen möge die Tafelrunde doch, mahnte er energisch, an den Anfang dieser für ihn doch sehr ›merkwürdigen‹ Konferenz zurückkehren, die ihn eher an ein Happening erinnere, denn an eine seriöse Konferenz. Ein Aktionsplan müsse jetzt endlich her, der Maßnahmen koordiniere und Akteure benenne, die bestimmte Aufgaben eigenverantwortlich zu übernehmen hätten. Auf Taten käme es an. Diesen kurzen Satz unterstützte Thomas durch ein kräftiges, donnerndes Auftrumpfen seiner geballten rechten Faust auf den Tisch, sodass die Mokkatässchen plötzlich einen feinen Gesang anstimmten.

Er war sehr blass geworden während seiner kurzen Philippika. Die Blässe der Verärgerung stand ihm gut.

Es schien nun so, als habe Jakobus Lingus nur auf dieses Stichwort vom großen Plan gewartet. Jedenfalls fing er, sehr zu Überraschung aller, mit kräftiger Stimme zu singen an:

»Ja, mach nur einen Plan
Sei nur ein großes Licht
Und mach dann noch nen zweiten Plan
Gehn tun sie beide nicht.
Denn für dieses Leben
Ist der Mensch nicht schlecht genug.
Doch sein höh'res Streben
Ist ein schöner Zug.«

Jus zog die Augenbrauen hoch, Judith grinste und legte die rechte Hand an die linke Wange, Johannes schmunzelte, Petrus blickte Jus ausdruckslos an, Philipp gähnte, Thaddäus zeigte seine schönen Zähne, Barthel schlug sich vor Vergnügen die Schenkel und berührte dabei das dreigestrichene J, das Judith immer noch mit den Augen verschlang, Andreas machte ein blödes Gesicht und nuckelte wieder an seinem Andreaskreuz, Simon sah Jakobus Lingus an, der seinem schmachtenden Namensbruder zublinzelte, der aber damit nichts anfangen konnte. Und Matthäus lächelte einfältig vor sich hin. Da alle irgendwie beschäftigt schienen, meldete sich Thomas brav wie in der Schule zu Wort, indem er seine rechte Hand hob, in die Runde sah und aufstand. Jus kam ihm zuvor:
»Genug mit dem Mummenschanz. An die Arbeit. Wir müssen Hausaufgaben verteilen.« Dieses Wort sprach Jus gelassen aus, so auch das Folgende:
»Ich möchte jetzt von jedem wissen, von j e d e m, für welchen Sanierungsbereich er sich zur Verfügung hält. Wir sind hier eine Runde von Experten.«
Thomas, der sich bei der Wortmeldung übergangen fühlte und deshalb eine Flunsch zog, redete jetzt ohne Wortmeldung:
»Was meine Leistung in Sachen Bevölkerungssanierung betrifft, so gibt es noch keine greifbaren Ergebnisse. Auch sind keine schnellen Erfolge zu erwarten. Die Entschlüsselung der für das Alter zuständigen Gene wird sicher kommen. Aber das braucht seine Zeit, und vor allem steht dann noch das Problem der Manipulation der Altersgene an. Ich arbeite zwar in meiner Abteilung im Geronto-Konzern daran. Wie jeder weiß, besitzt der Mensch dreiundzwanzig Chromosomenpaare, auf deren Länge verteilt die Gene liegen. Der Träger der genetischen Information ist die DNA, die, wie ihr wisst, aus vier Bausteinen besteht, dem Adenalin ...« Weiter kam Thomas nicht.
»Das interessiert doch jetzt keine Sau«, grantelte Simon dazwischen. Und Thaddäus, der sich zu voller Größe auf sei-

nem Stuhl aufgerichtet hatte, pflichtete ihm mit dem Hinweis bei: »Genau!«
Thomas war aber in Fahrt gekommen: »Das muss ich mir hier nicht gefallen lassen, wie meine seriöse und langwierige wissenschaftliche Arbeit von euch Ignoranten und Blindaktivisten unterlaufen wird. Ich bitte Jus, hier ein Machtwort zu sprechen, damit ich ...«
Der dachte nicht im Traum daran.
Dafür rollte Simon mit der Aussage heran: »Thaddäus und ich übernehmen die Datenerhebungen, was ja unser Job ist. Das dürfte für uns Spezialisten kein Problem sein. Wir werden im Internet surfen und uns zunächst einmal um sämtliche Alten- und Pflegeheime kümmern, deren Adressen, Führungs- und Pflegepersonal ausfindig machen, schließlich auch die Anlagen durch eine Ortsbesichtigung in Augenschein nehmen.«
Und damit wandte er sich Thomas zu: »Wir benötigen für diese Spionagearbeit vor Ort noch Mitarbeiter, falls Thomas sich nicht ausgefüllt fühlt, wir haben genügend Arbeit für ihn.«
Damit ruhte sich Simon zunächst einmal aus.
»Und ich kann die Altersdaten aus der Versicherungsdatei unseres Konzerns heraussuchen. Da wir mit dem großen Krankenversicherungskonzern KONTO-DENTOL verflochten sind, habe ich auch Zugang zu dessen Daten: Alter, Name und Adresse der Sanierungsbedürftigen«, ergänzte Thaddäus grinsend das von Simon Gesagte und musste erst einmal kräftig niesen.
Johannes, wieder in Form und kampfeslustig, fragte die beiden höhnisch, ob sie denn überhaupt über »Hackerqualitäten« verfügten, ohne die heute ja niemand mehr auskäme.
Philipp, der schon die ganze Zeit nervös mit seinem rechten Ohrring gespielt hatte, hielt die Zeit für gekommen, in die Kerbe zu schlagen: »Ich für meinen Teil werde mich zunächst einmal auf dem Revier und bei befreundeten Kollegen ...«
»... und Kolleginnen«, warf Judith ein,
»... umsehen und die einmal wegen einer Mitarbeit ansprechen. Als Nahkampfausbilder, der landesweit, manchmal auch bundesweit für die Nahkampftechniken bei der Polizei zuständig ist, ist es mir ein Leichtes, die Leute vorsichtig anzusprechen, vor allem Computerspezialisten. Außerdem«, Philipp sah Petrus an, der eifrig das Protokoll schrieb, »schlägt unsere Stunde erst, wenn die Polizei gegen uns ermitteln sollte. Wir kämen an die Daten heran, können rechtzeitig warnen und die Daten vernichten lassen, wenn dies nötig

wäre. Die Kolleginnen und Kollegen könnten sich auch dann als nützlich erweisen, sollte erst einmal jemand in Gewahrsam sein.«

Alle Augen waren hochachtungsvoll auf Philipp gerichtet, der diesen Triumph genoss.

»Und was ich noch einmal unterstreichen möchte, falls das jemand vergessen haben sollte, ich bin auch zuständig für alles, was mit Gefängnisausbrüchen zu tun hat: Vorbereitung und Ausführung, einfach alles, was damit zusammenhängt. Schließlich kenne ich alle Formen des Untertauchens. Ich denke, Petrus als Mitglied der Bundeswehr könnte hier tüchtig mithelfen.«

Petrus fühlte sich geschmeichelt. Er fand sowieso alles, was Philipp ansprach, so interessant, dass er demonstrativ eine Pause machte und erst einmal einen Ouzo einwarf.

»Wie wollt ihr denn die Generation der fünfzehn- bis fünfundzwanzigjährigen Spaßvögel, die nur ihren Narzissmus und ihren platten Konsum-Hedonismus kennt«, räusperte sich Johannes und schoss jetzt giftige Pfeile auf die Licht-Jüngerschaft ab, »wie wollt ihr diesen stumpfen Haufen von Egomanen und Konsumfetischisten denn von unserer Erlösungsarbeit überzeugen? Die durchschauen doch noch nicht einmal, dass sie Opfer von Modediktat und Unterhaltungsindustrie der Erwachsenen sind. Nein, mit diesen geistlosen Jasagern, die nur eines kennen, ihre orale Regression, ist kein Staat zu machen.«

Judith war bei dem zuletzt Gesagten unruhig auf ihrem Stuhl hin- und hergerutscht, jetzt platzte es aus ihr heraus:

»Ich kann den Narzissmus-Vorwurf von Johannes so nicht stehen lassen. Es steht der Jugend, denke ich, durchaus zu, ein Stück weit bei der Selbstfindung angesichts des ungeheuren Anpassungsdrucks durch die Erwachsenenwelt narzisstisch zu sein, und einmal nur an sich zu denken. Auch wir waren so und verhalten uns noch immer so, mehr oder minder, machen wir uns da nichts vor. Ich sehe im Narzissmus sogar ein Moment des Protests gegen das Nutzen- und Profitdenken der Gesellschaft. Übrigens wäre zu untersuchen, ob die Selbstbespiegelung auch auf alle Jugendlichen zutrifft, was ich bezweifle. Ich denke einmal, dies gilt sicherlich für die Kinder aus der Oberschicht und den Mittelschichten. Und auch hier gibt es eine Minderheit, die anders denkt und handelt. Die Kinder aus den Unterschichten können sich sicher auch nicht ganz dem Trend entziehen, doch sie haben von Anfang an ums Überleben zu kämpfen und können sich solchen Flausen nicht bedenkenlos ausliefern.

Wir sollten also die Zielgruppe der Jugendlichen, aus der wir Mitarbeiter benötigen, nicht vorab als eine degenerierte Masse abqualifizieren. Damit graben wir uns nur das Wasser ab.«
In ihrem Eifer war sie bei den letzten Sätzen aufgesprungen und zeigte dabei erneut ihre erlesene Kleidung, weshalb alle männlichen Teilnehmer gleich rotsahen.
Plötzlich konnte man den Eindruck gewinnen, als wären die Jungs irgendwie verwirrt und wüssten nicht, wohin mit ihrer Manneskraft. Wie auf ein Kommando verließen die Lichtjünger einer nach dem anderen merkwürdig gebückt mit Leidensmiene den Raum, schlichen aufs Klo, und kamen heiter lächelnd zurück. Das ging so weiter, bis alle durch und erleichtert waren. Judith hatte sie alle glücklich gemacht.
Dann griff Thomas mit der rechten Hand in die Luft und nahm sich das Wort:
»Das, was du gesagt hast, Johannes, hat mir gut gefallen. Als Genforscher kann ich das Gesagte ein wenig ergänzen, muss es teilweise allerdings auch wieder ein wenig zurechtrücken. Auch wenn wir natürlich nicht genau wissen, unter welchen Umständen die genbedingten Defizite und Defekte tatsächlich auch durchschlagen, sehe ich da jedenfalls gefährliche Tendenzen einer negativen Auslese, eben auf den Hordenmenschen hin ...«
»... von dem wir uns bei Licht besehen noch gar nicht sehr weit wegbewegt haben«, fiel ihm Jakobus Lingus ins Wort.
»Darf ich, bitte schön, ausreden, mein lieber Jakobus Lingus, ich habe dich auch nicht unterbrochen, obwohl mir dein Gelabere manchmal schon auf den Keks ging. Wo war ich stehen geblieben?«
»Hordenmenschen«, gab Judith das Stichwort.
»Danke! Ja, leider sind die Minderbegabten aus den unteren Schichten, sozusagen der Kaffeesatz der Menschen, in der überwiegenden Mehrzahl und leider auch biologisch sehr aktiv. Als Ausgleichshandlung für ihre mentale Unterlegenheit werfen sie Kinder wie die Karnickel auf den Menschenmarkt, die nichts als ihre dumpfe Vitalität kennen, und der Staat honoriert diesen Wahnsinn noch durch Kindergeld und Kinderfreibetrag.«
Thomas hatte sich in eine Erregung hineingeredet, die man diesem sonst eher stillen Mann gar nicht zugetraut hätte. Mit jeder seiner Ausführungen war er lauter und lebhafter geworden, und laut schickte er jetzt hinterher:
»Und ich möchte auch noch Folgendes zu bedenken geben, ihr naiven Optimisten. Wir haben für die unsinnigsten Dinge im Leben einen TÜV, wir müssen uns in beruflicher Hinsicht

Fertigkeiten und Fähigkeiten aneignen, die dann streng abgeprüft werden. Nur beim Kinderkriegen leisten wir uns eine unverständliche, kriminelle Laxheit, und das heißt, den teuren Luxus eines unkontrollierten Biologismus. Kinderzeugung als Amoklauf der Schwachen und Dummen. Daher meine ich, dass wir auch eine Forderung nach kontrollierter Geburt und positiver Auslese in unseren Maßnahmenkatalog aufnehmen sollten. Und darüber hinaus müssen wir uns klar werden, wie wir aus dem dekadenten Misthaufen weitere Mitarbeiter für unsere Ausgleichshandlungen rekrutieren wollen.«

Thomas wirkte sehr zufrieden mit sich, denn er grinste, während er sich zurücklehnte. Seine Argumente hatten die Tafelrunde nachdenklich gemacht. Es herrschte Ruh' in allen Wipfeln, man spürte kaum einen Hauch. Die Strategiediskussion war erst einmal vom Tisch. Und die Tafelrunde steckte tief drin im Schlamassel der Grundsatzdiskussion.

Und – sie war auch nicht mehr ganz frisch. In den Köpfen dröhnte der Ouzo. Eine Pause schien angezeigt, aber niemand zeigte sie an. Jakobus Lingus, dem es niemals die Sprache verschlug, bewies dies auch jetzt:

»Mich amüsiert der ›Apo-Calypso‹, den Johannes und auch Thomas uns mit ihren Niedergangsthesen aufgetischt haben. Er ist ein Evergreen, der immer dann in der Geschichte auftaucht, wenn die Menschheit sich in einer Umbruchsituation befindet. Die alten Systeme haben ausgedient, und die Geschichte rumort tüchtig auf der Suche nach dem Neuen. So war es bei der Verabschiedung des Feudalismus, so beim Abgesang auf das Bürgertum, schließlich beim selbst verschuldeten Niedergang des Sozialismus. Der Himmel ist endgültig leergefegt. Wir haben nur noch den wildgewordenen Kapitalismus, in dem die Politiker schmarotzende, hilflose Marionetten sind, die Schwarzgelder verschwinden lassen. Und dann regt man sich auf, wenn bei den Jungen ein Entmutigungsschub und politische Abstinenz zu beobachten sind, übrigens nicht nur bei diesen. Was bleibt denn den Jugendlichen noch übrig? Sie haben nur noch sich selbst. Ihre Wünsche. Ihre Ängste. Ihre Träume. Träume ja, aber keinen Traum mehr. Wie sollen sie damit fertig werden?»

»Mir hat die Differenzierung, die du, mein lieber Namensvetter, vorgenommen hast, gut gefallen. Sie führt uns, denke ich, weiter. Ich muss aus meiner Erfahrung als Sozialarbeiter, der sich mit den Jugendlichen vor Ort beschäftigt, sagen, dass ich es mit sehr praxisbewussten und engagierten Jugendlichen zu tun habe, die ihre Träume oder Wünsche sehr wohl mit einem Einsatz in der Realität in Zusammenhang bringen.

Ich vermute, dass die Fakten von einer infantilen, narzisstischen Jugend überholt sind, für das vergangene Jahrzehnt gegolten haben mögen, als wir jung waren, aber eben heute veraltet sind, seit wir im neuen Jahrhundert angelangt sind.«
Für diese Aussage kam nur einer aus dem Kreis der zwölf in Frage.
Da Barthel geschwiegen hatte, war es klar, dass nur Jakob Jeschke aus Jever es gewesen sein konnte.
Philipp, der in der Versenkung verschwunden zu sein schien, tauchte auf einmal mit einer Frage auf, die vorhin schon einmal gestellt worden war:
»Was machen wir eigentlich mit uns, wenn wir fünfzig geworden sind und dann der ›Entsorgungsnotstand‹ über uns hereinbricht, wenn ich das einmal so zynisch ausdrücken darf? Kann mir das einmal einer sagen? Du vielleicht, Judith?«
Erneut stand die Diskussion still. Und in die Stille schlich die Betroffenheit, machte sich breit in den Gesichtern und den hilflosen Gesten der Anwesenden. Selbst Judith blieb stumm.
Petrus fand als Erster seine Haltung wieder. Er, der Protokollant, hatte eifrig während der gesamten Diskussion den Laptop bedient, alle Beiträge säuberlich festgehalten. Nun waren seine Finger müde. Betroffenheit hin, Betroffenheit her. Er bestand auch nur noch aus Ouzo, und er bestand auf einem Päuschen. Er wankte ins Klo, von wo man das Getöse eines umgedrehten Magens wahrnahm. Als er wiederkam, war er blass und roch nach Säuernis und Anis. Bald säuerte es im gesamten Konferenzraum, so dass Jus wieder das Knöpfchen für die Belüftung betätigte. In dem Augenblick fiel Petrus vom Stuhl. Judith schnappte ihn sich ohne großes Federlesen, schulterte ihn und schleppte ihn auf die Liege im Fitnessraum, grüne Schleimspuren hinter sich herziehend, die auch schon auf ihrem roten Kostüm schlierten. Kaum hatte Judith Petrus auf der Liege abgeworfen, er war etwas unglücklich auf den Bauch gefallen, als er prompt die letzten Magenreste hergab. Dann war er auch schon eingeschlafen und grunzte wie ein Schwein.
Judith duschte derweil, Jus blickte aus dem Fenster und überlegte, wie man weiter verfahren sollte, Andreas hatte schon wieder sein Andreaskreuz zwischen den Lippen, Matthäus las im ›Handelsblatt‹ und Barthel blätterte in der Zeitschrift ›Alles über Wein‹, wo er auf der reich bebilderten Seite fünfundachtzig hängen blieb. Dort wurde über die so genannten ›Eichen-Chips‹ oder Eichenholzspäne berichtet, die neuerdings bei der Weinbereitung vor allem in den Staaten und in Australien statt der Weinreifung im Barriquefass verwendet

werden, von vielen als übles Facelifting des Weins abgelehnt. Barthel schüttelte den Kopf, stand auf, und während er die Zeitschrift ausgebreitet in Händen hielt, ging er auf Jus zu. Jus sah in die Zeitschrift, schüttelte den Kopf und winkte die Übrigen herbei. Matthäus kam als Erster, las, schüttelte den Kopf, es kamen die anderen, lasen und schüttelten die Köpfe, sodass bald ein einvernehmliches, rhythmisches Protest-Kopfschütteln im Gange war.
Die Konferenz lief für alle wenig befriedigend aus. Jus beschloss die Sitzung mit dem Hinweis, dass man kurzfristig, er nannte den Termin, zusammenkommen müsse, dann allerdings mit einer veränderten Konferenzstrategie. Das Protokoll werde jedem zugehen, streng vertraulich, auch die Tagesordnung.

11.

Der Saal war geräumig, sodass sich die kleine Gruppe darin fast verlor. Ein typischer Gymnastikraum, erstaunlich hell, am Stadtwald von Lg gelegen, die Fenster nach Westen gingen ins Grüne. Die Ausstattung: beheizbarer Parkettboden, Sprossenwände rundum, an einer Seite drei Bänke, viele dicke und dünne Matten, einige Hanteln. In zwei Ecken hingen Sandsäcke fürs Boxtraining. In der Mitte des Raumes, auf einer riesigen Matte von den Ausmaßen zehn mal fünfzehn Meter, stand auf einer kleinen Plattform ein Dummy, einen alten Mann von einssiebzig abbildend, mit weißer Perücke, gebückter Haltung und mit einer beweglichen Krücke in der rechten Hand, die, wenn man sie anstieß, nach vorn oder nach hinten pendelte. Der Dummy war so ausbalanciert, dass er umkippte, wenn das Gleichgewicht durch einen kräftigen Stoß oder Kick gestört wurde.
Eine attraktive junge Trainerin in sportlichen Leggings, die das Tal der mittzwanziger Jahre verlassen hatte, war von acht männlichen und vier weiblichen Jugendlichen umgeben, alle entweder im hinteren Teenageralter oder Anfang zwanzig angesiedelt. Diana, wie sich die Trainerin vorstellte, begrüßte ihre kleine Truppe mit einer klaren, warmen Stimme: »Nach den intellektuellen Exerzitien, die ihr vorhin genossen habt, kommt jetzt die praktische Erlösungsarbeit, zu der ich euch herzlich willkommen heiße.«
Diana spielte auf die Vorträge an, an denen die jungen Leute vormittags teilgenommen hatten und in denen sie aus verschiedensten Perspektiven in den Auftrag ihrer Erlösungsarbeit eingeführt worden waren.

»Mir fällt die Aufgabe zu, euch in jene Unterstützungsaktionen einzuweisen, die die Erlösungsphase einleiten. Es ist dies eine von vielen Maßnahmen für den demographischen Ausgleich, die jedoch im normalen Alltag von jedem überall ohne großes Risiko angewandt werden kann. Diese Übungen sollen, darauf legen wir besonderen Wert, von hoher ästhetischer Qualität sein. Wir streben mit unserem Trainingsprogramm Leichtigkeit, Eleganz und Schönheit der Bewegungen an. Dies setzt eine exzellente Körperbeherrschung voraus. Gefragt sind geschmeidige, blitzschnelle Attacken und fixe Drehbewegungen, die man mit Schwung auf kleinstem Raum, etwa für Fluchtversuche, nutzt, um sich rasch aus der Gefahrenzone herauszumanövrieren. Als griffige Formel ausgedrückt: Zuschlagen und Abdrehen. Nur die ästhetische Bewegung ist zugleich auch die effizienteste. So – diese Hinweise müssen für den Anfang genügen. Habt ihr dazu Fragen?«
Nein, hatten sie nicht. Diana sah alle der Reihe nach mit lächelnder Angespanntheit an.

Teil eins.

»Dann können wir beginnen. Die folgenden Übungen dienen der Lockerung, dem Aufwärmen des Körpers.«
Sprach's und begann in leichtem Trab im Kreis herumzulaufen, die Horde der Jugendlichen hinter sich. Oh ja, Diana bewegte sich geschmeidig wie ein Raubtier. Wenn sie lief, setzte sie geschmeidig Schritt vor Schritt, tänzelte, so dass man den Eindruck hatte, sie schwebe mit ihren Fußballen über dem Boden, ohne ihn zu berühren. Dann zog sie das Tempo ein wenig an, die Gruppe folgte. Sie verminderte das Tempo, die Gruppe zog brav mit. Dieses Intervalltraining wiederholte sie und behielt es etwa fünf Minuten bei. Dann das Auslaufen. Dazu das Kommando: »Im Gehen tief durchatmen. Beim Einatmen die Arme heben, beim Ausatmen die Arme wieder senken und auspendeln. Ja, so ist es gut. Und wiederholen, jeder viermal. Eins und ... Danke! Bitte im Kreis aufstellen!«
Was jetzt folgte, war als leichtes Hüpfen auf der Stelle auszumachen.
»Achtet darauf, dass die Füße nicht den Boden verlassen. Beobachtet euch selber und versucht herauszufinden, wo ihr diese Übung überall im Körper spürt!«
Darauf folgten die bekannten Dehn- und Streckübungen, dann im Liegen Atemübungen, Brust- und Bauchatmung, schließlich musste die Luft vom Brustkasten in den Bauch und wieder zurücktransportiert werden, wobei das Einatmen durch die Nase, das Ausatmen durch den Mund zu erfolgen hatte.

Nun kam der schwierigste Teil des Übungsprogramms: Es wurden Pirouetten geübt. Diana machte vor, zeigte, zu welchem Zeitpunkt und wie die Drehbewegung einzuleiten ist. Schließlich wurde die Gruppe von Diana zum Dummy gebeten. Diana demonstrierte an der Puppe, wie die Arme, wie die Beine, wie die Krücke funktionieren, brachte die Puppe durch einen geschickten, schnellen Stoß zu Fall. Der Dummy richtete sich von allein wieder auf. Sie verließ kurz die Matte, um den Kasettenrecorder anzustellen, der »I'm singing in the rain« von sich gab. Diana trat im Rhythmus der Musik beschwingt von hinten an die Puppe heran, kickte die Krücke nach vorn und drehte elegant ab. Das Gleiche von vorn. Ein Kick gegen die Krücke, dann mit einer halben Pirouette abdrehen und die Richtung wechseln, als wäre nichts gewesen.
»Schwerelos muss alles erfolgen und schwungvoll!«
Dieses Wort benutzte sie in der Übungseinheit mehrmals. Dann waren die Teilnehmer dran. Diana lobte, korrigierte, machte vor, verwies auf das Lächeln, mit dem alle Übungen auszuführen seien.
»Niemals die Bewegung beim Kick gegen die Krücke abbrechen, sondern durchziehen, dem Schwung nachgehen; versucht's einmal, ja, so ist es richtig, nein, die Drehbewegung sofort anschließen, jetzt in die andere Richtung; versucht's noch einmal, ja, jetzt wird's richtig.«
Teil zwei.
Es folgten Stoßübungen am Dummy, die vom vorsichtigen Antippen bis zum kräftigen, kurzen Stoß der Hand mit schnellem Zurückziehen des Armes reichten. Bei dieser Übung war Schnelligkeit gefragt. »Nicht vergessen: leichte und elegante Bewegungen. Die Ausführung der Übung muss schön sein.« Dann ging man dazu über, die Übungen zu zweit auf der Matte auszuführen, um »das richtige Feeling« zu bekommen. »Alle Übungen müssen Freude bereiten, denkt an eure Mission, macht euch leicht. Locker und leicht. Dann kommt die Eleganz von ganz allein.«
Teil drei.
»So, jetzt folgt eine weitere Steigerung. Wir simulieren die folgende Alltagssituation. Am Bahnhof, eine Treppe abwärts, sei es eine feste oder eine bewegliche Treppe, irgendein entsorgungspflichtiger Mensch vor uns, vielleicht nicht unmittelbar vor uns, insbesondere zur Zeit der Rushhour, wenn alle in Eile sind. Zuerst die Lage peilen, sich nach links, nach rechts umdrehen, die Situation einschätzen, den Fluchtweg einplanen. Wenn dies geschehen ist, die unübersichtliche Situation ausnutzen, dann zack, der Stoß. Daher üben wir

jetzt im Schattenboxen, die Geraden möglichst schnell und kräftig zu schlagen. Stellt euch im Kreis auf, Abstand halten, so, nehmt Schrittstellung ein, bei Rechtshändern ist das linke Bein vorgestellt. Wer ist Linkshänder? Ihr zwei, gut, also umgekehrt, ja, in Ordnung. Ich mach's vor: zack und zack, kurz und kräftig, und zack. So jetzt seid ihr dran. Auf los geht's los! Nein, nein, ihr seid viel zu langsam. Schneller herauspeitschen muss der Arm. Ja, besser so. Der Schlag muss aus der Hüfte kommen. Danke. Wieder lockern.«

Teil vier.

»Nächste Übung, Partnerübung. Von hinten stoßen wir mit einem kurzen schnellen Stoß den Partner an, der sich ganz leicht machen muss. Frank, kommst du bitte einmal zu mir? Stell dich vor mich, mach dich leicht, Achtung. Du bist noch zu verkrampft. Noch einmal. Ja, gut so. Habt ihr gesehen? Schnell und kräftig antippen. So. Zack, zack! Das übt ihr jetzt immer zu zweit. Avanti!«

Und nun sah man die Gruppe mit schweißtreibender Begeisterung üben und üben. Diana lobte hier, verbesserte dort, machte an anderer Stelle selbst noch einmal vor. Pause. Ausruhen. Auf die Matte setzen.

Teil fünf.

»Die letzte Übung für heute. Wir üben aus einer Gruppe heraus den kräftigen Stoß, der unbedingt unauffällig erfolgen muss, und trainieren dabei wieder das kurze, kräftige Antippen mit den ausgestreckten Fingern einer Hand. Wer spielt den Entsorgungspflichtigen? Niemand. Kann ich gut verstehen. Doch noch jemand, Susanne, gut, stell dich hierhin auf die große Matte, beweg dich im normalen Schritttempo, einer von uns wird stoßen, solltest du vornüberfallen, rollst du einfach über die Schulter ab. Wir werden dich fragen, ob du den Täter herausfinden kannst. Seid ihr bereit? Das üben wir jetzt, bis jeder einmal dran war.« – »Ich muss noch einmal auf etwas eingehen, was ihr meistens falsch macht. Es geht um den richtigen Zeitpunkt, wenn der erlösungsbedürftige Mensch vor euch das Standbein hebt. Das ist der Augenblick, den Stoß anzusetzen. Susanne, kommst du bitte noch einmal? Versuche, langsam zu gehen und betont die Füße hochzuheben, ich werde dann zustoßen, wenn du die Balance verlierst. Aufgepasst! Los geht's. So, und nun noch ein letztes Mal die Stoppübung, neue Partner wählen. Auf geht's!«

Die Übungseinheit war zu Ende.

»Ihr wart gut. Jetzt wird es darauf ankommen, dass ihr das hier Gelernte in der Praxis, vor Ort umsetzt. Ich wünsche euch einen durchschlagenden Erfolg. Wir sehen uns nächsten Dienstag wieder. Dann werden wir unsere Erfahrungen austauschen. Nicht vergessen: leicht, locker, elegant bleiben. Ihr könnt zu Hause und vor Ort weiterüben. Und jetzt: tschüss!«

12.

Kommissar Keidel war nach dem Weggang seines Vorgängers, Kommissar Ochsenziemer, einem beliebten und erfolgreichen Kollegen, dessen Nachfolger in Lg geworden.
Zeitgleich mit ihm war auch die Kollegin Gehrcke ins Kommissariat gekommen, eine gepflegte Erscheinung von zurückhaltender Eleganz, die relativ spät erst zur Polizei gestoßen war. Da musste etwas in ihrer Biographie vorgefallen sein. Davon wird man noch hören.
Keidel und Gehrcke waren unterwegs zu Frau Krücke, die zu den Opfern gehörte, die in letzter Zeit gehäuft von Jugendlichen attackiert worden waren, zum Teil mit tödlichen Folgen. Sie wollten die gepflegte Dame von zweiundsiebzig Jahren noch einmal zum Tathergang befragen.
Nach eigenem Bekunden war Krücke frühmorgens von einem Motorradfahrer in eine Baugrube, die sich auf einem Bürgersteig befand, gestoßen worden. Die Straße war um diese Zeit noch unbelebt, so dass es auch keine Zeugen gab. Krücke hatte mit einem gebrochenen Fuß glücklich überlebt. Sie wohnte im exklusiven Altenheim ›Vor Morgengrauen‹, nicht weit vom Polizeipräsidium entfernt, wohin sich Keidel und Gehrcke zu Fuß aufgemacht hatten. Was die zwei so miteinander besprachen, ehe sie im Altenheim eintrafen, war so uninteressant, dass es hier nicht wiedergegeben zu werden verdient. Anders das Gespräch mit Frau Krücke, das folgenden Verlauf nahm und von Gehrcke protokolliert wurde.
Keidel: »Frau Krücke, verzeihen Sie, dass wir Sie erneut zu einem Gespräch aufsuchen. Aber beim ersten Gespräch schienen Sie noch unter Schock zu stehen. Frau Gehrcke und ich ermitteln und wollen den Täter, der Ihnen das angetan hat, rasch fassen. Ich verspreche Ihnen, dass es nicht sehr lange dauern wird.« Hier machte Keidel eine Pause, beobachtete die alte Dame, die weiße, durchbrochene Handschuhe anhatte, teuren alten Schmuck trug und den gegipsten rechten Fuß hochgelegt hatte. Sie machte auf ihn einen gefassten, ja munteren Eindruck.
Keidel: »Versuchen Sie sich bitte nochmals genau zu erinnern, auch wenn es Ihnen vielleicht im Augenblick schwer fällt, wie der Tathergang im Einzelnen abgelaufen ist.«

Krücke: »Ich wurde von der linken Seite, hier, an dieser Stelle war das, von einer Hand kräftig geschubst. Ich spüre jetzt noch die Fingerkuppen des Täters. Es war eine derbe Hand. Ja, und schon war ich auch in der Baugrube drin, die, Gott sei Dank, mit Regenwasser gefüllt war, sonst säße ich vielleicht heute nicht hier, sondern wäre schon drüben. Das Wasser stand, schätze ich einmal, gut einen halben Meter hoch, reichte mir bis über die Knie. Dann kam der rettende Strohhalm in Form eines beherzten Mannes, der mir beisprang.«
Keidel: »Ja, das muss furchtbar für Sie gewesen sein. Glücklicherweise ist Ihnen nicht viel passiert!«
Krücke: »Na, hören Sie mal, Herr Kommissar. Ich hätte nicht wenig Lust, Sie persönlich einmal in dieselbe Grube zu stoßen, um zu sehen, was mit Ihnen passiert. Denken Sie nur einmal an den Schock, den ich erlitten habe. Ich stand Todesängste aus, dachte, jetzt ist es vorbei. Von den anderen Lädierungen, Prellungen, blauen Flecken und meinem gebrochenen Fuß beispielsweise, will ich gar nicht erst sprechen. Aber so schnell stirbt es sich nicht. Sehen Sie, Herr Kommissar, so ein Fall in eine Löwengrube hat auch durchaus etwas Tröstliches. Man merkt, es stirbt sich nicht so schnell. Aber ich wiederhole mich.«
Keidel: »Glücklicherweise gab es in der Grube ja keine Löwen, sonst wäre nicht viel von Ihnen übrig geblieben. Frau Krücke, um bei der Sache zu bleiben. Sie haben eben bestätigt, was Sie bereits bei der ersten Befragung, die der Kollege Meternagel mit Ihnen gemacht hat, ausgesagt hatten: dass eine Hand Ihren Sturz ausgelöst habe.«
Krücke: »Ja, wenn ich das gesagt habe, dann wird es auch stimmen. Oder wollen Sie etwa meine Aussage anzweifeln, Herr Kommissar?«
Keidel: »Nein, nein, ganz und gar nicht. Ich tue nur meine Pflicht, gnädige Frau. Wir von der Polizei sind neugierig und skeptisch zugleich, das gehört zu unserem Beruf. Immerhin, ich sagte es bereits, standen Sie bei der ersten Befragung noch unter Schock.«
Krücke: »Na, das ist aber traurig, das mit der Skepsis, meine ich. Wie wollen Sie denn ohne Optimismus leben, Herr Kommissar?«
Keidel: »Ach, ich komme mit dieser Haltung ganz gut klar. Nochmals zu dem Stoß, Frau Krücke. Alles ging doch so schnell, daher meine Frage: Einen Schubser mit dem Ellenbogen schließen Sie kategorisch aus?«
Krücke: »Sie meinen einen Ellbogencheck wie beim Eishockey? Nein, ich spürte deutlich die Finger einer Hand. Ich

bleibe bei dieser Aussage, auch wenn sie Ihnen nicht gefällt. Ich muss allerdings sagen, dass ich Ihre Frage überhaupt nicht verstehe. Was soll so eine Frage? Sie suchen doch den Täter, da ist es doch unerheblich, ob ich mit der Hand oder ...«
Keidel: »Verzeihen Sie, wenn ich Sie unterbreche. Aber genau darum geht es ja. Da wir noch keinen Täter oder eine Täterin haben, müssen wir ein Täterprofil aus einzelnen Puzzlesteinen zusammensetzen. Und da ist die ›Handschrift‹ des Täters oder der Täterin, wie wir sagen, von erheblicher Bedeutung. Sie verstehen, jedes Detail zählt für uns. Nun, nachdem Sie eine andere Art der Beförderung in die Grube kategorisch ausgeschlossen haben, frage ich Sie, ob Sie vielleicht den Täter, das könnte zumindest theoretisch so sein, gesehen haben.«
Krücke: »Also, hinten habe ich keine Augen, Herr Keidel, wenn Sie sich überzeugen wollen. Und ich wurde ja von hinten geschubst.«
Keidel: »Sie haben bei der ersten Befragung durch meinen Kollegen Meternagel ...«
Krücke: »... übrigens ein sehr feiner und kompetenter Mensch mit guten Manieren ...«
Keidel: »... ausgesagt, Sie hätten ein Motorrad wahrgenommen. Und da liegt die Frage doch nahe, ob Sie auch einen Fahrer wahrgenommen haben. Können Sie dazu vielleicht noch genauere Angaben machen? Fahrer und Motorrad genauer beschreiben? Marke, Farbe, Kennzeichen und so weiter?«
Krücke: »Aber Herr Kommissar! Stellen Sie sich doch bitte einmal die Situation ganz anschaulich vor. Ich werde von hinten geschubst, schwebe zwischen Himmel und Erde, bin in Lebensgefahr, und mein ganzer Körper hat nur eines im Sinn: heil in der Grube anzukommen. Meine Augen waren nach unten gerichtet. Und da haben Sie nichts Besseres zu tun, als mich nach einem Motorrad und dem Motorradfahrer zu fragen.«
Keidel: »Frau Krücke, ich verstehe Ihre Verstimmung sehr gut ...«
Krücke: »Gar nichts verstehen Sie, Herr Kommissar. Aber auch gar nichts. Sonst würden Sie mir nicht solche lächerlichen Fragen stellen. Wie soll ein Mensch wie ich, der in die Grube fällt, noch Zeit haben, sich um ein Motorrad zu kümmern? Das sagt einem doch der gesunde Menschenverstand, dass das nicht geht. So etwas kommt vielleicht in schlechten Kriminalfilmen vor. Aber doch nicht im wahren Leben.«
Keidel: »Laut Protokoll haben Sie aber etwas von einem Motorrad gesagt, das ...«

Krücke: »Richtig, ich sagte, ich hätte ein Motorrad ›wahrgenommen‹. Aber mir fällt etwas anderes auf. Frau Gehrcke, warum sagen Sie eigentlich nichts? Sie müssten mich doch in einer solch bedrängenden Situation gegen die penetranten und völlig überflüssigen Fragen Ihres Kollegen in Schutz nehmen. Ein Akt der Frauensolidarität sozusagen. Oder ist das in einem Rechtsstaat zu viel verlangt?«
Gehrcke: »Sie sehen ja selbst, ich habe alle Hände voll zu tun, denn ich bin für das Protokoll zuständig, notiere alles sehr genau. Herr Kollege Keidel stellt die Fragen. Das nennt man Arbeitsteilung.«
Krücke: »Aber wenn eine Geschlechtsgenossin angegriffen wird, da sollten Sie doch die Arbeitsteilung Arbeitsteilung sein lassen und dem Opfer zu Hilfe eilen. ›Frauen aller Länder, vereinigt euch!‹ Oder sehe ich das falsch?«
Gehrcke: »In diesem speziellen Fall, Frau Krücke, sehen Sie es leider falsch. Die Arbeitsteilung dient dazu, die Wahrheit herauszufinden. Dieses Verfahren hilft letztlich Ihnen.«
Keidel: »Darf ich mich an dieser Stelle wieder einbringen?«
Krücke: »Aber Sie bringen sich doch schon andauernd ein, Herr Kommissar, sehr auf Kosten von Frau Gehrcke, die die undankbare Rolle der Protokollantin innehat. Wie wär's denn, wenn man die Rollenverteilung einfach umdrehte?«
Keidel: »Ich muss leider noch einmal auf das Motorrad zu sprechen kommen, weil Sie es selber ins Spiel gebracht haben. Sie sagten dem Kollegen Meternagel und bestätigten dies soeben, Sie hätten ein Motorrad wahrgenommen.«
Krücke: »Ja, wäre es Ihnen lieber gewesen, ich hätte kein Motorrad gehört, Herr Kommissar? Wollen Sie eine alte Dame maßregeln? Sie denken wohl auch, ›mein Gott, ist das eine alte Schachtel, die alzheimert schon tüchtig‹. Und ich dachte immer, Polizisten seien Gentlemen!«
Keidel: »Tut mir Leid. Ich wollte Sie mit meinem Insistieren nicht kränken. Sehen Sie mir die Ungeduld nach. Sie stellt sich schon einmal bei der Suche nach der Wahrheit ein.«
Krücke: »Die Ungeduld hat noch immer der Wahrheit geschadet. ›Eile heißt der Wind, der das Baugerüst umwirft.‹ Kennen Sie den Autor zufällig, der das gesagt hat, Herr Kommissar?«
Keidel:

»›Sehr aber erschrak er über das Elend,
Das in unseren Städten vor aller Augen liegt.
Uns entsetzt der Hunger und die Verkommenheit
Derer, die ihn spüren und derer, die ihn bereiten.
Fürchtet doch nicht so den Tod und
mehr das unzulängliche Leben!‹

Meinen Sie den vielleicht?«
Krücke: »Herr Kommissar! Sie werden mir auf einmal sehr sympathisch. Ich freue mich, dass wir wenigstens in dem Punkt Literatur übereinstimmen, die wir wohl beide sehr mögen. Aber jetzt bin ich doch ein wenig müde. Im Alter ist fast alles anstrengend. Selbst das Träumen. Erst recht eine Vernehmung.«
Keidel: »Was wir machen, Frau Krücke, ist keine Zeugenvernehmung, allenfalls ein Gespräch mit dem Opfer. Die Vernehmung, Frau Krücke, bleibt Tatverdächtigen oder Tätern vorbehalten. Jedenfalls vielen Dank für das Gespräch. Vielleicht müssen wir Sie noch einmal aufsuchen. Auf Wiedersehen! Und vielen Dank für Ihre hilfreichen Auskünfte.«
Krücke: »Es war mir fast ein Vergnügen, mit Ihnen ein wenig zu plaudern. Wobei ich zugeben muss, dass das Gespräch unter uns Frauen, Frau Gehrcke, zu kurz gekommen ist. Das muss sich beim nächsten Mal ändern.«
Gehrcke: »Alles zu seiner Zeit, Frau Krücke. Auf Wiedersehen!«
Sie standen nach dem Gespräch mit Frau Krücke noch eine Weile vor dem Altersheim, atmeten ein und atmeten aus und schwiegen. Sie waren beide aus sehr unterschiedlichen Gründen sehr unzufrieden mit sich und dem Gespräch. Gehrcke wollte bei Gelegenheit einmal Keidels Gesprächsstrategie thematisieren, und Keidel nahm sich vor, bei Gelegenheit Gehrcke auf den Zahn zu fühlen und den Begriff der Solidarität gründlich anzugehen. Der Ertrag des Gesprächs, darin waren sich Gehrcke und Keidel einig, was ihnen nicht weiter schwer fiel, war nicht ergiebig. Außer dem Hinweis auf eine Motorradattacke hatte das Gespräch nichts gebracht. Und da Meternagel dies bereits im ersten Gespräch festgestellt hatte, war der Besuch bei Frau Krücke, zieht man einmal den Unterhaltungswert ab, umsonst. Das ist Polizeialltag.

13.

Man blickte, wenn man in die Runde sah, in Schwarz, allerdings in ein vielfältiges, auch eigenwilliges, erst recht ein individuelles Schwarz. Jus zum Beispiel, war in schwarzen Jeans, schwarzer Seidenbluse und schwarzweiß gestreiftem Sakko erschienen, aus dessen linker Außentasche ein weißes Kavalierstüchlein heraussah. Er eröffnete die Konferenz mit einem ausgefallenen Aperitif, einem exotischen Getränk, das den verwegenen Namen ›Closing Bell‹ trug, ein teuflisches Gesöff, das aus Tequila, Triple Sec, einem Schuss Limonensaft, Mangopüree, einem Schuss Sirup, einem Schuss Grand Marnier, Sour Mix und einem Schuss Tonic Water komponiert war.

Nach einem Toast auf die Bewegung und eine gute Zusammenarbeit eröffnete Jus die Sitzung, fragte nach Einwendungen gegen das Protokoll oder die Tagesordnung, die aus einem einzigen Tagesordnungspunkt bestand. Niemand wandte etwas ein. Kein Wunder, denn Jus hatte sich die aufmüpfigen Fundamentalisten Johannes, die beiden Jakobusse und Thomas bereits vorher vorgeknöpft und sie zur Minna gemacht. Er hatte von ihnen ein klares, unmissverständliches Bekenntnis zur Bewegung und deren Erlösungswerk verlangt. Nicht umsonst habe er unter anderem auch sie, und dabei hatte er Johannes, die Jakobusse und Thomas nacheinander eindringlich angesehen, ausgesucht und in den ›Inner Circle‹ aufgenommen. Sie zählten zu den Besten, und sie seien freiwillig hier. Die Bewegung sei eine Elitebewegung, und sie sollten sich dieser Qualität würdig erweisen.

Es sei, hatte Johannes geantwortet, zwar milde im Ton, aber entschieden in der Sache, es sei um eine Elitebewegung schlecht bestellt, wenn die lebendige Diskussion durch Maulkörbe zunichte gemacht würde. Und die sachlich fundierte Kritik sei dazu da, Fehler zu vermeiden, indem man sachkundig und kritisch alle möglichen Sachverhalte um- und umwende. Auch er betone, dass er sich freiwillig der Bewegung angeschlossen habe, was Jus doch als einen Beweis seiner Zuverlässigkeit und seines Engagements ansehen möge.

Thomas hatte ähnlich argumentiert und hervorgehoben, es gelte, ›blinden Aktionismus‹ zu verhindern. Man sei eine zwar entschieden agierende, aber doch sehr kleine Gruppe, die ›ein wenig außerhalb der Legalität‹ arbeite, er hatte dabei lachen müssen. Auch Jus könne es nicht recht sein, dass sich die Bewegung aus dumpfen Befehlsempfängern zusammensetze. Was man gerade in der Anfangsphase einer Bewegung brauche, seien hoch motivierte und kompetente Kämpfer, er betonte das Wort ›kompetent‹, was dazu geführt hatte, dass die Jakobusse eifrig mit ihren Köpfen wie kleine ostasiatische Pagoden nickten.

Dieses Mal wolle er die Sitzung nur mit einem exotischen Aperitif eröffnen, hob Jus hervor. Das wohlverdiente Essen gäbe es erst nach der Arbeit, man müsse aus den Fehlern der letzten Sitzung lernen, und Fehler seien dazu da, dass sie nur einmal gemacht würden. Wer aus den Fehlern der Vergangenheit nicht lerne, müsse die Fehler fort und fort wiederholen, wie er irgendwo einmal gelesen habe. Und damit eröffne er die Sitzung ganz offiziell und wünsche sich und den

lieben Licht-Brüdern und der lieben Licht-Schwester Judith Erfolg bei der Arbeit.
Die Tagesordnung bestehe aus den restlichen Fragen, die in der letzten Sitzung noch nicht geklärt worden seien, sowie den Aufgaben, die an die anwesenden Experten verteilt werden müssten. Mal sehen, wie die Sitzung dieses Mal klappe.
Aus Gründen der Logik und der Gruppendynamik wolle er gleich Thaddäus das Wort erteilen.
»Ich gebe dem Mann der Fakten und Zahlen das Wort, dass er uns schaffe Klarheit.«
Alle wunderten sich über die gestelzte Ausdrucksweise, vergaßen die Verwunderung aber sofort wieder.
»Meine Rede wird gemäß der klassischen Rede der Engländer ›brief, but effective‹ sein. Ich teile euch nur die allerwichtigsten Zahlen mit, die in konzentriertester Form den schlimmen Sachverhalt wiedergeben.«
Damit rückte er sich zurecht, schlug eine Kladde mit Notizen auf und legte los: »Im Augenblick sind etwa 40 % der Bevölkerung bei uns über fünfzig Jahre alt, umgerechnet macht dies rund 32 Millionen Menschen aus. Allein aus dieser Zahl erseht ihr, was für eine Menschenmasse wir vor uns haben. Die Statistiker haben prognostiziert, dass 2030 der prozentuale Anteil der ›Menschen mit Verfallsdatum‹ bei fünfzig liegen wird. Unter den Genannten sind allein über achthunderttausend Sozialhilfeempfänger. Von besonderer Bedeutung sind allerdings jene Orte, wo sich die weiße Asche kumuliert, ich meine die Pflegeheime. Von diesen Bunkern gibt es 8 900, die vollstationär ausgerichtet sind, und 12 900 mit ambulanter Pflege. Hier gilt es meines Erachtens, den Hebel unserer Erlösungsarbeit anzusetzen. Eine flächendeckende demographische Ausgleichshandlung ist hier, wenn sie gelingt, meines Erachtens von größter Effektivität. Und rasche, spektakuläre Erfolge braucht eine junge Bewegung wie die unsrige. Unser Software-Spezialist hätte uns nur die Adressen, Anzahl der zu Entsorgenden, einen Überblick über Lage und Zustand der Heime sowie der strategisch wichtigen Schaltstellen der Strom- und Heizenergieversorgung zu verschaffen.«
Sehr vernehmlich schlug Thaddäus seine Kladde zu, griff zu seinem Mineralwässerchen, trank einen kräftigen Schluck und lehnte sich zufrieden zurück. Es herrschte Schweigen aus den verschiedensten Gründen.
Simon Windows, wie stets als texanischer Cowboy gekleidet, der Computerspezialist, hatte, während Thaddäus sprach,

nach und nach das Kaugummikauen eingestellt, holte aus seiner linken Brusttasche ein Silberpapierchen, wickelte darin das von der Zunge abgerollte Kügelchen ein und verstaute es wieder in der Brusttasche. Judith nannte das Kaugummikauen »degoutant«, aber »absolut passend zu den hemdsärmeligen texanischen Analphabeten.«

Sie wandte sich, Ekel auflegend, kurzerhand ab.

»No problem«, gab Simon, der unter einer genetisch bedingten extremen Mundfaulheit litt, die bereits in der dritten Generation weitergereicht wurde, sein Telegramm ab, grinste und wollte seine Cowboystiefel auf den Tisch legen, ließ dies aber, als er den Unwillen in der Runde sah und Jus »Na, das geht aber zu weit!« sagen hörte.

Ob das alles sei, was man von ihm erfahren würde, wollte Andreas wissen.

Andreas solle doch erst einmal seine Probleme mit seinem um den Hals baumelnden X-Kreuzchen klären, ehe er ihm, Simon, Vorschriften mache, was er zu sagen habe und was nicht.

»Jetzt schlägt's aber dreizehn«, mischte sich aufgebracht Philipp, der Mann mit der Nahkampfausbildung, ein und schlug mit der Faust auf den Tisch.

»Wir sind hier ein Team, das zusammenzuarbeiten hat, und da können wir uns solche Mätzchen, wie der Yankee Simon sie an den Tag legt, nicht leisten. Du hast, Simon«, und damit wandte sich Philipp direkt an den Angesprochenen, der gerade dabei war, seinen zweiten Kaugummi einzuwerfen, »deine Teamfähigkeit unter Beweis zu stellen, und zwar jetzt.«

Er werde, kaute Simon in die Runde, erst über Probleme reden, wenn sie sich stellten. Man habe doch jetzt in der Tat andere Dinge zu klären als Detailfragen. Nur eines wolle er ein für allemal klarstellen: Für einen Computerspezialisten, wie er einer sei, sei es ein Kinderspiel, Dateien zu knacken. Er wolle nur daran erinnern, dass er es war, der die Codes der Homepages des Verteidigungsministeriums, des Landgerichts in B sowie auch die Zugangscodes der Regierung geknackt habe, was, wie man wisse, bis heute unentdeckt geblieben sei.

Jus vermittelte.

Er frage jetzt einmal Jakobus Lingus, den PR-Fachmann, wie er sich die PR-Arbeit im Allgemeinen und die im Internet im Besonderen vorstelle, denn es ginge doch um die wichtige Außenwirkung der Lichtbewegung.

Und zur Unterstützung stieß das dreigestrichene J hervor: »Wat mutt, dat mutt!«

»Ich denke mal, dass es wohl zunächst darum gehen sollte, die entsprechenden Sprachregelungen für die schwierige ›Sanierungsarbeit‹ ausfindig zu machen. Wir haben uns da ja schon auf drei Begriffe geeinigt: den ›demographischen Ausgleich‹, die ›Erlösungsarbeit‹ sowie ›Sanierungsarbeit‹. Ich denke, es spricht nichts dagegen, alle drei Begriffe synonym zu verwenden. Dann gilt es, eine überzeugende Legitimation für die Verlautbarungen aufzubauen, wobei wir einige Denkfiguren und Formulierungen aus der Rede von Juvenis aufgreifen könnten. Johannes, der sich zur Mitarbeit bereit erklärt hat, und ich werden dazu eine Vorlage ausarbeiten, für die wir bereits erste Bausteine formuliert haben. Die wird dann in einer der nächsten Sitzungen vorliegen.«
»Ich sehe da noch ein ganz anderes Problem auf uns zukommen, mit dem wir uns lange werden herumschlagen müssen«, setzte Johannes, der Philosoph, Jakobus' Gedankenfluss fort. »Es muss mit großem Ernst daran gearbeitet werden, wie eine Entlastung des Gewissens bei den Kämpfenden für unsere gerechte Welt erreicht werden kann. Ich denke da nur an die Erlösung der eigenen Eltern.«
Heftiges Kopfnicken in der Runde gab ihm Recht.
»Sind wir uns«, fragte er dann, »über die Namensgebung unserer Bewegung im Klaren, die knapp, griffig und kämpferisch zugleich sein sollte? Wie steht es mit der Bezeichnung ›FIVE-ZERO-OUT‹, die bereits mehrmals im internen Kreis aufgetaucht und verwendet wurde, ohne dass wir uns geeinigt hätten? Jakobus und ich haben einige Vorschläge zu unterbreiten, wobei das Problem auftaucht, kämpfen wir mit nur einem Namen, oder führen wir mit einer Namensvielfalt, wofür ich wäre, eine Art Verwirrtaktik ein?«
»An dieser Stelle kann ich mich gut in die Diskussion einklinken«, ließ Judith die Runde mit ihrer schönen Stimme, die irgendwo zwischen Alt und Sopran lag, wissen.
»Es liegt auf der Hand, dass ich als Therapeutin in dieser Angelegenheit etwas zu sagen habe. Darum habe ich mich Johannes und Jakobus angeschlossen.« Dabei legte sie Johannes einvernehmlich die linke Hand auf die Schulter. »Wir haben begonnen, an einem Hand-out zum Bewusstseins- und Verhaltenstraining zu arbeiten. Wir sind bereits so weit gediehen, dass wir in der nächsten Sitzung das Konzept zur Diskussion und einzelne Übungen zum Training im Inner Circle vorstellen könnten.«
»Ist es zu viel verlangt, uns jetzt schon wenigstens einige Appetithappen zum Besten zu geben, damit wir gewisse konkrete Anhaltspunkte haben, die uns einstimmen könn-

ten in den gemeinsamen Kampf?« Die Frage kam von Jus. Jakobus Lingus nahm den Zahnstocher, den er während der Sitzung auf seinen Lippen hatte herumlaufen lassen, wie eine Zigarette zwischen die Finger, und legte los:
»Im Mittelpunkt der Sprachmanipulation hat eine Umwertung negativ besetzter Werte und Begriffe im Zusammenhang mit dem Alter zu stehen. Heute zirkulierten hier bereits Etikettierungen wie ›demographischer Ausgleich‹, der sehr technologisch-sachlich klingt, oder der geniale Begriff ›Erlösung‹, der aus der Theologie stammt und sich daher für die traditionsgeleiteten Wesen gut eignet. Schließlich bietet sich für unsere hedonistisch bestimmte Zeit die Formel ›Botschafter des Glücks‹ an, die eher für die Kämpfenden geeignet ist. Als Name für die Bewegung kommt der Vorschlag in Frage, den ich auch favorisiere, der sachlich, sehr griffig, ungefährlich und gleichzeitig geheimnisvoll klingt, weil er in englischer Sprache gehalten ist. Dieser Vorschlag gibt auch zutreffend die globale Stoßrichtung der Bewegung an, ich meine die Formulierung ›FIVE-ZERO-OUT‹, die meines Erachtens auch deshalb vortrefflich geeignet ist, da sie ein demographisch zu bewertendes sprachliches Attribut darstellt. Wir sind dann noch naheliegenderweise auf die Lichtmetapher in Anlehnung auch an das Unternehmen von Jus gekommen und haben das Kompositum ›Licht-‹ oder ›Lux-Bewegung‹ entworfen. Wer Lateinisch kann, wird sofort das ›Ex oriente lux‹ assoziieren.
Das Neue, Großartige, Revolutionäre, auch das Optimistische kommt darin sehr gut zum Ausdruck, das ehemals der Bewegung des Urchristentums zu Eigen war. Dann haben wir noch einen letzten Vorschlag zu machen, der die Träger der neuen Bewegung in den Mittelpunkt rückt, ›Youth Community‹, wieder ein englischer Begriff, der Internationalität garantiert. Um abzuschließen, für das von mir bevorzugte Wort-Ensemble ›FIVE-ZERO-OUT‹ haben wir bereits mehrere Logos entwickelt.«
Nach seinen Ausführungen ging Jakobus Lingus an die Tafel und malte einen Kreis auf, in den eine Fünfzig eingeschlossen war.
»Der Kreis«, Jakobus zeigte mit dem Finger darauf, »signalisiert, was die Bewegung auszeichnet: Konzentration und Entschlossenheit.« Jakobus wollte weiter ausführen, kam aber nicht dazu.
»Als Philosoph bin ich wie kein anderer hier im Raum befugt und auch in der Lage einiges als Ergänzung und zum tieferen Verständnis der Kreisfigur auszuführen.«

Diese Wortkaskade kam wie ein Überfall, unvorbereitet, sodass Reaktionen zunächst ausblieben, Johannes eine Zustimmung der Gruppe auch gar nicht erwartete, sondern einfach loslegte.
»Wie Jakobus richtig hervorhob, ist der Kreis ein ganz zentrales, ja, man muss sagen, das verbreitetste geometrische Symbol, da es in allen Kulturen vorkommt. Es steht für Vollkommenheit, Ewigkeit, auch das Absolute, das weder einen Anfang noch ein Ende, weder eine Richtung noch eine Orientierung kennt.«
»Genug, Johannes, niemand bezweifelt deine Kompetenz in diesen Dingen, aber es würde zu weit führen ...«
»... schon in der platonischen, dann in der neuplatonischen Philosophie stellt der Kreis einen zentralen Begriff dar. Der legendäre Tempel des Apoll, die Königsstadt von Platons Insel Atlantis sind nicht umsonst kreisförmig angeordnet gedacht worden. Übrigens die Kultstätte Stonehenge ...«
»Johannes«, intervenierte dieses Mal Judith sanft, »könntest du deinen Gedanken- und Sprachfluss ...«
»Ich bin gleich fertig. In allen Religionen, fangen wir zunächst einmal bei der christlichen an, wird das Heilige, der Gott, nicht selten in Kreisform gedacht, so in der Mystik ...«
»Johannes!«, riefen jetzt gleich mehrere, sodass auf einmal ein Stimmengewirr von ungehaltenen Stimmen auszumachen war.
»... Konzentrische Kreise stehen für die Schöpfung Gottes, den Erdkreis. Der Schöpfer wird als Künstler gedacht, der zeichnet, symbolisch dargestellt als Hand, die aus konzentrischen Kreisen kommend, die Peripherie durchbricht ...«
Thomas und Andreas waren an Johannes herangetreten, hoben ihn aus seinem Stuhl, hakten ihn unter und schleppten ihn mehr, als dass er ging, aus dem Raum.
»Bei den Indianern ist der Kreis eine symbolische Gebärde des großen Geistes, wie er in der Mond-, der Sonnen- und der Sternenbahn zum Ausdruck kommt ...«
Man hörte die von Johannes leidenschaftlich, von großen Kreisgebärden begleiteten Ausführungen immer leiser werden.
»Im Zen-Buddhismus wiederum ist der Kreis ein Zeichen für die Einheit des Menschen mit dem Urprinzip, und aus der chinesischen Philosophie kennen alle von uns das T'ai-chi, das im Kreis dargestellte Yin-Yang-Prinzip. Und wenn wir in den Kreis einen Punkt einzeichnen ...«
Weiter kam Johannes nicht. Man hörte von fern ein Platschen, das davon herrührte, dass Johannes von Andreas und

Thomas ins Schwimmbecken geworfen worden war, wo er im Kreise schwamm und laut um Hilfe schrie. Nach einigen Minuten erschien er mit nassen, struppigen Haaren in einem schwarzen Kimono und verwies darauf, dass das, was ihm angetan worden sei, ausdiskutiert werden müsse. Er erwarte von der Gruppe eine Entschuldigung.
»Nur widerwillig bin ich in diesen Kreis hier zurückgekehrt«, maulte er und nahm Platz.
Andere machten sich jetzt bemerkbar.
Andreas und Philipp, dieses Mal ganz in schwarzer, feiner Ledermontur von René Lezard, trugen einige strategische Überlegungen zum Status und zum Aktionsradius der Bewegung bei.
Seiner Meinung nach, stellte Andreas heraus, sollte nicht erst auf ein ausgearbeitetes Handlungskonzept gewartet werden. Vielmehr seien sofort Aktionen nach der Strategie der so genannten Nadelstiche zu planen. Dafür reichten die Kräfte und das vorhandene Know-how bereits aus. Die Erlösung der ›Altenware in den Containern‹ – so könne man seiner Meinung nach aus taktischen Gründen die Pflege- und Altenheime offiziell bezeichnen – stünde wohl an erster Stelle. Er meine aber, daneben sollten durch ganz verschiedenartige Einzelmaßnahmen, die ungefährlich seien, Alte aus dem Verkehr gezogen werden, indem man sie beispielsweise durch Telefonanrufe oder Briefaktionen massiv unter Druck setze. Andreas sprach etwas abgehackt, da er zwischen seinen Sätzen und Halbsätzen immer wieder einmal Macadamianüsse einlegte, die in kleinen Schälchen auf dem Tisch standen.
Mit der gleichen Taktik, sprach er kauend, oder kaute er sprechend, könne man Politikern auf den Leib rücken, die alt und kränklich und daher sehr anfällig seien für kleinere Irritationen wie Drohbriefe oder kleine Galgen mit einem Strick und so weiter. Gleichzeitig solle man zur Rekrutierung von Unterstützern und Sympathisanten an junge Abgeordnete herantreten und sie für die Bewegung zu gewinnen versuchen. Dies seien nur einige Wege zur Erlösung, die anschaulich und konkret zeigen sollten, was jeder Einzelne ohne großen Aufwand unternehmen könne.
Fast fugenlos fiel jetzt Philipp in Andreas' Sprachfluss ein. Eine zentrale Frage, die immer wieder hier im Kreis gestellt worden sei und auf die sie noch keine Antwort gefunden hätten, wäre die, wie sie, die Lichtgestalten selbst, mit dem eigenen Alter umgehen sollten. Denn die Schallgrenze der Fünfzig sei ja für die meisten von ihnen in etwa zwanzig Jahren erreicht. Zwanzig Jahre habe man noch Zeit. Und dann

komme der dramatische Drehpunkt des Lebens. Was tun? Sollten alle Hand an sich legen? Oder wie sonst könne man dieses grundlegende Problem aus der Welt schaffen?
Eine kleine Pause irritierenden Nachdenkens entstand.
Da meldete sich Thomas mit weicher, leiser Stimme zu Wort. Er als Genetikwissenschaftler habe ja bereits auf der ersten Sitzung versucht deutlich zu machen, dass man zwar dabei sei, die für das Alter zuständigen, so genannten ›Methusalem-Gene‹ zu entschlüsseln, dass er aber nicht wisse, wann der entscheidende Durchbruch bei der Gen-Entschlüsselung zu erwarten sei. Man arbeite zwar mit Hochdruck am Projekt. Sei auch erfolgreich. Doch sei Geduld gefragt. Und nochmals Geduld. Wenn das interessiere, könne er gern etwas ausführlicher werden.
Thomas blickte in die Runde. Als Andreas wieder sein Kreuzlein zwischen die Lippen nahm, Judith ihm zunickte, die anderen ihn stumm anblickten, da fasste er sich ein Herz und knüpfte den Diskussionsfaden neu.
»In den USA gibt es das ›National Institute on Aging‹, in welchem alle Forschungen über das Altern zentriert sind. Die Kollegen und Kolleginnen dort bemühen sich ebenfalls um die Identifizierung der Gene, die die Alterung beeinflussen. Im Tierversuch, bei Würmern, haben sie so genannte ›Methusalem-Gene‹ identifizieren können. Wenn zwei von diesen zusammenwirken, wird die Lebensspanne der Würmer wesentlich verlängert. An einer kalifornischen Universität hat der Evolutionsbiologe Michael Rose durch selektive Züchtung die Lebenszeit von Fruchtfliegen verlängern können.«
Er möge doch jetzt auf den ›Wurm Mensch‹ kommen, bat Jus mit weicher Stimme und legte, sehr zum Erschrecken von Johannes, die Hand auf den Arm von Thomas.
»Ich habe da noch einige interessante Versuche bei Ratten auf Lager, aber das dürfte wohl kaum interessieren. Die Erfolge bei den Tierversuchen sind beim Menschen noch nicht aufzuweisen. So viel weiß man allerdings, dass offenbar das Enzym ›Superoxiddismutase (SOD)‹ sowie bestimmte Hormone mit dem Alterungsprozess zusammenhängen. Selbst wenn dann die Entschlüsselung der Gene geleistet und der Einfluss von Enzymen und Hormonen festgestellt ist, bleibt immer noch die nicht minder schwierige Frage zu klären, und das ist die eigentliche Sisyphusarbeit, wie denn die für das Altern zuständigen Gene negativ manipuliert werden können. Wie man sieht, stehen die Genforscher für schnelle Lösungen nicht zur Verfügung. Es tut mir Leid, aber mehr habe ich im Augenblick zur Lösung unseres Problems nicht anzubieten.«

Nachdem die Runde diese nicht leichten Zusammenhänge verdaut hatte, fasste Andreas nach. Anders sähe der Fall aus, wenn es darum ginge, den demographischen Ausgleich mithilfe von Viren vorzunehmen. Aber er wolle nicht zu weit vom Thema abweichen. Darüber müsse nachher oder ein anderes Mal noch ausführlich gesprochen werden.

Danach war ein Schweigen entstanden, von dem man nicht recht wusste, wie lange es dauern und was für ein Schweigen es wohl werden würde. Ein schmerzhaftes oder ein wohltuendes.

Daher kam es einer Erlösung gleich, als der blonde Lockenkopf den Mund öffnete und preisgab, es gäbe keinen Anlass zur Panik oder zur Depression. Ganz im Gegenteil. Er glaube den Stein der Weisen gefunden zu haben.

Petrus ließ nach dieser Kurzmeldung erst einmal Zeit verstreichen. Er, der nicht nur etwas von Schlüsseln, sondern als ehemaliger Ministrant auch etwas von Dramaturgie verstand, wusste die Zeit und auch das Schweigen gezielt einzusetzen. Erst hob er den Kopf, dann blickte er alle nacheinander an, schließlich faltete er die Hände, als wolle er beten. Dann gab er seinem Mund den Sprechbefehl: »Es ist doch alles ganz einfach«, meinte er, lächelte und hob seine Arme empor.

»Wir müssen nur durch massives Handeln erreichen«, zelebrierte er jedes Wort, »dass der ›point of return‹ möglichst rasch, nämlich innerhalb von zwanzig Jahren, erreicht wird, sodass sich das demographische Verhältnis wieder umkehrt, weg vom Pilz, hin zur Pyramide. Das ist die Lösung.«

Und nachdem er beifälliges Nicken bei allen und ein flüchtiges Lächeln hier und da auf den Gesichtern einiger festgestellt hatte, wiederholte Petrus wie ein Triumphator: »Wir haben zwanzig Jahre Zeit. Nutzen wir diese Zeit. Dann stellt sich für uns die Frage nach dem Alter nicht mehr.«

Lang anhaltender Beifall und Bravorufe dankten ihm für diese Entlastung. Jus klopfte Petrus auf die Schulter, das dreigestrichene J hielt ihm ein Schälchen mit Macadamianüssen hin, Andreas prostete ihm zu und Judith stand auf, ging zu ihm hin und küsste ihn auf die Stirn.

Womit niemand gerechnet hatte, das trat jetzt ein – eine echte Überraschung. Jakob Jeschke aus Jever, das dreigestrichene J, das zurückhaltende Nordlicht, war aufgesprungen und an die Hifi-Anlage gegangen, um eine CD einzulegen, die er, aus welchen Gründen auch immer, bei sich hatte.

»Petrus hat mir da das schöne Stichwort vom ›Stein der Weisen‹ geliefert. Es gibt da eine wunderschöne Blues-Ballade

von meinem Lieblingsinterpreten Van Morrison, die ich im Augenblick dauernd hören muss, sie heißt ›Philosophers' Stone‹. Ich denke, die wird auch euch gefallen. Van Morrison verlangt gute Zuhörer oder wie wir im Norden sagen: ›Glück will Tiet hebben‹.«
Mit diesem Kommentar hatte das Nordlicht seine Aktion begleitet. Alle waren nun gespannt und stellten ihre Lauscher auf, die nach Petrus' erlösenden Worten auch gern bereit waren sich aufzustellen, um das schwermütige Vorspiel und dann die erste Strophe einzulassen:

»Out on the highways and the by-ways all alone
I'm still searching for, searching for my home
Up in the morning, up in the morning,
out on the road
And my head is aching and my hands are cold
And I'm looking for the silver lining, silver lining
in the clouds
And I'm searching for and
I'm searching for the philosophers' stone.«

Der getragene Bluesrhythmus nahm die Tafelrunde gefangen, alle lauschten mit großer Aufmerksamkeit, und jeder nahm auf seine Weise den Takt auf: der eine summte mit, der Zweite wiegte den Körper, der Dritte steppte mit dem Fuß den Rhythmus auf den Teppich, der Vierte schnippte mit den Fingern, und Judith begann rhythmisch zu klatschen. Als von der Scheibe Van Morrisons zweite Strophe ertönte, sang das dreigestrichene J mit rauchiger Bluesstimme mit, die ihm niemand zugetraut hatte.
Auch die weiteren Strophen wurden mit der gleichen andachtsvollen Stille aufgenommen. Nachdem die CD nur noch Schweigen hergab, herrschte ein fröhliches Gesumme und eine aufgeräumte Stimmung im Raum, die Jus anzeigte, endlich das Startzeichen für das versprochene Gastmahl zu geben.
Die Oberschenkel wurden auf einmal aus der Horizontalen in die Vertikale gebracht, denn man wollte sich, bis der Tisch gedeckt war, ein wenig die Füße vertreten. Nun passierte etwas Außergewöhnliches mit den Augen der Teilnehmer. Sie waren plötzlich auf Judith gerichtet, die sich als Letzte erhoben hatte. Sie war zur Sitzung im Reiterdress erschienen, ihre sehenswerten Beine steckten in einer engen grauen Hose, die im Schritt mit weichem Veloursleder ausgefüttert war. Eine schwarze Frackjacke umschloss das eng am Körper

anliegende weiße Frackhemd. Schwarze Schaftstiefel und eine Reitgerte aus Leder rundeten das Erscheinungsbild einer Amazone ab. Die Frage, die bei vielen Teilnehmern der Tafelrunde für Unruhe zu sorgen schien, lautete: Wen wird Judith heute zureiten? Und wie würde sie diese Botschaft vermitteln? Würde man es ihrem Blick ansehen können, dass sie etwa Sex auf der Toilette haben wollte?
Bis auf das dreigestrichene J hatten alle Männer den Saal verlassen. Sie standen jetzt draußen in kleinen Grüppchen mit Blick auf die Tür des Konferenzsaales. Als Judith und das dreigestrichene J den Raum verließen, folgten ihnen zehn Augenpaare, die Judith penetrierten. Was war der Anlass für die gleichgeschalteten Blicke? Judith hielt die Reitgerte in der rechten Hand und zog Jakob Jeschke, den sich Sträubenden, hinter sich her.
Was war passiert?
Unser Mann aus Jever, den Judith sehr mochte und dem sie unter vier Augen seiner besonderen kulinarischen Vorliebe wegen den Namen ›mein kleiner Matjes‹ gab, hatte seine rechte Hand, niemand hatte die Entwicklung dieser spektakulären Aktion mitbekommen, zwischen den strammen Pobacken Judiths eingeklemmt, die er durch heftiges Ziehen zu befreien versuchte, was jedoch misslang, da Judith keine Anstalten machte, die Hand herzugeben. Lächelnd schlug sie mit der Reitgerte immer wieder leicht auf ihre offene linke Hand, zog so das dreigestrichene J wie ein Anstandshündchen hinter sich her und blickte stolz in die Runde. Als man der beiden ansichtig wurde, kamen in den männlichen Köpfen Mutmaßungen auf, etwa die, inwieweit Judith fähig und auch im Stande sei, Männer, die ihre sexuelle Neugier zu weit trieben und mit ihren Köpfen ihren Schenkeln zu nahe kämen, mit der puren Muskelkraft ihrer Pobacken zu erwürgen. Während sich solche Vorstellungen in den Köpfen der Männer einstellten, kam in Judith der Wunsch nach Zitroneneis auf. Kein Mensch wusste, warum, sie selbst am wenigsten. In dem Augenblick nahm Jus sein Handy zur Hand und wählte eine Nummer. Wie sich schnell herausstellte, hatte er das Handy von Judith angewählt, die gerade einmal fünf Schritte von ihm entfernt stand.
Als sie das an der Seite ihres linken Stiefels befestigte Dummsprechgerät herausgezogen hatte, meldete sie sich mit dem für deutsche Ohren ungewöhnlichen »Pronto!«, das sie so laut herausposaunte, dass alle zusammenzuckten und das dreigestrichene J seine Hand wieder zurückerhielt. Die Teilnehmenden konnten nun mitverfolgen, wie Jus Judith fragte,

ob sie bereit wäre, mit ihm ... Jus hatte sich dabei ein wenig von der Runde abgewandt und auch die Lautstärke reduziert, dennoch verstanden alle neugierigen Ohren der Tafelrundenmitglieder, worum es ihm ging. Er habe mächtig Druck, ließ er Judith wissen, und sein Unbewusstes überspiele sein Über-Ich.

Judith wandte ihren Kopf Jus zu und musste für den Bruchteil einer Sekunde lächeln.

Dies sei ein sehr direkt geäußertes, zudem sehr ›unmoralisches Angebot‹, das er ihr mache, flötete sie ungeniert, in voller Lautstärke in das Handy. Und dann hörten die angespannt Lauschenden, wie sie mit größter Selbstverständlichkeit sagte: »Ich habe meine Tage.«

»Nun, heute gibt es doch Mittel und Wege, auch in so einem Fall die Pfade der Lust zu betreten. Im Übrigen könnte ich deinem wohlgeformten Hintern ein wenig zusetzen, der zugegebenermaßen ein wenig durch Cellulitis entstellt ist, was mich aber nicht stört. Auch Hintereingänge haben ihren besonderen Reiz.«

Judith überging die herbe Kritik an ihrem Popo, obwohl Cellulitis für jede Frau ein Drama darstellt, und revanchierte sich auf folgende Weise:

»Ich habe meine Prinzipien. Wenn ich in der Blutflut stehe und allein an die Schweinerei im Bett denke, vergeht mir der Appetit.«

Sie ließ diesen Satz stehen. Er interessierte sie nicht mehr. Sie war in Gedanken schon beim nächsten:

»Und außerdem«, Judith vergewisserte sich, ob auch alle zuhörten, »leidest du bekanntlich an dem Pasquilin-Syndrom.«

Auf einmal waren alle Ohren im Raum größer geworden. Die Situation schien sich zuzuspitzen, wenngleich niemand im Saal wusste, was eigentlich gemeint war.

»Ich verstehe nicht ganz, Judith, kannst du mir den Begriff erklären?«

»Darf ich dir das unter vier Augen sagen? Es wäre wohl besser ...«

»Nein, nein, ich will es jetzt wissen. Ich habe keine Geheimnisse, wir sind ja alle eine große Familie.«

»Nun gut, wie du willst. Das Pasquilin-Syndrom gibt eine Befindlichkeit zwischen den Beinen des Mannes wieder.«

Hier machte Judith eine Pause. Alle Ohren hingen an ihren Lippen, drängten sich förmlich in ihren Mund. Jeder wollte der Erste sein, wenn die Skandal-Botschaft, denn um eine solche musste es sich wohl handeln, verkündet würde.

Judith lächelte: »Das Pasquilin-Syndrom bezeichnet eine Hodenfunktionsstörung. Riesige Hoden, aber kleiner Penis.« Pause. Unterdrücktes Kichern, Lachen, Prusten, Hin- und Herblicken aller zu Judith und Jus. Wie würde Jus kontern? Würde er überhaupt kontern? Jawohl, er konterte.
»Mein ganzes Leben habe ich es mit der Qualität und nicht mit der Quantität gehalten. Und das soll auch so bleiben. Ich habe diese Einschätzung immer auch auf dich bezogen, liebste Judith. Um so mehr muss ich nun erkennen, dass ich mich getäuscht habe. Den Maßstab der Qualität kann ich für dich nicht mehr in Anspruch nehmen.«
Und damit war der Dialog beendet.
Die Blicke der Anwesenden hatten ein neues Objekt der Begierde gefunden. Sie waren auf das dreigestrichene J fixiert. Denn noch immer musterte er eingehend seine blaue Hand, aus der alles Leben gewichen zu sein schien. Judith ergriff die misshandelte Hand, massierte sie ein wenig, öffnete mit der größten Selbstverständlichkeit ihre Bluse und legte sie sich auf ihre Brust. Einen Augenblick schloss sie ihre Augen: mit ihren Gedanken war sie längst beim Vögeln mit ...
Zuvor stand aber noch etwas anderes an.
Schnelle, gut bezahlte Hände hatten den Tisch gedeckt, so dass dem Gastmahl nichts mehr im Wege stand. Zur großen Überraschung aller und zur großen Freude des ›Kleinen Matjes‹, dem Handgeplagten, gab es Fischgerichte und unter anderem zwei Matjes-Gerichte: einmal Matjesfilets, zubereitet nach Hausfrauenart, garniert mit Äpfeln und Zwiebeln auf Schlagsahne; das andere Mal Matjesfilets mit grünen Bohnen, Specksoße und Pellkartoffeln. Jus eröffnete das Mahl diesmal mit einem milden Korn und dem spöttischen Hinweis, Jakobus solle in Zukunft nicht überall seine Finger hineinstecken, sonst könne es sein, dass er dort einmal seinen Kopf verlieren würde. Alle verstanden diese Anspielung. Auch Jakobus, der immer noch mit seiner blauen Hand beschäftigt war und sich bemitleidete, aber doch noch Zeit fand, einen Trinkspruch auszubringen:
»Vundaag kaamt wi maal vun't Watertrinken af!«
Es war klar, was jetzt auf Jakobus zukam. Er hatte wahrgenommen, wie sich rings um ihn ein riesiger Berg von Verblüffung aufgestaut hatte. Daher übersetzte er das Plattdeutsche sogleich:
»Heute gehen wir einmal vom Wassertrinken ab!«
Die Heiterkeit, die dieser Toast auslöste, war wohltemperiert. Witze haben eben nicht nur ihre Zeit und ihren Ort, sie haben auch ihre Mentalität. Jakobus war als Nordlicht Einzelkämp-

fer. Dann ging es im LUX-Tempel wie auch das andere Mal hoch her, es wurde gemampft und tüchtig getrunken. Das dreigestrichene J wurde immer aufgeräumter und erzählte plattdeutsche Witze, die nicht immer sehr fein waren. Eigentlich waren alle seine Witze nicht stubenrein.
Mittlerweile war die Zeit gekommen, die bei solchen Anlässen stets mehrmals zu kommen pflegt, dass die Männer die Urinale aufsuchen mussten. Jus machte den Anfang, erhob sich und verschwand als Erster.
Als Petrus sah, wie Jus seinen Rücken krümmte, brummte er zu ihm hin: »Quo Vadis?«
Jus, schon im Rausgehen begriffen, gab folgende Sprechblase von sich:
»Eine Stange Wasser an die Wand stellen!«
Daraufhin krähte Andreas dreimal. Das war das Aufbruchzeichen für die anderen. Es folgten Jus fünf weitere Teilnehmer, die aufzuzählen an dieser Stelle nicht nötig ist. Das Klo besaß nur sechs Urinale.
Als die sechs LUX-Jünger vor ihren Urinalen standen wie die Pferde in der Koppel, hatte Jus bereits seinen Flachmann am Mund, um daraus einen mächtigen Schluck Whisky zu nehmen. Dann gab er die Flasche an den Nächststehenden weiter, musste sich dabei dem Erwähnten zudrehen, es war Jabobus, sodass man für einen Augenblick, der aber genügte, die Gelegenheit hatte, die Sensation, eine Winzigkeit von Daumengröße, wahrzunehmen. Als Andreas die Hand nach der Flasche ausstreckte, staunte er erst einmal, sah des Vergleichs wegen an sich herunter und war mit sich sehr zufrieden. Erst dann führte er das flache Metall an die Lippen, nippte daran und übergab die Flasche sofort an Matthäus, der den Flachmann in die Höhe hielt, denn er hatte große Mühe mit dem Wasserlassen. Als Matthäus schließlich einen Schluck nahm, schoss sofort eine riesige Fontäne aus seinem Schnuller, die nur so an die Wand klatschte. Das dreigestrichene J hatte bereits neugierig auf die Flasche gewartet, die er jetzt in Empfang nahm. Bei ihm hatte sich noch gar nichts getan. Sein Pfefferstreuer hing ziemlich traurig aus der Hose. Das änderte sich auch nicht nach dem ersten Schluck. Er wollte es daher noch einmal mit einem zweiten Schluck versuchen, wozu er allerdings nicht kam, da Thomas ihm die Flasche aus der Hand riss, sie an seinen Mund führte und die Flasche austrank. Thomas, der Zerstreute, hatte vergessen, seinen Hosenlatz aufzuknöpfen. Jetzt stand er unter Wasser. Barthel half ihm aus der Patsche, indem er eine Ersatzhose holen ging. Barthel hatte von dem Versuch

abgesehen, sich in die Männerreihe zu stellen. Ihn irritierte es dermaßen, wenn so viele um ihn herumstanden, dass sich bei ihm gar nichts tat. Daher suchte er immer gleich die geschlossene Kabine auf, wo er mit sich und seiner Seiche ganz allein war.

14.

Jus hatte seine Lichtjüngerschaft um sich versammelt. Er bat sie, so wie Sportsmannschaften dies zu tun pflegen, einen Kreis zu bilden und als Ausdruck der Verbundenheit ihre Arme um die Schultern der anderen zu legen. Dann sprach er zu ihnen: »Ich sende euch hiermit aus, Dienst zu tun im Sinne unserer Erlösungsarbeit. Ziehet hin in alle Welt und missioniert das junge Volk, überzeugt es, so wie wir es beschlossen haben. Jeder hat einen speziellen Auftrag erhalten, der auf seine individuellen Möglichkeiten abgestimmt wurde, so dass jeder an seinem Ort gewinnbringend das große Erlösungswerk erfüllen kann.«
Und so strömten sie auseinander, der eine hierhin, der andere dorthin. Einer von ihnen machte sich nach Brüssel auf den Weg, um dort seine Mission zu erfüllen. Er wählte den Weg über B. Dort gab es einiges zu sondieren. Später würde er nach Brüssel weiterfliegen. Aber das hatte noch Zeit. Vorerst übernachtete er in einem der renommiertesten Hotels, wo er ständig beobachtet werden wird.

Wie der schon hereinkommt! Schmeißt die Tür hinter sich zu! Keine Manieren. Aber blauer Anzug und Krawatte. Ich tippe, einer von diesen ›Young Urban Professionals‹. Vielleicht ein Technologie-Apostel. Oder ein Börsianer. Auch Fondsmanager geht. Von keiner Kritik getrübte blaue Augen. Wäre unter Hitler sicher ein guter KZ-Vollzugsbeamter gewesen. Na ja, ich will nicht böse sein. Er ist ja noch jung. Um die dreißig. Das typische Aluminium-Köfferchen des Handlungsreisenden. Wenn der wüsste, wie albern das aussieht. Ein Möchtegerntyp. Alles lässt sich lösen! No problem! Reichert seine Gespräche vermutlich mit Anglizismen an. Wetten dass? Handy gehört sicher auch zur Ausstattung dieses Minimaltyps. Vermutlich im Koffer.
Na, wer sagt's denn? Koffer auf, darin ein Laptop, darunter ein ›Playboy‹, darunter der ›Fondsmanager‹, darunter ein Nokia-Handy. Wahrscheinlich wird er gleich telefonieren.
Nimmt das Handy, gibt im Gehen eine Nummer ein, nimmt Kurs auf das Bad. Bums! Die Badezimmertür ist zu. Wie in

den amerikanischen Filmen – wenn die Schauspieler mit dem Absatz die Kühlschranktür schließen. Peng! Zu! Was lässig aussehen soll, aber tatsächlich rücksichtslos ist. Ob er das auch zu Hause so macht?
Blablabla aus dem Badezimmer. Er spricht laut. Ich kann alles mithören.
»Ja. // Moin. // Direktflug Brüssel. // Ankunft? // Aha. // Abflug? // Aha. // Wie? // Natürlich. // Kraftfahrzeugpapiere. // Nein. // Wieso? // Tatsächlich? // Sag bloß. // Warum nicht? // Doch, doch. // Wo? // Wann? // Wie ausgemacht. // Alles klar. // Bis bald. // Tschüss!«
Der Einwort-Sprecher. Anklänge ans Norddeutsche. Wer weiß, worum es da geht. Komisch!
Da war doch schon so einer da, neulich. Wann war das? Am Montag? Nein, am Dienstag. Auch so ein junger Spund um die dreißig. Ging auch ins Bad, um von dort aus zu telefonieren. Der Norddeutsche taucht wieder auf.
Setzt sich aufs Bett, wählt das Restaurant an, ordert Matjes nach Hausfrauenart, zwei Portionen. Na, das sagt alles. Krawatte runter, Hemd aus, Hose aus, alles sorgfältig über die Sofalehne gelegt, hingelegt, ja, das ist richtig so. Sieh mal einer an. Ein schwarzer Tanga. Sieht gut aus, muss ich neidlos anerkennen. Gute Figur. Schlechte Manieren.
Was macht er jetzt?
Holt einen leichten, bordeauxfarbenen Hausanzug aus Seide aus dem Köfferchen, zieht ihn an. Schätze mal, der geht gleich an die Minibar, trinkt entweder ein Bier oder einen Mini-Schampus aus der Flasche. Hab' ichs nicht gesagt? Bier. Ausgerechnet noch ein Warsteiner, dieses flache Designer-Bier. Immerhin, den Deckel wirft er in den Papierkorb.
Und was jetzt?
Könnte sein, dass er die Kiste einschaltet. Ich kenn mich mit diesen Typen aus. Jahrelange Erfahrung. Wird sicher n-tv anzappen. Nanu! Holt Thomas Hürlimanns ›Fräulein Stark‹ aus dem Koffer. Das hätt ich jetzt nicht gedacht, danebengetippt.
Jedenfalls auch einer, der mich nicht wahrnimmt. Kein Sinn für Innenarchitektur, kein Interesse an Kunstgeschichte. Was fängt der schon mit einem Jugendstil-Hotel an?
Wenn ich da an die attraktive Mutter mit ihrem zwölfjährigen Sohn von neulich denke!
Wie hatte die das Zimmer bewundert, dem Sohn, der sich alles achselzuckend angehört hatte, vorgeschwärmt vom Zusammenspiel von Tapeten, Decken-Fresken, den Zeichnungen und Aquarellen von Egon Schiele, dem ostasiatischen

Spendenbecher von Émile Gallé aus mehrfach überfangenem und getauchtem Glas mit den feinen Metallfolieneinschüssen. War auf Louis Comforts dreikantiges Zierglas in Tulpenform zugegangen, hatte mit zarter Hand den dreifach eingebuchteten Mundrand umfahren, hatte den Sohn aufgefordert, näher zu treten und die stilisierten, in gezogenen Glasfäden in Grün, Gelb, Rot und Weiß gehaltenen Blütenblätter zu betrachten, was der Sohn, wenn auch widerwillig, tat. Hatte anderes im Sinn.

Und während der Sohn ins Fernsehprogramm schaute, das immer neben der Glotze liegt, ging die schöne Mutter im Zimmer umher, schwebte lächelnd durch den Raum, bis sie sich schließlich an einem Carabin, auf dem eine von Gallés Ziervasen steht, niederließ, mit der flachen Hand über die reich geschnitzten Beine und Verstrebungen aus Olivenholz fuhr und anschließend lächelnd und kopfschüttelnd ob der Fülle an Kunstangeboten über die reich mit Intarsien versehene Tischplatte aus Zinn, Perlmutt und Halbedelsteinen strich, ein ums andere Mal.

Mit dem an den Sohn gerichteten Hinweis: »Ich mache mich jetzt ein bisschen frisch!«, entschwand die schöne Mutter ins Bad. Der Sohn hatte mittlerweile die Bildmaschine angeworfen, zappte den MTV-Kanal an, starrte regungslos die Musik-Videos an.

Ich gebe gern zu, dass mich die attraktive Mutter, ich bin ja kein Kostverächter, nicht gleichgültig gelassen hat. Ich war neugierig, was sie wohl im Bad treiben würde, vor allem, wie sie wohl nackt aussah. Ich hatte von ihrem Körper eine sehr lebhafte Vorstellung und war jetzt gespannt, was die Phantasie gegen die tatsächliche Nacktheit ausrichtet. Ich verfiel daher auf einen Trick, den ich schon einmal erfolgreich angewandt hatte: ich stellte mich ein wenig schief. Die Zimmerbewohner haben dies meistens nicht bemerkt. Wie gesagt, eine minimale Schräge, die aber ausreichend war, die Tür des Bades aufspringen zu lassen. Die Mutter hörte nichts, sie war zu sehr mit sich beschäftigt. Und die Musik aus dem Zimmer war ziemlich laut.

Ich war natürlich sehr neugierig, wie sich der Sohn verhalten würde. Auch er hatte nichts gehört.

Die Tür geht also auf, nein, springt leise auf, sie steht jetzt einen Spalt breit offen, gerade hinreichend, dass man hineinsehen, die Mutter heimlich beobachten und gebrochen wahrnehmen kann, denn man blickt in den schönen Jugendstilspiegel, dem sie sich keusch und völlig ahnungslos ausliefert.

Der Sohn blickt auf einmal, keiner weiß, was ihn veranlasste, in den Spiegel, den Sie sich groß und breit und hoch vorstellen müssen.
Und er wird ganz von dem gefesselt, was er in dem Spiegel sieht. Dagegen ist die Fernsehsendung auf einmal langweilig. Er legt daher die Fernbedienung beiseite, lässt aber den Fernseher laufen und den Ton an, sodass die Mutter keinen Verdacht schöpfen und sich unbeobachtet wähnen kann. Die Augen des Jungen tauchen in die Spiegelbilder ein, die schönen, ungewöhnlichen, die ihn faszinieren, die ihn verwirren, die er verschlingt. Er sieht seine in Fülle stehende Mutter, bei der das Fleisch, das satte, vor der Alterswelkung noch einmal aufgeschossen ist und nach dem vollen, wilden Leben schreit, Fleisch, das nach Lust trachtet, wo und wann auch immer diese Lust laut wird und bellt und faucht. Er sieht die Mutter, wie sie sich ihm, ohne dies zu wissen, nackt völlig ausliefert, so, wie er sie noch nie gesehen hat. Er hat alle Zeit der Welt, ungestört seiner Schaulust nachzugehen. Niemand hindert ihn. Niemand macht ihm Vorwürfe. Er kann nicht genug bekommen. Er schaut auf die Brüste, die prallvoll sind zum Melken und auf die die Schwerkraft Einfluss nehmen will, an denen er in seliger Kindheit saugend hing; er schaut den weichen Bauch an, den ausgeputzten Graben und, wenn sie ihm den Rücken zuwendet, jenen Körperteil, der bei jedem Mann stets noch höchste Bewunderung hervorruft, der weit geöffnet ist, wenn sie sich bückt und die doch schon ein wenig breiten Schenkel auseinanderhält.
Aber das alles ist nichts gegen das Gesicht der Mutter, das ihn fasziniert, ihr lustvolles Lächeln, das anhält, wenn sie die Augen schließt. Und das tut sie immer wieder.
›Warum schließt sie die Augen?‹, scheint sich der Junge zu fragen.
Ob er es sich erklären kann?
Vielleicht hängt das Lächeln mit den Händen der Mutter zusammen, die den Körper auf und ab einseifen, was kein nüchterner Akt der Reinigung mehr ist. Das scheint er zu begreifen. Vor allem begreift er und merkt, wie er selber erregt wird und den Atem anhält.
Er ist erst zwölf. Schon zwölf. Bei ihm beginnt und bricht auf, was bei der Mutter in voller Reife steht, bei ihm erst da sein wird, im Laufe der Zeit. Er sieht im Spiegel die überreife sinnliche Mutter, die in diesem Augenblick nicht die Mutter ist, sondern eine Frau, das Weibliche schlechthin, das ihn erregt, das ihn instinkthaft als Mann denken und fühlen lässt, sieht das Fleisch, kann nicht genug bekommen von den

Schenkeln, dem Bauch, den Brüsten, dem merkwürdig aufgeschlagenen, sinnlichen Mund, der dann auch immer wieder verzerrt ist. Warum diese Verzerrungen im Gesicht, die ihn an Schmerz erinnern?
Er kann sich nicht genug satt sehen an dem immer wieder nach hinten geworfenen Kopf.
Nochmals: Er ist zwölf, erst zwölf, schon zwölf.
Und erlebt nun seine Mutter, die gespiegelte Mutter, wie sie in der Wanne unter der Dusche steht, ihren Körper schäumt und streichelt. Ihr Lächeln dabei deutet ein erwartetes Glück an. Er sieht, wie sie mit der linken Hand nach einer Flasche greift, kleine Portionen der dickflüssigen Seife auf die rechte Hand fließen lässt und mit der Gelassenheit der erfahrenen Frau die Flüssigkeit auf dem ganzen Körper verteilt, die Flasche wieder abstellt, die Beine spreizt und dort unten einheizt, die Pobacken umkreist, dann wieder ihre Arme, den Hals umfährt, die Brüste den Händen entgegenstreckt, diese einseift, was eher wie eine Liebkosung aussieht, dabei die Augen schließt, sich zurücklehnt. Alles geschieht bedächtig wie eine heilige Handlung. Das Spiel wiederholt sich mehrmals. Dann wendet ihm die Mutter den Rücken zu, er sieht, wie sie sich mit der linken Hand an den Kacheln abstützt, um mit der rechten Hand zwischen den gespreizten Beinen erst vorsichtig, dann immer heftiger dem Körper jenen Tribut abzuzwingen versucht, den freiwillig herzugeben er nicht bereit ist. Der Spiegel enthält ihm das Gesicht der Mutter vor, die den Kopf auf einmal nach hinten wirft, ihm zuwirft, um ihn auf einmal anzuröcheln, und so eine Weile verharrt, sich schließlich genauso langsam entspannt, indem sie sich jetzt auch mit der rechten Hand an den Kacheln abstützt und erschöpft den Kopf sinken lässt.
›Mutter, Mutter, was hast du da gemacht?‹, scheinen die neugierigen Augen des Sohnes zu denken.
... Im Zuschlagen der Tür nimmt sie sekundenschnell den Sohn wahr, wissend jetzt, dass er sie beobachtet hat, sehend auch, wie sein erigierter Schwanz in seiner Hand aufschäumt, was ihm selber so lange unentdeckt geblieben ist, wie er gebannt dem aufrührerischen Handgemenge seiner Mutter gefolgt war.
Beide werden niemals auf das stille Vergnügen zu sprechen kommen, das die Mutter zunächst sich und dann ihrem Sohn bereitet hat.
Unser Jungmann, der auf seinen Matjes wartet, hat es sich mittlerweile vor dem Fernseher bequem gemacht. Er hat keine Frau zum Spielen an seiner Seite. Er zieht sich einen Porno

rein, in dem eine Mutter in einem Badezimmer eines Hotels die Hände an sich legt, während ihr Sohn sie bei laufender Kamera beobachtet und seine Nüsse schüttelt, so wie der Matjesesser hobelt, bis seine Spritze leer und seine rechte Hand erlahmt ist.
Jetzt klopft's. Der Zimmerservice mit dem fahrbaren Tischchen erscheint. Die weibliche Bedienung ist keine schlechte Braut, sie spricht den Kerl an, hebt den Silberdeckel von einem großen Silberteller, zum Vorschein kommen Matjesfilets nach Hausfrauenart, in Sahne-Meerrettich-Apfel-Sauce mit Bratkartoffeln, und ein Jever-Bier. Die Bedienung verschwindet, sie wackelt mit ihrem Hintern, was der Matjestyp nicht wahrnimmt. Er giert nach dem Essen, verleibt es sich ein, indem er ein Filet nach dem anderen mit Daumen und Zeigefinger der müden rechten Hand in den Schlund hinablässt, während seine Zähne sich daran abarbeiten. Das Bier lässt er genauso den Rachen hinunterlaufen ohne abzusetzen. Widerlich, wie der frisst und säuft, ohne Serviette. Noch kauend geht er an die Zimmerbar, holt sich ein weiteres Bier heraus, öffnet die Flasche, trinkt sie im Stehen aus, das scheint ohne Schlucken zu gehen, stellt auf der Ablage die leere Flasche ab, holt sich eine dritte Flasche, die nimmt er zum Tisch mit, das Spiel wiederholt sich.

Traurig das Ganze.
Einfach zum Kotzen!
Am besten wegsehen. Ja, wegsehen! Aus!

Als der imaginäre Leser diese Hotelepisode gelesen hatte, war er ermattet und sehr enttäuscht. Diese Enttäuschung machte sich in einem Gespräch mit dem Erzähler Luft, das im Folgenden mitgeteilt wird.
Leser: »Ich habe Probleme mit der eingeschobenen Hotelzimmerszene. Dieser Einschub hat meiner Meinung nach nichts, aber auch gar nichts mit dem bisherigen Geschehen zu tun. Die Hotelszene, so gelungen und genial erzählt sie auch sein mag, lenkt vom Hauptgeschehen nur ab, stimmt den Leser verdrießlich. Und daher meine ich, sie könnte entfallen. Der Roman verlöre dadurch nicht. Im Gegenteil, er gewänne. Rank, schlank und zielstrebig sollte die Krimierzählung sein, befreit von allem Schnörkel.«
Erzähler: »Oho! Da spielt sich unser Leser zum ›arbiter elegantiae‹, zum Meister des feinen Geschmacks, auf und maßt sich an, dem Erzähler Vorhaltungen zu machen, was sich beim Erzählen ziemt und was nicht. Da kommt ein kleiner Fundamentalist zum Vorschein, der ästhetische Maßstäbe

setzt, dem Erzähler vorschreibt, wie und was er zu erzählen hat. Und dieser ästhetische Fundamentalist ist auch noch ein Purist, der dem Erzähler eine erzählerische Diät verpasst: ›Schlank‹, ›rank‹ und auch noch ›zielstrebig‹ habe die Erzählung daherzukommen. Etwas anderes wird nicht gelten gelassen.«

Leser: »Ich artikuliere als mündiger Leser nur meine Meinung. Mehr nicht. Und da finde ich es, ehrlich gesagt, enttäuschend, wenn Sie so empfindlich auf kritische Äußerungen eines Lesers reagieren. Diese Haltung zeugt nicht gerade von geistiger Souveränität. Ein kritischer Erzähler sollte auf das, was der Leser äußert, zum Besten seines Werkes etwas sensibler eingehen.«

Erzähler: »Sie mögen ja ein ›mündiger Leser‹ sein. Aber ein kompetenter Leser sind Sie damit noch lange nicht.«

Leser: »Das klingt sehr arrogant.«

Erzähler: »Vielleicht ist das, was Sie als Arroganz empfinden, nur die Bestätigung Ihrer Inkompetenz. Sie verkennen ganz einfach die geistige Überlegenheit des Erzählers, der sich jahrelang und durchaus selbstkritisch mit der Erzählmaterie auseinandergesetzt hat. Kann es da nicht sein, dass Sie das, was Sie nicht verstehen, dem Erzähler als Schwäche anlasten? Nun, auch auf die Gefahr hin, dass Sie das als Herablassung missverstehen, möchte ich durchaus beitragen zu Ihrer Kompetenzerweiterung, indem ich Ihnen einiges über die Grammatik des Erzählens mitteile.

Was Sie als eine Ablenkung betrachten, ist ganz im Gegenteil eine altbekannte künstlerische Darstellungstechnik. Man nennt solche ›Einschübe‹, wie Sie sie bezeichnet haben, ›Divertissements‹. Diese ›Divertissements‹ sind vor allem in der großen Kunstgattung Musik zu Hause. Gesangs- oder Tanzeinlagen werden als solche ›Divertissements‹ bezeichnet. Ihre Funktion besteht darin, das künstlerische Ganze aufzulockern, den Ernst durch Anteile der Entspannung, der Unterhaltung und des Vergnügens zu mildern. In der Instrumentalmusik stellt das ›Divertissement‹ ein aus der Suite hervorgegangenes, mehrsätziges Instrumentalstück für Streicher oder Bläser, den Vorläufer des Streichquartetts, dar. Auch in der Kunst der Fuge kommt das ›Divertissement‹ vor, wo es ›Divertimento‹ heißt. Gemeint ist das freie Zwischenspiel zwischen den einzelnen Durchführungsteilen. Hier dient es dazu, die fast mathematisch zu nennende Strenge der Fugenkunst aufzuweichen. Insgesamt, würde ich sagen, dient das ›Divertissement‹ dazu, das Chaos in die Kunst einzulassen. Das gilt genauso für die literarische Erzählkunst, auch wenn der Begriff des ›Divertissements‹ dort unbekannt ist. Aber spätestens die Romantiker haben etwas Vergleichbares entwickelt, nämlich die so genannte ›Kunst der Einlage‹, speziell der Märchen- oder der Lyrikeinlage im Roman, die durchaus eine gewisse Selbstständigkeit innerhalb des Erzählganzen besitzt. Diese Einlagen waren für die Romantiker Ausdruck der ›Universalisierung‹ oder ›qualitativen Potenzierung‹ des dichterischen Kunstwerks, wie Novalis dies einmal umschrieben hat. Ob nun ›Divertissement‹ oder ›Einlage‹ oder, wie Sie sagten, ›Einschub‹, alle erheben den Anspruch, dem Notwendigen das Zufällige, dem Bekannten und praktisch Erfahrbaren das Unbekannte, Geheimnisvolle gegenüberzustellen. Anders ausgedrückt: das Schwere leicht zu machen, zu beflügeln. Ich bekenne mich zu dieser ausschweifenden Kunst des ›Divertissements‹, die der Dichtung, ich wiederhole mich hier gern, das Schwebende, Leichte und das Vergnügen sichern oder zurückgewinnen will. Daher werden Sie in meinem Kriminalroman einige dieser ›Divertissements‹, sozusagen unterhaltsame Begleiter, finden.«

Leser: »Gut, ich habe jetzt verstanden, was Sie mit den ›Divertissements‹ bezwecken. Aber damit ist ein anderes Argument noch nicht aus der Welt geschafft. Der Leser erwartet vom Kriminalroman Spannung oder Nervenkitzel. Und wenn Sie nun so vehement ein Plädoyer für das ausschweifende Erzählen halten, dann handeln Sie dem spannungserzeugenden Erzählen zuwider und stoßen den Leser vor den Kopf.«

Erzähler: »Auch hier schlägt wieder Ihr ästhetischer Puritanismus durch. Sie wollen nur eine ganz bestimmte Erzählweise gelten lassen, die auf Spannung setzt. Tut mir Leid. Aber auch hier gilt, dass sich die Kriminalliteratur vielfältig ausdifferenziert hat. Wahrscheinlich haben Sie Krimigenres wie Thriller, Spionageromane oder Horrorerzählungen im Auge. Aber daneben gibt es schon lange andere Genres wie etwa den Psychokrimi, den historischen Kriminalroman oder die Krimigroteske, um nur drei zu nennen. Ganz zu schweigen von dem Phänomen des ›Cross-over‹, dem Überspringen der Gattungs- und Genregrenzen, das modernes Erzählen nun einmal ausmacht. Das gezielte Verlangen nach Spannung trifft also nur auf eine ganz begrenzte Erzählwelt zu. Natürlich kann kein Krimigenre auf Spannung verzichten, das gilt übrigens auch für meinen Roman.«

Der Leser hatte sich längst schon in sich selbst, in sein Schweigen, das aus vielen Facetten bestand, zurückgezogen. Er fühlte sich missverstanden, nicht angenommen, mit einem Wort, er fühlte sich unwohl, vermutlich auch deshalb, weil er nicht Paroli bieten konnte. Das nahm der Erzähler zum Anlass, noch einmal, und zwar etwas weiter, auszuholen.

Erzähler: »Die Forderung nach Spannung unterliegt einem teleologischen, zielgerichteten Denken, das auf die Auflösung des Rätselhaften und auf die Lösung eines Falles gerichtet ist. Früher waren es die Götter oder ein Gott, auf den dieses teleologische Denken abzielte. Später, im Zeitalter der Aufklärung, als der Glaube an die Vernunft den Glauben an die Götter ersetzte, wurde das Paradies durch die Utopie einer gerechten und humanen Welt abgelöst. Ihre Vorstellung, ein Kriminalroman lebe von der Spannung, die letztlich der Lösung eines Falles dient, ist ein Kind dieser Vernunftgläubigkeit. Aber dieser Optimismus ist längst dahin. Auch die Vernunft wurde längst entzaubert. Es wurde auch längst wissenschaftlich nachgewiesen, wie komplex, wie vernetzt das Denken funktioniert und wie anfällig es ist. Von dem linearen Denken, das die Triebfeder für das Verlangen nach Spannung ist, können Sie also nicht mehr ausgehen.«

Als der Erzähler, der sich in einen wahren Erzählrausch hineingeredet hatte, einen Blick auf den Leser warf, stellte er fest, dass dieser eingeschlafen war…

15.

Als Spring Laufer aus der Haustür trat, ging sein Blick sorgenvoll zum Himmel. Das Wetter war der Jahreszeit entsprechend unbeständig und kalt. Und das Blau spielte beim Wetter nur eine Nebenrolle. Um 21 Uhr waren immerhin noch 10 Grad plus.

Wer wollte da noch von Wärme sprechen? Das Thermometer hatte Laufer, praktisch wie er war, sehr zum Leidwesen seiner Freundin, außen gleich neben der Haustür angebracht, so dass man rasch auf einen Blick die Temperatur erkennen konnte. Laufer praktizierte, nein, er gab sich mit ganzer Leidenschaft, wiederum zum Bedauern seiner Freundin, einer hierzulande seltenen Sportart hin, dem Orientierungslauf, der in Skandinavien, wie man weiß, ein Volkssport ist. Dort trainiert man, bewaffnet mit Kompass, Karte, Handy und guter Naturkenntnis, diesen Dauerlauf wettkampfmäßig.

Der Orientierungslauf war ein Mannschaftssport. Laufer gehörte zu der sehr kleinen Equipe der Gemeinde O bei Lg.

Am Nachmittag hatte der Regen eingesetzt, ein windgepeitschter, kalter Regen. Es herrschte bis in den frühen Abend hinein ein ›Sauwetter‹, wie man in der Region zu sagen pflegte. Laufer fürchtete bereits, dass sein Trainingslauf ausfallen müsse. Dabei fühlte er sich heute ganz besonders wohl. Kraftvoll wie selten. Er wusste nicht, warum. Er stellte sich vor, dass er seine Trainingsvorgaben vom letzten Mal leicht übertreffen könnte. Vor allem bei der Anhöhe hatte er sich einiges vorgenommen.

Der Regen hatte zwar nach und nach aufgehört. Aber wie mochte der Boden sein? Sicherlich, die größte Strecke war asphaltiert. Aber ein längeres Wegstück ging auch durch Mischwald. War der Boden nass und schwer, bestand die Gefahr, hier Zeit zu verlieren. Man würde sehen. Zweimal in der Woche trainierte Spring Laufer, montags und donnerstags. Heute war Donnerstag. Und es war 21 Uhr. Eine ungewöhnliche Zeit. Aber der Computer-Spezialist einer großen amerikanischen Computerfirma pflegte meistens bis 19 Uhr zu arbeiten. Dann aßen sie gemütlich, meistens warm, er und seine Partnerin. Die Freundin kochte gut, Spring Laufer ebenso. Werktags kommandierte die angehende Germanistin im siebten Semester Küche und Herd, am Wochenende und feiertags war Spring dran.

Laufer in seiner Sportmontur – eng anliegende Klamotten aus Material, das einige Raumfahrer getestet hatten, und nach medizinischen Gesichtspunkten angefertigte, den Fuß schonende Schuhe – war auf dem Sprung. Es hatte ein wenig aufgeklart. Es konnte losgehen. Laufer vergewisserte sich noch einmal seiner Laufutensilien. Die Armbanduhr mit Leuchtziffern, die schmale Taschenlampe in seiner Seitentasche links, wo sie beim Laufen nicht störte, das Handy, eine federleichte Miniaturanfertigung in der rechten Seitentasche, die ihm sein Freund Ewald, ein Industrie-Designer, aus Hongkong mitgebracht hatte. Er spürte auch dieses nicht. Er zog es heraus, überprüfte dessen Funktionstüchtigkeit. Dann stöpselte er den Walkman ein und brachte sich in lockerem Laufstil in Schwung.

Ja, er spürte, dass er schwebte. Nicht er lief, es lief mit ihm, die Beine schienen sich selbstständig zu machen. Er musste lächeln. Der neue Rekord müsste möglich sein. Davon war er überzeugt. Der Trainer hatte ihn angehalten, den Fuß ganz abrollen zu lassen und weniger auf dem Ballen zu laufen. Sonst bestünde die Gefahr der Verkrampfung, was den Achillessehnen und den Knien nicht bekäme. Er achtete daher zunächst bewusst auf den Fußablauf. Dann vergaß er diese Kontrolle und war nur noch mit dem neuen Rekord beschäftigt. Laufer hatte sich bewusst solche Musik ausgewählt, die er einerseits mochte und die andererseits rhythmisch durchstrukturiert war, passend zu seinem Laufstil. Und so war er auf die wohltemperierte Barockmusik gestoßen, was für Laufer, den Fan von klassischer Musik, ein Leichtes war. Am liebsten waren ihm Vivaldis ›Vier Jahreszeiten‹. Die begleiteten ihn auch dieses Mal über das Ohr. Laufer hatte vor kurzem erst sein Studium der Computerwissenschaft mit dem Doktorgrad abgeschlossen. Er war der jüngste Doktorand an der Hochschule gewesen und hatte mit dreiundzwanzig Jahren bereits seinen Doktor in der Tasche. Alle sagten ihm eine wissenschaftliche Karriere voraus. Und sein Doktorvater buhlte regelrecht um ihn. Laufer war der geborene Forscher, der ausdauernd einem Sachverhalt nachgehen konnte. Die Lehre interessierte ihn dagegen nicht. Es war daher nicht weiter verwunderlich, dass bald schon die amerikanischen Headhunter auf ihn aufmerksam wurden und er das Angebot eines großen amerikanischen Konzerns auf dem Tisch hatte, das gut dotiert war und ihm alle Freiheiten ließ, sodass er es kurz entschlossen annahm.

Und nun lief er wie ein Uhrwerk in mathematischem Gleichklang seine Runde. Heute war ein guter Tag, besser ein guter Abend. Es lief wie am Schnürchen. Lag es daran, dass er immer vor dem Laufen einige Kapitel aus einem Buch las? Im Augenblick las er mit großem Vergnügen Dürrenmatts ›Der Richter und sein Henker‹, den ihm seine Freundin Marianne empfohlen hatte. Marianne war um die Bildung ihres Freundes mehr als besorgt. Sie nannte ihn ›meinen Instrumentalisten‹, weil er tagtäglich mit Computern zu tun hatte, mit Leib und Seele ein Computerspezialist war.

»Du solltest nicht so einseitig werden. Sieh den Sachverhalt so: Du solltest einfach auch an meinen Interessen teilhaben.«

Was hatte er gegen eine solche Argumentation schon groß einzuwenden?

Übers Ohr wurde soeben die Jahreszeit ›Herbst‹ angesagt, jener Satz, der ihm der liebste, weil rhythmisch besonders gut durchstrukturierte Teil des Musikstücks war. Laufer hatte bald die Anhöhe erreicht. Er fühlte sich noch frisch. Die ersten drei Kilometer konnten ihm nichts anhaben.

Ja, das würde ein guter Lauf werden, Herr Laufer.

Nun war sie da, die Steigung, die ihn in ihrer Kulisse an eine Naturbeschreibung bei Dürrenmatt erinnerte. Kurz ein Blick nach oben: nein, heute würde es nicht mehr regnen. Der Himmel war ein wenig aufgerissen, Sterne wurden sichtbar. Während er weiterlief, als wäre der Anstieg ein Nichts, kam ihm eine Textstelle bei Dürrenmatt in Erinnerung: ›Der Regen hatte nachgelassen‹, so begann die Stelle, ›ja, plötzlich am Muristalden wurde Bärlach für Augenblicke in ein blendendes Licht getaucht: die Sonne brach durch die Wolken …«

Laufer kam nicht mehr dazu, sich die Textstelle weiter ins Gedächtnis zu rufen. Ein greller Lichtschein empfing ihn, gerade als er leicht und noch völlig unverbraucht den Wendepunkt des Anstiegs erreicht hatte. Gleich, nicht einmal hundert Meter hinter dem höchsten Punkt, würde der Weg links abbiegen und dann in den Wald führen. Laufer kam nicht dazu, den Weg fortzusetzen. Er war abrupt stehen geblieben. Nun, da er oben auf der Hügelspitze stand und das Land überblickte, erkannte er, woher der Lichtschein kam, der die ganze gegenüberliegende Seite taghell erleuchtete. Noch ganz mit seinem Atem beschäftigt, erfasste er zunächst nicht die Dramatik des Geschehens. Das durfte doch nicht wahr sein! Kein Zweifel: Das Seniorenstift ›Klara‹, das zu einem noblen Konzern gehörte, der in München seinen Sitz hatte, sich ›Betreutes Wohnen‹ nannte und erst vor einigen Tagen an die Börse gegangen war, stand in hellen Flammen.

›Das sieht nach Brandstiftung aus‹, dachte er und merkte gar nicht, dass er sich langsam wieder in Bewegung gesetzt hatte, allerdings entgegen seiner Gewohnheit in eine andere Richtung, die des Seniorenstiftes. Der Brand war merkwürdig gleichförmig, wie aus einem Guss, als hätte jemand an mehreren Stellen gleichzeitig ein Feuer gelegt. Ganz fasziniert von diesem Feuerschauspiel vergaß er, sofort per Handy die Feuerwehr zu alarmieren.

›Mein Gott, die Menschen!‹, dachte er.

»Ist dort die Feuerwehr, ja, hier ist Spring Laufer aus der Sudetenstraße 5. Ich möchte einen Brand im Seniorenstift ›Klara‹ melden. Kommen Sie sofort, das ganze Gebäude brennt lichterloh. Danke.«

Laufer sah auf die Uhr. Na, wie lange wohl die Feuerwehr brauchte? Er lief jetzt, als ginge es um sein Leben. Die Füße bestimmten von ganz allein den Lauf. Er erhöhte die Laufgeschwindigkeit. Der Lauf fiel ihm noch immer leicht. Wie lange werde ich für die etwa vier Kilometer brauchen? Er hatte den Walkman ausgestellt und meinte schon das Knistern des Feuers und das Brechen der Balken zu hören. Doch das war Einbildung. Aber etwas anderes drang von weit her an sein Ohr, das zu hören er hier am wenigsten erwartet hatte. Er lief, den Blick fest auf das brennende Seniorenstift gerichtet. Die Straße war ein asphaltierter Feldweg. Das Gebäude, das er im Visier hatte, stammte aus der Jahrhundertwende, hatte einen großen Anteil an Holz. Die Fenster und Stuckdecken enthielten noch zahlreiche Jugendstilelemente. Die

Renovierung war mit großem finanziellem Aufwand und mit hohem Stilempfinden vorgenommen worden, was dem Haus zu besonderer Reputation gereichte. Erst vor vier Jahren war das Gebäude vom Konzern ›Betreutes Wohnen‹ aufgekauft und renoviert worden, wobei der Substanzerhalt an erster Stelle stand.

Und nun das! Laufer hatte etwa die Hälfte der Strecke zurückgelegt, als er zwei Dinge gleichzeitig wahrnahm. Brandgeruch zog in seine Nase und setzte sich dort fest. Und – er traute seinen Ohren nicht – Klänge aus Beethovens ›Neunter‹ drangen an sein Ohr, wurden lauter und lauter. Schon vernahm er die bekannte, in letzter Zeit nicht nur von Männerchören inflationär missbrauchte Vertonung von Schillers ›Ode an die Freude‹ . Er verstand nicht, was das sollte: diese Triumphmusik zu einem Brand, bei dem ganz sicher Menschenopfer zu beklagen waren.

›Sind hier Zyniker am Werk, die eine Inszenierung vornehmen, um Macht zu demonstrieren?‹, waren Gedanken, die in seinem Kopf umliefen. ›Die Menschen, um Gottes willen, was ist mit den alten Menschen?‹

Laufer malte sich aus, wie wenig Personal um diese Zeit die einhundertundfünfzig Alten, die in dem weitläufigen Gebäude untergebracht waren, betreute. Und dass dieses Personal wohl kaum geübt und in der Lage sei, alle Hinfälligen und Verletzten zu retten.

›Wie viele Alte werden allein aus lauter Aufregung einem Herzschlag erliegen?‹ Nein, auf eine solche Katastrophe war das Seniorenheim nicht vorbereitet.

Die Musik wurde immer lauter und der Brandgeruch immer unerträglicher. Dann war er da. Die Feuerwehr hatte schon ihre hilflosen Rettungsversuche unternommen. Sie war bereits vor Laufers Anruf verständigt worden. Von der Polizei noch keine Spur. Auf einmal war die Musik verklungen. Jetzt vernahm er erste Schreie! Oder waren es Rufe? Stammten sie von den Opfern? Oder von den Helfern?

Am Tatort herrschte das sprichwörtliche heillose Durcheinander. Feuerwehrleute und die wenigen Betreuer liefen hilflos durcheinander. Das schien keine wohl koordinierte Hilfsaktion zu sein. An vielen Fenstern nahm Laufer alte Menschen mit aufgerissenen Mündern und Augen wahr. Viele schwenkten ihre Arme, als riefen sie um Hilfe. Andere hatten die Hände vors Gesicht geschlagen. Aus schierer Angst, so kam es ihm vor.

Er wollte helfen, aber er konnte nicht. Er war wie gelähmt, konnte nur den Kopf schütteln.

16.

Der Polizeiwagen hatte den kürzesten Weg über die Bundesstraße genommen, war dann nach dem ersten Hinweisschild nach links eingebogen. Das angestrahlte, in hellem Blau gehaltene Schild kündigte in schwarzen Lettern an, dass man nach fünfhundert Metern das Seniorenstift ›Klara‹ erreichte. Helle, noch entfaltungsfähige junge Birken säumten den frisch geteerten Weg, Zinnsoldaten links wie rechts in regelmäßigem Abstand. Dann kam das Fichtenensemble, das den Gebäudekomplex verdeckte, und vor dem ein Parkplatz für die Gäste angelegt war, der als solcher auch ausgewiesen war. Links durch die Fichten zweigte ein ebenfalls asphaltierter Fußweg direkt zum Seniorenstift ab. Der Polizeiwagen indes nahm den Weg, der rechts als ›Zulieferer‹-Weg angekündigt wurde. Der riesige Gebäudekomplex, im Volksmund despektierlich die ›Altengruft‹ geheißen, bot den ›Seniorinnen und Senioren‹ eine Herberge, eine ›wohlige Heimat‹, wie es in der Werbebroschüre des ›Klara‹ hieß. Der Großkomplex bestand aus drei kleineren, irgendwie ineinander verzahnten Gebäuden, die alle mit roten Schindeln frisch gedeckt waren.

Vorne links, durch ein weiteres Schild ersichtlich, der ›Personal-Komplex‹ für die Schwestern, den Arzt, die Verwaltung, das technische Personal, zweigeschossig, wie alle Einzelgebäude. Davor, durch hohes Buschwerk versteckt, ein kleines Schwimmbecken, aus dem das Wasser herausgelassen war. Nach hinten abgesetzt schloss sich an den Personalkomplex der mit Abstand größte Gebäudekomplex an, das eigentliche Seniorenheim, das mit zahlreichen Gauben reich verziert war. Es bestand aus zwei Gebäudeflügeln, die im ersten Stock durch einen Brückenübergang miteinander verbunden waren.

Vor diesem Mittelteil sah man eine durch Nadelhölzer gebildete Rotunde, an der vorbei der Besucherstrom nach links und rechts geteilt wurde. Die Wege mündeten in den Haupteingang ein, der aus zwei sich automatisch öffnenden Türflügeln bestand. Links vor dem Eingang ein grünes Dreieck, mit verschiedenen Rhododendronbüschen bepflanzt, rechts vor dem Eingang ein weiteres grünes Dreieck, langweilig mit einer Rasenfläche ausgelegt, die wiederum durch kasernierten Buxbaum eingerahmt war. Das Seniorenstift machte eher den Eindruck eines Hotels, was an dem komfortabel eingerichteten Eingangsbereich mit der Besuchertheke leicht abzulesen war. Links und rechts, gleich hinter dem Eingang, waren zwei Sesselgruppen in schwarzem Leder platziert worden. Parallel zur Rezeption, links und rechts, befanden sich die Aufzüge in den ersten Stock und das Dachgeschoss. Folgte man den ausgelegten teuren Teppichen in dezentem Rotton, gelangte man zwischen den Sitzgruppen und Aufzügen hindurch links und rechts in die Restaurant- und Frühstücksräume.

Bliebe noch der rechte Teil des Gebäudekomplexes, der die Küche, die Materialräume und Vorratsräume beherbergte. Wer sich rechts hielt, gelangte über einen kleinen Weg hinter das Haus zu einem parkähnlich angelegten Rasen, der von einem Spazierweg durchschnitten wurde und der wiederum am Personalgebäude vorbei in die Rotunde einmündete.

Da tauchte der erste Polizeiwagen auf.

Sofort sprangen zwei Männer und zwei Frauen heraus.

Der ältere der Polizisten, vermutlich der leitende Kommissar, das meinte Laufer, der passionierte Krimileser und kompetente Cineast, aus Kriminalfilmen zu wissen, gab Befehle: »Frau Block und Frau Gehrcke, Sie kümmern sich bitte um die übliche Tatortarbeit: Schutz und Sicherung des Tatbefundes, Absperrung, die Tatort-Skizze. Die Sicherung des subjektiven Tatbefundes übernehmen Meternagel und ich. Meternagel, nehmen Sie sich zunächst einmal der Feuerwehr an. Und dann kümmern Sie sich um die Befragungen und Vernehmungen. Das Übliche halt. Und denken Sie an die Sicherung aller Daten und Fakten.«

Das Team blickte ihn mit neugierigen Augen an, in Erwartung weiterer Anweisungen. Doch die kamen nicht. Stattdessen kam der Satz: »Was stehen Sie so herum? Auch wenn Sie noch jung sind, so viel Erfahrung haben Sie doch, dass Sie, mein Gott noch mal, von ganz allein aktiv werden können. Der reinste Kindergarten ist das. Also, an die Arbeit!«

›Warum ist der Chef so grantig?‹, dachten die Mitarbeiter. Sobald er am Tatort war, war er hellwach, bis in die Fingerspitzen hoch motiviert, gereizt auch, dann war sofort sein Jagdinstinkt erwacht, was man zuallererst seinen Augen ansah, die wie Luchsaugen alles wahrzunehmen versuchten.

»Er kann rundgucken«, hatte Meternagel sehr zur Belustigung der anderen Teammitglieder einmal diese auffallende Wahrnehmungsfähigkeit apostrophiert.

»Sind die Kameraleute schon da?«, fragte der Chef in die Nachtluft hinein. Die Antwort gab er sich selbst: »Ach, da kommen sie ja.«

In diesem Augenblick fuhr ein zweiter Polizeiwagen mit großer Geschwindigkeit in den Hof des Seniorenheimes ein. Gesteuert wurde er von einer uniformierten Polizistin, während aus dem Fond ein lederbejackter junger Mann ausstieg, die Videokamera im Anschlag. Offenbar hatte er bereits während der Fahrt gefilmt. Jetzt stürzte er auf den Eingangsbereich zu, schwenkte die Kamera routiniert erst nach links, dann nach rechts, mal nach oben, mal nach unten, drehte sich merkwürdigerweise mit der Kamera zur hausabgewandten Seite hin, wo kein Feuer war, als gelte es, die noch intakte Natur als Kontrast auf den Film zu bannen, ging dann langsam auf die linke Seitenfront zu, die er in einem größeren Bogen umkreiste, Schritte vorwärts, Schritte rückwärts und seitwärts wählend und dabei sich selbst immer wieder einmal wie ein Kreisel um die eigene Achse drehend.

›Warum die Kamera?‹, fragte sich Laufer. ›Ist das die aktuellste und objektivste Form einer Tatortbeschreibung? Die Kamera, das bessere Auge? Das dauerhaftere sicherlich!‹

Laufer gewahrte nun wieder den älteren Polizisten. Der hatte sein Handy aus der Jackentasche geholt und wählte eine Nummer. Während des kurzen Wartens schweiften seine Augen umher und spießten Laufer auf. Dann hatte er Kontakt bekommen, sprach ins Handy, nickte kurz und stellte es aus. Während des gesamten Gesprächs hatte er mit seinen Augen Laufer festgehalten, als wollte er sagen, du entkommst mir nicht, und hatte sich sogar während der letzten Worte, die er hastig und erregt gesprochen hatte, zu Laufer in Bewegung gesetzt.

Was er hier suche, wurde er von dem älteren Polizisten, der sich als Kommissar Keidel vorstellte, aus seinen Beobachtungen gerissen und in den Lärm eines anfliegenden Helikopters hinein gefragt, von dem aus ebenfalls gefilmt wurde, wie Laufer mit raschem Blick feststellte.

Er habe die Feuerwehr gerufen, als er den Brand entdeckt habe, gab er zur Antwort. »Was machen Sie denn noch zu so später Stunde ausgerechnet hier am Tatort?« Er drehe wie jeden Donnerstagabend seine Runden. Er sei Orientierungsläufer und Mitglied der örtlichen Sportgruppe, und dann habe er den Brand gesehen und sei hierher geeilt.

Keidel sah ihn skeptisch an:

»Sie wollen mir doch nicht weismachen, dass Sie zu dieser nachtschlafenden Zeit ›Ihre Runden drehen‹?«

Er sähe nicht ein, gab Laufer selbstbewusst zur Antwort, dass er sich in einer Demokratie dafür zu rechtfertigen habe, wann er seine Runden drehen dürfe und wann nicht. Die Polizei solle doch dankbar sein, dass er die Feuerwehr alarmiert habe.

»Junger Mann«, fuhr ihm Keidel in die Parade, »nehmen Sie den Mund nicht so voll. Darf ich Sie daran erinnern, dass Sie sich als Zeuge an einem Tatort befinden, an welchem Todesopfer, eventuell Mordopfer zu beklagen sind. Und da müssen Sie schon der Polizei Rede und Antwort stehen. Hinzu kommt, dass Sie als Zeuge für die Opfer und für uns von großem Nutzen sind.«
Dann beruhigte sich Keidel wieder:
»Inwieweit Sie in den Fall involviert sind, ist noch festzustellen. Immerhin waren Sie gerade in dem Augenblick pünktlich zur Stelle, als der Brand losging. Ich muss Sie daher bitten, mir zum Auto zu folgen, damit wir Ihre Personalien aufnehmen und eine Befragung vornehmen können. Bedenken Sie: Ihre Mitarbeit ist in jedem Fall für uns von größter Bedeutung.«
Sie gingen zum Auto. Auf dem kurzen Weg dorthin blickten beide wie auf ein Kommando nach oben auf den Hubschrauber, den man wegen der Helligkeit sehr gut wahrnehmen konnte und von dem aus immer noch gefilmt wurde. Den anderen Kameramann am Boden suchte Laufer vergeblich, er war wahrscheinlich schon hinter dem Haus verschwunden. Am Auto angekommen, verwies Keidel Laufer an den jüngeren männlichen Kollegen, der sich als Meternagel vorstellte.
›Irgendwoher kenne ich diesen Namen‹, wunderte sich Laufer. ›War es nicht Marianne, die einmal einen Mann diesen Namens im Zusammenhang mit einem Roman genannt hat?‹
Meternagel wirkte etwas hilflos wie ein Anfänger. Oder gehörte die Langsamkeit zu seinem Naturell? Er suchte umständlich nach etwas, einer Kladde, in der Formulare eingeklemmt waren, fand sie schließlich, schlug sie auf und begann mit der Befragung.
»Alles nur Routine«, lächelte er Laufer ein wenig hilflos an. Es müsse halt sein, dass er ihn befrage, schließlich sei er der ›Brandentdecker‹, wie man solche Leute bei der Kriminalpolizei zu nennen pflege, sogar Zeuge. Jedenfalls könne er sicherlich einige hilfreiche Beobachtungen zu Protokoll geben, die weiterführten.
Der Geruch war mittlerweile unerträglich geworden. Die Feuerwehrleute trugen ihre Gasmasken. Keidel und die Polizistinnen hielten sich Taschentücher vor die Nase, was ihre Arbeit arg zu behindern schien. Sie sperrten den Tatort großräumig ab und waren ununterbrochen damit beschäftigt, ihre Handys ein- und auszuschalten, so dass man den Eindruck haben konnte, der Brand und die Opfer seien nicht so

wichtig. Laufer registrierte mehrere Krankenwagen. Er hatte diese in dem allgemeinen lärmenden Tohuwabohu gar nicht kommen hören. Meternagel, neben dem Laufer nun saß, wollte von ihm wissen, warum er am Tatort sei, zu welchem Zeitpunkt er eingetroffen sei, was er zum Brandverlauf sagen könne, ob er irgendwelche Auffälligkeiten wahrgenommen, etwas gehört habe, ob jemand weggelaufen oder ein Auto weggefahren sei.

Ihm sei es so vorgekommen, als sei ein Brand gelegt worden.

Wie er denn darauf komme?

Der Flammenverlauf sei auffallend gleichförmig gewesen, gab Laufer zu Protokoll, als sei an verschiedenen Stellen gleichzeitig ein Brand gelegt worden. Das sei halt sein Eindruck gewesen.

Er würde ja wie einer reden, der dabei gewesen sei, als der Brand gelegt wurde. Das sei doch höchst merkwürdig?

Da sei nichts Merkwürdiges daran. Das habe er bereits dem älteren Kollegen, dem Herrn Keidel, gesagt. Donnerstags drehe er immer um diese Zeit seine Trainingsrunden, komme, was da wolle. Er könne Zeugen nennen, die das belegen könnten.

Laufer fragte sich auf einmal, wieso er sich hier eigentlich verteidigen musste? Er verstand das Ganze nicht.

»Ich habe doch das Selbstverständlichste von der Welt getan, ich habe helfen wollen, darum habe ich sofort, als ich den Brand von weitem sah, Polizei und Feuerwehr alarmiert. Und jetzt muss ich mich dafür rechtfertigen und werde obendrein noch verdächtigt!«

Er solle sich nichts daraus machen, sagte Meternagel. Das gehöre einfach zur Routine-Untersuchung. Ob ihn jemand beim Laufen begleitet habe?

Laufer konnte nur den Kopf schütteln. Er wirkte hilflos.

Mittlerweile war auch Bille Block hinzugetreten.

Laufer wiederholte, jetzt schon etwas mutiger und etwas lauter, ob er sich rechtfertigen müsse in einer Demokratie, dass er laufe, wann es ihm Spaß mache?

Bemerkenswert sei nun einmal ›die Koinzidenz‹ – dieses Wort dehnte der Polizeijüngling, als sei er stolz, ein Fremdwort gebrauchen zu können – seiner, Laufers, Anwesenheit am Tatort mit dem Brandgeschehen, warf Meternagel ein. Das hatte Laufer sich schon einmal anhören müssen. Er tue nur seine Pflicht, entschuldigte sich Meternagel. Er müsse halt die Zeugenaussagen zu Protokoll nehmen.

Und dann wiederholte Meternagel, was bereits Keidel gefragt hatte, ob Laufer sich an irgendwelche Auffälligkeiten erinnern könne?

Jetzt schon unwillig, gab er zu Protokoll, dass er eine Zeit lang Schillers ›Ode an die Freude‹ aus Beethovens ›Neunter‹ deutlich wahrgenommen habe und dass diese Musik, er täusche sich da nicht, vom brennenden Seniorenheim gekommen und dass sie sehr laut, ungewöhnlich laut, gespielt worden sei, dass sie dann aber, als er am Tatort angekommen sei, abrupt aufgehört habe, und dass er sich gefragt habe, wie man zu einem solch traurigen Ereignis so eine heroische Musik spielen könne.

Meternagel pfiff durch die Zähne, als Laufer diese Beobachtung zu Protokoll gab, und kommentierte dies mit einem »interessant, interessant«.

»Sonst noch was?«

»Nein. Nichts.«

Damit war die Befragung beendet. Meternagel hielt Laufer einen Kugelschreiber entgegen und bat ihn das Protokoll durchzulesen und dann seine Unterschrift darunter zu setzen, was Laufer auch tat. Er zog dabei seine Nase in Falten, denn der Geruch hatte sich plötzlich verändert. Es roch nicht mehr nur nach Brand. Ein Nebenaroma nach verbranntem Fleisch und verbrannten Haaren war dabei.

Ob er das auch rieche, wandte sich Laufer an Meternagel.

»Ja, doch, angekokelte Leichen, kein Zweifel«, gab Meternagel seine Einschätzung preis.

»Wissen Sie, Herr Laufer, daran gewöhnt man sich mit der Zeit, wenn man das ein paar Mal mitgemacht hat, so wie man sich allmählich an die Leichen gewöhnt.«

Er möge sich bereithalten für weitere Rückfragen. Ganz sicher werde man noch einmal auf ihn zurückkommen, ihn gegebenenfalls besuchen. Er könne den Tatort jetzt verlassen, sagte Meternagel. Sie verabschiedeten sich. Laufer war schlecht geworden. Er nahm die Beine in die Hand und verließ, so rasch die Füße trugen, den fürchterlichen Ort. Der Anblick der hilflosen Alten, die er in den Fenstern des Seniorenheimes gesehen und deren fürchterliche Schreie er vernommen hatte, kamen wieder in seine Erinnerung zurück, hetzten mit ihm nach Hause und hefteten sich an seine Fersen wie Rachegöttinnen.

Die Lust am Lauftraining war Laufer längst gründlich vergangen. Aus dem geplanten Rekordversuch war nun nichts geworden. Seine anfangs euphorische Stimmung hatte sich ins Gegenteil verkehrt. Laufer blickte noch einmal zum Gebäude hin, von dem er den Eindruck hatte, es sei schon fast völlig heruntergebrannt. Aus den hellen Flammen ragten schwarze, vom Feuer angenagte Balken gespenstisch in den

Himmel, den Wolkenkulissen wieder völlig zugeschoben hatten. Laufer war sich nicht im Klaren darüber, ob dies an den Brand- oder an den Wetterwolken lag. Merkwürdig: Er hörte keine Schreie mehr. Das Feuer schien ganze Arbeit geleistet zu haben.
Die Feuerwehr war hilflos, was Laufer daran merkte, dass einige kopfschüttelnd mit hängenden Schultern herumstanden oder auf den Trittbrettern ihrer Wagen saßen, als wollten sie sagen: ›Wieder einmal kamen wir zu spät, das ist unser Schicksal.‹ Das versprühte Wasser wirkte wie der berühmte Tropfen auf den heißen Stein. Daran konnten auch die zwei Feuerwehrwagen nichts ändern, die soeben mit lauten Sirenen in das Gebiet des Seniorenheims einbogen.
Nach einer eineinhalbstündigen Abwesenheit war Laufer wieder zu Hause. Marianne war nicht da. Sie wollte noch eine Freundin besuchen. Laufer vergaß seine Schuhe auszuziehen, ging schmutzig, wie er war, ins Wohnzimmer und warf sich aufs Sofa. Warum war er nur auf einmal so erschöpft? Er kam nicht dazu, lange darüber nachzudenken. Der Schlaf nahm ihn sofort gefangen.
Mit einem unverständlichen Schrei war er schweißgebadet bald wieder aufgewacht. Marianne war zurückgekommen. Sie saß am Sofarand und nahm Laufer in die Arme, küsste ihn besorgt und fragte, was vorgefallen sei. Laufer erzählte ihr, dass er von Skeletten im Traum aufgeschreckt worden sei, die ihn verfolgt und geschrien hätten: »Mörder! Mörder!« Unter Mariannes streichelndem Trösten konnte Laufer endlich seiner Erschütterung freien Lauf lassen, die sich in Tränen auflöste. Sehr zur Verwunderung Mariannes, die ihren Freund noch nie hatte weinen sehen.
Es musste etwas Außergewöhnliches vorgefallen sein. Sie würde ihren Freund danach fragen. Später. Nicht jetzt.

17.

Kommissar Keidel, wieder zurück am Einsatzwagen, gab Bille Block die knappe Anweisung, sich morgen um den »einzigen Zeugen bis jetzt«, wie er sagte, zu kümmern, ihm »ein wenig auf die Finger zu sehen«, einen Blick in die »Kiste« zu werfen, so pflegte er den polizeieigenen PC zu nennen, nachzusehen, ob man etwas über ihn fände, man wisse ja nie, sie solle auch die Personalien und die Adresse überprüfen und das Ganze ein bisschen »dalli, dalli!«.
Möglicherweise sei auch noch ein weiterer Besuch bei Laufer zu Hause angeraten. Er wolle allerdings vorher erst das

Protokoll, das Meternagel angefertigt hatte, durchlesen. Er habe keinen konkreten Verdacht, aber die Routine und so weiter und so weiter verlange, alle Möglichkeiten ins Kalkül zu ziehen, auch schon einmal zu viel zu verdächtigen, damit sie sich später keine Vorwürfe machen müssten, man habe etwas versäumt.
Immerhin sei der Bursche beim Brandanschlag am Tatort gewesen, die berühmte ›Koinzidenz der Fälle‹.
Immerhin habe er die Feuerwehr alarmiert.
Immerhin kenne man solche Fälle, dass Zeugen am Tatort nicht selten in das Verbrechen ›involviert‹ seien. Dieses Fremdwort war eine Lieblingsvokabel Keidels, die er immer dann verwendete, wenn ihm ein Sachverhalt wichtig vorkam. Seine Mitarbeiter hatten es von ihm übernommen und spielten sich das ›Involvieren‹ in seiner Abwesenheit bei passenden und unpassenden Gelegenheiten lachend zu.
»Glauben Sie tatsächlich, dass er etwas mit dem Brand zu tun haben könnte? Es wäre ja ein Höchstmaß an Dummheit, sich erst durch einen Anruf bei der Feuerwehr und dann durch die Anwesenheit am Tatort eine solche Blöße zu geben«, wandte Bille Block ein.
Und eine solche traue sie dem jungen Mann nicht zu.
»Haben Sie seine Augen gesehen? Jemand, der solche klaren Augen hat, taugt nicht zu einem Verbrechen. Das sagt mir die frauliche Intuition.«
Keidel quittierte diesen Satz mit einem spöttischen Lächeln.
»Dass Sie sich in den jungen Mann verguckt haben, Frau Kollegin, kann ich nachvollziehen. Der Kerl hat tatsächlich schöne Augen, ist knackig und jung. Das kann man sogar im Dunkeln sehen. Aber die Gefühle müssen wir bei unserer Polizeiarbeit brav draußen lassen. Sie wissen doch: Die Fehler des Anfangs rächen sich häufig sehr spät erst, nämlich am Ende, wenn man mit leeren Händen dasteht«, philosophierte Keidel zu Block hin, und seine flinken, begehrlichen Augen liefen an ihrer üppigen Figur entlang, während sich seine Füße bereits in die entgegengesetzte Richtung zum Polizeiwagen hin in Bewegung setzten.
»Halten Sie mich auf dem Laufenden!« Diesen Satz musste er ihr zuschreien, so weit hatte er sich bereits entfernt. Und der Brandlärm tat ein Übriges.
Keidel war mittlerweile schon bei dem jungen Kameramann, der aus dem Dunkel hinter dem Haus aufgetaucht war, mit dem er ein Gespräch begann, was man nur sah, aber nicht hören konnte.

18.

Es war gegen ein Uhr morgens, als die Feuerwehr die Parole ausgab: »Brand unter Kontrolle!« Die Brandhüter stellten das Wasser ab, rollten die Schläuche ein und schraubten die Deckel ihrer Thermosflaschen auf, um die Asche in Mund und Rachen hinunterzuspülen. Lediglich der Brandexperte der Polizei, Florian Brandstätter, und dessen Assistent, Jodok Feuersenger, waren noch an der Feuerstelle, wo sie ihre Brandermittlungskoffer hier und dort aus der Hand gaben, um Aufstellfüße mit Spurentafeln auszupacken, die Scheinwerfer zu manipulieren sowie Aufnahmen zu machen, was man an den immer wieder aufzuckenden Blitzlichtern gewahrte. Deren eigentliche Arbeit begann jetzt erst richtig.

Nein, er habe, soweit er bis jetzt sehen könne, noch nichts ›Greifbares‹ gefunden, was auf eine Brandstiftung hindeuten könnte. Morgen werde er seinen ersten Brandbericht vorlegen. Wer sagte das wem? Brandstätter Keidel.

Keidel rief unterdessen das Altenheim-Personal zu einer rasch improvisierten Besprechung zusammen. Er wollte eine erste Befragung der Bediensteten vornehmen.

»Meine Damen, meine Herren. Es tut mir Leid, Sie jetzt, wo Sie alle bis zur Erschöpfung gearbeitet haben und vermutlich noch unter Schock stehen, kurz zu befragen. Es muss leider sein. Und es ist ja auch in Ihrem Interesse, denke ich einmal. Ich mache es kurz. So kurz es eben geht.«

Und damit wandte er sich an die wachhabende und verantwortliche Nachtschwester Agnes, eine etwa vierzig Jahre alte Frau mit einem sinnlichen Mund, einer habhaften Figur und einem sündhaft kurzen und engen Röckchen, das kräftige, aber keineswegs dicke Beine zur Geltung brachte. Keidels linkes Auge musterte sie mit dem professionell-neutralen Polizistenblick, während in seinem rechten Auge eine heftige Gier glimmte. Er verkniff es sich deshalb, wenn auch mühsam, den Blick in die Tiefe des weiblichen Raumes dieser exponierten Frau schweifen zu lassen. Die übrigen Damen taxierte er als extra-vergine Wesen mit kinderseligen Augen, die Männer nahm er erst gar nicht wahr. »Schwester Agnes, meine Damen, ich möchte von Ihnen allen wissen«, und um dem Plural Nachdruck zu verleihen, drehte er seinen Kopf in die Runde der angetretenen Schwestern, »zu welchem genauen Zeitpunkt Sie den Brand wahrgenommen haben.«

»Etwa fünf Minuten, bevor die Feuerwehr eintraf. Das war so gegen 21 Uhr 05. Vielleicht auch etwas später.«

»Wie kommt es, dass Sie erst so relativ spät von dem Brand Notiz genommen haben?«

»Wir befanden uns in dem vom Brandherd abgewandten Südflügel des Seniorenheims, dem Personalflügel.«
»Aber Sie besitzen doch sicher eine Sprinkleranlage. In der Zeitung war doch erst neulich nachzulesen, dass bei Ihnen alles nach und nach auf den neuesten Stand gebracht worden sei, gerade auch die technische Ausrüstung.«
Schwester Agnes zögerte mit einer Antwort, sie dachte nach und fasste dabei mit ihrer rechten Hand an den obersten Knopf ihrer weißen Bluse, als wolle sie diese öffnen und spitzte ihren Mund: »Ja, natürlich besitzen wir eine, aber die hat wohl nicht funktioniert.« Und mit diesem Satz wandte sich Schwester Agnes an die neun Kolleginnen, die sie unmittelbar umstanden und die alle brav nickten.
Keidel schüttelte den Kopf: »Das ist sehr interessant. Meternagel, würden Sie das auch so sehen?«
Meternagel schreckte von seinem großen Notizblock auf, in dem er bereits begonnen hatte, die Befragung Keidels aufzuzeichnen.
»Ja, gewiss doch, ein wichtiger Hinweis, der uns etwas sagen sollte.«
Keidel musste über seinen spindeldürren Mitarbeiter grinsen, den er für einen Eigenbrötler hielt, über den er sich, wo es nur ging, mokierte und was er Meternagel auch spüren ließ. Aber er wusste auch, dass er ein intelligenter, nützlicher Handlanger war. Neulich, als er ihn einmal einbestellt hatte, hatte er unvermittelt zu Meternagel gesagt: »Herr Kollege, wissen Sie, es gibt viele Nieten unter uns, mindestens neunzig Prozent.« Und grinste ihn an.
»Sie erzählen mir das sicher nicht ohne Absicht«, stellte Meternagel fest, dem natürlich nicht entgangen war, dass sein Chef nicht sehr viel von ihm hielt. »Richtig, Meternagel, ich bewundere Ihre Verstandesschärfe.«
Das Grinsen hatte sich auf Keidels Gesicht ausgedehnt.
»Wollen Sie mir zu verstehen geben, dass auch ich zu diesen Nieten gehöre, Herr Keidel?«
»Nein, ganz gewiss nicht. Habe ich das etwa gesagt?«
»Nein, nicht direkt. Aber gedacht haben Sie es.«
»Meternagel, seit wann können Sie Gedanken lesen?«
»Seit ich bei Ihnen und insbesondere m i t Ihnen arbeite, Herr Keidel, fällt es mir nicht besonders schwer, da Sie Ihrem Namen so ganz und gar ungezwungen alle Ehre machen.«
Keidel zuckte ganz kurz zusammen.
Wenn er in Meternagels Zimmer kam, musste er, wie alle Eintretenden, auf die Namensliste Meternagels sehen, auf der die Bedeutung aller Namen und Vornamen sämtlicher Kolle-

ginnen und Kollegen aufgeführt war. Unter Keidel stand dort zu lesen: »Keidel = mhd. kîdel = Keil, grober Klotz!!!« Keidel hatte sich beim ersten Mal fürchterlich aufgeregt, nicht so sehr über die Bedeutung seines Namens, sondern über die drei Ausrufezeichen.

»Wie erklären Sie sich die Tatsache, dass Sie alle nichts gehört haben wollen, Schwester Agnes? Nehmen Sie alle abends Ohropax?«, wollte Keidel jetzt wissen.

»Ich weiß nur so viel, dass die Anlage brandneu ist und mehrere Male getestet wurde, sehr zum Leidwesen unserer Klientel, die, obwohl wir sie beruhigt hatten, durch die Sirenen immer wieder sehr erschreckt wurde.«

»Haben Sie eine Erklärung dafür, dass die Alarmanlage nicht funktionierte?«, ließ Keidel nicht locker.

»Nein, keine. Tut mir Leid. Wissen Sie, Herr Kommissar, wir waren ganz mit der Rettung unserer Insassen beschäftigt, darunter ein großer Anteil von Kranken, Schwerkranken im Krankenflügel. Außerdem ist dafür das Technikpersonal zuständig.«

»Könnte es sein, dass von Ihnen jemand die Alarmanlage aus Versehen ausgestellt hat?«

»Warum denn?«, erregte sich Schwester Agnes, der man die ungeheure Anspannung deutlich anmerkte, unter der sie immer noch stand.

»Wir haben nur routiniertes Personal, die Besten der Besten. Es hat bei der Einstellung des Personals eine sorgfältige Auswahl gegeben. Alle Kolleginnen und Kollegen sind topfit und höchst verantwortungsbewusst. Welchen Grund sollte jemand von uns haben, die Alarmanlage auszustellen?«

»Nein, ich möchte Ihnen nichts Böses unterstellen«, wandte Keidel sehr versöhnlich ein. »Aber die Polizei muss allen möglichen Spuren nachgehen, das werden Sie doch verstehen. Und das heißt, dass mit einer Brandstiftung gerechnet werden muss.«

Er machte eine kleine Pause. Sein Auge fiel mit Wohlgefallen auf Meternagel, der sich ohne ausdrückliche Anweisung weitere Notizen machte. Auf Meternagel war Verlass, auch wenn er ein komischer Kauz war. Es blieb aber keine Zeit, diesem Gedanken weiter nachzugehen.

»Neben den Schwestern gibt es ja noch anderes Personal bei Ihnen: die Küche, die Gärtnerei, technisches Personal und so weiter. Könnte aus diesem Kreis jemand ein Interesse haben, die Alarmanlage abzustellen?«

Achselzucken beim Pflegepersonal, dann Kopfschütteln wie auf Befehl. Wieder antwortete Schwester Agnes stellvertretend für die anderen:

»Nein, wir sind hier alle eine Familie. Aber – auch in diesem Fall sind nicht wir die richtigen Ansprechpartner.«

»Mit allen Vor- und Nachteilen und allen Spannungen, die nun einmal eine Familie so mit sich zu bringen pflegt«, ergänzte Keidel spitz, um dann fortzufahren:

»Wer hat Zugang zum Heim und besitzt demzufolge auch Schlüssel?«

»Die Leute, die Sie eben schon erwähnt haben. Dr. Schneidewind, unser diensthabender Arzt, und natürlich unser Verwalter, Herr Schlüssler.«

»Eine andere Frage, Schwester, und damit spreche ich Sie alle an, meine Damen und Herren: Sind Ihnen heute oder in den letzten Tagen Menschen aufgefallen, die sich irgendwie verdächtig verhalten haben? Die vielleicht auch öfter hier aufgetaucht sind – sich für das Haus besonders interessiert haben?«

Keidel drehte seinen Kopf wie einen Kreisel von Schwester zu Schwester, von Helfer zu Helfer, wobei er seine Verspannungen spürte und an seinen Massagetermin erinnert wurde. Kopfschütteln und das Heben von Schultern nahm er als eine synchrone Antwort wie auf dem Kasernenhof wahr.

»Nein, niemand«, antwortete Schwester Agnes, wobei sie ihren kurzen Rock an den Seiten ihrer Schenkel liebevoll glattstrich, wo es nichts glatt zu streichen gab. Keidel deutete sich diese Geste als ein eindeutiges Signal, auch als ein leicht zu durchschauendes Ablenkungsmanöver.

»Schwester, führen Sie Buch über die Ein- und Ausgänge Ihrer Gäste?«

»Ja, das Personal an der Rezeption ist gehalten, jeden Besucher mit seiner Adresse zu erfassen, wobei wir natürlich nicht überprüfen können, ob die Angaben stimmen.«

Dann blickte er auf die versteckten Kameras links und rechts des Eingangs:

»Sie haben auch Überwachungskameras installiert, wie ich sehe. Ich gehe davon aus, dass Sie die haben genehmigen lassen. Bei der Polizei. Laufen die Tag und Nacht?«

Schwester Agnes wurde immer ungnädiger: »Nein, nachts natürlich nicht. Tagsüber schon, sonst wären die Kameras ja auch überflüssig.«

»Und Sie werten die Filmbänder dann auch regelmäßig aus?«, fasste Keidel nach.

Schwester Agnes druckste herum, was sich Keidel als Aufforderung deutete, an ihrer Stelle zu antworten: »Ich nehme einmal an, das ist ein klares Nein.«

»Ja, zumindest nicht regelmäßig.«

»Wie oft haben Sie sich die Bänder denn schon angeschaut?«, ließ Keidel nicht locker.
»Eigentlich erst zweimal«, antwortete Schwester Agnes lahm.
»Das Wort ›eigentlich‹ können Sie sich sparen, Schwester Agnes, es hat für das, was Sie sagen, keine Bedeutung«, fuhr Keidel ihr in die Parade. Er konnte es nicht ausstehen, wenn jemand sich ungenau ausdrückte.
»Ja, das wäre es zunächst einmal. Leider werden wir morgen im Laufe des Tages noch einmal wiederkommen müssen, um Ihre Gästeliste zu überprüfen und noch einmal diese oder jene Frage an Sie zu richten. Die Aufzeichnungen der letzten Woche müssen wir als Asservate an uns nehmen. Frau Gehrcke, kümmern Sie sich doch bitte um diese Dinge. Das ist reine Routine, und Sie sind ja alle daran interessiert, dass der Fall aufgeklärt wird. Ich danke Ihnen, jetzt ruhen Sie sich erst einmal aus, soweit dies möglich ist. Gute Nacht.«
Als die Schwestern schon abdrehen wollten, meldete sich Meternagel, der Verlässliche, noch einmal zu Wort: »Einen Augenblick bitte. Haben Sie während des Brandes irgendwelche Geräusche vernommen? Vielleicht Musik?«
Die männlichen Mitarbeiter, drei an der Zahl, sahen an die Decke, die Schwestern hingegen sahen erst sich, dann wie auf Befehl Schwester Agnes an, die – das Ritual ist hinlänglich bekannt – ihrerseits alle Mitarbeiterinnen wie ein Feldwebel musterte. ›Hierarchische Strukturen‹, schoss es Keidel durch den Kopf. ›Wie bei uns.‹
Dann antwortete sie knapp, bestimmt und kompetent, ohne das Wort ›eigentlich‹ zu benutzen:
»Ja, Beethovens ›Neunte‹. Fürchterlich. Diese wunderbare Musik zu solch einem Anlass. Der Brand und die Toten und die vielen Verletzten und dazu Beethoven. Wer macht so etwas, Herr Kommissar? Wer? Wir kamen gar nicht dazu, die Musik richtig wahrzunehmen bei dem Schrecken und bei der Rettungsarbeit, die auf uns zukam. Jetzt, wo Ihr Kollege uns das fragt, kommt es mir wieder zu Bewusstsein. Grausam, so etwas.«
Statt einer Antwort zuckte Keidel mit den Schultern. Die Erschütterung der Schwester kam ihm echt vor. Das sagte ihm seine Menschenkenntnis.
»Von Ihnen hat niemand die Musik angestellt?«, nahm Keidel wieder das Wort. Synchrones Kopfschütteln.
»Könnte es sein, dass einer Ihrer Insassen vielleicht vor dem Brand schon in Erwartung eines geruhsamen Abends, das wäre ja durchaus möglich und keineswegs verwerflich gewesen, Beethoven hat hören wollen?«, fasste Meternagel nach.

Nein, lautes Musikspiel sei mit Rücksicht auf die Klientel, gerade auch die vielen Kranken, ausdrücklich verboten. Zumal um diese Uhrzeit, wo die meisten der Insassen bereits schliefen.

»Wir kennen den Musikgeschmack unserer Klienten übrigens hinreichend gut«, warf Schwester Agnes ein.

»Ich kenne niemanden, der Beethoven hört.«

»Und das bei einer so vornehmen und zahlungskräftigen Klientel«, konnte sich Keidel zu sagen nicht verkneifen.

Damit war für diese Nacht alles gesagt.

Keidel nickte mit dem Kopf, winkte wie ein Feldherr mit der rechten Hand und verließ mit seinem Team das Seniorenheim, vielmehr das, was von ihm noch übrig geblieben war. Das Heim kam ihm vor wie ein abgestürztes Flugzeug, bei dem der Rumpf völlig ausgebrannt war und die beiden unversehrten Flügel hilflos danebenlagen.

Keidel kam ins Grübeln. Draußen, im Auto, warteten sie noch auf Gehrcke, die sich um die Filmbänder gekümmert hatte. Wie es schien, stand die Polizei wieder einmal mit leeren Händen da. Außer einem Zeugen gab es keinerlei Spuren, keinerlei Indizien, auch keinen Bekennerbrief, der auf einen Brandanschlag hingedeutet hätte. Die Brandursache war noch nicht geklärt. Die Brandexperten waren noch immer bei der Arbeit. Und in solchen Situationen hält man sich auch bei der Polizei zunächst an die Winzigkeit, die man hat. Spring Laufer war eine solche Winzigkeit. Ohne sein Wissen und Zutun geriet er ins Fadenkreuz der Polizei. Und festzuhalten blieb auch die verdächtige Begleitmusik.

19.

Als sich die SOKO KLARA, die eilends unter der Federführung Keidels zusammengestellt worden war, Freitagmorgen um 10 Uhr pünktlich zur ersten Besprechung einfand, duftete es nach frischem Kaffee. Die Fakten der gestrigen Nacht, sie waren spärlich, wurden noch einmal zusammengetragen und eingeschätzt. Meternagel verlas das Protokoll, das er verfasst hatte und das durch Laufer bestätigt worden war. Die Aussprache hierüber wurde sehr einseitig geführt, da Keidel sich, vielleicht aus Hilflosigkeit, zu sehr auf Laufer fixiert hatte. Erneut verwies er auf die ›Koinzidenz‹ von Zeugenanwesenheit und Brand.

»Gibt es denn überhaupt Anzeichen für ein Verbrechen?«, fragte Meternagel, bekannt für seine stets sehr grundsätzliche Fragehaltung, die man dem eher schüchtern wirken-

den jungen Mann gar nicht zutrauen mochte und die Keidel immer in Rage brachte. Einen Augenblick war es still im Raum. Man vernahm nur das Klappern der Kaffeetassen. Keidel wirkte bei Meternagels Hinweis verdrießlich und räusperte sich schließlich:
»Eine gute Frage, für den Fall, dass sie uns weiterbringt. Zuerst jedoch sollten wir uns um die Fakten kümmern und schulmäßig eine Fallbeschreibung vornehmen. Immerhin einen Zeugen haben wir. Was haben wir sonst noch?«
Damit lehnte sich Keidel zurück, kam dann wieder nach vorn an den Tisch. Sein großformatiges Notizbuch lag aufgeschlagen vor ihm, er schraubte seinen Cross-Füllfederhalter mit der großen Goldkappe auf und blickte in die Runde. Dann kam das, was Keidel stets zum Amüsement der Männer und zum Ärger der Frauen machte, wenn er erregt war: Er fasste sich mit der rechten Hand in den Schritt, kraulte dort ein wenig herum, als erwarte er von dort eine wie auch immer geartete Erleuchtung.
»Zwei Aussagen des Zeugen sind bemerkenswert und vielleicht Hinweise auf einen Brandanschlag. Der Flammenverlauf sei ihm sehr gleichmäßig vorgekommen, so, als sei gleichzeitig an verschiedenen Stellen Feuer gelegt worden«, ergriff Bille Block das Wort.
»Wobei«, konterte der schmächtige Meternagel, »wir es hier mit einer subjektiven Einschätzung eines Amateurs zu tun haben, deren Ergiebigkeit höchst fragwürdig ist.«
Keidel hatte sich erste Stichworte gemacht. Jetzt mischte er sich wieder ein.
»Lassen wir die Bewertungen zunächst einmal beiseite. Sammeln wir erst einmal alles, was nach Fakten aussieht, wie spärlich die auch sein mögen. Und welches ist die zweite bemerkenswerte Aussage des Zeugen, Frau Block?«
»Die Beethovenmusik, deren Existenz ja von Schwester Agnes ausdrücklich bestätigt wurde. Eine ›Koinzidenz‹ auch hier«, sagte Block, die das Wort ›Koinzidenz‹ merklich betonte und sich auf die penetranten und penetrierenden Blicke Keidels, die recht unverblümt auf sie eindrangen, sehr gut eingestellt hatte.
Dann war Gehrcke an der Reihe, die stets zurückhaltend elegant gekleidet erschien und auf den ersten Blick sehr unnahbar wirkte. Sie war auch noch nicht sehr lange im Kommissariat wie überhaupt im Polizeidienst, eine ›Spätberufene‹, wie Keidel die Alleinerziehende einmal titulierte. Gehrcke wollte wissen, ob man schon bei der Feuerwehr nachgefragt habe, ob dort »etwas vorläge«.

Keidel stichwortete wieder, und in die Schreibbewegung hinein fragte nun er seinerseits, wer dies übernehmen wolle, woraufhin sich Gehrcke bereit erklärte. Sie nahm sogleich den Hörer ab und wählte die bekannte Nummer Brandstätters.
Nein, keine Indizien, gab Brandstätter durch, die auf eine Brandstiftung hindeuteten, obwohl das Gleichmaß des Brandflusses nach allen Erfahrungen der Feuerwehr als ein Hinweis gedeutet werden könne, der für eine Brandlegung spräche. Aber, wie gesagt, keine eindeutigen Beweise. Bis jetzt.
Was denn jetzt unmittelbar anstünde, wollte Gehrcke noch wissen. Brandstätter sprach so laut, dass alle mithören konnten, was er sagte: Man werde sich noch einmal, wenn das Holz abgekühlt sei, an eine intensive Untersuchung desselben heranmachen. Durch neuere wissenschaftliche Testverfahren könne man seit neuestem im Nachhinein feststellen, ob nicht das Holz durch Brandbeschleuniger präpariert worden sei. Aber im Augenblick komme eine Untersuchung noch nicht in Frage, frühestens heute Nachmittag oder morgen früh.
»Wie sieht die Opfer-Bilanz aus?«
»Achtzig Tote, zehn schwer Verletzte, die noch mit dem Tode ringen, zehn leicht Verletzte«, gab Brandstätter zu Protokoll. Damit war das Gespräch zu Ende.
Keidel hatte mitgehört und Meternagel hatte mitprotokolliert.
»Ich möchte noch einmal den Hinweis von vorhin aufgreifen, der auf Brandstiftung hindeuten könnte«, brachte sich plötzlich Block sehr erregt ins Gespräch ein.
»Übereinstimmend haben die Schwestern des ›Klara‹ und der Zeuge Laufer auf die Beethovenmusik hingewiesen, die sie gehört haben. Weder das Personal noch die Insassen kommen nach Aussagen von Schwester Agnes für die Musik in Frage. Also muss es einen Dritten geben, der für diese Musik verantwortlich zu machen ist.«
Keidel zog die Augenbrauen hoch und nickte, was als Ausdruck der Hochachtung zu werten war. Dann blickte er an die Decke und sagte:
»Ich habe zwar keinen Anhaltspunkt dafür, aber wer sagt uns, dass Schwester Agnes nicht gelogen hat?«
Block ließ nicht locker.
»Was für einen Grund sollte Schwester Agnes haben, die Unwahrheit zu sagen? Ich sehe keinen.«
»Aber, liebe Kollegin, das ist doch höchst einfach. Unterstellen wir einmal für einen Augenblick, es hätte jemand von den Schwestern oder sonst jemand vom Personal die Beethovenmusik hören wollen. Soviel ich weiß, lebt Beethovens ›Neunte‹

von der Lautstärke. Die kann man also nicht leise hören. Es war nach neun Uhr, die Alten lagen vermutlich alle schon im Kästchen, waren alle stillgestellt – da ist es doch so abwegig nicht, dass jemand meint, jetzt sei es an der Zeit, sich ein wenig zurückzulehnen und genussvoll Musik zu hören. Und in einem solchen Fall, immer noch rein hypothetisch, gäbe es für Schwester Agnes, die Vorgesetzte, einen handfesten Grund, die laute Musik in Abrede zu stellen, da laute Musik nicht gehört werden darf. Und jetzt, wo die Sache ruchbar geworden ist, deckt sie ihre Mitarbeiterin. Oder sich selbst.«
Keidel lehnte sich zurück. Sein Nacken machte sich wieder bemerkbar, die ekligen Verspannungen. Seit er vorgestern beim Zahnarzt diese Marathonsitzung gehabt hatte, waren die Schmerzen fast unerträglich. Er lehnte seinen Kopf zurück, griff sich an den Nacken und massierte dort ein wenig. Das Team wartete. In dieser Stellung verharrte er eine Zeitlang, ehe er langsam, fast mühsam sagte:
»Hier wäre Handlungsbedarf. Wir sollten bei der nächsten Befragung des Personals unbedingt auf die Musikgewohnheiten abheben. Vielleicht kommt dabei etwas heraus. Übrigens auch unser Zeuge, wie heißt er doch gleich, sollte daraufhin befragt werden.«
Keidel wirkte auf einmal etwas entspannter. Die Massage schien geholfen zu haben.
Da machte Bille Block erneut auf sich aufmerksam, indem sie sich aufrichtete und fragte: »Welche Bedeutung ist eigentlich der Tatsache beizumessen, dass die Musik nach Aussagen von Laufer auf einmal, kurz vor unserem Eintreffen, abrupt aufgehört hat. Wurde die Musik gerade in dem Augenblick abgestellt, als die Polizei eintraf? Oder lag ein technischer Defekt vor, bedingt durch den Brand?«
Alle blickten sie überrascht an und nickten eifrig. Man hatte Block offenbar diesen Scharfsinn nicht zugetraut.
»Wir sollten die Feuerwehr noch einmal bemühen und dort nachfragen, ob man eine Hifi-Anlage, Lautsprecher oder Ähnliches gefunden hat«, sagte Keidel.
Und schon hatte er den Hörer in der Hand und wählte Brandstätter erneut an. Alle warteten gespannt, was sie nicht lange tun mussten. Die Antwort war offenbar kurz.
»Nein, nichts«, sagte Brandstätter.
»Wir haben allerdings auch nicht gezielt danach gesucht.«
Keidel hielt dem Kollegen und den Kolleginnen den Hörer hin, aus dem sie laut und deutlich Folgendes vernahmen:
»Für uns gibt es Prioritäten, wie die der Brandursache«, war Brandstätters lakonischer Kommentar.

»Aber da wir sowieso gleich noch einmal zum Tatort müssen, will ich noch einmal genau nachsehen.«
Dann war das Gespräch zu Ende.
»Ja, ich denke, wir sollten einfach selber noch einmal die Augen offen halten. Kollegin Block und Kollege Meternagel, würden Sie dies bitte erledigen? Kollegin Gehrcke und ich werden uns noch einmal Laufer vorknöpfen. Dann, heute nachmittag, so gegen 14 Uhr, werden wir geschlossen wieder dem ›Klara‹ einen Besuch abstatten zur Befragung des Personals. Danke, das war's vorläufig.«

20.

Keidel ging ins Vorzimmer zu Marieluise Karsch, der immer munteren Sekretärin und Vertrauten in einer so großen Menge Unvertrauter. Gehrcke wartete draußen, vor der offen gelassenen Tür, auf ihn.
»Lisa, sei so gut, und rufe im Seniorenstift an, dass wir so gegen 14 Uhr zur erneuten Befragung des Personals, nein, sage etwas von ›ermittlungstechnischen Maßnahmen‹, das klingt objektiver und neutraler, wieder antanzen werden. Danke. Wie geht's deinem Sohn in der Schule?«
Den letzten Satz warf Keidel ihr, schon mit Gehen beschäftigt, hin. Lisa lächelte: »Danke der Nachfrage. Immer noch nicht besser.«
»Ich muss jetzt leider wieder weiter, Zeugenbefragung in der Brandsache, das Übliche. Halt dich wacker, Lisa.«
Und er fuhr Lisa, die vor ihrem Monitor saß, flüchtig über die rechte Schulter, ließ dort die Hand einen Augenblick liegen, klopfte die Schulter kameradschaftlich, woraufhin Lisa, den Kopf leicht zu Keidel drehend, ihn kurz ansah. Lisa mochte das. Sie legte nun ihrerseits ihre linke Hand kurz auf die warme Hand Keidels und klopfte ebenso kurz zurück.
Über mehr Zärtlichkeit ging diese eingespielte Beziehung nicht hinaus.
Gehrcke sah Keidel eindringlich an. Sie konnte die Szene des Einverständnisses miterleben. Ob sie sie auch richtig einschätzte?
Keidel und Gehrcke gingen durch den langen Flur, nahmen nicht den Aufzug, sondern die Treppe.
»Ein wenig Bewegung tut uns gut«, sagte Keidel, indem er ihren Arm nahm, vorsichtig, aber entschieden, um Gehrcke davon abzuhalten, in den Aufzug einzusteigen. Sie ließ es sich gefallen. Als Keidel allerdings den Arm etwas länger als ziemlich mit leichtem Griff festhielt, sah Gehrcke auf Keidels

Hand. Der Blick war nicht anklagend oder gar abweisend, es war ein Blick, der eher Unverständnis oder Verunsicherung ausdrückte. Keidel verstand das Warnsignal und ließ ihren Arm los.

Sie landeten im Hof des Gebäudes, wo es rege zuging um diese Zeit, und hielten zielstrebig auf den Einsatzwagen zu.

»Möchten Sie fahren, Kollegin Gehrcke?«

Nein, sie wollte nicht, drückte sie kopfschüttelnd aus. Kaum auf dem Beifahrersitz richtig angekommen, führte sie aus: »Sudetenstraße 5. Einfamilienhäuser aus der Nachkriegszeit, als Flüchtlinge aus dem ehemaligen Sudetengebiet hier wie Heuschrecken einfielen. Ums Eck, in der Breslauer Straße, die Schlesier. Und in der Ackermannstraße die Bessarabiendeutschen. Das Haus gehört Spring Laufer, ist schuldenfrei. Bei ihm wohnt seine jetzige Freundin, eine gewisse Marianne Ubaczeck, Germanistikstudentin, 7. Semester, vierundzwanzig Jahre alt, Tochter einer Paartherapeutin und eines Anglistikprofessors, berühmt für seine Abhandlungen über Shakespeare und die englische Kriminalliteratur. Und jetzt kommt's: Er arbeitet hin und wieder mit uns zusammen. Hat ein riesiges Archiv, das nicht nur mit Literatur, sondern auch mit Zeitungsartikeln reich bestückt ist, dass wir uns eine Scheibe davon abschneiden können. Hat alles in den Computer eingespeist. Per Mausklick kann jeder Mordfall der letzten zwanzig Jahre in Sekundenschnelle abgerufen werden, wie ich herausgefunden habe.«

Gehrcke war nicht aufzuhalten. Wo hatte sie alle diese Informationen in der Kürze der Zeit her? Keidel sah sie, während sie soeben in die Sudetenstraße einbogen, von der Seite respektvoll an und sagte:

»Hochachtung, Kollegin, das war eine Glanzleistung! Vielleicht gibt es noch einiges über den Laufer.«

Gehrcke, so schien es, hatte nur auf dieses Stichwort gewartet. »Laufer, Spring, achtundzwanzig Jahre, promovierter Computerwissenschaftler, Sohn ebenfalls berühmter Eltern. Die Mutter ist die bekannte Lyrikerin Maria Metafos. Das ist ihr Künstlername. Die letzte Lyriksammlung heißt ›im schleier der tobsucht‹. Sie ist verliebt in metaphernschwangere Gedichte aus einer Mischung von Hans Arp, Paul Celan und Reiner Kunze. Nur nicht so gut. Der Vater ist nicht minder berühmt, Jurist, Professor in S, Spezialist für Kriminologie, Mitarbeiter am ›Kriminologie-Lexikon‹ und ›Kriminalistik-Lexikon‹. Vorsicht ist also geboten, wenn wir beim Sohn vorsprechen.«

Und da waren sie auch schon angekommen.

Spring Laufer erwartete sie. Er hatte nach dem gestrigen Abend und der »beschissenen traumschweren Nacht«, in der er kaum »ein Auge zumachen konnte« und erst sehr spät gegen Morgen eingeschlafen war, bei seinem Vorgesetzten angerufen und Verständnis für seine Lage gefunden. Wenn er am frühen Nachmittag käme, ließ ihn sein Chef wissen, sei dies auch noch rechtzeitig genug. Aber kommen müsse er, es gäbe wichtige Dinge zu besprechen.
Woran er denn speziell arbeite, wollte Keidel wissen.
»An einem Programmierungs-Projekt, das streng geheim ist«, weshalb er auch nicht mehr dazu sagen dürfe. Darauf seien alle Mitarbeiter eigens vereidigt worden.
»Wenn Sie mehr wissen wollen, müssen Sie sich an meinen Chef wenden.«
»Nein, das ist nicht nötig, vorläufig nicht«, überging Keidel lakonisch Laufers Hinweis. Da kam Laufers Freundin Marianne ins Zimmer. Sie erschien sehr selbstbewusst, mit knappem Lächeln. Der rote Pullover über den blauen Jeans unterstrich die Schönheit der großen und schlanken Frau mit den langen schwarzen Haaren, die Keidel an eine schöne Griechin erinnerte, mit der er eine Saison lang auf Zakynthos das Meer, die Tavernen und die Liebe erkundet hatte. Sie blickte erst Keidel an, dann Gehrcke und fragte, ob sie etwas anbieten könne: Kaffee, Tee oder Orangensaft. Nein, sie müssten gleich wieder weg, vielen Dank. Ob die Polizei etwas dagegen habe, wenn sie bei der Befragung anwesend sei.
Nein, warum auch.
»Herr Laufer«, nahm Keidel wieder den Gesprächsfaden auf, »können Sie uns bitte noch einmal beschreiben, wie Sie den Brand erlebt haben: Zeitpunkt, Ausmaß, besondere Vorkommnisse und so weiter. Vielleicht sind Ihnen ja über Nacht noch einige Dinge eingefallen, die Sie uns noch nicht gesagt haben. Sie wissen, alle Details, auch die für Sie nebensächlichsten und lächerlichsten, sind für die Polizei unter Umständen von Bedeutung.« Statt auf Keidels Frage einzugehen, fragte Laufer, und sah dabei Gehrcke an: »Wie viele Todesopfer gibt es, wie viele Verletzte?« Gehrcke nannte die Zahlen.
»Furchtbar, ganz furchtbar. Ich habe gestern einige Schreie gehört, die wohl von den Opfern stammten. Ich habe prompt davon geträumt. Nicht wahr, Marianne?«
Marianne, die nun neben Laufer auf dem Ledersofa saß, nickte und strich ihm zärtlich über den Kopf.
»Er hat im Schlaf geschrien«, sagte Marianne. Sie hatte jetzt ihren rechten Arm um Laufer gelegt.

»Wenn Sie zum Brand kommen könnten, Herr Laufer«, setzte Keidel das Gespräch fort.
»Ich sagte gestern bereits, dass mir der Brand so vorkam, als sei an mehreren Stellen Feuer gelegt worden. Es brannte alles so gleichmäßig.« Laufer machte eine kleine Pause, so als erinnere er sich. »Ja, und dann war da noch die Beethovenmusik, kurz eingeblendet, die dann abrupt abbrach.«
»Können Sie den Brand noch etwas genauer beschreiben? Sie sprachen ja bereits von einem ›Gleichmaß‹. Wie war das genau?«
Während Laufer nachdachte, blickte er durchs Fenster.
»Ja, das war so. Es tanzten mehrere Trichter herum, darunter drei große, einer links, einer in der Mitte, einer rechts im Gebäude. Ja, so war's, glaube ich.«
»Und können Sie vielleicht auch noch etwas zur Farbe des Feuers sagen?«
»Farbe des Feuers? Sehr hell halt. Das war der vorherrschende Eindruck. Ja, sehr hell.«
Keidel machte sich Notizen.
Gehrcke rutschte schon einige Zeit etwas unruhig auf ihrem Sessel herum. Jetzt wollte sie ihre Frage loswerden: »Mich interessiert noch etwas genauer die Musik. Von wo genau kam die Musik? Versuchen Sie sich zu erinnern!«
»Vom Seniorenheim, kein Zweifel.«
Dann Gehrckes nächste Frage: »Können Sie das noch etwas genauer angeben? Wo genau war die Musik lokalisiert?«
»Mir schien es so, als käme die Musik vom Dach, als habe dort oben jemand in einer der Gauben eine Anlage mit großen Verstärkern aufgestellt«, um sogleich seinerseits die Frage zu stellen, ob man denn die Anlage nicht gefunden habe?
»Nein, leider nicht. Oder sollte ich vorsichtigerweise sagen, noch nicht. Die Giebelfenster sind fast völlig ausgebrannt.«
Keidel sah nicht ein, mögliche Versäumnisse oder negative Ergebnisse preiszugeben. Aber der Hinweis Laufers ließ ihn nicht ruhen.
Unauffällig hatte Keidel das Wohnzimmer betrachtet, und seinem Späherblick war die CD-Sammlung nicht entgangen, die neben ihm in einem modernen Ständer archiviert war, der wie eine Bogenlampe in den Raum hineinreichte. Ihm fiel die reich repräsentierte Klassik auf, und er fand schnell, was er gesucht hatte: das Gesamtwerk Beethovens.
»Sind Sie Beethovenfan, Herr Laufer?«, schoss es aus Keidel ganz unvermittelt heraus.
»Wenn Sie auf die CD-Sammlung anspielen«, mischte sich Marianne ein, »dann bin ich es. Mein Freund steht auf Ba-

rockmusik: Bach, vor allem aber auch auf Vivaldi, wie Sie sich selber überzeugen können.«
Und nach einer kleinen Pause, in der sie ihn eindringlich ansah: »Darf ich Sie fragen, was das Musikverhalten meines Freundes mit Ihren Ermittlungen zu tun hat?«
Keidel grinste unverschämt: »Fragen dürfen Sie schon.«
Laufer entspannte die Lage.
»Ja«, stimmte er zu, »›Die Vier Jahreszeiten‹ von Vivaldi sind mein Musikpartner beim Laufen. Vivaldis Musik ist von klarer rhythmischer Struktur und Eleganz. Denken Sie nur an die Tänze im Sommer und im Herbst, da finde ich nicht nur meinen Rhythmus, sondern bleibe auch drin. Vivaldi verhilft mir zu meiner Geschmeidigkeit beim Laufen.«
Laufer musste lächeln, als er das sagte.
»Mögen Sie Vivaldi?«, fragte er dann Keidel.
»Nein, ich bevorzuge die ungarischen Tänze von Brahms, wenn wir schon beim Rhythmus sind.« Und während er sich erhob, sagte er noch: »Damit haben Sie mir ein Stichwort geliefert. Denn unser Tänzchen hier bei Ihnen ist jetzt auch schon beendet. Verzeihen Sie die Störung. Wir sind schon draußen.«
Keidel stand bereits, was für Gehrcke ganz überraschend kam, sie saß noch in Gedanken im Sessel, als wollte sie noch weitere Fragen stellen.
Dann stand auch sie auf, das übliche Verabschiedungsritual war an der Reihe. Dann waren sie draußen, dann saßen sie im Wagen, dann fuhren sie auf der Straße.
»Nun, Kollegin? Neue Aspekte nach diesem Gespräch?«
»Zwei, soweit ich sehe. Der Junge ist echt und kommt meines Erachtens als Täter oder Mittäter nicht in Frage, worauf Sie ja wieder mit Ihrer Frage nach Beethoven anspielten.
Zweiter Aspekt: der Hinweis auf die mögliche Aufstellung der Lautsprecheranlage auf dem Dach erhärtet den Verdacht auf einen oder mehrere Täter und zeigt uns, wo wir zu suchen haben.«
»Das Dach existiert nicht mehr, Frau Gehrcke.«
»Trotzdem ist die Beobachtung Laufers doppelt wertvoll. Erstens, es gab Täter, und, zweitens, das ist auch für mich neu: Die Täter wollten mit der Musik eine bestimmte Botschaft verbinden, über die wir uns bis jetzt noch nicht im Klaren sind, aber bald im Klaren sein dürften. Hier sehe ich ganz unmittelbaren Handlungsbedarf.«
Keidel bremste plötzlich, obwohl es keinen Anlass dazu gab.
»Entschuldigen Sie bitte, Kollegin, aber Ihre fulminante Schlussfolgerung ist mir in die Glieder gefahren. Gott sei Dank, hat es keinen Unfall gegeben.«

Gehrcke musste lachen, und sie war ein wenig stolz auf sich, dass sie noch vor ihrem Chef etwas Neues entdeckt zu haben schien. Keidel ließ sie in diesem Glauben.
Während sie ausstiegen, fragte er mit dem Blick auf den Autoschlüssel, mit dem er das Auto abschloss: »Welche Aktion schlagen Sie als nächste vor?«
»Wir müssen einen Musikexperten einspannen, einen Beethovenfachmann, noch besser eine Frau, wenn es sie gibt, die uns die Beethoven'sche Musik im Allgemeinen und die ›Neunte‹ im Besonderen erschließt. Ich für meinen Teil werde heute Abend, wenn ich dazu komme, sofort die ›Neunte‹ hören.«
»Machen Sie das oft?«, wollte Keidel noch wissen.
»Beethoven nicht gerade. Aber ich besitze auch von ihm Musik. Nein, ich bevorzuge die Impressionisten: Ravel und Debussy und die Beatles. Unter anderem.«
Dann waren sie auch schon im Gebäude.
Keidel ging sofort in sein Büro, mit den Gedanken noch bei Gehrcke, die ihn beeindruckt hatte, als Kollegin und als Frau. Er nahm sich noch einmal ihre Personalakte vor und vertiefte sich darin: vierzig Jahre alt, seit fünf Jahren geschieden. Sie hatte eine neunzehn Jahre alte Tochter, die aber nicht mehr bei ihr lebte, wie Keidel einem Telefongespräch Gehrckes mit ihrer Tochter Yasmin entnommen hatte. Sie stammte aus bildungsbürgerlichem Milieu, die Mutter war eine Bibliothekarin, der Vater ein hoch dotierter Diplomingenieur beim europaweit größten Elektronikkonzern, der die Welt mit Atomkraftwerken beliefert. Gehrckes Karriere verlief zunächst geradlinig: Abitur, Jurastudium, nach acht Semestern dann ein Studienwechsel, Studium der Kriminalistik in H, abgeschlossen mit einem Einser-Diplom, Thema der Diplomarbeit ›Probleme bei Verhörmethoden mit Vergewaltigungsopfern‹, die in den ›Kriminalistik-Monatsheften‹ in drei Folgen abgedruckt wurde. Innerhalb kurzer Zeit war sie aufgestiegen, war jetzt auch in der Weiterbildung tätig und hatte einen Lehrauftrag an der Hochschule in S. In Gedanken verloren, verweilte Keidel längere Zeit, die Personalakte in der Hand haltend, mit Blick auf dem Foto Gehrckes.

21.

Pünktlich um 14 Uhr fuhr das Team im Seniorenheim ein und machte neben dem Personalflügel Halt, der noch vollständig intakt war. Der Tatort bot immer noch ein Bild des Grauens, auch wenn alle Leichen bereits abtransportiert

waren. Der Gestank war immer noch unerträglich und erschwerte das Atmen. Schlimmer wogen die Erinnerungen, die mit der Brandstätte verbunden waren: die Todesopfer, die Verwundeten, die Irritierten und die erschöpften und konsternierten Helfer.
In der Mittagspause hatte Meternagel die Gerichtsmedizin angerufen, um erste Ergebnisse zu erfahren. Es gab lediglich Hinweise auf die normalen toxischen Erscheinungen, wie sie bei Bränden üblich sind.
Verbrennungen dritten Grades seien bei den Brandleichen am häufigsten nachweisbar, ließ man ihn wissen. Im Einzelnen erfuhr er Folgendes: Neben der ›Nekrose‹, den Gewebeauflösungen, sei die ›Carbonisation‹, die Verkohlung der Leichen, relevant ausgeprägt. Die Leichen zeigten die typische ›Fechterstellung‹. Durch das Zusammenziehen der Muskelpartien unter der großen Hitzeeinwirkung käme die Anwinkelung von Armen und Beinen zustande. »Brandhämatome, Explosionsfrakturen, Brandrötungen, Blasenbildung, Hitzethrombosierung und Rußeinatmung« bis in die tiefen Luftröhrenverzweigungen sowie Kohlenmonoxid im Blut deuteten auf eine ›vitale‹ Verbrennung hin. Die meisten Toten seien allem Anschein nach den ›Schocktod‹ gestorben, ehe sie verbrannten, was an Herzversagen und Kreislaufkollaps feststellbar sei. Häufig seien auch Spuren von Erbrochenem sowie das Aufplatzen der Oberhaut und des Bauches angetroffen worden. Typisch für einen Verbrennungstod seien schließlich auch die hell-kirschroten Leichenflecken, die auf eine CO-Vergiftung hindeuteten.
Übrigens träte bei den meisten älteren Menschen bereits bei eingeatmeten 50 % CO der Tod ein. Weitere Befunde müssten abgewartet werden, bis man Obduktionen vorgenommen habe.
Im Auto auf dem Weg ins Seniorenheim gab Meternagel diese Informationen an das Team weiter. Danach herrschte eine längere Stille der Betroffenheit, ehe Keidel, während er gerade in einer Kurve herunterschaltete, philosophisch wurde.
»Was ist das, was wir da Leben nennen? Was ist es wert, Kollegin Block?«
Als sie aus der Kurve waren, sah Keidel Block an, zog leicht die Schultern hoch, und tat so, als wisse er es nicht.
»Oh, solche Fragen überraschen mich. Da erwischen Sie mich auf dem linken Fuß. Und dann noch eine solch schwierige Frage zur Verdauungszeit.«
»Besser so, als wenn wir auf gespanntem Fuß miteinander lebten!«, warf Keidel spielerisch ein.

»Wie darf ich das jetzt wieder verstehen?«
Keidel ging auf Blocks Frage nicht ein, gab sich stattdessen selbst eine Antwort. Vielleicht wollte er mit dieser Antwort nur glänzen: »›Das Leben ist ein beschneites Feuerwerk‹, hat einmal einer gesagt.«
Dieser Gedanke hatte sich bei Keidel eingeschlichen, vielleicht angeregt durch die Brandstätte. Jedenfalls musste er ihn loswerden. »Sollte ein Spaß sein!«, wiegelte er den kaum begonnenen Dialog wieder ab.
»Solche Späße mag ich nicht. Ernste Gespräche sollten auch mit vollem Ernst geführt werden«, ärgerte sich Block. Es herrschte ein kleineres Schweigen.
»Nein, meine Frage war tatsächlich ernst gemeint«, machte sich Keidel versöhnlich bemerkbar. »Bei der Begegnung mit dem Tod, dem wir permanent ausgesetzt sind, drängt sich die Frage nach dem Leben geradezu immer wieder auf.«
Jetzt war es Block, die einlenkte: »Wenn Sie wirklich eine ernste Antwort hören wollen: Leben heißt für mich, wenn ich das einmal ganz unvermittelt sagen darf, zunächst Geschenk, heißt dann Chance und heißt schließlich Herausforderung.«
Keidel lenkte den Wagen auf die Hauptstraße, schaltete erst herunter, schaltete dann wieder herauf, ehe er antwortete: »Das heißt in letzter Konsequenz: Das Leben kann gelingen, muss es aber nicht.«
»Ja, so ist es«, erwiderte Block nickend.
»Und wann würden Sie sagen«, hier machte Keidel eine Pause, um dem, was er abschließend sagen wollte, Bedeutung zu verleihen, »ist es gelungen, und wann nicht?«
»Darauf gibt es keine objektive, aber eine individuelle Antwort, besser: individuelle Antworten.«
»Also keine objektiven Maßstäbe wie gut oder böse?«
»Sie bringen mich in Verlegenheit, Herr Keidel.«
Block schwieg, sah aus dem Fenster, drehte dann den Kopf zu Keidel hin und berührte kurz mit ihrem Knie sein Knie. Er zuckte zusammen, ihn durchfuhr ein erotischer Blitz, sie entschuldigte sich und errötete leicht, während er ohne Grund schneller fuhr. Sie schwiegen. Gehrcke und Meternagel auf dem Rücksitz, die dem Gespräch aufmerksam gefolgt waren, war dieses körpersprachliche Zwischenspiel nicht entgangen. Sie sahen sich an, sagten aber nichts.
Das Gespräch über das Leben war damit aber noch längst nicht zu Ende.
»Nein, für mich gibt es keine objektiven Maßstäbe, an denen man das Gelingen oder Misslingen eines Lebens ablesen könnte.«

»Hm! Und wovon hängen die individuellen Antworten ab?«, wurde vorne weitergefragt.
»Ob jemand seine Möglichkeiten, seine Chancen und Talente erkennt und auch nutzt.«
»Und was entdecken wir, wenn wir in die Runde blicken? Massen, Durchschnittlichkeit, Mediokrität.«
Block merkte, dass noch etwas hinterherkommen musste, darum schwieg sie.
»Die Lebensphilosophie, die Sie, Kollegin Block, da verbreiten, ist die nicht extrem elitär?«
Jetzt muckte Block auf: »Wie denn das?«
»Ganz einfach, weil es unterschiedliche Startbedingungen ins Leben gibt, gute und schlechte. Die, die gute haben, haben dann das, was Sie Chancen nennen. Und das ist eine Minderheit, eine äußerst kleine Minderheit, die man fast vernachlässigen kann, auf die Gesamtheit gesehen.«
Block sah Keidel erstaunt an: »Das klingt aber sehr pessimistisch, fast möchte ich sagen, sogar zynisch, als zählte nur das Leben der privilegierten Minderheit.« Um mit Emphase hinzuzufügen: »Für mich zählt jedes Menschenleben.«
»Dann frage ich mich jetzt, warum Sie ausgerechnet Kriminalbeamtin geworden sind, die sich mit jenen Menschen beschäftigen muss, die nun nicht gerade eine Offenbarung für die Menschheit darstellen.«
»Aber, aber, Herr Keidel. Diesen Menschen werden aus objektiven und persönlichen Gründen die Möglichkeiten, ein menschenwürdiges Leben zu führen, verwehrt.«
Block wurde auf einmal nachdenklich und sah auf die Straße: ›Hatte das nicht eben Keidel mit fast identischen Worten gesagt?‹ Keidel sah Block mit einem kurzen Zwinkern an. Er musste daran denken, wie sie ihn vor kurzem mit ihrem runden Knie elektrisiert hatte.
»Übrigens, Sie sind mir noch etwas schuldig geblieben«, nahm Block den Faden wieder auf.
»Das gehört sich aber nicht bei einer Dame. Und worin besteht meine Schuld? Ich bin gespannt.«
»Ich gebe Ihnen die Frage zurück, die Sie mir gestellt haben. Was bedeutet denn für Sie das Leben, Herr Keidel?«
Keidel lächelte. Dann schwieg er eine Weile. Auf ihn waren auf einmal sechs Augen voller Spannung gerichtet.
»Leben? Ich habe oft darüber nachgedacht und bin zu folgender Einsicht gelangt.« – Sie hielten an einer Ampel, die auf Rot gesprungen war. – »Das Leben ist die kurze Spanne zwischen Nichts und Nichts. Dem Nichts vor dem Leben und dem Nichts nach dem Tode.«

Keidel war sehr ernst geworden, als er dies sagte, und sein Blick ging starr geradeaus.
Sie waren mittlerweile auf die Straße eingeschwenkt, die zum Seniorenheim führte.
Block sah Keidel mit einem kurzen warmen Blick an. Sie wusste auf einmal, dass sie ihn mochte. Sie würde ihn gern noch einmal mit dem Knie berühren.
Wenn sie allein wären.

22.

Vier Stunden untersuchte das Team die ausgelegten Besucherbücher, nahm Einzelbefragungen vor. Gehrcke hatte hinter dem abgebrannten Mittelflügel Fußspuren entdeckt, die, wie sich schnell herausstellte, vom Kameramann stammten. Auch den Technischen Leiter des Seniorenstiftes, Peter Nachtschatt, hatten sie sich vorgeknöpft, der ihnen lang und breit das Funktionieren der Systeme erklärt hatte. Während dieser Zeit raunte Meternagel Keidel die Übersetzung des Namens zu: »Das heißt ›der in der Nacht Schaden anrichtet‹, also aufgepasst, Herr Kommissar.«
Nachtschatt konnte sich das Aussetzen der Feuermelder auch nicht erklären.
»Haben Sie denn die Anlagen an diesem Abend auch auf ihre Tauglichkeit hin untersucht?«, fragte ihn Keidel.
»Sehen Sie hier«, und damit zeigte Nachtschatt, ein dünner, völlig unscheinbarer Mann mit einer roten Nase, Vater von fünf Kindern und Ehemann einer dicken Frau, die ihn eng an die Kandare nahm, auf eine mit vielen Leuchten versehene Schalttafel, »das ist die Schalttafel, die alle Systeme enthält. Hier«, und damit ging er einen Schritt nach rechts und nahm seinen ausgestreckten Finger mit sich, »hier haben wir die elektrischen Systeme. Und hier«, und wieder fuhr er mit dem Finger an eine Stelle weiter unten, »hier sind die Wassersysteme. Und hier, das sind die direkt an die Feuerwehr angeschlossenen Warnanlagen.« Bedeutungsvoll sah er das Team an und seine Blicke verweilten etwas länger als ziemlich auf Gehrcke. Dann war er wieder ganz Technischer Leiter.
»Und hier«, wieder fuhr der Finger an die bezeichnete Stelle, »hier ebenfalls ein Ausfall der Lämpchen: die Brandwarnanlage.«
»Können Sie sich den Ausfall erklären?«
»Fragen Sie mich etwas Leichteres, Herr Kommissar. Nein, ich kann es nicht.«
»Waren Sie gestern Nacht im Dienst?«

»Bei uns ist der Dienst so geregelt, dass ich vor meinem Dienstschluss die Sicherheitssysteme hier an der Tafel nochmals überprüfe, ehe ich nach Hause gehe. Übrigens wohne ich nicht weit von hier, mit dem Auto nicht einmal zwei Minuten. Ich bin also sofort abrufbereit.«

»Für Sie also kein Problem, einen Brand zu legen und schnell wieder nach Hause zu fahren.« Diesen Kommentar abzugeben, konnte Keidel sich nicht enthalten.

»Wie meinen Sie das, Herr Kommissar?«, fragte Nachtschatt mit brüchiger, weinerlicher Stimme. Statt einer Antwort konfrontierte Keidel Nachtschatt mit einer weiteren Frage:

»Wurden Sie denn gestern vom Heim angerufen?«

»Nein, ich hörte die Feuerwehr, dann die Polizei, ging nach draußen, und da war mir klar, was das Ganze bedeutete. Ich setzte mich in den Wagen und fuhr sofort hierher.«

»Wie meinen Sie das, es sei Ihnen alles klar gewesen? Woher wussten Sie das?«, fragte Keidel in seiner unnachgiebigen Art.

»Die Straße, die bei mir vorbeiführt, geht direkt aufs ›Klara‹ zu. Sie geht dann zwar, wie Sie wissen, in einem weiten Bogen am Waldrand entlang zurück in die Stadt. Ich frage Sie, Herr Kommissar, wo also soll die Feuerwehr sonst löschen, wenn weit und breit nur ein Haus existiert?«

»Herr Schachmatt ...«

»Nachtschatt, bitte, Herr Kommissar!«

»... verzeihen Sie, Herr Nachtschatt, wenn hier jemand Fragen zu stellen hat, dann ist das die Polizei, um das ein für alle Mal klarzustellen», erwiderte Keidel etwas verärgert. Er wusste selber, dass das eine alberne, hilflose Antwort war. Aber – er hielt an seiner Verwirrtaktik fest, indem er an einer ganz anderen Stelle mit einer Frage nachhakte.

»Haben Sie übrigens ein Alibi für die Zeit, bevor der Brand ausbrach?«

»Sie können meine Frau und meine Kinder fragen – ich war die ganze Zeit zu Hause.«

Keidel entließ Nachtschatt, und damit war die Mission ›Klara‹ vorerst beendet.

Auf dem Weg zum Auto sagte Keidel, dem man die Müdigkeit anmerkte, denn er gähnte ununterbrochen, zu Block gewandt:

»Unser hauseigener Technikexperte sollte noch einmal alles überprüfen, auch die Frage, ob es ein Leichtes ist, so mir nichts, dir nichts, eine Warnanlage außer Kraft zu setzen. Ich verstehe zu wenig von diesen technischen Dingen. Frau Block, wenn Sie so nett wären.«

Sie war so nett, was ein angedeutetes Lächeln anzeigte.

Keidel spielte den Kavalier, öffnete erst Block die Tür und begleitete ihren Einstieg mit männlichen Blicken, in denen ein stilles Verlangen brannte, dann Gehrcke, die wiederum ihn mit warmen Blicken ansah, die mit der polizeilichen Ermittlung nichts zu tun hatten.
»Sie, Meternagel, finden allein den Weg ins Auto.«
Er fand ihn. Dann saß auch er im Wagen.
Als sich das Team vom Seniorenheim verabschiedete, geschah dies in dem Bewusstsein, dass der Besuch nicht ganz umsonst gewesen war, da er einige Erkenntnisse gebracht hatte, die die These von der Brandlegung stützten. Am Ende waren alle müde und froh, dass Keidel sich bereit erklärt hatte, den Wagen zu fahren.
Als sie wieder auf der Hauptstraße waren, die kaum befahren war und geradeaus ging, wendete Keidel kurz den Kopf nach hinten zu Gehrcke und fragte sie: »Übrigens, Sie haben vorhin unsere Unterhaltung über das Leben mitbekommen. Mich würde interessieren, was Sie mit einer solchen Frage anfangen können. Oder trete ich Ihnen zu nahe?«
Und dabei blickte er Gehrcke spöttisch an.
»Nein, ganz und gar nicht. Das Leben? Im Augenblick würde ich sagen: Leben heißt jetzt gerade für mich ausruhen, die Schuhe ausziehen, duschen oder ein Bad nehmen und dann Mankell lesen.«
Als Keidel die Augenbrauen hob, verstand Meternagel dies so, einen Kommentar abgeben zu müssen:
»Schwedischer Krimiautor, sozialkritisch angelegte Romane, sehr düster, sehr skeptisch, kaum Helligkeit, keine Sinnlichkeit, zum Teil ein wenig trocken und steril. Aber spannend. Gute, klare Plotgestaltung.«
Alle überhörten diese Auslassung des Musterschülers.
»Leben«, fuhr Gehrcke unbeeindruckt fort, »wenn ich nur wüsste, was das ist. Für mich zählt, jetzt hätte ich fast gesagt ›eigentlich‹, nur jeder kommende Tag. So viel jedenfalls meine ich verstanden zu haben, dass das Leben aus einer sinnlosen Verausgabung von Kraft für die bloße Existenz besteht. Wenn Sie nur bedenken, wie viel Zeit und wie viel Energie für die alltäglichen Verrichtungen wie Einkaufen, Kochen, Putzen, Wäsche waschen, Bügeln und so weiter draufgehen. Aber das ist noch gar nichts im Vergleich zu der Kraftvergeudung im Beruf. Das soll also nun das Leben sein? Oder ist es erst das Vorleben? Oder ist das Leben ein einziges Ableben?«
Über dieses Wortspiel mussten alle lachen. So viel philosophischen Tiefsinn und so viel Wortwitz hatte niemand Gehrcke zugetraut.

Jetzt war der Musterschüler an der Reihe. Da sich alle Blicke auf ihn richteten, fing er an, seine Vorstellung vom Leben ein wenig stockend zu entwickeln: »Für mich ist das Leben ein einziges Theater, eine Bühne, auf der wir alle unsere Rollen zu spielen haben. Ein schöner Gedanke, den schon das Barock entwickelt hat.«
Er vergewisserte sich, wie seine Darbietung ankam. Und als Gehrcke und Block ihn mit wenn auch ausdruckslosen Blicken ansahen, nahm er dies als Ermunterung fortzufahren:
»Natürlich setzt dies voraus, dass man weiß, welche Rolle man zu spielen hat, eine komische oder eine tragische, was ja nicht ganz leicht ist.«
Keidel, der sich ganz auf die Fahrt zu konzentrieren schien, fragte Meternagel plötzlich: »Und welche Rolle gedenken Sie auf der Bühne der Welt zu spielen?«
Wie aus der Pistole geschossen antwortete Meternagel: »Die des Regisseurs.« Ein lang anhaltendes Gelächter der Frauen war die Antwort.
Und Meternagel lächelte.

23.

Für 18 Uhr hatte Keidel zu einer Video-Zusammenkunft gebeten. Es sollten die Videos, die von unten und von oben vom Seniorenheim gemacht worden waren, angeschaut und ausgewertet werden, auch die Videobänder des Seniorenstifts, die Gehrcke eingesammelt hatte.
Keidel war müde, Meternagel blickte abwesend, einzig Block und Gehrcke wirkten frisch und unternehmungslustig. Keidel eröffnete zwanglos die Sitzung und wollte sich gerade wieder mit der rechten Hand in den Schritt fassen, als er es dann doch, vielleicht einer unbewussten Hemmung folgend, unterließ, was sehr lustig aussah, wie man am verschämten Lächeln der Kollegen ablesen konnte.
»Dann wollen wir einmal sehen, welche Überraschungen uns die Videoaufzeichnungen bescheren. Ich möchte Sie bitten, sehr genau auf die Details und auch die Umgebung zu achten. Alles hängt ja von der Qualität der Aufnahmen ab. Wir werden sehen.«
Keidel schaltete das Licht aus und wollte gerade mit der Filmvorführung beginnen, als Lisa anklopfte und hereinkam.
»Der Brandbericht von Brandstätter«, sagte sie und trat näher an Keidel heran, sodass er ihr süßes, orientalisches Parfüm wahrnehmen konnte, und berührte dabei wie zufällig seine Schulter. Mit den Schultern hatten sie's, die beiden.

Keidel bedankte sich. Lisa entschwand und nahm die Parfümwolke mit. Meternagel rümpfte die Nase, Gehrcke strich sich mit Daumen und Zeigefinger der rechten Hand die Nase und Block drehte ihre Nase zum Fenster, ging auch dorthin und öffnete es.
»Nur kurz«, sagte sie, »damit der scheußliche Duft raus kann.«
Keidel hatte bereits begonnen, den Bericht zu lesen, das ging flugs, denn er war ein Schnellleser, hatte einen Schnelllese-Kurs besucht. Während des Lesens strich er mit dem Textliner wichtige Stellen an. Block, den Fenstergriff in der Hand, blickte aus dem Fenster, beugte sich ein wenig hinaus, dehnte den Körper und bewies dem Beschauer Keidel, wie eng Jeans sein können und dass jede Metaphysik gegen einen ausbalancierten weiblichen Hintern einen schweren Stand hat. Aus dieser Perspektive hatte Keidel Block noch nie betrachtet, hatte allerdings bisher auch keine Gelegenheit dazu gehabt. ›Ob die Jeansform auch der Naturform entspricht?‹, hätte er gern gewusst.
Als er wieder in die Runde blickte, waren Gehrckes Augen auf ihn gerichtet, und wie er zu sehen meinte, war dies kein freundlicher, eher ein prüfender Blick. Aber vielleicht täuschte er sich auch, denn alle warteten darauf, dass er nun endgültig das Abspielen der Videofilme freigab. Aber noch war es nicht so weit. Brandstätters Text war kurz, daher rasch durchgesehen. Mittlerweile hatte Block auch wieder das Fenster geschlossen. Die Luft im Raum war um keinen Deut besser als vor dem Fensteröffnen.
»Ja, ich habe den Bericht überflogen und einige Stellen, die mir wichtig erschienen, hervorgehoben. Am besten, ich lese Ihnen den Text langsam vor, und wir sprechen dann kurz darüber, ehe wir mit dem Abspielen des Videofilms beginnen.«
Als kein Widerspruch kam, begann Keidel, den Brandbericht vorzulesen.

»Bezogen auf die Brandskala liegt im Falle ›Klara‹ ein Großbrand vor. Was die Spurensicherung angeht, wurden an der Brandstätte **keine Gegenstände** gefunden, die irgendwie auf eine Brandstiftung hindeuten. Nach dem Eliminationsverfahren kann eine natürliche, biologische, chemische oder technische Brandursache ausgeschlossen werden.
Eine Brandausbruchstelle ließ sich nicht eindeutig ausfindig machen. Der **Brandverlauf** und andere Hinweise lassen allerdings die Vermutung zu, dass von mehreren, möglicherweise **drei Brandausbruchstellen** ausgegangen werden muss. Der Brand wurde übereinstimmend als **›durchgängig gleich-**

mäßig‹ eingeschätzt, worauf auch der hohe Brandschaden hindeutet. Diese Einschätzung deckt sich mit den **Aussagen einiger Feuerwehrleute,** die den gleichmäßigen Brandfluss bestätigten und ebenfalls **drei Brandtrichter** gesehen haben wollen, ein Indiz, das auf Brandstiftung hindeuten könnte. Diese Brandtrichter wurden **in der Mitte und jeweils links und rechts außen** lokalisiert. Der **Mittelteil des Gebäudekomplexes beherbergt den Wohntrakt** der Senioren mit dem Aufenthaltsraum in der Mitte, während links und rechts davon die Abstellräume liegen. Um die fragliche Zeit, als der Brand ausbrach, war an diesen Stellen vermutlich kaum Publikumsverkehr. Für ein Inbrandsetzen spricht auch, dass das **Feuer nach der Entzündung selbstständig weiterbrannte** und dass sich im Holz sehr **tiefe Brandzehrungen** von 10 mm gehäuft nachweisen lassen.

Der Brand muss nach den vorliegenden Erkenntnissen mit ungeheurer Kraft ausgebrochen sein, da nach nur wenigen Minuten beim Eintreffen der Feuerwehr bereits ein Großteil des Gebäudes stark in Mitleidenschaft gezogen war.

Aufschlüsse über den Brand geben auch **die Brandtoten.** Hier können die Ergebnisse des ersten Obduktionsberichts bestätigt werden. Die Brandleichen wurden in der typischen Fechterstellung aufgefunden, die darauf zurückzuführen ist, dass sich bei großer Hitzeeinwirkung die Muskeln zusammenziehen. In fünfzig Fällen liegen eindeutig tödliche **Verletzungen der dritten Verbrennungsstufe** vor. Neben Nekrose, Auflösung des Gewebes, ist Carbonisation nachweisbar. An weiteren dreißig Brandleichen wurden Erscheinungen sowohl der ersten Verbrennungsstufe wie Erytheme (Hautrötungen) als auch der zweiten Verbrennungsstufe wie Blasenbildungen angetroffen. Notwendigerweise führen solche Verbrennungen nicht zum Tode. Es muss daher davon ausgegangen werden, dass die Opfer am so genannten ›**Schocktod**‹ gestorben sind, der zum sofortigen Versagen von Herz und Kreislauf führt. Er ist bei solchen Brandopfern häufig anzutreffen, die ängstlich oder alt sind.«

Keidel legte den Bericht auf den Tisch und blickte auf.

Meternagel meldete sich zu Wort: »Damit scheint wohl die Anfangshypothese von einer Brandstiftung endgültig bestätigt zu sein.«

»Und ich sehe da einen Zusammenhang mit den Aussagen unseres Zeugen«, machte sich Gehrcke bemerkbar, die während des Verlesens des Berichts im Zimmer auf und ab gegangen war und jetzt auf einer Tischecke ihre Pobacke ablegte und die Arme auf den Tisch stützte, was sehr hübsch aussah. In dieser Haltung gab sie das Folgende von sich: »Bestätigt werden auch Spring Laufers genaue Beobachtungen zum Feuerverlauf. Und dann ist da ja noch die Musik, die wohl eine Botschaft der Brandstifter oder des Brandstifters enthält, die noch genauer analysiert werden sollte, auch an wen sie adressiert sein könnte. An die Opfer vielleicht oder an wen sonst?«

Keidel nickte nur, sah Gehrcke bewundernd an, hob ein wenig die Augenbrauen. Es entstand eine kleine Pause, die Keidel mit folgendem Kommentar beendete:

»Sehr interessant, was Sie über die Adressierung sagten. Wie kommen Sie denn darauf, dass die Musik an die Opfer, an Leichen oder an Verletzte adressiert sein könnte?«

Gehrcke zuckte mit den Schultern: »Vielleicht nicht direkt an diese Alten, sondern allgemein an alte Menschen. Das könnte doch sein. War nur so ein flüchtiger Gedanke.«

Block hatte die ganze Zeit über geschwiegen und abwechselnd die Gesprächsteilnehmer aufmerksam angeblickt, vor allem aber Keidel genau beobachtet, wie er zu erkennen meinte. Sie machte auch dann keine Anstalten etwas zu sagen, als Keidel sie direkt ansah. Dann nahm er das Wort. Das heißt, er wollte es nehmen, als ihm Meternagel zuvorkam.

»Herr Keidel, ich möchte kurz über meine Recherchen berichten, was die ›Klara Seniorenheim GmbH‹ betrifft. Die GmbH ist sauber, sowohl finanziell als auch personell. Vor wenigen Jahren hat es Probleme mit dem Management gegeben, die in dem Vorwurf des Finanzbetrugs gipfelte, der gegen den Vorsitzenden Falko Geldenbott erhoben wurde. Der Name übrigens, das finde ich sehr interessant, könnte ein sprechender Name sein. Geldenbott kommt aus dem Fränkischen und geht vermutlich zurück auf mittelhochdeutsch ›gelte‹, was soviel wie ›schuldiger Zins‹ heißt. Oder es geht zurück auf ›geltaere‹, das heißt ›Schuldner‹. Und Falko übrigens …«

»… schon gut, Meternagel, schon gut. Verschonen Sie uns bitte jetzt mit Ihren linguistischen Eskapaden. Alles zu seiner Zeit. Darf ich Sie bitten, doch zur Sache zu sprechen?«

Meternagel schluckte einmal, zweimal, sah dann Keidel an, blickte auf die Damen, Gehrcke ging demonstrativ zu ihm, klopfte ihm auf die Schulter, sah ihn freundlich an und setzte sich plötzlich neben ihn. Das ermutigte ihn fortzufahren.

»Ich wollte abschließend sagen, dass es nach meinen Erkundigungen keine Anhaltspunkte dafür gibt, dass ein Brandstifter vielleicht aus dem Umfeld der Eigentümer kommen könnte. Das Unternehmen ist auch schuldenfrei.«

Meternagel hatte dies alles ohne große Begeisterung gesagt und sah nun stumm auf den Tisch. Block blickte Keidel fragend an. Er merkte, dass er wieder einmal den Bogen überspannt hatte. Versöhnlich lenkte er daher ein: »Danke, Herr Meternagel. Das war wirklich eine solide Arbeit, wie alles, was Sie machen.«
Meternagel verharrte in seinem beleidigten Stummsein.
Dann war es soweit. Block hatte bereits die Videofilme eingelegt. Es gab zwei große Monitore, so dass man vergleichend unterschiedliche Filme betrachten konnte. Keidel wollte, dass zunächst der Film abgespielt wurde, der von unten aufgenommen worden war, dann der aus der Luft vom Hubschrauber aus.

24.

Man setzte sich im Halbkreis um Monitor eins, in der Mitte Keidel, neben ihm rechts Block, links neben ihm Gehrcke und Meternagel. Der Film lief ab.
Alle erlebten nun noch einmal das schreckliche Ereignis, das in der Filmpräsentation dadurch verharmlost war, dass zunächst keine Opfer zu sehen waren. Kein Wunder. Der Kameramann, den die Polizei stets bei der benachbarten Filmakademie mietete, hatte sich, wie es abgesprochen war, ganz auf das Flammengeschehen, den Zustand der Mauern und die Umgebung konzentriert. Sie konnten sich nun von der Wahrheit des ausgezeichneten Brandberichts überzeugen: durchgängig gleichmäßige Flammenbildung, dann zwischendurch die drei Trichter, deutlich erkennbar. Der Film war zu Ende, er hatte gerade einmal fünfzehn Minuten gedauert.
»Gibt es neue Erkenntnisse?«, eröffnete Keidel die Aussprache. Gehrcke, die merkwürdig unruhig war, schien nur auf dieses Zeichen gewartet zu haben. Sie schoss los:
»Können wir den Film noch einmal anschauen?«
Keidel sah sie erstaunt an: »Warum denn das? Und gleich den ganzen Film? Ist das nicht ein bisschen viel?«
Gehrcke schaute erwartungsvoll in die Runde: »Ihnen wird gleich klar werden, was ich meine, wenn wir an der betreffenden Stelle im Film angekommen sind, die ich so bemerkenswert finde.«
Alle sahen sie neugierig an, denn niemand hatte etwas Außergewöhnliches bemerkt.
Keidel, der Immermüde, war auf einmal hellwach:
»An welcher Stelle etwa war denn dieses Außergewöhnliche, Kollegin Gehrcke?«
»So etwa in der Mitte des Streifens.«

Erneut wurde das Licht ausgeschaltet, erneut die Kassette eingeworfen, erneut begann das Anschauen mit besonders wachem Auge. Das ging eine ganze Weile so.

Dann der Aufschrei Gehrckes: »Halt, da, da ist es!«

Der Streifen wurde angehalten.

»Etwas weiter zurück«, korrigierte Gehrcke. Block fuhr langsam zurück.

»Halt! Da ist er wieder.«

»Kannst du das Standbild zoomen?«

Block kam dem Wunsch Gehrckes nach. Das Bild kam näher auf die Zuschauer zu.

»Donnerwetter! Wie konnten wir das übersehen?«, erregte sich Keidel.

Schemenhaft konnte man am Waldesrand ein Wesen erkennen, das ebenfalls den Brand mit einer Videokamera aufnahm. Die Konturen dieses Videofilmers im Videofilm waren verschwommen. Block zoomte den Unbekannten noch näher heran, jetzt war es unverkennbar, das musste ein Mann sein. Die schlanke Gestalt und das dunkle volle Haar deuteten auf einen relativ jungen Mann hin. Außer der Nase, die sehr markant, gerade und lang war, blieben die übrigen Konturen unscharf. Die Kleidung war unspezifisch dunkel, eine Hose, eine Jacke und ein Rollkragenpullover ließen sich ausmachen.

»Können Sie das Band weiterlaufen lassen?«, bat Keidel.

Block ließ es weiterlaufen. Die Gestalt war nur kurz im Bild. Dann hatte die Kamera umgeschwenkt.

»Stellen Sie wieder das Standbild her und lassen Sie es stehen«, gab Keidel eine Regieanweisung.

Block gehorchte.

»Wir sollten jetzt das Videoband, das vom Hubschrauber aus aufgenommen wurde, auf dem anderen Apparat abspielen. Vielleicht ist auch dort der Videofilmer festgehalten«, schlug Keidel vor.

»Und gleichzeitig sollte unser Phantomer«, wie Keidel den Computer-Experten nannte, der Phantombilder von Tätern herstellen konnte, »auf der Bildfläche erscheinen.«

Die letzte Aufgabe übernahm er gleich selbst. Kurze Zeit später war Markus Stiftzahn, ein unauffälliger Irgendwer, mit seinem Laptop da.

Der Film konnte nun zum Laufen gebracht werden, die Aufmerksamkeit aller war auf einmal auf den Unbekannten fokussiert, der sie links auf dem Monitor anstarrte.

Der zweite Videofilm lief ab, bis ein aufgeregtes und lautes »Halt!« aus allen Kehlen, außer der Kehle von Meternagel, erklang. Das Band wurde angehalten. Wieder wurde gezoomt.

Dieses Mal war der Unbekannte von oben zu sehen, wie er sich mit der Kamera in den Wald aufmachte. Unscharf auch in dieser Aufnahme. Keidel verlangte eine Zeitlupe, bekam sie auch: Man konnte undeutlich erkennen, wie der Videofilmer im Film noch kurz filmte, ehe er, geruhsam, so schien es, kehrtmachte und in wenigen Schritten im Wald verschwand, den Blick auf den Hubschrauber gerichtet.

»Na, das ist doch etwas, endlich!«, rief Keidel und fasste sich ungeniert in den Schritt, was er lange Zeit nicht mehr gemacht hatte.

»Jetzt sind wir einen Schritt weiter, und unsere Hypothese von einer Brandstiftung und einem Täter scheint endlich verifizierbar zu sein. Halten wir fest: Der Täter ist offenbar jung, es handelt sich offenbar um einen Mann, und er ist an dem Brand interessiert. Warum wohl? Haben Sie eine Vermutung?«, wandte sich Keidel an das Team.

Wie aus der Pistole geschossen, meldete sich Meternagel zu Wort. »Ob es sich um den Täter handelt, wissen wir nicht. Dass der Videofilmer aber mit dem Brand zu tun hat, ist mehr als wahrscheinlich.«

Keidel wollte Meternagel Recht geben. Er hatte den Mund schon offen. Doch dieser kam ihm zuvor:

»Und wenn einer am Tatort filmt, und das heißt, in einer äußerst gefährlichen Mission, muss er sich seiner Sache sehr sicher sein. Und wie sehr er sich seiner Sache sicher ist, kann man daraus ersehen, dass er ein sehr souveränes Fluchtverhalten zeigt und sich provozierend langsam in den Wald aufmacht.«

»Ich möchte noch auf einen anderen Zusammenhang hinweisen. Das dokumentarische Interesse an dem Brand, das unser unbekannter Filmer zeigt«, ergänzte Gehrcke, »passt gut zu der Musik. Sie ist Ausdruck eines Triumphes, eines Siegesgefühls. Das Video dient der Erfolgsbestätigung, eine Art Kriegstrophäe. ›Seht her, das haben wir zu Wege gebracht!‹«

Keidel war erstaunt, wie sich Gehrcke so mächtig ins Zeug legte. Das gefiel ihm. Gehrcke hatte nun bei ihm einen Stein mehr im Brett. Er lobte denn auch tüchtig: »Das ist eine interessante These, Kollegin Gehrcke, die wir im Blick behalten sollten.«

Dann entdeckte er in sich wieder das Ekel: »Kollegin Gehrcke, waren Sie nicht für die Spurensicherung zuständig?«

»Ja, Herr Keidel. Stimmt etwas nicht?«

»Ich frage mich jetzt, nach dem, was wir eben gesehen haben, ob Sie auch Ihre Spurensicherung bis zum Waldrand ausgedehnt haben. Sollte dies nicht der Fall sein, dann weiß ich

jetzt eine Sonderaufgabe für Sie. Sie sollten noch einmal mit den Augen den Boden durchfurchen, sofern es noch etwas zu entdecken gibt«, warf Keidel lachend ein, »und die Hasen nicht schon das Gras abgefressen haben. Dann nämlich müssen Sie sie schlachten und aus dem Mageninhalt die Spuren zusammenlegen wie ein Puzzle. Nehmen Sie sich den Kollegen Meternagel als Beistand mit.«
Damit war die Sitzung beendet.
Während sich Gehrcke und Meternagel auf den Weg machten, ging Block, Keidel anstrahlend, auf die Toilette. Er schoss ihr Augenpfeile nach.
Bille Block! Wie war das noch gleich?
Sie tauchte eines Tages auf höchstpersönliche Empfehlung des Polizeichefs auf, weiß der Kuckuck, wie sie das angestellt hatte, eine tolle Erscheinung. Mit ihren schwarzen, glänzenden Haaren und schwarzen Augen sah sie wie eine Latina aus, obwohl sie deutsche Eltern hatte. Aber was besagt das schon. Lassen wir der Natur und den Genen ihre Launen. Block hatte als erfolgreiches Model ihre berufliche Karriere begonnen, was sie nüchtern, nicht hochnäsig, eher beiläufig zu erwähnen pflegte. Ihre Eigenwilligkeit betonte sie unter anderem dadurch, dass sie nicht mit dem Auto, sondern mit einer Vespa vorfuhr, hinten auf dem Gepäckträger stets eine teure Ledertasche, aus der außer ihren Turnschuhen, die sie gern im Dienst trug, stets ein Necessaire zum Vorschein kam. Gekleidet war Block stets modern, sportlich und lässig. Zu feinen Jeans trug sie meistens knappe Pullis, im Sommer Blusen, und darüber Lederjacken, meistens die Marke Fay, mit Gürtel, was ihre Figur betonte. Ja, das nahm man wahr. Ihre Klamotten waren, wie ein Kollege einmal neidisch formulierte, »feine Fummel, die ihren Preis haben«.
Wenn Block im Polizeipräsidium einfuhr, fand sie mit ihrem kleinen Flitzer stets einen Parkplatz. Sie zählte zu der Spezies Frau, die immer pünktlich war und kaum fehlte, wie Keidel anerkennend feststellte. Es war kein Zufall, dass, wenn Block eintraf – man konnte nach ihr wie beim großen Philosophen in Königsberg die Uhr stellen – alle Fenster durch männliche Gesichter besetzt waren, die Block, teils nach Männerart durch die Zähne pfeifend, ungeniert beobachteten, wie sie, außer es regnete, ihre teuren Riemchensandalen von Stéphane Kélian oder Stuart Weitzmann gegen Markenturnschuhe austauschte. Sie hatte Realschulabschluss, wurde dann von einem Photographen entdeckt, besuchte eine Modelschule, posierte drei Jahre für den großen Versandkonzern in Hamburg, glänzte sogar einmal auf der Titelseite eines Hochglanzmagazins,

ehe sie zur Polizei kam. Warum sie nach drei Jahren einer lukrativen Karriere »die Schnauze voll« hatte, wie sie einmal schimpfte, blieb in ihren Erzählungen stets unklar. Block hatte, sehr zum Erstaunen aller, die einzelnen Abteilungen der Polizei, die wichtig waren, zum Teil vor der Zeit durchlaufen, hatte von der Pike auf gelernt, war überall durch Ehrgeiz und Ausdauer aufgefallen, hatte diverse Fortbildungs- und Abendkurse besucht und schließlich sogar das Abitur nachgeholt. Sie war als Schützin bei den Schießwettbewerben überall gefürchtet und geachtet. Bei vielen männlichen Kollegen mehr gefürchtet wegen ihres guten Auges und der ungewöhnlichen Treffsicherheit, die das bei Polizisten nicht gerade ausgeprägte Selbstbewusstsein ins Wanken brachten. So verwunderte es nicht weiter, dass sie schon sehr bald ihren Namen als ›Pistolera‹ weghatte.

›Ja‹, dachte Keidel, ›eine schöne, junge, dazu ehrgeizige und obendrein noch erfolgreiche Frau hat es bei den Männern nach wie vor sehr schwer.‹

Dabei war sie keineswegs abweisend oder unfreundlich zu den Männern. Ganz im Gegenteil. Sie war sehr kooperativ, bot Hilfe an, wenn diese irgendwo erforderlich war. Sie arbeitete gern mit männlichen Kollegen zusammen, trank regelmäßig Kaffee mit ihnen, wenn es sich ergab, ging auch schon einmal zum Kegeln mit, trank meistens nur ein Bier, dann Sprudel. Auf Jahresfeiern und Jubiläen war sie nur kurz zugegen. Sie war zu allen freundlich, aber mit niemandem intim. Ihr Privatleben schottete sie mit einem großen Schild ab. Niemand wusste, wo sie wohnte. Als Adresse hatte sie die Wohnung ihrer Mutter angegeben. Und telefonisch war sie nur über Handy erreichbar. Das alles war der Mythenbildung sehr zuträglich. Die einen hielten Block für kalt und frigide, und am Stammtisch kursierten tolldreiste Erklärungsversuche. Für die anderen war es klar, dass sie lesbisch war. Und für den Polizeichef, der auf sie ohne erkennbaren Erfolg ein Auge geworfen hatte, war sie einfach eine »Exotin«, die jedem Polizeirevier »gut anstünde«, weil sie »Leben in die Bude« brächte. Keidel schließlich war sich über seine Gefühle ihr gegenüber nicht ganz im Klaren. Bereits nach der ersten Begegnung war sie für ihn ›Penthesilea‹.

Einmal, nachdem er Block auf dem Gang kurz begegnet war, sagte er vor sich hin: »Jeder, der sich in sie verliebt, wird sterben oder sie töten, wie Achill es vorgemacht hat, der Penthesilea erst tötete, um sich anschließend in die Sterbende unsterblich zu verlieben.« Er verwarf diese Anspielung sogleich wieder.

Er war sich, wie gesagt, nicht ganz sicher bei ihr. Befragte er seine Flinte, war eine Beziehung der Begierde schnell hergestellt. Befragte er sein Herz, kam Block für ihn nicht in Frage. Und hielt er sich an seinen Verstand, was ihm bei Frauen einigermaßen schwer fiel, hatte er nur Hochachtung für die kompetente, vielseitige und hochqualifizierte Mitarbeiterin, der er daher gern schwierige Aufgaben übertrug. Und doch hatte er Angst vor ihr, weshalb er es vermied, mit ihr allein zusammenzuarbeiten. Fürchtete er ihre sexuelle Macht, die sie zweifelsohne auf ihn ausübte? Um sie auf Distanz zu halten, hatte er eine wirksame Waffe, jedenfalls bildete er sich das ein: seine Ironie. Er meinte allerdings bemerkt zu haben, dass sie trotz seiner mitunter frauenkritischen Bemerkungen, die als frauenfeindlich ausgelegt werden konnten, seine Nähe suchte.
Und Gehrcke?
Mochte sie Keidel? Es gab immer wieder ausreichend Hinweise, die auf Zuneigung hindeuteten. Aber auch ihre Gefühle waren zwiespältig. Sie mochte ihn als Mann. Er war für sie abwechselnd der Vater, der Freund und – in Gedanken – auch schon einmal der Sexpartner, eine Rolle, mit der Keidel sicher überfordert gewesen wäre, hätte er um die geheimen Gedanken seiner Kollegin gewusst. Aber Gehrcke hasste an ihm den Zyniker, den sie immer wieder einmal an ihm wahrzunehmen meinte. Als sie ihn eines Tages einmal daraufhin ansprach, antwortete Keidel:
»Zynismus ist der geglückte Versuch, die Welt so zu sehen, wie sie wirklich ist.«
Sie hatte ihn mit großen Augen angesehen.
Dass sie im Team bei Keidel mitarbeitete, war ihr ausdrücklicher Wunsch. In seiner Nähe und bei Meternagel, dem sie mütterliche Gefühle entgegenbrachte, fühlte sie sich wohl. Sie wurde nicht laufend taxiert, musste sich nicht immer wieder gegen unmoralische Angebote zur Wehr setzen und gute Miene zum bösen Spiel machen.
Ja, sie fühlte sich alles in allem in Keidels Nähe wohl.
Und wie standen Block und Gehrcke zueinander?
Für Gehrcke machte es keine großen Schwierigkeiten, mit Block umzugehen. Sie definierte ihre Beziehung zu Block, mit der sie sich duzte, als Mutter-Tochter-Verhältnis, womit Block sehr einverstanden war. Als Frauen tauschten sie sich immer wieder über spezifische Frauenprobleme aus, auch schon einmal über die Kollegen, hielten ansonsten aber einen respektvollen Abstand als Ausdruck ihrer gegenseitigen Achtung. Ihre privaten Treffen hielten sich in engen Grenzen. Vielleicht sparten sie sich diese noch für später auf.

Bille Block war von ihrem Ausflug auf die Toilette zurück. Sie hatte Keidel, der mit den Gedanken bei ihr war, eine Weile schmunzelnd angesehen. Er entschuldigte sich, er habe noch einmal über den Brandfall nachdenken müssen. Sehr zum Erstaunen Keidels schlug Block ganz unvermittelt vor, ob man sich nicht – der Abend sei doch noch lang, und man habe doch gut gearbeitet – ein wenig belohnen und auf einen Drink gehen und vielleicht auch eine Kleinigkeit zu sich nehmen solle. Keidel war so erstaunt, dass er erst mit einer unmerklichen Verzögerung reagierte, die aber Block nicht unentdeckt blieb. »Werden Sie zu Hause erwartet?«, fragte sie mit einem kecken Lächeln.

»Nein, und wenn schon, dann könnte das Zuhause warten«, antwortete Keidel, immer noch erstaunt, hatte doch Block bisher sein verstecktes Interesse an ihr übersehen, so jedenfalls kam es ihm vor. Und nun auf einmal ging die Kollegin, die ihn so scharf machte, er wusste auch nicht warum, zum Angriff über, was er ihr nicht zugetraut hatte.

›Was hat das zu bedeuten?‹, fragte er sich. ›Hat es etwas zu bedeuten?‹

Aber in diesem Augenblick war nicht der Verstand sein Ratgeber, sondern sein Glied, das sich heftig zu regen begann.

Was wusste er schon über seine junge Kollegin?

Herzlich wenig.

Ein Grund mehr, dieses Vakuum auszufüllen.

25.

Als der Wecker zu lärmen begann, war Keidel schon wach und blinzelte dem Tageslicht entgegen, das durch die Lamellen des Rollladens drang. Es war ein weiches, wohltuendes Licht, das ihm, anders als der Wecker, Zeit ließ, sich an den Tag zu gewöhnen.

Die Nacht war wieder einmal lang gewesen. Zu lang.

Wie war der Tag verlaufen?

Er hatte fast zwölf Stunden ununterbrochen mit Kopfschmerzen zu kämpfen gehabt, die sich in Wellen über ihn gesenkt hatten, ihn mal von den Seiten, den Schläfenecken, mal vom Nacken aus wie Bombergeschwader überrollten.

Der Schmerz in der Schläfengegend war spitz. Und es kam ihm dann immer so vor, als hacke ihm ein Vogel mit spitzem Schnabel in den Kopf. Er meinte nun ermessen zu können, wie Prometheus gelitten haben musste. Allerdings half ihm dieses Bewusstsein nicht, den Kopfschmerz zu lindern oder gar zu vertreiben.

Anders verhielt sich der Schmerz, der vom Nacken ausging. Der war dumpfer und überrollte ihn auf breiter Ebene wie eine Dampfwalze. Oh, wie er tobte, wie er manchmal den Tag verfluchte, da er geboren wurde. Der Schmerz war nicht auszuhalten. Was hatte er nicht schon alles unternommen, um sich von diesem Gespenst zu befreien. Vergeblich.
Jetzt hatte er sich einer freundlichen Physiotherapeutin ausgeliefert, die nach der Feldenkrais-Methode vorging, einer ganzheitlichen Behandlungsmethode, die unter anderem mit sanftem Druck auf bestimmte Reflexpunkte arbeitete. Es war noch zu früh für eine Bilanzierung nach drei Sitzungen. Aber er hatte das gute Gefühl, da könnte sich etwas bewegen. Positiv denken, auch das gehörte zum Standard der ›Feldenkraisianer‹.
Zwischendurch versuchte er sich auch selbst zu therapieren, indem er den Schmerz durch Lesen zu bekämpfen versuchte, was nur streckenweise half. Welche Bücher schaffen es schon, einen Leser permanent zu fesseln? Lesen war Keidels große Leidenschaft neben dem Schreiben. Davon durfte aber niemand etwas erfahren. Dann kamen das Essen und das Trinken. Dann kamen die Frauen. Die Reihenfolge wechselte je nach Laune und Wohlbefinden. Aber lassen wir das.
Seit kurzem war er Leiter der SOKO SENEX in Lg, in die die SOKO ›Klara‹ eingegangen war. Diese organisatorische Erweiterung war ein Reflex auf die Zunahme von Übergriffen auf alte Menschen. Keidel hatte bei der Zusammensetzung nur bedingt freie Hand. Von oben kam die Anweisung, bei der Besetzung auf die Quote zu achten und Frauen angemessen zu berücksichtigen. Keidel war bemüht, Erfahrung, Routine und Innovation zu mischen, Jung und Alt zusammenzubringen, soweit die Personalsituation dies zuließ. Aber die Angelegenheit hatte Vorrang auf Wink von oben.
Gehrcke wollte er unbedingt dabeihaben, die Erfahrene, die Ruhige, die in entscheidenden Augenblicken, wenn es darauf ankam, auch sehr energisch sein konnte, eine Spürnase, die sehr früh erahnen konnte, was andere durch mühsame Analyse erst spät herausfanden.
Gehrcke stammte aus einer jüdischen Familie aus Frankfurt. Sie hatte ihre Jugend in Toulouse bei ihren Eltern verbracht, die sich durch wagemutige Hilfe von Freunden dem Zugriff der Nazis entziehen konnten, hatte dort die Schule besucht, das Abitur gemacht, ehe sie sich nach Deutschland aufmachte, in die ›Heimat ihrer weitläufigen Familie‹, was die Eltern lange nicht verstehen wollten. Sie hatte lange Zeit ein Faible für jüngere Männer, was ihr fast einmal zum Ver-

hängnis geworden wäre. Aber das war jetzt ausgestanden. Auch auf Block wollte er nicht verzichten, die ›Lederlady‹, wie einige Kollegen sie getauft hatten. Sie war helle, besaß eine schnelle Auffassungsgabe, stand, dem Zeitgeist entsprechend, mit der modernen Technologie auf gutem Fuß, konnte ebenso gut mit der Videokamera umgehen und war eine hervorragende Computerspezialistin. Manchmal allerdings schoss sie ein wenig über das Ziel hinaus. Dann musste man sie bremsen. Aber das würde sich nach und nach sicher geben. Man musste sie unauffällig an der langen Leine führen, dann war sie ein ›Glücksfall‹ für jede Kommission. Es passte ins Bild, dass sie auch eine große Cineastin war, stets auf dem neuesten Stand der Entwicklung. Sie hatte Keidel spüren lassen, dass er ihr nicht gleichgültig war. Seine Gefühle ihr gegenüber waren höchst zwiespältig, auch sehr labil. Wenn er gelegentlich schwankte, wen er mehr mochte, die Block oder die Gehrcke, dann war das für ihn nicht weiter tragisch, da er sie beide in seiner Nähe hatte.

Übrigens sprach noch etwas dafür, zwei Frauen in der Kommission zu haben: Beide waren miteinander befreundet.

Auf keinen Fall wollte er auch auf den jungen, manchmal übereifrigen, aber sehr gründlichen Kollegen Meternagel verzichten. Auch wenn er verklemmt und sehr ernst wirkte und selten lachte, schätzte Keidel ihn. Meternagel war vor allem ein gefragter Sprachexperte, wenn es darum ging, Textuntersuchungen aller Art vorzunehmen, Täterprofile auf der Grundlage von Erpresserbriefen, Telefon- oder Briefterror zu erstellen. Keine Frage, der Mann war wichtig trotz seiner Marotten.

Das war er schon, der harte Kern der SOKO SENEX, der auf Einwirken des Polizeipräsidenten dann noch durch zwei junge Absolventen der Polizeifachhochschule in V, ausgezeichnete Computerspezialisten, erweitert worden war, zwei Niemande, die von außen kamen und die nicht gerade einen kooperativen Eindruck machten. Keidel hatte von Anfang an kein gutes Gefühl. ›Unsichere Kantonisten‹, sagte er sich immer wieder.

»Die tragen die Nase so hoch, dass die Nasentropfen keine Chance haben, auf den Boden zu fallen«, meinte Gehrcke einmal.

Die ›Zwillinge‹, wie Block sie nannte, weil sie unzertrennliche Freunde zu sein schienen, trugen von Anfang an Spannungen in die Kommission hinein, indem sie beispielsweise die Arbeit Keidels lauthals als ›nicht sehr effektiv‹ und ›unprofessionell‹ bezeichneten. Die Block hatte ihm dies zugetragen. Der alte Fuchs Keidel sagte zunächst nichts, beobachtete sie aber scharf und wartete, bis die zwei Fehler machen würden.

Und die machten sie auch prompt. Da schlug er zu. Er hatte gemerkt, wie die ›Zwillinge‹ bestimmte schwerwiegende Daten nicht gespeichert oder gespeicherte Daten, was Keidel allerdings nicht genau nachweisen konnte, offenbar gelöscht hatten.
Über die Gründe war er sich lange Zeit nicht im Klaren. Jedenfalls war der Zeitpunkt gekommen, ihnen die Mitarbeit in der SOKO zu kündigen. Der Polizeichef war entsetzt und enttäuscht, als er davon erfuhr.
»Ich kannte die zwei selber nicht, sie wurden mir von einem Kollegen aus V empfohlen. Tut mir Leid, Kollege Keidel.«
Sie wurden zur Sittenpolizei versetzt. Seitdem war Keidel auf der Hut.

26.

Die SOKO SENEX unterschied sich in zwei Punkten wesentlich von anderen Sonderkommissionen, die man kennt. Sie war erstens nicht auf einen Fall fokussiert, sondern musste sich um zahlreiche Fälle kümmern. Wie viele, wusste im Augenblick niemand genau. Das wiederum hieß zweitens saubere Recherche, Falldokumentation und Fallauswertung, mithin unliebsamen und zeitaufwändigen ›Papierkram‹, wie es in der Polizeisprache hieß. Erst danach kamen die traditionellen Jägerqualitäten wieder zum Tragen. Aber zunächst musste erst einmal der Täterkreis ausfindig gemacht werden.
›Wozu habe ich Mitarbeiter?‹, löste sich automatisch ein Gedanke aus Keidels Kopf.
Gute Kräfte besaß er ohne Zweifel, die mussten nur noch richtig delegiert werden.
Also ließ Keidel Meternagel und Block erst einmal im Internet suchen, was diese, so schien es ihm jedenfalls, mit großer Begeisterung taten.
Bald schon kam Meternagel aufgeregt in Keidels Büro und musste mit ansehen, wie sein Chef seelenruhig die Eier kraulte.
»Herr Keidel, ich habe eine interessante Entdeckung gemacht, die ich Ihnen unverzüglich mitteilen wollte.«
Er übergab Keidel bedeutungsvoll mit einem kleinen Diener einen Computerausdruck, und war ruck, zuck verschwunden.
Keidel machte sich sofort über das Dokument her.
›Strategiepapier‹ war es überschrieben. Keidel setzte zum Lesen an. Um Aktionen zur Einschüchterung der Alten ging es, Stufen der Eskalierung, die mehr oder minder genau beschrieben wurden. Die Vernichtung war als ›Erlösung der Alten‹ oder als ›demographischer Ausgleich‹ umschrieben.

Die Einzelaktionen sollten später in eine massenhafte Liquidierung überführt werden, die als ›Endsieg‹ formuliert wurde. Die konkreten Aktionen selbst hießen ›Hilfestellungen‹ oder ›Unterstützungsmaßnahmen‹ der Erlösung.
Er legte das Blatt kopfschüttelnd beiseite.
Keidel hatte nicht viel Zeit zum Kopfschütteln. Denn Block hatte ihn und alle anderen der SOKO SENEX zu sich rufen lassen. Sie sei im Internet fündig geworden.
Keidel, Gehrcke und Meternagel umstanden den Bildschirm und achteten darauf, was Block, die vor dem Monitor saß, finger- und augenzeigend zu sagen hatte. Sie wies schweigend auf den Bildschirm, der Folgendes dokumentierte:

Erlöst die Alten aus ihrem Leiden durch humane Hilfestellung.

1. Schickt Ihnen Briefe, in denen ihr ihnen den baldigen Tod ankündigt. Nennt Ort und Zeit.

2. Schickt ihnen Embleme der Erlösung: ein Kreuz, einen Totenkopf, einen Galgen, einen Sarg. Siehe weiter unten.

3. Schickt ihnen ein Seil für den Tod mit einer Anleitung zum Selbstmord.

4. Meldet euch im Namen eines Arztes telefonisch bei ihnen und klärt sie über eine vermeintliche todbringende Krankheit auf.

5. Verschickt Totenreden, geht dabei auf Namen, Verdienste und Gebrechen der adressierten Alten ein. Haltet ihnen das Ende ihrer Sorgen vor Augen.

6. Besonders effektiv sind Totenanzeigen über die Betroffenen in der Zeitung.

7. Legt den Alten einen Obolus in Briefe oder Briefkästen, wie man sie im alten Griechenland den Toten mit auf den Weg ins Totenreich gab. Vermerkt darauf: »Ein Euro als Fährgeld in die Unterwelt.«

8. Verschickt kleine Kreuze mit einem Begleitbrief zur Selbstkreuzigung. Steigerung: Kleine Galgen mit der Aufforderung, dem Leben ein Ende zu machen. Mit entsprechenden Anleitungen, wie man sich in einer normalen Wohnung aufhängen kann. Legt eine kleine Schnur bei. Sehr anschaulich!

»Das dürfte ein Dokument sein, das unmissverständlich den Tatbestand einer kriminellen Handlung erfüllt, nämlich den Tatbestand der Anstiftung zum Mord.«

»Richtig, Herr Keidel. Aber worauf ich aufmerksam machen wollte: Das Dokument, das jetzt alle sehen und lesen können, ist das Ergebnis einer schwierigen und komplizierten Dekodierung.«

»Verstehe ich das richtig? Dieses Dokument kann in dieser Form nicht vom Internet geladen werden?«, fragte Gehrcke zurück.

»Genauso verhält es sich, Monika. Ich habe, wie gesagt, diesen Text entschlüsseln müssen. Und ...« – Block machte eine Pause und schlug eine Kladde auf, der sie ein Bild entnahm, das auf den ersten Blick aus irgendeiner klassischen Epoche zu stammen schien.

»Und was hat dieses Bild«, fragte Keidel, der seinen Hals in die Länge zog, um ganz nah am Gesicht Blocks zu sein und deren Parfüm zu schnuppern, »mit dem Bildschirmtext zu tun, den Sie mit großer Mühe entschlüsselt haben? Darf ich eine Vermutung äußern?«

»Bitte, nur zu«, ermunterte Block lachend den an ihrem Hals klebenden Keidel.

»Waren in diesem barock anmutenden Bild etwa die schlimmen Botschaften versteckt, die wir hier lesen können?«

»So ist es. Das Bild stammt von einem italienischen Künstler aus dem achtzehnten Jahrhundert, Francisco Solimena, und zeigt den ›Sturz Luzifers‹ durch den Erzengel Michael.«

»Kollegin Block, Sie finden mich überrascht und voller Anerkennung über die geleistete Entschlüsselungsarbeit. Können Sie uns wenigstens kurz sagen, wie man solche Informationen versteckt, und wie man es anstellt, sie dann wieder zu dekodieren?«

»Ganz kurz. Das Phänomen wird unter den Computerfachleuten als ›Steganographie‹ geführt, ein griechischer Begriff...«

»... auf deutsch ›geheime Botschaft‹. Die Griechen haben Holztafeln mit schriftlichen Botschaften versehen, die dann der Geheimhaltung wegen mit einer Wachsschicht überzogen wurden. Und ...«

»Schon gut, Kollege Meternagel, aber jetzt bin ich dran. Mit Wachsschichten kann man heute natürlich nicht mehr arbeiten. Man benötigt andere Techniken. Die funktionieren, sehr abstrakt gesprochen, so: Man nehme eine Farbphotographie oder ein Bild, entferne einige Details wie zum Beispiel Farbtöne aus der Farbpalette und ersetze diese durch Wörter, die dann in dem digitalisierten Bild kodiert werden.

Der normale Beschauer entdeckt nichts. Es sei denn, er verfügt über einen geschärften Blick und ein Dekodierungsprogramm.«

»Und, Kollegin Block, Sie verfügen sicher über ein solches Entschlüsselungsprogramm. Was mich interessiert: Wie merkt man überhaupt diesen Bildern an, dass sie Geheimbotschaften enthalten?«

»Zwei Dinge haben mich stutzig gemacht. Erstens die Kombination, mit der immer wieder die Handlungsanweisungen mit einem Bild versehen war. Ich surfe ja schon eine längere Zeit herum. Dann zweitens, dass dieses Bild variierte.«

»Wie bist du denn an das Entschlüsselungsprogramm herangekommen?«, neugierte Gehrcke.

»Wie ihr alle wisst, habe ich in den Staaten an der ›George-Mason-University‹ an einem Computerkurs teilgenommen. Dort hat der beste Experte der Steganographieprogramme, Neil Johnson, einen Lehrstuhl. Und dort habe ich das Entschlüsseln lernen können.«

Die Umstehenden staunten, sahen sich gegenseitig an und nickten der Kollegin Block mit Hochachtung zu. Keidel streichelte im Vorbeigehen Blocks linke Schulter, was Gehrcke sofort mit einem Augenaufschlag zu Keidel hin registrierte. Keidel umging den Monitor und stand jetzt Block gegenüber.

»Ich denke einmal, dass die von Ihnen geschilderten Zusammenhänge, gerade auch das Bild von dem Maler Dingsbums ...«

»Francisco Solimena«, half Meternagel aus,

»... danke, einige Hinweise sind für ein Täterprofil. Wir haben es hier offensichtlich mit einer gebildeten Person zu tun, die über ein breit gefächertes Wissen im Bereich der Bildenden Kunst verfügt. Wenn ich Täter sage, dann meine ich, solange wir keine Gewissheit haben, immer den Singular und den Plural.«

»Das Bild wurde sicherlich auch des Kampfmotivs wegen ausgewählt. Außerdem ...« – Gehrcke bückte sich, um das Bild genauer in Augenschein zu nehmen – »... der Erzengel Michael ist ohne Zweifel jung, was man von Luzifer nicht sagen kann. Man könnte meinen, der Kampf der Jugend gegen das Alter wird auch hier abgebildet. Es dürfte dann wohl kaum ein Zufall sein, dass ausgerechnet dieses Gemälde zum Zuge kam.«

Die Anhäufung um den PC Blocks löste sich allmählich auf. Keidel bedankte sich nochmals bei der Kollegin und nannte sie »meinen Glücksfall«. Sie lächelte artig und fragte ihn, wie sie das verstehen dürfe. Ob das denn nicht eindeutig genug sei, retourkutschte er lachend.

Dann war er wieder allein, das Lachen hing noch eine Weile an ihm, während die Augen den von Meternagel überbrachten Nachrichtenstapel überflogen. Keidel schien lustlos zu sein.

›Die Schreckensnachrichten wollen nicht aufhören‹, dachte er. Verbale und physische Anpöbeleien gegenüber älteren Menschen, Raubüberfälle, schwere Körperverletzungen ohne und mit Todesfolge, eindeutige Mordfälle, Zunahme des Telefonterrors, Anschläge auf Senioren- und Pflegeheime. Die Statistik überschlug sich. Zunahmen von achtzig und hundert Prozent waren nicht selten. Auch in anderen Ländern tauchten erste Fälle von gezielten Attacken auf Alte auf. Relevant zugenommen hatten schließlich die E-Mail-Botschaften.

Der Tenor dieser Internet-Auslassungen war nahezu identisch: Die Propagierung von Psychoterror und Gewaltanwendung.

Keidel hatte sich einen Kaffee besorgt, den er vor sich auf dem Tisch stehen hatte, da sein Kopf bereits in der Tageszeitung steckte, wo ihn folgende dpa-Nachricht ansprang:

In St. haben drei vermummte Jugendliche ein Rentnerehepaar, das spazieren ging, überfallen, ausgeraubt und zusammengeschlagen. Die hilflosen Alten wurden mit Benzin übergossen und angezündet. Der Vorgang wurde von einer jungen Frau auf der gegenüberliegenden Seite des Flusses beobachtet, die auch sofort die Polizei alarmierte. Jede Hilfe kam zu spät. Den Toten war ein Obolus mit der Aufschrift »Gute Fahrt!« in den Mund gelegt worden. Von den Tätern fehlt jede Spur.

Keidel schüttelte den Kopf, was er an diesem Tag bei der Lektüre noch öfter tun sollte. Er legte für einen Augenblick die Zeitung aus der Hand, umfasste den Becher und schlürfte gedankenverloren einen Zug in sich hinein. Dabei fiel sein Blick aus dem Fenster. Draußen am Himmel konnte er mitverfolgen, wie gerade die Wolkendecke aufriss, als würde jemand einen Vorhang beiseite ziehen, um der Sonne zu ihrem Auftritt zu verhelfen. Er wäre gern aufgestanden, wäre gern irgendwo hingegangen, hätte sich gern in schöne Frauenaugen verkrochen. Stattdessen sah ihn der Papierstapel vorwurfsvoll an. Keidel machte sich wieder an die Lektüre. Was kam jetzt an die Reihe?

Gebt den Gruftis Zunder *(www.grufti-zunder.de)*

Gehst du an einem Alten vorbei, sage zu ihm: »Du riechst nach Verwesung.«

Frag ihn: »Was lebst du noch? Tritt ab! Nimm dir das Leben, denn es ist nichts mehr wert. Du störst nur!«

Sag ihm: »Ohne dich gibt es genug Arbeit. Mit dir zu wenig. Ohne dich gibt es genug zu essen und zu trinken. Mit dir nicht. Du hast lange genug gelebt. Hast du denn kein schlechtes Gewissen? Dann wird's aber höchste Zeit.«

Stellt in den Gärten und vor den Türen der Alten Galgen oder kleine Särge mit der Aufschrift der Betroffenen auf. Oder werft diese in den Briefkasten.

Schickt ihnen Selbstmord-Empfehlungen der Art:

»Hiermit erkläre ich mich damit einverstanden, mich bis zum ... umzubringen. Ich bekenne, ich habe zu lange gelebt. Ich mache den Weg frei für die Jungen.«

Keidel brach ab. Er konnte nicht mehr weiterlesen. Wut und auch Entsetzen hatten von ihm Besitz ergriffen. Er stellte sich die Szenen lebhaft vor. Er war nicht mehr weit von der Grenze entfernt, wo er sich Gedanken wegen seiner ›Erlösung‹ machen musste, die ihm von irgendeinem jugendlichen Idioten nahe gelegt werden würde. Es war unbegreiflich, was sich im Internet alles abspielte, abspielen konnte, und wie schwer es war, Einhalt zu gebieten. Und gelang es einzugreifen, waren die Software-Erfinder und Programmierer mit ihrer teuflischen Phantasie schon wieder einen Schritt weiter. Das Schlimme war die Anonymität. Morden, ohne den Mord vor Augen haben zu müssen. Wie die modernen Bomberpiloten, die auf Knopfdruck mit Bomben töten. Aufruf zur Hinterhältigkeit. Die Aufzucht von Computerfeiglingen. Der Computer tötete gleich zweimal: Erst die Menschen, dann die Moral.

Ohne dass er es wollte und voller Abscheu sah Keidel auf die nächste Skandalnachricht, in der für einen einheitlich geführten und wohl strukturierten politischen und bewaffneten Widerstand unter dem Slogan ›FIVE-ZERO-OUT‹ geworben wurde. Das kannte er schon von irgendwoher. Er blätterte widerwillig weiter.

Es folgte ein anderer Aufruf mit der Überschrift ›Platz da!‹. Ein Frederick Jung warb da unter www.five-zero-out.politik.de für ein ›Juvenales Zukunfts-Manifest‹, das sich deutlich an das Wartburger Manifest anlehnte.

›Leben wir in einem Manifestzeitalter? Ich dachte, das wäre alles schon vorbei? Ach ja, die Revolution entlässt ihre Kinder.‹ Solche Gedanken schossen aus Keidels Kopf und riefen sein Kopfweh zurück, das nach einer Aspirin schrie.

›Das Schlimmste ist, dass ich das Zeug auch noch lesen muss‹, stöhnte Keidel, während er nach der Tablette griff.

Krieg den Alten, Friede den Jungen
Wir sind die Zukunft. Wir sind die Innovation, die Kraft des Neuen, das neue Bewusstsein. Wir sind das Leben. Leben heißt: jung sein. Wir sind die Moderne, der absolute Nonkonformismus, für den es gut und böse nicht mehr gibt. Gut ist, was jung ist, was dem Leben dient. Schön ist, was jung ist. Alles, was im Bewusstsein getan wird, der Jugend zur Macht zu verhelfen, ist darum gut. Nur die Jugend taugt zur Bewusstseinserweiterung. Jugend sprengt alle Grenzen. Das Alte zu beseitigen, ist immer eine gute Tat. Erlösungstaten, die an Alten begangen werden, sind heroische Taten im Sinne der Zukunftsmoral der Jugend. Unsere Parole, die den guten alten Georg Büchner umdeutet, lautet daher: Krieg den Alten, Friede den Jungen. Und Marx umgedeutet: Junge aller Länder! Vereinigt euch! Lasst uns eine juvenale Welt bauen, die das Alter ein für alle Mal beseitigt. Lasst uns eine Welt der ewigen Jugend herstellen, in welcher alles Hässliche, das mit dem Alter verbunden ist, aufgehoben ist. Wir sind die Wahrheit, der Weg und das Leben. Jugend ist die heilbringende Anarchie. Jugend ist Poesie. Und so ist unser Kampf ein Kampf für ein Leben in Poesie. Wenn Kierkegaard fragte: ›Was ist Jugend?‹ und die Antwort gab: ›Ein Traum‹, so antworten wir: Die Zeit des Träumens ist vorbei. Wir verwirklichen den Traum.

Wir sind die Adlerkraft.

Wir sind der Donner, der das alte, morsch gewordene System erschüttert. Fangen wir sofort damit an, diesen Moder zu beseitigen. Aber die Ausschaltung der SEMI-DEADS kann nur der erste Schritt sein. Der zweite muss parallel dazu mit eingeleitet werden: Die generelle Abschaffung des Alters. Lasst uns zunächst in relativer Selbstständigkeit ›Brennpunkte der Juvenalen Revolution‹ (BJR) schaffen, diese Arbeit aber in den Metropolen über ›Juvenale Zentren‹ (JZ) koordinieren. Gebt sofort Bescheid, wenn sich Revolutionäre Zellen gebildet haben. Tragt die Botschaft in die Schulen, Jugendzentren, Discos und die Hochschulen. Erlöst vor allem die SEMI-DEADS über 50 in den Seniorenheimen.

›Wie oft soll ich, muss ich mir solche abstrusen Ideen noch anhören oder ansehen?‹ Keidel ließ alles stehen und liegen, meldete sich für die nächsten Stunden ab. Er musste abschalten. Nichts wie weg!

Den Regenmantel über der Schulter machte er sich auf in den Schlossgarten, der ihn freundlich aufnahm. Auch die Sonne zeigte sich jetzt.

27.

Da war er, der berühmte Beethovenexperte Müßigbrod von der Universität in B, den Keidel eingeladen hatte, um Aufschluss über die Bedeutung der Beethoven'schen Musik, insbesondere der ›Neunten‹ zu bekommen.
Mit wehendem Paletot, um den ein weißer Schal gelegt war, war er in den Vortragssaal geschwebt. Das heißt, zunächst erschien sein Diener, eine Wolke aus Rotwein- und Tabakgestank, die ihm vorauswehte. Auffällig das weiße Haar, eine frisch gefönte Struwwelmähne, wie Beethoven sie trug und wie sie einer von Beethovens Porträtisten, Carl Friedrich von Kloeber, in einer Bleistiftzeichnung festhielt. Unter dem offen getragenen langen Mantel, der ihn schweben ließ, trug er einen eleganten hellgrauen Anzug mit Weste, ein offenes, weißes Hemd ohne Krawatte, das einen in Falten gelegten langen Hals preisgab. Aus einer der großen offenen Manteltaschen ragte ein Taktstock. Unter dem rechten Arm trug Müßigbrod die Partitur von Beethovens ›Neunter‹. Es gab eine andere Auffälligkeit, die an Beethoven zu erinnern schien: Die Mundpartie, der inszenierte Trotz, der von der heraufgeschobenen Unterlippe und den heruntergezogenen Mundwinkeln ausging. Aber das Auffallendste waren die großen blauen Augen, die wie in großer Erregung strahlten und die noch so manche junge Frau in Verzückung geraten ließen, was Gerüchte in Umlauf setzte. Zur schmächtigen kleinen Gestalt, die, wenn's hoch kam, einssiebzig maß, passten die schlanken, schönen und gepflegten Hände mit den ins Auge springenden langen Fingern, die den Pianisten ahnen ließen. Das war das Erste, was Block an dem Männchen wahrnahm und schätzte.
»Diese Finger, diese Hände!«, flötete sie zu Gehrcke hin.
»Diesen Fingern würde ich nur allzu gerne meinen Körper als Klangkörper zur Verfügung stellen.«
Eine weibliche Begleitung hatte sich der Professor auch gleich mitgebracht. Eine mächtige Frau mit langen Haaren, Brillenträgerin mit breitem Mund, breiter Hüfte und voluminösem Körper von durchschnittlicher Schönheit. Sie trug Müßigbrod den Notenständer hinterher.
Sogleich begann der Professor schwungvoll seinen Paletot abzulegen, fuhr sich mit den Händen durch das Haar, holte aus der Tasche den Taktstock, legte die Partitur auf den Notenständer, schlug sie auf und klopfte mit dem Taktstock auf den aufgestellten Notenständer, um Ruhe bittend. Keidel kam gar nicht dazu, den Beethovenexperten vorzustellen. Müßigbrod nahm ihm das Konzept aus der Hand, begrüßte die

reichlich erschienenen Polizistinnen und Polizisten, die zum größten Teil in adretten Uniformen dasaßen, bedankte sich für die Einladung und wollte sofort mit seinem Vortrag beginnen.
»Erlauben Sie, Herr Professor«, mischte sich da Keidel devot unter dem Kichern seiner Kollegenschaft ein.
»Ich möchte nun meinerseits den hohen Gast, Herrn Professor Müßigbrod, im Namen des Polizeipräsidiums begrüßen und freue mich«, Keidel blickte dabei auf Müßigbrod, der bereits in die Partitur vertieft war und mit dem Taktstock dezente Zeichen in die Luft malte, »dass es sich der Herr Polizeipräsident und seine Gattin nicht haben nehmen lassen, hier zu erscheinen. Ich begrüße dann last but not least meine lieben Kolleginnen und Kollegen.«
Müßigbrod hatte längst zu summen begonnen, während ihm der Taktstock die Melodie vorgab.
»Professor Müßigbrod hat sich sofort bereit erklärt, uns bei der Entschlüsselung der Beethoven'schen Musik, genauerhin seiner neunten Symphonie, behilflich zu sein, die bei dem Brandanschlag auf das Seniorenheim ›Klara‹ seinerzeit ertönt war. Herr Professor, darf ich Sie nun herzlich bitten, uns Ihre Einschätzung dieser Musik mitzuteilen. Ich verbinde mit dieser Einladung den herzlichen Wunsch ...«
»... dass ich mich kurz fassen und darauf Rücksicht nehmen soll, dass Sie keine Fachleute sind, sondern Laien. Habe ich Ihre Bitte richtig erahnt?«
Lachen und Beifall im Konferenzsaal.
»Ich bewundere Ihre Intuition, Herr Professor«, lachte auch Keidel zustimmend.
»Es verhält sich in der Tat so, wie Sie sagen. In der Kürze liegt die Würze.«
»Nicht ganz, Herr Kommissar, nicht ganz«, äußerte Müßigbrod seine Missbilligung.
»Ich meinerseits möchte Sie herzlich bitten, sich Zeit zu lassen, gemäß dem Sprichwort: ›Gut Ding will Weile haben.‹«
Lachen und Beifallklatschen.
»Das ist aber nur die eine Seite der Medaille, die andere lautet: ›Jedes Ding hat seinen Haken.‹«
Auch diese Replik von Keidel wurde mit Beifall bedacht.
»Sehen Sie, Herr Kommissar, der Sachverhalt ist der: ›Auch kleine Dinge achte nicht geringe.‹
Mir ergeht es als Wissenschaftler so wie auch Ihnen, wenn Sie einen Tathergang wie ein Puzzle mühsam zusammensetzen. So verhält es sich auch mit Beethovens ›Neunter‹. Ich appelliere an Sie, die engen Bezirke Ihres Denkens zu

verlassen. Das Ganze ist stets mehr als die Summe seiner Teile.«

Müßigbrod holte tief Luft, wandte sich an die Dame an seiner Seite, wies mit einer sparsamen Geste auf sie und stellte sie vor: »Hier, an meiner Seite, sehen Sie meine Assistentin, Frau Trauernicht« – sofort fing die breitgeschichtete junge Dame zu lächeln an und verdrehte dabei die Augen – »die über das Genderthema ›Beethoven und die Frauen‹ bei mir promoviert.«

Die Polizeimeute sah sich an und kicherte verhalten.

Müßigbrod legte eine Pause ein, während Trauernicht an seine Seite trat, um ihn anzuhimmeln. Just in diesem Augenblick setzte sich Meternagel zu Keidel, der mittlerweile auch in der ersten Reihe neben dem Polizeipräsidenten Platz genommen hatte. Er neigte sich ihm zu und flüsterte: »Jonathan, biblischer Name, hebräischen Ursprungs, übersetzt ›Gott hat gegeben‹; Müßigbrod, eine Zusammensetzung, übersetzt: ›Der sein Brot in Muße isst‹.«

Keidel sah Meternagel kurz an und nickte ihm ebenso kurz zu.

»Meine Damen und meine Herren, Beethoven, um den es heute und hier geht, gilt als der Heros der deutschen Tonkunst, als das göttliche Genie, dessen Musik, wie sich Thomas Mann einmal ausließ, eine ›Imitatio Dei‹ darstelle. Andere nannten seine Musik eine ›Gloriole des Erhabenen und Ewigen‹.«

Als Müßigbrod dies sagte, verlor sich sein Blick an der Decke des Konferenzsaals, verweilte dort einige Augenblicke und kehrte erst wieder in den Saal zurück, als Trauernicht ihn am Ärmel zupfte.

»Beethoven, der mit der Französischen Revolution und den freiheitlichen Ideen ein intimes Verhältnis hatte und über seinen Lehrer in Bonn mit den Ideen der Freimaurer Bekanntschaft schloss, versuchte dieses Gedankengut in seiner Musik umzusetzen. Nicht wenige seiner Werke hat er Napoleon gewidmet, so seine ›Eroica‹. Trotz seiner Enttäuschung, was die Französische Revolution und was Napoleon angeht, treffen wir auch im Spätwerk das Moment des Aufsässigen noch an.«

»Herr Professor, die ›Neunte‹ ...«

»... kommt jetzt dran. Sie wurde 1823 begonnen und 1824 zu Ende geführt. Sie ist in d-Moll gehalten und wir finden sie als op. 125 in Beethovens Werkverzeichnis aufgeführt. Als der große Maestro sich an die Komposition machte, war er bereits taub.«

Müßigbrod legte den Taktstock am Notenständer ab und fuhr sich mit beiden Zeigefingern in die Ohren, um seine Aussage szenisch umzusetzen. Dann nahm er den Taktstock wieder in die Hand.

»Die Bedeutung der ›Symphonie der Freude‹, wie die ›Neunte‹ auch genannt wird, besteht darin, dass Beethoven im letzten Satz die menschliche Stimme in das symphonische Werk Einzug halten lässt. Das war damals eine verwegene, eine revolutionäre Idee.« Und beim letzten Wort fuhr er sich mit dem Taktstock an Ober- und Unterlippe, während der linke Arm elegant ins Publikum wies.

Einige der jüngeren Polizisten hatten bereits zu tuscheln begonnen. Eine junge Polizistin packte einen Kaugummi aus, andere langweilten sich, was man am Gähnen merkte. Lediglich Gehrcke, Block und Meternagel hingen an den Lippen des meschuggenen Mannes, der so ganz und gar aus dem normalen Verhaltensschema herausfiel. Nun nahm Müßigbrod Kontakt mit der Partitur auf, klopfte erneut mit dem Taktstock an den Rahmen des Notenständers, blickte ins Publikum, das er von nun an dirigierte.

»Im ersten Satz entwickelt sich ein düsteres Thema aus leeren Quintenklängen heraus, ein dramatisch nach unten stürzender Dreiklangsgedanke«, und an dieser Stelle summte der Professor wieder die Noten mit, »der deutlich an die heroischen Werke Beethovens aus seiner frühen revolutionären Zeit erinnert. Richard Wagner übrigens deutete dieses ›allegro ma non troppo un poco maestoso‹ als Kampf der Freude gegen den Druck der feindlichen Mächte, die sich zwischen den Menschen und die Freude stellen. Es tauchen bereits hier tröstliche Stimmen auf, die sich aber nicht durchsetzen können.«

Wieder wiegte sich Müßigbrod mit dem Dirigentenstab im Takt, den die Partitur vorgab, und schloss seine Augen, was Trauernicht veranlasste, ebenfalls die Augen zu schließen. Das Publikum hingegen schloss seine Ohren.

»Herr Professor, uns läuft die Zeit weg«, sorgte sich Keidel.

»Lassen Sie sie laufen, Herr Kommissar, wir sind erst beim ersten Satz angelangt.« Damit blickte er wieder in die Partitur und hielt den Taktstock erwartungsvoll in die Höhe gerichtet.

»Der zweite Satz kommt zunächst in einem ›molto vivace‹ daher, ein überdimensioniertes ›Scherzo‹, das die Feier des Bacchus in Musik umsetzt. Wieder die rastlose Anstrengung, das Glück zu erlangen. Die vom Leben Geknechteten suchen verzweifelt im Lebensgenuss Vergessenheit. Die rhythmische Kraft dieses Satzes ist außerordentlich. Hören Sie doch!« Und Müßigbrod fuchtelte wieder wie wild mit dem Taktstock in der Luft, bog und verrenkte sich, was abermals ein

leises Kichern auslöste. Und synchron wiegte und wogte auch Trauernicht hin und her, als habe sie mit ihrem Doktorvater, der vielleicht auch ihr Liebhaber war, heimlich geübt.
Im Publikum machte sich eine Lähmung breit, die alle außer die bereits Genannten befiel. Die Polizeipräsidentengattin war eingenickt, hatte ihr zierliches Köpfchen an die breite Schulter ihres Mannes gelehnt, die Entspannung des Körpers sorgte dafür, dass der Professor geöffnete Schenkel und ein schwarzes Spitzenhöschen zu sehen bekam. Er hielt in seinen Bewegungen inne, ließ den erhobenen Taktstock in der Luft erstarren und blickte in das Tal der Freuden, indem er begeistert ausrief: »Ein warmer, inbrünstiger Gesang deutet im dritten Satz die Abkehr vom Irdischen und die Hinführung in Sphären an, wo Trost und Vergessenheit herrschen.«
Trauernicht griff sofort ein, zupfte Müßigbrod am Ärmel und sorgte so dafür, dass die Blicke des Professors wieder vom Tal der Freuden auf den Notenständer zurückgebracht wurden. Ein breites Lachen kam von hinten nach vorn gekrochen. Der Professor blickte etwas irritiert auf und nahm die Gelegenheit wahr, seine Augen wieder ins Tal der Freuden zu versenken.
»Mit schriller Dissonanz der Bläser«, schrie er nun die Gelähmten an, die sofort mit den Köpfen nach oben schreckten, »in einem ›presto‹ beginnt der vierte Satz.«
Sein Taktstock wies nun eine eindeutige Richtung, er zeigte auf den Schoß der Präsidentengattin, die ebenfalls aufgeschreckt war und nun verzweifelt an ihrem Rock zog. Der gab aber keine Länge her. Die Augen des Professors hatten sich im Schoß festgesetzt. Und so setzte er seine Erläuterungen fort. Keidel hatte längst resigniert.
»Die tiefen Streichinstrumente, Celli und Bässe, antworten, es beginnt ein Frage-und-Antwort-Spiel. Da kommt mit den Stimmen der Oboe und des Fagotts ein neues, Leben verkündendes Motiv auf, das die Bässe dann zögernd übernehmen. Bald nimmt das ganze Orchester daran teil. Schließlich erklingt zum ersten Mal eine Menschenstimme. Ein Bariton mahnt: ›O Freunde, nicht diese Töne‹.«
Der Professor war längst in den Gesang eingefallen: »›Sondern lasst uns angenehmere anstimmen und freudenvollere!‹ Der Chor folgt ihm mit jubelndem Gesang. Sie kennen die berühmte, schon volkstümlich gewordene Stelle.«
Müßigbrod intonierte nun die Textstelle ›Freude schöner Götterfunke‹.
Und auf einmal passierte etwas, was man dem müden Polizistenhaufen nicht zugetraut hätte. Alle begannen auf ein-

mal, sich einzuhaken, mitzusingen, nein, mitzuschreien und zu schunkeln. Der Professor dirigierte die ganze Mannschaft, da ging die Tür auf, es drängten sich weitere Interessierte herein, die mitsangen, bis das ganze Gebäude dröhnte und auch über Funk dröhnte der erweiterte Polizeichor bald in allen Einsatzwagen der Polizei.

»Die Stimmung war gut, der Ertrag gering«, kommentierte Keidel seinen SOKO-Mitgliedern gegenüber den Besuch Müßigbrods. Kaum hatte er den Satz ausgesprochen, stand der Professor auch schon neben ihm und verlangte sein Honorar: »Cash, auf die Hand!«

»Herr Professor, wie stellen Sie sich das vor? Wir haben keine Kasse, aus der ich bezahlen könnte. Wir werden Ihnen das Geld überweisen.«

»Dabei heißt es doch immer: Die Polizei, dein Freund und Helfer.«

»Was die Polizeislogans angeht, Herr Professor, sind Sie nicht auf dem Laufenden.«

Man verabschiedete sich.

»Das war rausgeschmissenes Geld«, meinte die Block. »Aber seine Hände. Von denen werde ich träumen.«

»Und wie stehe ich da?«, spöttelte Keidel.

»Mit leeren Händen«, kam es im Chor.

Hilflosigkeit machte sich breit. Selbst Keidel unternahm nichts, um durch seine ordnende Hand die gründlich misslungene Expertenbefragung irgendwie aufzufangen. Und so kam es, dass die meisten den Konferenzraum verließen, zwei aber noch blieben, die etwas Wichtiges zu besprechen hatten. Es waren dies Meternagel und Gehrcke. Zwischen beiden entspann sich das folgende Gespräch, das, wie sich schnell herausstellte, ein Gespräch unter heimlichen Experten war, die es normalerweise auf einer Polizeistation gar nicht gibt.

»Ich hätte so gerne erfahren, was es mit der ›Revolutionsmusik‹ Beethovens auf sich hat, und wie er seinen typischen ›Revolutionston‹ erzeugt«, sprudelte Meternagel los und eröffnete das erstaunliche Gespräch.

Seine Neugier für das Revolutionäre in Beethovens Musik ließ ihn nicht ruhen.

»Hat uns Müßigbrod etwa gesagt, wie Beethoven das musikalische Periodensystem für seine symphonische Instrumentalmusik veränderte? Hat er uns vorgeführt, wie die einzelnen musikalischen Motive bei Beethoven aufgebaut sind, um den ›affektvollen Monumentalstil‹, den andere auch den ›Stil des Hohen und Erhabenen‹ nennen, hervorzubringen?«

Meternagel sah Gehrcke mit abwesenden Augen an.

»Mich hätte interessiert, wie bei Beethoven das Zusammenspiel von Einfachheit und Komplexität funktioniert«, ergänzte Gehrcke enttäuscht. Sie fuhr dann fort:
»Und dann habe ich irgendwo gelesen, dass das Revolutionäre durch das Widerspiel von ›anscheinender Regellosigkeit‹ und ›fortreißender Kontinuität‹ zustande käme und dass dieses Fortreißende durch die ›Strom-Metapher‹ hervorgebracht würde, die in der Ode eine Tradition habe.«
»Genau. Müßigbrod hat uns auch nichts darüber gesagt, dass ein gewisser Sulzer 1794 in seiner ›Allgemeinen Theorie der Schönen Künste‹ bereits den ›Stil des Hohen und Erhabenen‹ als für alle Künstler richtungweisend vorgegeben hat. Darüber hätte ich zum Beispiel gern mehr gewusst.«
Sie unterhielten sich noch eine Weile weiter, belegten mit diesem und jenem Hinweis Beethovens ›Monumentalstil‹, mit dem er dem revolutionären Zeitalter Ausdruck verlieh, und bekamen daher erst sehr spät mit, dass sie alleine waren.
Aber das Gespräch hatte sie zu einer Erkenntnis geführt.
Ob die auch die SOKO SENEX weiterführen würde?

28.

»Mein Monrepos« nannte Keidel den ›Japanischen Garten‹ im Residenzschloss, wohin er, wann immer die Zeit es zuließ, flüchtete, wenn er sich erschöpft fühlte und zu Kräften kommen wollte, flüchtete, wenn er ein Problem zu lösen hatte, oder wenn beides der Fall war, was nicht selten vorkam. Hier, in der Abgeschiedenheit, entstand so manches Gedicht, das der heimliche Lyriker in sein kleines ›Logbuch des Lebens‹ eintrug, wie er sein Notizbuch schmunzelnd nannte.
Keidel nahm den Weg durch die Platanenallee und folgte ihm am Schüsselesee vorbei bis zu jener Weggabelung, wo man sich entscheiden musste, ob man nach rechts oder nach links abbiegen wollte. Für Keidel gab es diese Entscheidung nicht mehr. Er ging automatisch nach links, ließ das Schloss-Café rechts liegen und folgte den zweiunddreißig Stufen hügelaufwärts. An der Art, wie er die Treppen aus Naturstein nahm, wusste er über seine körperliche Verfassung sofort Bescheid. War man oben auf dem Hügel und hielt sich in einer scharfen Wendung gleich rechts, hatte man den ›Japanischen Garten‹ vor sich, der sich, durch eine Mauer getrennt, an einen wabenartigen Kasten anlehnte, in dem das Elend und gelegentlich auch der Tod verwaltet wurden. Der Besucher hatte nun zwei Möglichkeiten, in das Gartenheiligtum einzutreten. Entweder er wählte gleich rechts den etwas ver-

steckten Ausgang, der keine Tür hatte, oder er hielt sich wenige Schritte weiter links an einen durch ein bedachtes Tor bezeichneten offiziellen Eingang. Keidel, der leidenschaftlich gern gegen Regularien verstieß, was er sich als seine ›kleinen Freiheiten‹ deutete, war für die vom Weg aus nahe liegende Lösung. Er betrat den Garten durch den Ausgang und machte so zum Anfang, was tatsächlich das Ende bedeutete. So erhielt der Blick für ihn eine größere Schärfe, weil er gegen die vorgeschriebene Richtung zu denken gezwungen war und so des Ungewöhnlichen gewahr wurde. Man mag von dieser Betrachtungsweise halten, was man will.

War man so wie Keidel eingetreten, sah man zur Rechten, wie papyrusartiges Gebüsch mit zierlichem Blattwerk aufschoss, mannshoch und immergrün. Blieben die Augen auf die rechte Seite fixiert, folgte eine etwa drei Meter hohe Kiefer, deren Äste in typischer Bonsaimanier durch Hölzer gestützt, durch Drähte verzurrt und so kunstvoll geschnitten waren, dass sie den Besucher wie Wolken anmuteten. Vorbei an einer breit gefächerten Thuja, kunstvoll verschnitten auch sie, sodass sie über den Boden zu schleichen schien, machte erneut ein Arrangement von einigen papyrusartigen Gebüschen auf sich aufmerksam. Davor duckte sich eine bonsaigestutzte japanische Kirsche, an die sich ein kleinblättriger Strauch reihte. Dahinter machte sich ein Kiefernensemble bemerkbar: vier Erwachsene im Gespräch mit drei Kindern. Davor eine Bank, von der noch zu sprechen sein wird.

Dann ging es weiter in dem angedeuteten Wechselspiel mit einem papyrusartigen Gebüsch und einer halbhohen Kiefer, ehe das Pflanzenensemble an einer Wegschleife an einem teichartigen Gewässer endete, das zu einem künstlichen Stromlauf gehörte, der weiter oben, unterhalb des Eingangs, als Wasserfall seinen Anfang nahm und über drei künstliche Stromschnellen abwärts in den Teich mündete. Die Wegschleife wurde von zwei brückenartigen Übergängen, Säulenreihen, über den Tümpel gebildet, die aus zugehauenen Natursteinen bestanden, über die Basaltplatten gelegt waren. Blickte man am Turn-around nach oben, vielleicht schon auf einer der beschriebenen Säulen balancierend, sah man, wie niedriges Kieferngebüsch das Gewässer einrahmte. Rechts, durch einen erneuten Eingang und durch Mauern eingezäunt, befand sich ein in Töpfen ausgestelltes Bonsai-Arsenal.

Die Brücken teilten das gesamte Terrain des ›Japanischen Gartens‹ in zwei Teile. Dem Blick bot sich nach dem Kieferngebüsch linker Hand, das war neu im Garten-Arrangement, ein relativ großes Rhododendrongebüsch an, ›rhododendron japonicum‹, passend zum japanischen Charakter des Gartens, das mit seinen kleinen, länglichen Blättern und den im Sommer hellvioletten, weit geöffneten Blüten den Besucher erfreute. Dem Rhododendron vorgelagert war struppiges Gewächs, in Dauerwellen gelegt. Auf der gegenüberliegenden Seite, jetzt auf dem Weg nach oben rechts, als Kontrast, fünf Kiefern von unterschiedlicher Größe mit den typischen Wolkenästen. Dazwischen in lockerer Fügung Tuffgestein, naturbelassen. Und – ein ins Auge fallender Aspekt auf dem Untergrund – überall feiner Kiesel. Hinter dem Rhododendron dann wieder ein Thujagewächs, etwa zweieinhalb Meter hoch.

Den Schlusspunkt setzte wieder ein Rhododendron. In den Nischen des Baum-Gebüsch-Arrangements, sehr schlank, befanden sich stilisierte japanische Laternen, wie sie aus der buddhistischen Tempelkultur bekannt sind, hier als profaner Schmuck. Eine lange niedrige, mit Ziegeln bedachte Mauer rechter Hand zum Krankenkasten hin grenzte den Garten gegen die hässliche Wirklichkeit ab. Trat man aus der überdachten Tür, verlängerte sich der Garten draußen in ein Quartett von Kiefern, mit dem ein Duett aus größeren Natursteinen einen Wettstreit führte, während gestutztes Gestrüpp, das in ein freies Rasenstück auslief, für eine dezente Hintergrundmusik sorgte.

Keidel, anfangs ein heftiger Gegner der ›japanischen Naturverkrüppelung‹, wurde zu einem großen Verehrer der japanischen Gartenkunst, nachdem ihn sein Freund Florentin Bauhaus, der der Gartenarchitekt der Residenzgärten war, in mehreren amüsanten Gesprächen in die Geheimnisse dieser Kunst eingeführt hatte.

Im japanischen Garten würde nicht die Natur plump nachgeahmt, wurde er informiert. Vielmehr würden im Einklang mit der Natur die Naturgesetze zum Ausdruck gebracht. So der Gegensatz von Wachstum und Werden, symbolisiert durch die Laubbäume, andererseits die Beständigkeit und Zeitlosigkeit, wie sie sich im Immergrün der Nadelbäume, vor allem der Kiefer, die in Japan als Baum der Unsterblichkeit verehrt werde, darböte.

»Dieser Garten hier wurde nach den Prinzipien der japanischen Gartenkunst entworfen, die sich über Jahrtausende entwickelt hat und wesentlich vom Zen-Buddhismus beeinflusst wurde. Dieser Überbau hat sich heute verflüchtigt. Zwei Vorstellungen fließen im Gartentopos zusammen, die einander bedingen: Die Vorstellung von der Götterwohnung, dem Paradies, ein persisches Wort übrigens, das übersetzt Garten

heißt. Und die Vorstellung vom Garten als einem Ort der Kontemplation, einer Insel der Ruhe, die den Weg der Selbsterkenntnis, den Zen, organisiert und steuert.«
Hier machte Florentin, eine spindeldürre Bohnenstange, glücklich verheiratet und ebenso glücklicher Familienvater von zwei Kindern, Keidel erinnerte sich noch genau, eine Pause, um einen längeren Zug aus seiner Pfeife zu nehmen. Vom vielen Rauchen waren die Finger seiner rechten Hand gelblichbraun verfärbt, und sein rechter Mundwinkel war dauerhaft wund.
Florentin war im gesamten Bundesgebiet die Nummer eins, wenn es um japanische Gartenkunst ging. In ungezählten Reisen auf die Insel hatte er sich das entsprechende Wissen, auch seine Kennntisse über den Zen-Buddhismus angeeignet, war sogar über Jahre bis zu seiner Verheiratung gläubiger Buddhist, bis seine sinnenfreudige spanische Frau ihm diese Flausen austrieb und sein Interesse auf den spanischen Katholizismus lenkte, von dem mittlerweile auch nicht mehr viel übrig geblieben war.
Florentin war der Erbauer des ›Japanischen Gartens‹ im Residenzschloss. Er kannte den Bauplan so gut wie seine eigene Westentasche.
»Ich lasse es bei diesen knappen Hintergrundinformationen über den Buddhismus bewenden. Keiner weiß besser als ich, dass für die gründliche Kenntnis der japanischen Gartenkunst diese Kurzinformationen bei weitem nicht ausreichen.«
Wieder nahm Florentin einen Zug aus seiner Pfeife, auf der er ständig herumnuckelte, auch wenn sie kalt war, was sich Keidel als einen unmissverständlichen Fingerzeig auf die Tendenz der Gesellschaft zur oralen Regression deutete. »Schrittweise erfolgte dann die Säkularisierung der religiös bestimmten Gartenkunst. So adaptierte im zwölften Jahrhundert beispielsweise die japanische Aristokratie die Vorstellung von der göttlichen Behausung Buddhas für ihre weltliche Wohnkultur. Die bestand ursprünglich aus einem Wohnhausensemble mit einem Zentralgebäude und fünf Pavillons, die in der Gartenlandschaft in einer ganz bestimmten Himmelsrichtung, nämlich nach Norden hin, angeordnet waren. Später löste sich die Gartenlandschaft auch aus dieser üppigen aristokratischen Wohnhauskultur. Wer konnte sich schon sechs Häuser leisten? Trotz aller Veränderungen bleibt dem Garten bis heute ein religiöser Rest: Der Garten gilt nach wie vor als ein Ort der Kontemplation, wo der Mensch aus dem Räderwerk des Alltags heraustritt, um zur Ruhe zu kommen, und das heißt letztlich, um zu sich zu finden.«

Florentin nahm seine Pfeife aus dem Mund, sah sie prüfend an und machte mit ihr eine ungefähre, weite Bewegung, die für ihn typisch war und nicht immer etwas ausdrücken musste.
»Wenn du auf diesen kompakten Mini-Garten blickst«, sie standen bei einer der vielen Exkursionen gerade auf einer der beschriebenen Brücken, »erkennt auch ein im buddhistischen Sehen ungeübter Mensch wie du, dass der Garten aus drei Hauptelementen besteht, die eine spannungsvolle Einheit eingehen: dem Berg, der Insel und dem Teich. Es gibt eine aus dem Taoismus stammende Vorstellung, wonach die göttliche Wohnung als eine Insel gedacht wird, die Insel der Seligen, die von Seeschildkröten getragen wird. Auf diese Berginsel, so will es der Mythos, haben sich die Götter zurückgezogen. Wenn du nur an den Olymp denkst, den Sitz der griechischen Götter, kommt dir diese Idee auf einmal sehr vertraut vor. Und tatsächlich gibt es die Vorstellung von der Insel der Seligen in vielen anderen Kulturen. Es kommt also nicht von ungefähr, dass die Seeschildkröte als Topos im Garten wiederkehrt. Steine, Sträucher, ja sogar Bäume können diesen Tieren gleichen. Wenn du zum Beispiel hierhin blickst«, Florentin drehte sich dabei ein wenig nach links und wies mit der Pfeifenspitze hierhin und dorthin, wo große Kieselsteine und rund geschnittene Azaleen platziert waren, »findest du meine Aussage bestätigt. Selbstverständlich sollte in jedem Garten, wenn sich dies nur einrichten lässt, ein fließendes Wasser vorhanden sein, ein Wasserfall oder eine Kaskade als Ausdruck des Lebens, der Dynamik, während der Teich den Kontrapunkt setzt, die Ruhe, die für die Kontemplation so unendlich wichtig ist.«
»Wasser, Steine und Pflanzen sind die Grundelemente, die ich hier hamonisch in Beziehung gesetzt sehe«, hatte sich Keidel bei einer der Exkursionen einmal eingebracht.
»Richtig, fehlen nur noch die Tiere, dann haben wir die gesamte Konfiguration der Natur, die im Garten ihr Abbild hat.«
»Du denkst vermutlich an die berühmten Koi, die japanischen Zierkarpfen, die sich auch hier tummeln?«
»Ja, so ist es. Aber damit nicht genug. Zur belebten Szenerie gehören auch noch die Kraniche, die heiligen Vögel, die nach buddhistischem Verständnis die Seelen ins Jenseits begleiten. Und die Enten. Die begleiten nicht die Menschenseelen, wandern jedoch hin und wieder in den Schmortopf. Fehlen noch die Seeschildkröten.«
Keidel sah Florentin vor sich, wie er sich damals kurz um seine Pfeife kümmerte, mit der er nicht zufrieden war, so schien

es. Denn er drehte sie mehrmals hin und her und hielt sie auf Abstand, um sie genau in Augenschein zu nehmen. Immer noch die Pfeife im Blick sagte er dann:
»Der Kranich hat schließlich im Laufe der Zeit eine solche Bedeutung erlangt, dass er gleichberechtigt neben der Seeschildkröte zum Topos werden konnte. Und so erleben wir, dass ein Garten einmal mehr einer Schildkröte, das andere Mal mehr einem Kranich gleicht. In vielen Gärten finden wir auch das Nebeneinander beider Topoi wie hier im Residenzgarten.«
Und wie zum Beweis deutete Florentin mit seiner Pfeife auf einen senkrecht stehenden Basaltstein, der in unmittelbarer Nähe von zwei flachen Steinen stand.
»Und die Brücken, welche Bedeutung kommt den Brücken zu?«, hatte Keidel einmal gefragt.
»Diese symbolisieren den Übergang in eine andere Welt. Welche, ist klar. Du musst dir diesen Übergang als eine Art Vorbereitung und Reinigung vorstellen, die der Kontemplation dient.«
Diesmal blickte Florentin nicht seine Pfeife, die lose aus dem Mund heraushing, sondern Keidel an, um zu prüfen, ob der ihm auch zuhörte, um sogleich fortzufahren:
»Daneben hat die Brücke«, und plötzlich begann Florentin, über die Steine zu schreiten, »eine klare funktionelle Bedeutung. Sie lenkt die Blicke und die Schritte im Sinne des kontemplativen Schreitens auf den Boden. Als Buddha einmal von einem Mönch gefragt wurde, was denn ›Zen‹ bedeute, antwortete er: ›Schau, wohin du trittst!‹ So kommt es, dass die Brücken meistens, wie auch hier, nicht als durchgängige Fläche ausgelegt werden, sondern als eine alternierende Folge von steinernen Stützpfeilern, die mit Basaltplatten belegt sind. Diese Organisation fordert das betrachtende Schreiten heraus. Funktionell läuft jede Brücke auf eine Achsenbrechung und Richtungsänderung hinaus, die hier noch einhergeht mit einer Tempoänderung: Der Gang soll verlangsamt werden. Diese Ideologie wurde auch bei der Anordnung der Trittsteine realisiert.«
Keidel war tief beeindruckt von dem profunden Wissen seines Freundes. Er war sogar ein wenig stolz auf ihn, und – so ehrlich war er – auch ein wenig neidisch.
Er erinnerte sich, wie Florentin ein anderes Mal mit Begeisterung über die Philosophie der Steine gesprochen hatte, die im japanischen Garten einer bestimmten Anordnung gehorchen mussten. Sie hatten quer zu einer Nordost-Südwest-Achse zu liegen oder zu stehen, die im Buddhismus als Flugbahn

der bösen Geister gedacht wird. Die Steine sollen die ›Böslinge‹ aufhalten, auf den Boden lenken, um sie dann nach Westen und Süden zu vertreiben. Dahinter steht die Auffassung von den Steinen als Wohnsitz der guten Geister.
Ein anderes Mal unterhielten sie sich über die plastischen und graphischen Gartenelemente. Die Steine seien, meinte Florentin, graphische Elemente, die wie etwa Berge die Vertikale betonten, wohingegen runde große Kieselsteine oder oval geschnittene Büsche das plastische Element betonten. Auch Dynamik und Statik hielten sich im japanischen Garten die Waage, wie es am Wasserfall und Teich sinnfällig würde. In diesen kompositorischen Zusammenhang gehörten auch die Laternen, die ursprünglich Votivgegenstände der Ahnenverehrung gewesen seien. Heute seien sie ein sinnentleertes Dekor, ein pures graphisches Element. Keidel lernte durch Florentin auch Bedeutung und Anordnung der Trittsteine kennen, über die er sich überhaupt keine Gedanken gemacht, sich eher darüber mokiert hatte, dass er weite, unnatürliche Schritte hatte machen müssen. Genau das sei die Absicht bei der Anordnung der Trittsteine: Sie zwängen den Besucher zum kontemplativen Schreiten mit Bedacht. Und Florentin wiederholte dieses ›Schreiten mit Bedacht‹, das einerseits die Kontemplation unterstützen, andererseits den Blick auf die Steine, die Natur lenken sollte. Hier im Residenzgarten würden nur natürliche, naturbelassene Basalt- oder Schiefersteine verwendet. In Japan benutzte man auch schwarze glasierte Fliesen.
Dann erklärte Florentin ihm die zwei Kompositionsprinzipien, nach denen die Steinwege angeordnet seien. Das ›Shiki-ishi‹ sei wie ein Mosaik, klar gefügt und gerahmt, während das ›Tobi-ishi‹ aus natürlichen Steinen bestünde, die wie durch eine Laune der Natur meistens einer Schlangenlinie folgten. Florentin hatte ihn zur Demonstration des Gesagten an verschiedene Stellen des Gartens geführt und seine Pfeife dabei als Zeigestock benutzt.
Sozusagen zum Ausgleich bestünde der Untergrund der Trittsteinanordnungen aus Kiessand oder Kieselsteinen oder aus Moos. Dies seien Elemente, die die ›Leere‹ symbolisierten und die in jedem japanischen Garten eine tragende Rolle spielten. Form und Leere bedingten einander wechselseitig und stellten dergestalt ein Gleichgewicht her.
»Wenn du dich einmal umsiehst, wirst du erkennen, dass auch die großen Steine nicht einer Willkür, sondern einem prägenden Formwillen gehorchen. Insgesamt, nach der strengen Zahlensymbolik, werden im japanischen Garten fünfzehn

Steine arrangiert, die in einer Fünfergruppe sowie zwei Zweier- und zwei Dreiergruppen angeordnet sind.«

Als Keidels Erinnerung sich langsam zurückzuziehen begann, stand er auf einem aus dem Wasser ragenden Basaltfelsen und blickte um sich.

›Monrepos‹, wollte sein Blick sagen.

Hatte Keidel bei seinen Besuchen des ›Japanischen Gartens‹ erst einmal die freie Bank für sich erobert, hatte er gewittert und die Luft für rein befunden, hatte er sein Gebäck ausgepackt und seinen thermosflaschenen Kaffee in einen Becher einlaufen lassen, holte er aus seiner Jackentasche sein ›Logbuch des Lebens‹ heraus.

Es war blau im Gegensatz zu seinen gleich großen roten Spiralblöcken, in denen er sein ›kriminalistisches Gekritzel‹, wie er es nannte, festhielt. Er kaufte immer den Block mit dem besten und teuersten Papier, das glatt und ohne jede Musterung sein musste, sodass sein Füllfederhalter wie von selbst leicht über das Papier dahinfliegen und Keidel dem Papier mühelos seine Typographie aufzwingen konnte.

Keidel war Lyriker und hatte schon in der vom Land geförderten Lyrik-Zeitschrift ›PEGASUS‹ mehrere seiner Gedichte unter einem Pseudonym veröffentlicht. Er beteiligte sich auch regelmäßig an Lyrikwettbewerben und hatte immer wieder einmal einen zweiten oder dritten Preis gewonnen. Seinen ersten Lyrikband hatte er bereits in einem Kleinverlag untergebracht, der sich für Regionalia und Dialektdichtung zuständig fühlte und nun die Belletristik für sich entdeckt hatte. Keidel musste tief in die Tasche greifen, damit sein erstes Buch erscheinen konnte. Sein Verleger, der von französischer Herkunft war, wie François Villon aussah und wie dieser unter den Frauen und Rotweinen herumwilderte, hatte demzufolge bereits mit vierzig weißes Haar, das später im Alter von fünfzig noch herrlich wallte, weshalb Keidel ihn ›Mein Silberlöckchen‹ nannte.

Sich selbst hatte Keidel, als Ausdruck seines Philhellenismus, den Namen Jannis Paradeisos gegeben, weil er mit Natur-, speziell Garten- und Blumengedichten, begonnen hatte.

Keidel saß inmitten der Mittagsstille auf seiner Bank, umrauscht von einem undeutlichen Stimmengewirr der Besucher im Hintergrund.

Er trank seinen Kaffee, er biss in das belgische Waffelgebäck, das laut knackte, und er hatte das blaue ›Logbuch‹ aufgeschlagen, um ein Gedankengebilde festzuhalten.

Eine leichte, unerklärbare Unruhe hatte sich seiner bemächtigt.

Wo kam sie auf einmal her?
Was hatte sie zu bedeuten?
Er fasste sich aus Gewohnheit mit der rechten Hand in den Schritt. Was versprach er sich wohl davon? Er blickte um sich. War da nicht ein Rascheln in den Papyrusbüschen? Es war windstill.
Wo also kam das Rascheln her?
Oder hatte er sich dieses nur eingebildet?
Er drehte sich jedenfalls dorthin, wo das Raunen der Zweige und Blätter herzukommen schien.
Nichts. Niemand zu sehen und zu hören. Lächerlich.
Er starrte auf das Papier, schraubte den Füllfederhalter auf, stülpte die Füllfederkappe auf das Halterende. Dann legte er los und schrieb in einem Atemzug, denn er merkte, dass er kaum atmete:

sterben

wenn wir sterben,
sollte nicht sein,
dass wir alle leiden hinter uns
und das glück vor uns
gelassen haben.

Die Unruhe von vorhin meldete sich wieder, jetzt begleitet von einem lauten Herzklopfen, das er hin und wieder schon einmal hatte, das sich gern in Ruhephasen, beim Einschlafen etwa, pünktlich einstellte wie die Krankheit des Lehrers zur Ferienzeit. Der Hausarzt hatte alles angestellt, was ein Schulmediziner so routinemäßig anzustellen pflegt, wenn ihm nichts einfällt. Ohne Erfolg.
Schon dachte er, diese Bangigkeit ginge vom Text aus:
»Mitten im Leben wir vom Tod umfangen sind.«
Albern so etwas.
Wer hatte ihm dieses Zitat geschickt?
Er saß nachdenklich über sein Papier gebeugt, ließ die Augen über die Zeilen gleiten. Ja! Er war mit sich zufrieden. Die Zeilen hatten Bestand.
Dann ging alles sehr schnell.
Wie er seine sieben Sachen zusammenpackte, die Gebäckschachtel der belgischen Waffeln in die Hülle schob und sich gerade bückte, um seine abgestellte Tasche aufzuheben, traf ihn etwas an der rechten Schulter, kein besonders harter Schlag, begleitet von einem stechenden Schmerz. Keidel ließ sich geistesgegenwärtig – so etwas hat man schließlich

immer wieder geübt, bis es einem in Fleisch und Blut übergeht – über die gesunde linke Schulter abrollen, zog, automatisch auch dies, die Pistole, sprang auf, nahm die typische Hab-Acht-Stellung des Polizisten ein, stand plötzlich breitbeinig und mit eingeknickter Hüfte da, hielt mit beiden Händen die Magnum umfasst, die er auf die Stelle gerichtet hielt, aus der der Schuss kam, lief dann hinter die Bank auf die Papyrusstauden zu, bog diese zurück und sah in einiger Entfernung einen jungen Mann – mittelgroß, schwarzes Haar, Jeans, Turnschuhe, ein blaues T-Shirt –, mehr konnte er nicht erkennen, mehrere Treppenstufen auf einmal nehmend, wie er erst in einer Menschentraube von japanischen Touristen verschwand, sich dann in die nächste Touristen-Traube hineinschraubte und sich dergestalt weiterreichte an eine andere, schoss, er wusste selbst nicht, warum, einen Warnschuss in die Luft, wollte »Haltet den Dieb!« rufen, ließ es sein, der Junge war kein Dieb, er war ein Attentäter. Er stand also mit der hochgereckten rechten Faust, die die Dienstpistole umfasste, kam sich lächerlich vor, nahm den Arm herunter, sicherte die Waffe, griff zum Handy und gab seinen ›Fast-Tod‹ den Kollegen durch, beschrieb ihnen, in welche Richtung der Täter geflohen war und wo sich sein Standort befand. Dann setzte er sich wieder hin, schraubte die Thermosflasche auf, goss sich mit jetzt ruhiger Hand, als wäre nichts gewesen, Kaffee in die Tasse. Er musste sich erst einmal stärken. Sein Herzklabaster war weg, dafür saß ihm der Schreck in den Knochen.

Er wartete, bis die Kollegen kamen.

Gehrcke kam als Erste auf ihn zugerannt, umarmte ihn spontan, zog mit beiden Händen seinen Kopf an sich und küsste ihn. Block wollte nicht nachstehen. Auch sie umarmte ihn und ließ ihn eine Weile an ihren weichen Brüsten ausruhen und küsste ihn. Das tat gut, der Schmerz war auf einmal vergessen. Auch Meternagel überlegte, ob er seinen Chef umarmen sollte, kam aber mit seinen Überlegungen nicht zurande, drückte Keidel stattdessen kräftig die Hand und sagte einfühlsam: »Noch einmal Glück gehabt, alter Haudegen!«

Keidel sagte dazu nichts. Das Glück hatte ihn ganz gefangen genommen.

Ja, tatsächlich – noch einmal Glück gehabt. Für so viel Mitgefühl hätte er sich gern noch einmal verwunden lassen.

»Mitten im Leben wir vom Tod umfangen sind!«, räsonierte Keidel.

Als er am nächsten Tag das Lokalblatt aufschlug, hatte er schwarz auf weiß vor sich, was gestern passiert war:

Gestern Nachmittag, gegen vierzehn Uhr, wurde auf Kriminalkommissar K, der die SOKO SENEX leitet, ein Attentat verübt. Nur der Geistesgegenwart des Kommissars ist es zuzuschreiben, dass er überlebte und mit einer kleinen Schürfwunde an der rechten Schulter und dem Schrecken davonkam. Der Attentatsversuch wird in Zusammenhang gebracht mit den Ermittlungsbemühungen der SOKO SENEX, die sich mit den in letzter Zeit eskalierenden Angriffen auf alte Menschen beschäftigt. Vom Täter fehlt bis jetzt jede Spur. Die Polizei hat die Ermittlungen aufgenommen. Zeugen, die den Attentäter gesehen haben, mögen sich bitte unter den folgenden Nummern melden. Anonymität wird zugesichert.

29.

Die Geschichte wird jetzt angehalten. Sie muss für einen Augenblick zur Ruhe kommen. Das liegt nicht an ihrer Müdigkeit, wenngleich auch Geschichten einmal müde werden können und dann eine Ruhepause benötigen. Das, wie gesagt, ist hier nicht der Fall. Jedenfalls nicht so ganz der Fall. Vielleicht ist sogar der Hinweis auf die Ruhepause missverständlich. Könnte ja sein. Denn immer, wenn erzählt wird, vergeht Zeit. So oder so. Und in der Zeit, die vergeht, passiert immer etwas. Es muss nicht gleich ein spektakuläres Ereignis sein. Selbst, wenn nur Personen eingeführt und beschrieben werden – so wie jetzt David Wortmann, der an der Reihe ist – läuft die Uhr.

Die ›Stadtzeitung‹, bekannt für ihre fetzigen Besprechungen, schrieb über ihn:

Der Mann ist einfach hinreißend. Er ist ein Phänomen. Wo auch immer und vor wem auch immer er auftritt, der smarte Kerl, Typus ewiger Jüngling, fasziniert Groß und Klein, Jung und Alt mit seiner Rezitationskunst. Ihrer Ausstrahlungskraft kann sich keiner entziehen. Wenn Wortmann vorträgt, verschlägt es einem den Atem.

Nicht minder überschwänglich lobte auch der ›Express‹ Wortmann:

Wortmann. Ein Name, ein Programm. Wo der hinspricht, da wächst kein Gras mehr. Der haut alle um. Seiner suggestiven Ausdruckskraft entgeht keiner. Selbst Hunde schlagen auf einmal an. Seit Klaus Kinski hat es das nicht mehr gegeben.

Wer war dieser David Wortmann? Dieser David? Dieser Liebling?

Jung, dreißig Jahre alt, etwa einsachtzig groß. Nicht Athlet, nicht Pykniker, nicht Leptosom, sondern ein Mischtyp, der auf den ersten Blick, der bekanntlich für die Sympathieentscheidung so wichtig sein soll, dem amerikanischen Zauberkünstler David Copperfield nicht unähnlich sah. Das Verbindende war äußerlicher und beruflicher Art. Wortmann trat wie Copperfield auch meistens in schwarzer Hose, schwarzem Pullover aus feinem Garn und weißem Sakko von nicht minder exzellenter Qualität auf. Auch er war Zauberkünstler, der die Menschen allerdings anders als Copperfield durch das Wort verzauberte. Offiziell nannte er sich Rezitator.

Wortmann hatte in T bei dem bekannten Tausendsassa Walt J Rhetorik studiert und über das Thema ›Punkt, Punkt, Komma, Strich – über die Anbahnung von Verstehensleistungen literarischer Texte durch Rezitieren‹ mit summa cum laude promoviert. Als er sich über seine Karriere noch im Unklaren war und auch gerade keine Stelle frei war am Institut von Walt J, ließ sich Wortmann in Wien an der berühmten ›Max-Reinhardt-Schule‹ zum Schauspieler und an der ›Cicero-Ars-Dicendi-Hochschule‹ in Z nebenan im Nachbarland zum Redner ausbilden.

Als am Rhetorik-Institut in T immer noch keine Stelle frei war, riet Walt J seinem Lieblingsschüler, sich bei den Medien um eine Stelle und um Einflussnahme zu bemühen, was David Wortmann denn auch tat und nicht bereute. Er wurde im regionalen Fernsehen und bei einem privaten Sender Nachrichtensprecher und sagte auch schon einmal das Wetter so suggestiv voraus, dass die Menschen froren, wenn er Frost voraussagte, und schwitzten, wenn er eine Hitzewelle ankündigte. Da er aber von Liebesbriefen schöner junger und alter Frauen sowie schöner junger und alter reicher Männer nur so überschüttet wurde, seinetwegen erste Selbstmordfälle bekannt wurden und er ohne Polizeischutz niemals den Sender verlassen konnte, entschlossen sich die Vertragsparteien, im gegenseitigen Einvernehmen und gegen eine Abfindung von einer Million, den auf mehrere Jahre geschlossenen Vertrag aufzulösen.

David Wortmann gründete eine eigene ›Schule für therapeutische Rhetorik‹, in der Lehrpersonen und andere hilflose Helfer und Helferinnen im ›Gesundsprechen‹ ausgebildet wurden.

Seit einiger Zeit galt das Hauptaugenmerk Wortmanns aber einer besonders ausgefeilten Rezitationstechnik, die er zu entwickeln begann und der er den Namen ›Salvator-Rhetorik‹ gab, womit zunächst niemand etwas anzufangen wusste. Diese therapeutische Ausdruckskunst fußte auf dem klassischen Reglement der Prosodik, die bekanntlich Lautstärke, Tonhöhe, Tempo, Artikulation und Akzentuierung umfasst. Dieses Fundament reicherte Wortmann mit Rezitativelementen an. Der dritte Baustein bestand aus Entlehnungen aus der Gregorianik wie beispielsweise dem auf das Finale hin ausgerichteten monotonischen ›Ténor‹, auch ›Halteton‹ genannt. Schließlich integrierte er in seine ›Salvator-Rhetorik‹ die so genannten ›melodischen Floskeln‹, mit denen bestimmte Textstellen ausgeschmückt und betont werden. Dieses ›therapeutische Psalmodieren‹, wie Wortmann seine Rezitationskunst im Freundeskreis gelegentlich auch nannte, hielt die Mitte zwischen Sprechen und Gesang, war mehr als nur Sprechen und weniger als Gesang.

Wortmann kam seine sonore, volle und warme Stimme sehr zugute, von der eine besonders suggestive Wirkung ausging. Und die erfasste die Zuhörenden aller Altersstufen und beiderlei Geschlechts, so dass seine Zuhörerschaft dem Rezitationsvortrag wie in Trance beiwohnte. Man hätte die berühmte Stecknadel fallen hören, so still war es, wenn Wortmann vortrug. Nun also erprobte Wortmann eine weitere Steigerung. Wohin sie wohl führen würde?

Wortmann war, wen wundert es, lange Zeit auch ein gern gesehener Gast in Schulen, Seniorenheimen und anderen Gefängnissen. Im Fernsehen hatte er, als dort noch alles rund lief, seine feste Rezitationszeit, samstags um zwanzig Uhr, und konnte höchste Einschaltquoten aufweisen. Er stach sogar die Porno- und die Sportsendungen aus. Mit einem Wort: Er war begehrt, gut bezahlt, ob auch glücklich, muss an dieser Stelle nicht geklärt werden.

Vom Repertoire Wortmanns ging ein zusätzlicher Zauber aus. Sein mit Abstand beliebtestes Programm war sein ›Liebeswehen‹, ein Programm erotischer Literatur aus Antike und Moderne. Eine Auswahl für Feinschmecker betraf die Erzählungen de Sades, die unter anderem aus dem ›Französischen Boccaccio‹ stammten, einer Erzählsammlung, die de Sade seinerzeit im Gefängnis schrieb, wo er wegen Päderastie einsaß. Wenn Wortmann daraus vortrug, kam es immer wieder einmal vor, dass einige Zuhörerinnen in Ohnmacht fielen oder Männer von Pollutionen heimgesucht wurden. Wegen seiner erotischen Stimme erhielt Wortmann haufenweise unmoralische Angebote, über deren Qualität er nichts verlauten ließ.

Dann stellte er von heute auf morgen auch seine Lesungen an Schulen ein, was ein großes Rätselraten auslöste. Der Grund war der, dass die Schulämter wegen der jugendgefährdenden Tendenzen seiner Rezitationskunst Auftritte von Wortmann nicht mehr genehmigten.

Um so überraschter zeigte sich die Öffentlichkeit, als der wortgewaltige David Wortmann nach längerer Vortragspause plötzlich wieder mit den Lese-Touren begann. Den Anfang machte er in einem von ›Huldvollen Schwestern‹ geführten Altersheim in I, in dem Prominente des Geistes und des Geldes in schönen Appartements untergebracht waren und das für seine Freizügigkeit bekannt und wegen seiner losen Sitten bereits mehrmals in die Schlagzeilen geraten war.

Wortmann war erstaunt, dass seine Honorarforderungen von fünftausend Euro anstandslos erfüllt wurden. Noch erstaunter aber war er, als die Anstaltsleitung ihn bat, sein De-Sade-Programm ›Liebeswehen‹ vorzutragen. Dies sei der ausdrückliche Wunsch der Mieterinnen und Mieter des Heimes gewesen, die in einer außerordentlichen Vollversammlung einstimmig für dieses Programm votiert hätten. Diesem Wunsch hätte sich die Anstaltsleitung trotz einiger moralischer Bedenken nicht entziehen können. Hinzu kam, dass ein edler Spender, der nicht genannt sein wollte und den Wortmann unter seinen Verehrerinnen vermutete, für das Honorar und die nicht gerade geringen Spesen aufkam. Die ›Huldvollen Schwestern‹ hatten das Refektorium fein hergerichtet. Ein Podium für den Auftritt des Wortzauberers war eigens installiert worden, und für ein am Kopf tragbares Mikrofon war gesorgt. Links und rechts war das Podium mit hohen Blumengebinden in zartem Gelb und Weiß dekoriert worden. Auf dem Tisch stand eine Flasche stilles Wasser mit einem Wasserglas. Eine Tischleuchte, Modell Bauhaus, sollte für das Leselicht sorgen, und zwei Spotlights sollten den Meister ins rechte Licht rücken. Die lokale und überregionale Presse war eingeladen und auch vollzählig mit zwei Personen erschienen.

Wortmann hatte für die Presse ein Handout vorbereitet. Darin platzierte er das Wort ›Epiphanie‹ im Zusammenhang mit seiner neuen Vortragstechnik ›Salvator-Rhetorik‹ an zentraler Stelle, was die Journalisten schmunzeln ließ. Er habe, ließ er die Öffentlichkeit wissen, an der Kunst des therapeutischen Rezitierens lange gebastelt und gefeilt und mehrere Reisen in Länder der Dritten Welt unternommen, in denen die mündliche Erzählkunst noch lebendig sei. Die Veranstaltung im Seniorenheim der ›Huldvollen Schwestern‹ war als privat und intim eingestuft worden. Nur geladene Gäste waren willkommen. Für einen Empfang nach der Lesung war ein raffiniertes Buffet mit diversen Vorspeisen und edlen Tröpfchen vorbereitet worden, für die ein anderer, Wortmann nicht bekannter Sponsor, der für Handfeuerwaffen ein weltweites Monopol besitzt, seine Privatschatulle aufmachte. Dessen an geistiger Verwirrung leidende Mutter, die sich als Marlene Dietrich ausgab, war zahlendes Mitglied dieses erlauchten Klosterunternehmens.

Als Wortmann erschien, in weißem Sakko mit schwarzem Kavalierstüchelchen über schwarzem Darunter, mit einer schwarzen Dokumentenmappe unter dem Arm, die die Lesetexte enthielt, ertönten zaghafte »David«-Rufe der Fans, nicht sehr laut und nicht sehr anhaltend, den Stimmleistungen der alten Leutchen angepasst. Wortmann lächelte sparsam, Wortmann verbeugte sich sparsam, Wortmann gab dann seiner Freude sparsam Ausdruck, dass er... Blabla-Blabla ... und so weiter. Er werde in zwei Etappen lesen, er gebrauchte tatsächlich den militärischen Begriff ›Etappe‹. Nach der ersten Etappe werde er eine kleine Zwischenpause einlegen. Dann wünschte er viel Vergnügen beim Vorlesevortrag.

Nach diesen Auslassungen schlug Wortmann die Mappe auf, warf einen prüfenden Blick aufs Papier, blickte hoch und nahm mit dem Publikum Kontakt auf. Auf den Blickkontakt beim Vorlesen legte er den größten Wert. Dieser entschied seiner Meinung nach mit darüber, ob das Publikum bei der Stange blieb. Außerdem zeigte ihm der Blickkontakt, wie es um die Aufmerksamkeit seiner Klientel bestellt war.

Dann kam der Einsatz der Stimme. Und die war tief, warm, in der Lautstärke dem Text angemessen. Trotzdem hielten nicht wenige im Publikum ihre von Altersflecken übersäten Hände wie Muscheln ans Ohr.

Die Marquis-de-Sade-Texte hatte Wortmann listig hinter der Überschrift ›Die Liebe – eine Einladung in die Hölle‹ versteckt. Für den Anfang hatte er den ›Lebensklugen Lehrer‹ ausgewählt, eine Erzählung, in der ein geistlicher Erzieher seinem vierzehnjährigen Zögling den Gedanken der göttlichen ›Konsubstantialität‹ und den Gedanken der nicht minder göttlichen ›Trinität‹ in einem handfesten Anschauungsunterricht mittels eines weiblichen Mediums ad personam erläutert. Daran schloss die amüsante Erzählung vom ›Redekünstler der Provence‹ an, in der ein kluger und sprachgewandter Matrose eine zentrale Rolle spielt, der des Persischen mächtig ist und daher bei der Begrüßung eines hohen persischen Gastes als Übersetzer fungiert. Die Pointe der Geschichte will es, dass er vom persischen Gast für einen abtrünnigen Moslem gehalten wird. Um den Gegenbeweis anzutreten, lässt er seine Hose herunter, um dem Gast ad oculos zu demonstrieren, dass er kein Moslem sein könne.

Danach gab es eine kleine Pinkelpause, die, kein Wunder, bei dem Publikum, eine ganze Stunde ausmachte. Dann kam die grauenvolle Geschichte über einen Seelenverkauf an den Teufel an die Reihe, ehe die Zeit reif war für Wortmanns Glanzstück, de Sades ›Die Vergeltung‹.

Wortmann ging die Rezitation mit dem für das Rezitativ typischen, auf das Finale hin ausgerichteten monotonen Rezitationston an.

In der Erzählung wird ausgeführt, wie ein geiler Ehemann mit seiner zweiundzwanzigjährigen Kusine dritten Grades, einer flotten, brünetten Nonne »mit lebhaften Augen, einem schelmischen Gesichtchen, aufgestülptem Näschen und einer zierlichen Figur« eine deftige Beziehung eingeht. Die sich Pétronille nennende Kusine dritten Grades besitzt eine »schöne Stimme und weit mehr Temperament als Frömmigkeit«.

Solche anschaulichen, die Gestalt hervorhebenden Textstellen umsang, ach was, umschmeichelte Wortmann gekonnt mit genau gesetzten melodischen Floskeln, hob durch Lautstärke die bedeutungstragenden Wörter »weit mehr« hervor und dehnte mit brüchiger Stimme das Wort »Frömmigkeit«, bis es zerbröselt und ausgehaucht war. Normalerweise lachte das Publikum an dieser Stelle, oder es schmunzelte zumindest. Nichts dergleichen heute. Wortmann schien nicht weiter überrascht.

›Euch wird das Lachen bald ganz vergehen‹, dachte er.

Der Grund für das Ausbleiben des Lachens war schnell ausgemacht. Der Blick ins Publikum zeigte Wortmann ein vielfaches und dauerhaftes Gähnen. Vielerorts entdeckte er verschobene Perücken oder auf Stühlen verrenkte, in sich zusammengefallene Gestalten, die bettsehnsüchtig aussahen.

Dann kam jene Stelle in der Erzählung, wo es hieß, dass »eine zehnjährige Gewöhnung der ehelichen Leidenschaft äußerst abträglich« sei. Wortmann umsang die »Gewöhnung« mit einer Ausdauer, dass zu befürchten stand, der Vortrag bliebe an diesem Wort hängen, als sei es das letzte gesprochene Wort, und es käme nichts mehr hinterher. Wortmann hatte natürlich diese Inszenierung durchaus kalkuliert und in ihrer Wirkung berechnet, die auch prompt eintrat. Die melodischen Floskeln ließen Wortmann genügend Zeit, sein Publikum, mehr noch die Wirkung seiner ›Salvator-Rhetorik‹ zu beobachten.

Und was sah er?

Das Publikum kam aus dem Gähnen gar nicht mehr heraus. Ein Großteil war bereits eingenickt, andere schnarchten leise, eine Minderheit kämpfte noch mit dem Schlaf, indem sie sich übers Gesicht strich oder ihre Perücken richtete. Ein Krankenwärter schlich auf leisen Sohlen mit aufgerissenem Maul, das von der vorgehaltenen Hand nur notdürftig verdeckt wurde, wankend nach draußen. Schwester Margarethe, die sich in ihrer Not ihre von Müdigkeit nassgeweinten Augen rieb, war ebenfalls aufgestanden, hatte, ohne groß nachzudenken, mit beiden Händen den Saum der langen Kutte gefasst, um ihre Tränen der Müdigkeit zu trocknen. Diese sympathische Nachlässigkeit der Nonne sorgte dafür, dass ihre schönen Beine, die in schwarzen, von Strapsen gehaltenen Netzstrümpfen steckten, zum Vorschein kamen. So verließ sie das Refektorium, wer weiß, warum.

›Multum, non multa‹, dachte Wortmann. Und er musste auf einmal grinsen.

Im Text kam jetzt die Stelle, wo der Ehemann von seiner Frau wegen seiner unziemlichen Abweichungen von der ehelichen Treue zur Rede gestellt wird.

An dieser Stelle hob Wortmann den Singsang um einen halben Ton an, um ihn sogleich wieder bei der Replik des Mannes um denselben halben Ton zu senken.

Der Ehemann weist empört den Vorwurf der Untreue zurück, rechtfertigt sein Verhalten im Gegenteil mit dem Hinweis auf die »Läuterung der Seele«, die er durch den Umgang mit seiner Kusine, einer »Heiligen«, erfahren habe.

Bei dem Stichwort »Läuterung« lief Wortmann zur Hochform auf. Man konnte den Eindruck gewinnen, er wolle die zuletzt noch verbliebenen wachen Gäste mit aller Gewalt in den Schlaf schicken. Er tremolierte und kollorierte, nahm das Tempo heraus und ging noch einmal einen halben Ton runter mit der Stimme, reduzierte auch die Lautstärke, so dass im Handumdrehen die Wachgebliebenen fortlaufend das Wort »Euter« zu hören meinten. War es sprechstrategisch gewollt oder nicht, jedenfalls nahm der Schlaf die wachen Restposten mit sich fort, die nun vielleicht davon träumten, an der Mutterbrust eingeschlafen zu sein.

Wortmann hörte hier und da im Publikum noch ein kurzes Schnarchen, das allmählich nachließ, und er hörte, wie einige Alte von den Stühlen plumpsten und auf dem Boden weiterschliefen. Das ältere Personal wurde genauso von dieser Lethargie erfasst wie die anwesenden zwei Journalisten, die ebenfalls schon in den Jahren waren.

›Was werden die morgen schreiben?‹, dachte Wortmann.

Kurzum! Die Leute bekamen nicht mehr die Pointe der Erzählung mit, die so lautet: Die Ehefrau macht sich die Argumentation ihres Ehemannes zu Eigen und lässt sich von einem Abbé, einem stadtbekannten Schürzenjäger, »läutern«.
Als Wortmann, während er langsam seine Papiere zusammenpackte, ins Publikum blickte und den schlafenden Menschenhaufen sah, huschte ein kurzes, triumphierendes Lächeln über sein Gesicht, das mehr einem Grinsen glich. Niemand bekam es zu sehen.
In der Zwischenzeit hatten Schwester Margarethe und der geflüchtete Wärter die Heimleitung alarmiert. Die rief den wachhabenden Arzt, der sofort den Krankenwagen anforderte, während der Heimleiter die Polizei rief.
Wortmann hatte sich still auf das Büfett zubewegt, legte auf einem Stuhl seine Dokumentenmappe ab und begann, sich an Kanapees und einem Glas Merlot gütlich zu halten. Dergestalt bewaffnet, machte er sich erneut seelenruhig in das Refektorium auf, wo der Arzt und die herbeigeeilten Nonnen sich ganz der ersten Hilfe widmeten, so dass sie Wortmann gar nicht wahrnahmen. Der blickte um sich. Was in ihm vorging, war nicht auszumachen.
Wie es schien, war niemand von den Schläfern wieder aufgewacht. Sie ruhten in ewigem Frieden. Wortmann ließ den Leiter des Heimes, Balthasar Altbüßer, der aufgeregt herumlief, wissen, dass er hier im Augenblick nur störe, er bedaure den Vorfall, ziehe sich jetzt zurück und sei zu Hause erreichbar, falls er gebraucht werde. Einen Hinweis auf das Honorar verkniff er sich in diesem Augenblick. Er verabschiedete sich und ging nach draußen, auf den Parkplatz zu. Schwester Margarethe meinte zu sehen, dass sein Gang beschwingt war.
Als Wortmann mit seinem Wagen auf die Landstraße einbog, kamen ihm eine Karawane von Krankenwagen sowie ein Polizeiwagen entgegen. Wortmann öffnete das Fenster ein wenig, schob eine CD ein und lehnte sich zufrieden, wenn auch ein wenig erschöpft, in seinem Sitz zurück.
Dann ertönte Beethovens ›Neunte‹.

30.

Kommissar Keidel hatte Schwester Margarethe und den jungen Krankenpfleger, der vor ihr den Raum verlassen hatte, zu sich rufen lassen, um sie als Zeugen zu befragen. Begleitet wurde er von Gehrcke und Meternagel.
»Berichten Sie doch einfach einmal, wie der Abend verlaufen ist, Schwester Margarethe!«

»Das ist schnell erzählt, Herr Kommissar. Herr Wortmann, ein reizender Mann und unvergleichlicher Rezitator, hat seine Texte vorgetragen. Allmählich wurden die Leute im Publikum müde, ich weiß auch nicht, aus welchem Grund. Mich befiel schließlich ebenfalls eine Müdigkeit. Als ich die ersten Male gähnte, hielt ich das noch für eine alltägliche und die selbstverständlichste Reaktion des erschöpften Körpers. Ich dachte auch, dass es an der schlechten Luft im Raum liegen könnte. Dann wurde ich so müde, dass ich mir sagte, jetzt nichts wie raus, sonst pennst du ein. Mir begannen auch meine Augen zu tränen, das habe ich oft, wenn ich sehr müde bin.«

»Können Sie sagen, wann genau diese Müdigkeit einsetzte?«

»Nein. Die stellte sich ganz allmählich ein.«

»Sie haben also keine Erklärung für die Müdigkeit, die, wie sich bei einigen herausgestellt hat, in den Tod führte.«

»Ja, das ist ja schrecklich, Herr Kommissar. Wie stehen wir jetzt da? Ich will nicht wissen, was morgen in der Presse steht.«

»Sie haben nichts gerochen, was auf Gas hätte hindeuten können?«

»Nein. Das hätte ich gemerkt.«

»Kann es an den Texten gelegen haben, Schwester Margarethe?«, wollte Gehrcke wissen.

»Wieso denn an den Texten? Die waren witzig und ... wie soll ich sagen ...«

»Nun, Sie zögern?«

»Ja, die waren spannend.«

»Handelte es sich vielleicht um Krimierzählungen?«

»Nein!«

»Um was denn dann?«, schaltete sich Keidel ein.

»Es waren alles Geschichten ... von Marquis de Sade.«

»Sie lassen erotische Geschichten ausgerechnet von de Sade zu, dem schlimmen Aufklärer, der als Begründer der Hardcore-Erotik gilt?«, lachte Keidel.

»Herr Kommissar, wir sind ein aufgeschlossenes Heim, und es war der ausdrückliche Wunsch unserer Bewohnerinnen und Bewohner. Sie haben sich in einer Vollversammlung einstimmig dafür ausgesprochen. Sie müssen das so sehen. Diese alten Menschen führen ein Leben, das nicht gerade reich an Höhepunkten ist. Und da ist ein wenig deftiges Futter für die Phantasie doch kein Sündenfall. Denken Sie nur an die Bibel, dort trieft es nur so von Sünde und Mord. Und im Übrigen halten wir ›Huldvollen Schwestern‹ uns an den Grundsatz: ›Omnia ad maiorem Dei gloriam‹.« Schwester Margarethe lächelte schelmisch.

»Von den erotischen Texten kann die Müdigkeit Ihrer Meinung nach nicht ausgegangen sein?«
»Ich würde sagen, nein.«
»Befragen wir doch einmal unseren Krankenwärter, Herrn ...«
»Schwingenschlögl, wenn ich bitten darf.«
»So, Schwingenschlögl, ein interessanter Name, Herr Meternagel, das ist unser Sprachspezialist, was meinen Sie?«
»Schwingenschlögl, bayerisch, meint den Beruf des Büttners oder Fassbinders.«
»Danke, Herr Kollege, jetzt sind wir in unseren Ermittlungen einen Schritt weiter. Also, Herr Schwingen ...«
»...schlögl, Schwingenschlögl, Herr Kommissar. Das ist höchst einfach. Meine Frau, die Grundschullehrerin ist, hat eine erste Klasse. Die Kinder prägen sich den Namen beim ersten Hören sofort ein. Und was die Erstklässler können, Herr Kommissar, das sollte doch auch ...«
»... mir möglich sein, wollten Sie sicherlich sagen. Und da haben Sie auch vollkommen Recht, Herr Schwingenschlögl. Nun könnte das leichtere Einprägen des Namens auch an Ihrer Frau liegen. Ist Ihre Frau hübsch?«, fragte Keidel lachend, um sogleich fortzufahren:
»Also, wie haben Sie den Vortragsabend und die turbulenten Ereignisse wahrgenommen? Haben Sie eine Erklärung dafür?«
»Mir ging es ähnlich wie Schwester Marga.«
»Marga, wer ist das?«
»Ach, unter uns nennen wir die Schwester Margarethe so, das ist gewissermaßen ihr Spitzname.«
Schwingenschlögl sah Schwester Margarethe an und wurde rot. Und die Schwester sah Schwingenschlögl an und wurde rot.
»Haben Sie vielleicht etwas gerochen?«
»Sie meinen Gift? Nein. Nichts.«
»Und wie war das bei Ihnen mit dem Müdewerden?«
»Ähnlich wie bei Schwester Marga ...«
»Margarethe ...«
»... ja, wie bei Schwester Margarethe. Ich musste nach und nach stärker gähnen. Mir kam es so vor, als ginge vom Vortrag diese Müdigkeit aus. Aber, das ist albern, ich weiß.«
»Das ist höchst interessant, Herr Schwingenschlögl«, nahm nun Gehrcke am Gespräch teil.
»Wie das, verehrte Kollegin?«
»Ich meine zunächst, man sollte jedem Hinweis, auch dem verrücktesten, nachgehen. Das ist doch eine alte Polizeiregel, die uns doch immer wieder eingebläut wird. Mehr wollte ich nicht sagen, Herr Keidel. Ich bin weder eine Rhetorikerin

noch eine Sprachspezialistin noch eine Sprachtherapeutin. Aber man sollte diesen Zusammenhang doch einmal überprüfen.«

Meternagel kam nicht mehr dazu, sich als Sprachexperte einzubringen. Keidel hatte die Befragung einfach abgebrochen. Er bat Meternagel, den Heimleiter herbeizuzitieren, was dieser auch brav tat.

»Herr Altbüßer kommt gleich. Wollen Sie wissen, Herr Kommissar...?«

»Ja, in Gottes Namen, ja, sagen Sie uns, was der Name bedeutet!«, grantelte Keidel.

»Altbüßer hat nichts mit der Buße zu tun, die vor dem Sündenerlass kommt. ›Büßer‹ oder ›büßen‹ geht auf mittelhochdeutsch ›büeßen‹ zurück und meint ›ausbessern‹. Altes ausbessern. Später engte sich die Bedeutung ein. Das Ausbessern wurde ausschließlich auf den Flickschuster bezogen.«

Altbüßer war eingetreten.

»Herr Altbüßer, wissen Sie, was Ihr Name früher einmal bedeutet hat? Unser Sprachgenie, Kollege Meternagel, hat es uns soeben wissen lassen.«

»Nein, Herr Kommissar. Ich habe im Augenblick auch andere Sorgen, wichtigere Sorgen.«

»Wir haben soeben zwei Zeugen befragt, die an dem Vortragsabend teilgenommen haben, ohne auf irgendwelche Anhaltspunkte gestoßen zu sein. Jetzt sind Sie an der Reihe.«

»Herr Kommissar, es ist mir peinlich, dies zu gestehen, aber ich konnte dem Vortrag nicht beiwohnen, leider, ich hatte anderweitig dringende Geschäfte...«

»Anderweitig, sagen Sie. Welcher Art waren denn diese ›dringenden Geschäfte‹, die Sie abhielten?«

»Darüber bin ich Ihnen keine Rechenschaft schuldig, Herr Kommissar. Es muss Ihnen genügen, dass ich nicht anwesend war.«

In Keidels Augen fiel Kälte ein und entsprechend scharf war auch seine Antwort.

»Herr Altbüßer, wir ermitteln in einem Fall, der, so sieht es aus, mit Mord zu tun haben dürfte. Und da wollen Sie keine Rechenschaft über Ihre Abwesenheit ablegen? Das nenne ich Verweigerung der Kooperation.« Keidel presste seine Lippen zusammen und zischte:

»Wir könnten natürlich auch der Frage nachgehen, inwieweit Ihre Abwesenheit etwas mit diesem Mordfall zu tun hat.«

»Aber, Herr Kommissar, wenn ich doch gar nicht anwesend war, wie soll ich dann...«

»... den Mord begangen haben, wollten Sie sagen? Nun, ich gebe eine Frage an Sie zurück: Waren Sie überhaupt abwesend?«
»Ich konnte dem Vortrag Wortmanns nicht beiwohnen. Das können doch Schwester Margarethe und Herr Schwingenschlögl bestätigen.«
»Nun, glauben wir Ihnen das einfach einmal für einen Moment. Haben Sie Zeugen, die Ihre Anwesenheit an anderer Stelle zur fraglichen Zeit bestätigen können? Ihre Frau vielleicht? Oder Freunde?«
»Ich bin nicht verheiratet.«
»Um so besser, Herr Altbüßer. Dann genießen Sie alle Freiheiten der Welt. Ich frage Sie also noch einmal: Wo waren Sie zur fraglichen Zeit? Und: Haben Sie Zeugen?«
»Herr Kommissar, muss das jetzt sein? Ich meine ...«
»Wollen Sie mir vielleicht unter vier Augen ein süßes kleines Geheimnis anvertrauen?«
Keidel stand auf und lud Altbüßer mit einer Geste ein, ihm in eine Ecke des Flurs zu folgen, wo beide tuschelten. Die Zurückgebliebenen sahen, wie Keidel sich nach kurzer Zeit von Altbüßer verabschiedete, dann raschen Schritts zurückkam und ohne einen Kommentar das Zeichen zum Aufbruch gab. Unterwegs, schon außerhalb der Mauern des Altenheimes, erfuhren Gehrcke und Meternagel Folgendes:
»Unser Schürzenjäger hatte in seinem Büro etwas mit einer russischen Küchenhilfe. Lassen wir ihm den Spaß. Frau Gehrcke, wollen Sie das bitte überprüfen? Und Sie, Herr Meternagel, möchte ich bitten, in der Küche in die Töpfe zu sehen und nachzufragen, ob im Essen ein Müdigkeitsvirus versteckt war. Morgen um zehn Uhr treffen wir uns im Büro. Ich empfehle mich. Gute Nacht!«

31.

Keidel hängte seine schlechte Laune am Kleiderständer auf. ›Bleib da hängen im Polizeimief, meine Sorge. Ich will dich heute Abend nicht. Ich will mein Sanssouci, meine Susanne, ihre forschen, ihre fordernden Schenkel. In diesen Keil passt mein müder, schwerer Kopf.‹ Die gute Laune wollte Keidel sich im ›Alpha‹ bei einem kühlen Hellen und einigen Tapas holen. Und dann zu Susanne eilen.
Als er gegen zweiundzwanzig Uhr das Polizeipräsidium verließ, um die paar Schritte zum spanischen Lokal zu gehen, atmete er erst einmal tief durch unter dem klaren Himmel, in den hell und neugierig die Sterne eingebrannt waren, die

in ihm Erinnerungen an die Jugend in der Pfadfindergruppe wachriefen, jene Zeit der durchwachten Nächte in Schonungen oder auf Wiesen am Lagerfeuer, abenteuerhungrig wie er damals war. Die Erinnerungen waren eine zusätzliche Schubkraft neben der Freude auf das einfache spanische Essen und den ausgelassenen Sex bei Susanne.
Susanne war eine verheiratete Designerin, die für die große Firma in P die Küchengeräte entwarf und für die andere, nicht minder große Firma in N, für Schreibutensilien schmeichelnde Formen entwickelte, so dass sie leicht in der Hand lagen und den Schreibfluss erleichterten. Susanne war wenige Jahre jünger als Keidel, von habhafter, runder Umfänglichkeit, dass man sie gern und immer wieder anfassen und bei ihr liegen mochte. Sie war in jenem Alter, wo das Genießen viel zählte und die Kontrolle des Gewichtes keine so große Rolle mehr spielte. Ihre geheimen Zusammenkünfte fanden in Susannes großem, gemütlich eingerichtetem Büro statt, das sie in kluger Einschätzung weit weg von ihrer Wohnung gemietet hatte. Susanne war unglücklich mit ihrem Ehepartner, den sie, als sie schon die dreißig überschritten hatte, torschlusspanikartig ohne großen Liebes-Elan geheiratet hatte. Darum fehlte, wovon eine Beziehung sonst zehren kann, eine anfängliche Leidenschaft, die sich erst allmählich verbraucht. Ihre Ehe war schon vor der Zeit ausgelaugt. Die Eheleute lebten freundschaftlich so dahin. Aber Susanne hatte ja ihre kreative Arbeit, sie hatte den Erfolg, der ihr allein gehörte, und mit dem sie jahrelang über die Runden gekommen war. Hin und wieder gab es ein Strohfeuer, jetzt hatte sie Keidel, nach dem sie unbändig loderte, den sie zu verzehren versuchte, was bei ihm eine panische Bangigkeit auslöste. Wobei es nicht so war, dass nicht auch er gebrannt hätte.
Mit diesen Gedanken beladen, kam Keidel am großen Parkplatz des Stadttheaters an, auf dem drei Autos einsam herumgähnten. Um abzukürzen, überquerte er die Asphaltwüste, die ihm seine hallenden Schritte zurückwarf. Er sah das trübe Helle, das er bestellen wollte, schon vor sich, sah, wie der gelbe Saft aus dem Zapfhahn mählich in das Glas floss und spürte, wie ihm das Wasser im Munde zusammenlief.
Nach etwa zweihundert Metern gelangte er auf den Spazierweg, der von jungen Kastanien assistiert wurde und parallel zur Hauptstraße verlief. Hier herrschte Tatortlicht, dämmrigtrüb und milchig. Die Straßenlaternen hatten es weit, um zueinander zu finden. Die Stadt sparte am falschen Fleck, was dazu führte, dass sich hier immer wieder das Schattengesindel ein Stelldichein gab: Strichjungen, Exhibitionisten,

Drogenhändler und Taschendiebe. Aber Kapitalverbrechen hatte es hier noch nicht gegeben.
Rechts vom Spazierweg befand sich die Raseninsel mit der scheußlichen großen Amphore aus dem neunzehnten Jahrhundert, die Keidel immer wieder aufs Neue ärgerte. Drumherum standen Bäume und dichtes Buschwerk. Bis jetzt war Keidel noch niemandem begegnet. Theateraufführungen hatten heute offenbar nicht stattgefunden. Es war relativ still. Keidels Gehörsinn war routinemäßig in solchen Situationen angespannt. Es kam ihm so vor, als könne er mit den Ohren sehen.
Wie er auf der Höhe jener Stelle war, wo ein kleiner Weg zu einem Vertriebenen-Brunnen abzweigt, vernahm sein angespanntes rechtes Ohr ein schwaches Stöhnen. Auch ein Wimmern hätte es sein können. Jetzt war Keidel ganz Ohr. Sein schwächeres linkes Ohr brachte sich auf einmal ins Spiel. Vor lauter Anspannung fuhr seine Rechte in den Schritt. Das Stöhnen kam von rechts, ein Zweifel war nicht möglich. Keidel führte seine Rechte weg vom falschen Ort hin zum Halfter, in dem sich die Magnum befand. Mit der Linken bog er langsam die Zweige eines Gebüschs auseinander, wo er den Lokus horribilis vermutete. Ja, das Stöhnen, das jetzt in ein eindeutiges Wimmern übergegangen war, kam aus dieser Richtung. Keidel wagte nicht, sich zu bewegen. Er handelte so leise es ging, entsicherte die Pistole. Dann setzte er wieder vorsichtig Schritt für Schritt weiter durch das Gestrüpp, bog Äste hier, bog Äste dort, bis er unvermittelt vor einem Häufchen Elend stand. Keidel war unversehens auf einen Fußweg gestoßen. Nur unscharf konnte er erkennen, dass ein Mann mit dem Gesicht zum Fußweg hin an eine mächtige Birke gefesselt worden war. Beim Näherkommen machte Keidel einen alten, glatzköpfigen Mann aus, der wie der Gekreuzigte mit hängendem Kopf in den Fesseln hing. Mit dicken Seilen war der Alte an Füßen, Händen und Brust an den Baum gefesselt worden. Eine Mundfessel befahl ihm das Stummsein. Um den Hals hing eine auf einen Pappdeckel geschriebene Botschaft. Keidel steckte seine Pistole weg und befreite den Alten erst einmal von der Mundfessel, hob vorsichtig dessen Kopf an, um festzustellen, ob er noch lebte.
Erst jetzt hielt er den Pappdeckel gegen das schwache Laternenlicht und las die knappe Botschaft: »Ich bekenne, ich habe zu lange gelebt. Ich war zu feige, aus eigener Kraft aus dem Leben zu scheiden. Meine Strafe ist gerecht.« Keidel war entsetzt. Diesen Standardsatz kannte er bereits. Er begann, den alten Mann von den anderen Fesseln zu befreien.

Er musste den Hilflosen, der unter Schock stand, dauernd wimmerte und stöhnte und kein Wort herausbrachte, stützen. Er konnte nicht mehr aus eigener Kraft stehen. Ihn in seinen Armen haltend, beorderte Keidel über sein Handy seine Kollegen und einen Krankenwagen herbei. Wie er den Mann an den Baum zu lehnen versuchte, um ihn zu massieren und auf ihn einzureden, sah er, zwar noch sehr undeutlich bei der Dunkelheit, auf dessen Stirn eine weitere aufgemalte Botschaft. Er musste mit seinen Augen ganz nahe an die Stirn des Alten herangehen, um das aufgemalte Fadenkreuz, in dessen Mitte wie in einer Zielscheibe die Zahl 50 eingezeichnet war, zu erkennen.

Als die Hilfsmannschaften ankamen, gab Keidel zu Protokoll, was er gesehen und erlebt hatte und machte sich davon. Der Appetit auf ein Helles und auf spanische Vorspeisen war ihm gründlich vergangen. Auch Susannes Schenkel hatten auf einmal ihre Anziehungskraft verloren. Keidel sehnte sich eher nach ihren Schultern.

Als Keidel am nächsten Morgen zerschlagen in sein Büro kam, empfingen ihn seine Kolleginnen und Kollegen mit aufgeregten Fragen. Ob er schon einen Blick in die Zeitung geworfen habe. Nein, dazu sei er noch nicht gekommen. Meternagel übernahm die Berichterstattung. Er ließ Keidel wissen, dass in verschiedenen Stadtteilen von Lg alte Menschen, sämtlich über fünfzig, an Laternen oder Bäumen gefesselt aufgefunden worden seien, insgesamt zehn, die Hälfte von ihnen seien bereits tot. Die ›Inszenierung‹ sei jeweils identisch gewesen: Ein Pappdeckel um den Hals enthielt die Botschaft, die Keidel bereits kannte.

»Und auf der Stirn«, ergänzte Keidel, »eine Art Judenstern: Ein Fadenkreuz mit der eingekreisten Zahl fünfzig.«

»Sie haben also doch schon davon gehört?«, kam von Meternagel der Kommentar.

»Nein, gehört nicht, aber gesehen.«

Und Keidel erzählte den Vorfall der vergangenen Nacht in allen Einzelheiten. Seine Mitarbeiterinnen und Mitarbeiter nahmen an ihrem Chef eine Erschütterung wahr, die sie ihm nicht zugetraut hätten. Die Befragung der Opfer gestaltete sich schwierig, ja, war zum Teil ganz unmöglich, da die meisten, wie auch der von Keidel gefundene Alte, unter Schockeinwirkung standen.

Aus der identischen Handschrift der einzelnen Verbrechen konnte aber auf eine gezielte und von einer Organisation gesteuerte Aktion geschlossen werden. Das war leicht auszumachen.

32.

Er war jung. Er war athletisch. Er war sportlich.
Er war einmal mit seiner Staffelmannschaft deutscher Vizemeister über 4x 100 Meter Kraul geworden. Jetzt war er seit drei Jahren Softwarespezialist bei der großen Versicherungsgesellschaft ›Moribundus‹, die mit Krankheit und Tod ihre Geschäfte machte. Er war ein wichtiger Mann, kein Zweifel, wenn es um Daten ging. Er konnte sich regelmäßiges Training nicht mehr leisten. Jetzt kamen nur modische Sportarten für ihn in Frage wie Inlineskating, Jogging oder Schwimmen. Schwimmen des Ausgleichs wegen, weil der gesamte Organismus gleichmäßig beeinflusst wird und weil es so außerordentlich geschickt war. Denn das Schwimmbad aus der Jahrhundertwende mit der weiten Kuppelkonstruktion, dem umlaufenden Arkadengang und den Jugendstilmosaiken, die er, wenn er auf dem Rücken schwamm, in Ruhe bewundern konnte, befand sich gleich um die Ecke. Er hatte eine Jahreskarte. Konnte jeden Tag, so lange er wollte, schwimmen. Ideal für ihn, wie er meinte.
Die günstigsten Zeiten, wenn also kaum Publikum da war, waren die Zeiten um zwölf Uhr mittags oder donnerstags um einundzwanzig Uhr. Er hatte sich aus zwei Gründen für die Mittagszeit entschieden. Anschließend an das Schwimmen konnte er mit Kollegen oder Freunden in den umliegenden Restaurants und Bistros zu Mittag essen.
Der Mittag hatte noch einen anderen Vorteil. Er nannte diesen Vorteil abwechselnd einen psychologischen oder taktischen Vorteil. Mittags war immer Rentnertreff im Schwimmbad. In der überwiegenden Mehrheit Vetteln. Er nannte sie abwechselnd seine »Fleischkugeln auf Zahnstochern mit Straußeneikopf«, weil sie mit ihren hässlichen Badekappen wie Straußeneier aussahen. Oder er gab ihnen andere Namen: »Blunzen«, »Dampfnudeln«, »Dampfwalzen«, »Fettgänse«, »Hefeklöße«, »Mastgänse«, »Pullchen«, »Posaunenengel«, »Rollmöpse«, »Moppel« oder »Schraubendampfer«.
So trainierend, sah er den Feind von Angesicht zu Angesicht und konnte seinen Hass wetzen.
Wenn er schwamm, meistens kraulte er, teilte er das Wasser und bespritzte seine Wasser tretenden »Dickmadames«, was ihm böse Blicke einbrachte. Er nahm dann auch die Alltagsphrasen dieser Alltagsdamen wahr, die im Wasser stehend mit den Händen ein wenig Wasserverdrängung betrieben, nur um ihre nicht nachlassende Schwatzlust zu befriedigen. Manchmal machten sie auch schon einmal demonstrativ in der Wassermitte halt. Wenn er zum Einatmen den Kopf

wendete, hörte er Sprachmüll: »... schlechtes Wetter« oder »... Grab pflegen« oder »... Arzttermin« oder »... Knieschmerzen« oder »... Brustkrebs« oder »... grauer Star« oder »... immer teurer« oder »... hat sich eine Jüngere genommen« oder »... ja, ja die Männer«.
Wenn er an ihnen vorbeischwamm, meinte er Verwesungsgeruch zu spüren. Dann kam Abscheu in ihm hoch. Dann erwachte sein Entsorgungsinstinkt. Weg mit diesen Schachteln! Er könnte auf der Stelle zuschlagen oder sonstwie handgreiflich werden. Nur ein ganz klein wenig nachhelfen bei diesen Hilflosen. Er sah sich, wie er einen kleinen Schubser auf der Treppe vornahm, wie er eine von ihnen vom Beckenrand ins Wasser beförderte, wie er eine Krücke wegtrat. Solche Gedanken machten ihm Spaß. Dann fühlte er sich wohl.
›Diese aufgeblasenen hässlichen Fleischkugeln sind eine Zumutung für die Menschheit. Weg damit!‹
Er brauchte das Schwimmen. Es tat ihm gut. Er schwamm ganz nah an einer Turbanalten vorbei, nahm Witterung auf, spürte die Wut in sich aufsteigen, traute sich zu, sie nach unten zu ziehen, an den Beinen festzuhalten, schwamm weiter, tauchte. Als er auftauchte, schwamm neben ihm links ein nackter Bauch, neben ihm rechts ein textiler Bauch, aufgedunsen, er meinte wieder Verwesung zu riechen. Der nackte Bauch gehörte dem Alten mit der Tonsur, der betuchte Bauch einer Vettel, die, wenn sie sprach, mit ihrem Gebiss klapperte wie eine Klapperschlange, widerlich, er sah ein Messer, das Messer so spitz, so spitz; die Scheide so scharf, so scharf; das Wasser so rot, so rot. Er schwamm wild entschlossen auf die alte Vettel zu, streckte schon die Hände aus, zog sie dann aber wieder zurück. Sie schrie trotzdem auf. Alle sahen hin zur Stelle des menschenfeindlichen, des frauenfeindlichen Angriffs, schwammen auf die Alte zu, kreisten sie ein, nahmen sie in Schutz. Er kam hoch, entschuldigte sich, sie entschuldigte sich, sie habe sich furchtbar erschrocken.
Er konnte sich noch nicht als Sieger fühlen. Noch war er nicht so weit. Aber es fehlte nicht mehr viel.

»Dein Schwert, wie ist's von Blut so rot?
Edward, Edward!«

33.

Etwa zu der Zeit, da der unbekannte Schwimmer, dem wir begegnet sind, nicht zu dem kam, zu dem er kommen wollte, da in Lg die SOKO SENEX recherchierte, dokumentierte und ermittelte, da ein Matjesesser auf dem Weg nach Brüssel in

einem Hotel Station machte und die Lichtjüngerschaft ihr ›Erlösungswerk‹ ausdehnte, passierte im entfernten Ischia etwas, das die Insel und das nahe Festland in Atem halten und lange Zeit für Gesprächsstoff sorgen sollte. Der Vorfall, den es zu berichten gilt, ereignete sich auf dem ›Castello Aragonese‹, das wie ein Trutzhelm der Insel aufsitzt.
Will man verstehen, was sich da auf der Burg von Ischia im ersten Jahr des Euro an Ungeheuerlichem zutrug, kommt man um einen kleinen Umweg in die Geschichte des ›Castello Aragonese‹ nicht ganz herum. Dort sorgte eine Adlige, Beatrice della Quadra, im Jahre 1575 dafür, dass ein Klarissinnenkloster eingerichtet wurde. Dies geschah zu einem Zeitpunkt, da die große Begeisterung für das Klosterleben längst dahin war und damit auch der radikale Impuls, der der mittelalterlichen Armutsbewegung innewohnte. Man könnte sagen, es wehte nur mehr ein sanftes Klosterlüftchen. Die Aufmüpfigkeit jedenfalls, die mit dem Heiligen Franziskus von Assisi seinerzeit gegen die verkrustete, reich und behäbig gewordene Kirche des Mittelalters ins Spiel kam, suchte man im sechzehnten Jahrhundert vergebens. Das Klosterleben war längst durch die Institutionalisierung, die die Kirche vorgenommen hatte, konventionell erstarrt. Diese hatte rechtzeitig die relativ anarchische Bewegung des Heiligen Franziskus, der in allem Vorbild für die Klarissinnen war, in ein festes Regelkorsett gezwungen. Das war noch ganz anders, als Klara von Assisi, aus alteingesessener und angesehener Adelsfamilie, fast zeitgleich zur Gründung des Franziskanerordens und angeregt durch den Heiligen Franziskus, den Klarissinnenorden gründete.
Jetzt plaudern wir ein wenig über diese Klara. Einverstanden?
Bereits mit achtzehn Jahren hatte Klara von Assisi ihre Familie Hals über Kopf verlassen und war dem großen Gründer des Armutsordens, ihrem ›Franzl‹, sowie seinem religiösen Programm, das auf Armut, Demut, Selbstverleugnung und Einfalt setzte, gefolgt. Sie hatte sich, wir würden heute sagen, unsterblich in den ›Franzl‹ verliebt, der so ganz anders war als die schlappen, verweichlichten Angebertypen der Jeunesse dorée. Diese ganz und gar irdisch-sinnliche Liebe des Klärchens durfte eigentlich nicht sein, folgte man dem Keuschheitsgelübde, auf das alle Klosterinsassen verpflichtet wurden. Aber Tabus waren schon immer der größte Liebesansporn. Denn sinnlich, verboten, abenteuerlich will die Liebe sein. Sie braucht gewissermaßen die Tabus zu ihrer Entfaltung. Oder?
Da Franziskus sie brüsk zurückwies – dieser Radikale wäre bei uns garantiert unter den Radikalenerlass gefallen – blieb Klara nur die verzehrende Sehnsucht.

Zunächst hatte sie noch, entsprechend der ›Welterlösung durch das Kreuz Christi‹, versucht, durch allerlei Kasteiungen ihre sinnliche Liebe aus dem Körper auszutreiben. Eine ihrer Kasteiungen bestand darin, dass sie sich so genannte ›Bußwesten‹, die dann rasch Mode wurden unter den Nonnen, schneidern ließ, die entweder ganz aus Schweinsleder oder aber aus Schweinsborsten bestanden. Auch Pferdeschwanzhaare waren zugelassen. Daneben kasteite sie sich durch extremes, regelmäßiges Fasten, was dazu führte, dass Klara von Assisi mit etwa dreißig Jahren aus dem letzten Loch pfiff und die restlichen dreißig Jahre bis zu ihrem Tode im Jahre 1253 die meiste Zeit bettlägrig war.
Und das Ende vom Lied?
Auch die Bußübungen vermochten nichts gegen ihre Liebe auszurichten. Diese schlüpfte in Klaras Phantasie, wilderte dort herum, bis sie in Poesie gefasst wurde. Damals nannte man solche literarischen Ableger der Phantasie unter Heiligen ›Visionen‹, die von der offiziellen Amtskirche schnell in die Nähe der Häresie gebracht wurden, sich im Volk aber lebendig hielten wie alle Verbote. Wie dem auch sei. Eine solche Vision ist auch vom Klärchen von Assisi überliefert. Es ist die ›Vision von der Brustwarze des Heiligen Franziskus von Assisi‹. Ein schönes Dokument der Liebe. Wollen Sie es kennen lernen?
Klara – wir wissen, sie war jung und, nehmen wir einmal an, sie war auch äußerst schön, und sie war noch nicht ganz geschwächt – besuchte eines Tages in ihrer Kutte, darunter das berühmte Bußhemd, das furchtbar gerieben und die Haut aufgeschunden haben muss, den kranken Franziskus, um ihn zu pflegen. Auch er schwächelte durch seine Bußübungen so dahin. Die schöne junge Nonne Klara nahm auf einem harten Holzschemel in gesetztem Abstand dem Geliebten gegenüber Platz, um ihm einen Halswickel zu machen. Vielleicht war's auch ein Stirnwickel? Oder ein Wadenwickel? Die Dokumentenlage ist in diesem Punkt nicht ganz eindeutig. Jedenfalls ein Wickel. Sie war mit den Gedanken ganz bei dem Wickel, verzehrte sich im samaritanischen Tun, als Franziskus sie mit matter Stimme und einer kaum merklichen Geste darum bat, sich ihm näher zuzuwenden, was Klara, die zu gehorchen gelernt hatte, denn auch prompt tat. Sie beugte sich also zum maladen Franziskus hinunter, sodass sie den Atem des geliebten Heiligen spürte, nicht gerade der frischeste Atem, wie man sich vorstellen kann. Wollte sie vielleicht, dass Franzl sie küsst? Oder sie ihn? Wieder schweigt sich das Dokument an dieser Stelle aus. Wie überrascht musste Klara daher sein, als Franziskus plötzlich, diese Behändigkeit hatte

sie dem Kranken nicht zugetraut, seine Brust entblößte und sie bat, nein, ihr befahl, seine linke Brustwarze – just diese hatte er ihr hingehalten – zu küssen; woraus man schließen kann, dass sie rechts von ihm am Krankenlager gesessen haben muss.

Klara, die nach der Überlieferung nicht nur zu diesem Zeitpunkt noch Jungfrau war, wurde, ihrem Wunsch gemäß, doch sehr direkt zu einer eindeutigen Liebesaktion genötigt, die man wohl als sehr intim bezeichnen kann. Der Wortlaut ist in dem erwähnten Dokument dieses Mal genau verzeichnet: »Komm, nimm und sauge!«, soll Franz befohlen haben. Das ließ sich Klara, die ja diese Vision hatte, nicht zweimal sagen. Sie nuckelte so hingebungsvoll und so intensiv, dass Franziskus irgendwann einmal laut aufstöhnte. Milchüberströmt und überglücklich ließ Klara vom Nuckeln ab, fuhr mit der Zunge noch die Lippen entlang, um sich ja kein Tröpflein entgehen zu lassen und wischte sich mit dem Handrücken, was damals gang und gäbe war, die Restfeuchte vom Mund. Dieser Samariterdienst muss für den lieben Franz so außerordentlich gewesen sein, dass er Klara erneut aufforderte: »Mach's nochmal, Klara!«

Wieder beugte sie sich zum stinkenden, geliebten Kranken hinab und begann zu saugen. Das Saugen wollte kein Ende nehmen, bis Franz aufschrie, und die Milch sich rot zu färben begann. Klara hatte in ihrer Leidenschaft dem Heiligen die Brustwarze abgebissen und die Milch-Blut-Mischung hatte den Franz überschwemmt. Der Schrei rief die Klosterbrüder herbei. Sie klopften stürmisch gegen die Klosterzelle. Nachdem sich Franziskus wieder keusch bedeckt hatte und seltsam zu lächeln begann, öffnete Klara die Tür, auch sie selig lächelnd. Das hatten die bußfertigen, sehr ernsten Brüder am ernsten Bruder Franz noch nie erlebt, dass er lächelte. Nun tat er es. Sie dachten natürlich als heiligversonnene Wesen sofort an eine Vision, die Franz, der in Visionen Geübte, das war im Mittelalter eine Masche, wieder einmal hatte. Klara war schreckensbleich, was ihrer Schönheit keinen Abbruch tat. Ihr Mund stand offen, sie lächelte ebenfalls.

›So, so!‹, dachten einige Brüder, die noch Phantasie besaßen. ›Unser Heiliger Franz lächelt, seht her. Kaum ist ein Weib in seiner Zelle, schon lächelt er.‹

Klara hatte ein Problem: Wohin mit der abgebissenen Brustwarze, dieser Reliquie von besonderer Bedeutung? Sie hatte sie längst in der Hand verstaut. Als sie nach draußen kam, fand sie, dass sich die Brustwarze merklich kühl und hart anfühlte. Auch spürte sie nicht mehr die Nässe, die vom Blut herrührte. Sie sah hin und erblickte zu ihrem großen Erstaunen, dass die Brustwarze vergoldet war. ›Nun denn!‹, frohlockte Klara. ›Jetzt habe ich endlich etwas, womit ich mir meine Bettlägrigkeit ein wenig versüßen kann.‹

Dass Beatrice della Quadra von diesen Visionen Klaras wusste, die ja aufgezeichnet waren, kann angenommen werden. Diese religiösen Texte wurden als Gleichnisse laut vorgelesen oder in den täglichen Ordenskreislauf als Textanlässe für die Meditation einbezogen.

Beatrice della Quadra, mit der wir uns jetzt etwas näher beschäftigen wollen, ist in die Kirchengeschichte mit einer innenarchitektonischen Attraktion eingegangen, die heute noch als Sensation des ›Castello Aragonese‹ gewertet wird.

Vermutlich aus Gründen der Raumnot, aber durchaus im Einklang mit der Philosophie der Klarissinnen wurden in engem Nebeneinander im Kellergewölbe mehrere Steinsitze aus dem Felsen geschlagen. Die Rückenlehnen wurden stilisiert wie bogenförmige Grabsteine, an deren Scheitelpunkten kleine Kreuze aufragten. Das Außergewöhnliche jedoch kommt noch. Es besteht in einem Loch in der Mitte der Steinsitze, unter welche jeweils eine Amphore für die leiblichen Überreste gestellt wurde. Auf diese Steinsitze wurden die toten Nonnen gesetzt, genauer gesagt gelehnt und dort so lange liegen gelassen, bis sie zu Staub zerfallen waren. Die lebenden Nonnen waren nun, gemäß der franziskanischen Kruzifix-Mystik, gehalten, einmal am Tag dieses Sitzleichenhaus zu besuchen, um dort in stillem Gebet und in angewandter Betrachtung über das Memento mori zu meditieren. Angeleitet wurden die Nonnen durch die in die Grabbögen eingemeißelten und farblich hervorgehobenen zehn Strophen des berühmten Hymnus ›Stabat Mater Dolorosa‹ des Franziskaners Jacopone da Todi.

Die gebildeten Reiseführer, die des Lateinischen kundig sind und von denen es bekanntlich nicht mehr sehr viele gibt, hatten stets eine Übersetzung des ›Stabat Mater‹ parat, die sie ihrem Touristentross anbieten konnten, der sich mehr für die Steinsitze und die ungewöhnliche, ja unbequeme Bestattungsart interessierte.

Damit sind wir bei der dritten Frau angelangt, Helga, der Fremdenführerin auf Ischia. Helga besaß nur den mittleren Bildungsabschluss und war daher des Lateinischen nicht mächtig. Was tun? Wohl dem, der einen Freund hat, der das große Latinum besitzt. Helga besaß einen solchen Freund, einen blassen, netten Lehrer eines humanistischen Gymnasiums, der nebenbei noch bekennender Katholik war, was an und für sich nichts heißen will. Dieser Freund, der auf den schönen Namen Horst hörte, hatte seiner hübschen Helga – sie war wirklich hübsch – eine Übersetzung des ›Stabat Mater‹ angefertigt und fein säuberlich in einem Computerausdruck festgehalten, auf den er unten in kleiner Schrift noch einen Liebesvermerk anbrachte: »Meinem Schnuckelchen, das ich sehr liebe.« Woraus man ersieht, zu welchen ungeheuren literarischen Leistungen Gymnasiallehrer fähig sind, wenn sie lieben. Helga profitierte jedenfalls von dieser Übersetzung. Sie las sie ihrer Klientel mit unverstellter kindlicher Stimme vor, wobei sie herzallerliebst lispelte:

»Stabat mater dolorosa (Es stand die Mutter voller Schmerzen)
Iuxta crucem lacrimosa (neben dem Kreuz in Tränen,)
Dum pendebat filius (als da hing ihr Sohn.)
Cuius animam gementem (Ihr stöhnend Herz)
Contristatem et dolentem (voller Trauer und Qual)
Pertransivit gladius (durchbohrte da ein Schwert)«.
Und so weiter.

Vor diesen sonderbaren Gräbern der Klarissinnen hatten die Ischitaner verständlicherweise eine große Angst. Und diese Angst schlug sich in einem schlimmen Fluch nieder, der auch heute noch hin und wieder gebraucht wird und sei es nur, um ängstliche Touristen zu erschrecken: »Du mögest auslaufen wie die Klarissinnen, deren Verwesungssäfte in der Grube unter ihren aus dem Fels gehauenen Sitzen gesammelt werden.«
Wir bleiben der Klara, des Heiligen Franziskus sowie der Beatrice eingedenk, aber sie spielen fortan keine Rolle mehr. Dafür spielen jetzt ein Bus und, wie schon angekündigt, Helga eine Rolle.
Der Bus machte Halt vor dem kleinen Platz am Damm in ›Ischia Ponte‹, der direkt zum ›Castello Aragonese‹ führt. Das ›Seniorengepäck‹, das er enthielt, wurde aus dem klimatisierten Bus ausgeladen, tröpfelte mählich auf das Kopfsteinpflaster, sammelte sich mühsam um den Jungbrunnen Helga, die das Schildchen von dem großen Reisekonzern lässig hochhielt. Um sie herum schwärmte bald ein Menschenhaufen, der sich durch Parkinson'sches Schütteln, Alzheimer'sches Vergessen, Arteriosklerose, Arthritis, Herzklappenversagen, Luxation, Miktionsbeschwerden sowie leichte Fälle von Dementia auszeichnete. Dreißig Träger dieser Beschwerden drängten sich bei 25° C im Schatten hinter Helga, der Immerfreundlichen. »Wo kauft sie sich bloß ihre Freude immer wieder zusammen?«, fragten sich die Menschen. Bis zum Burgein-

gang waren einhundert Meter zu Fuß zu überwinden. Helga zügelte ihren jugendlichen Gang und blieb immer nur wenige Schritte vor ihren Alten. Bereits im Bus waren die Eintrittskarten verteilt worden, sodass die Führung in der Burg problemlos vonstatten gehen konnte.
Der Busfahrer Giovanni Strapazoni, ein achtunddreißigjähriger Familienvater von drei Kindern, sprach von seinen Alten stets als den »Störfällen«, die ihm seinen Bus nur versauten. Gerade war er dabei, aus dem Bus mit einem Zitronenspray den Altersmief zu vertreiben und Frische einzulassen. Dann wollte er erst einmal seinen ›caffè‹ im nahe liegenden Bistro zu sich nehmen, mit dem Handy die Familie kontrollieren und der Freundin durchgeben, wann er zu einem Schäferstündchen vorbeikäme.
Helga Müller, die aus einer selbstverständlichen Geste der Vertraulichkeit heraus nur Helga genannt werden wollte, versah bereits fünf Jahre die Tätigkeit einer Fremdenführerin in den Diensten des großen Touristikunternehmens und brachte den Touristen Geschichte und Gegenwart der Insel Ischia nahe. Nebenbei war sie auch noch Mädchen für alles für ihre vornehmlich alten Leute, von denen sie als von »meiner Seniorenfracht« sprach, was aber lieb gemeint war. Und lieb war Helga allemal. Sie hübsch zu nennen, war sicher keine Übertreibung. Schönheit oder gar Attraktivität waren Kategorien, mit denen sich Helga eher schwer tat. Ihr gesamtes Wesen war von einer natürlichen Unschuld und Ausgeglichenheit geprägt. Helga war noch nie ausgerastet. Sprache, Kleidung, auch Körpersprache waren stets moderat. Was für sie einnahm, waren die weizenblonden, langen Haare. Der Körper war ein einziger Leckerbissen, wohlgeformt, wo man auch hinblickte. Diese wohlgeformte Gestalt reichte einsfünfundsiebzig in die Höhe und stand auf nicht minder wohlgeformten Beinen. Helga zeigte in ihrer unschuldigen und zurückhaltenden Art, was sie zu bieten hatte. Und sie hatte allerhand zu bieten. Das Unternehmen stellte seinem weiblichen Personal wie den Stewardessen hellblaue Kostüme zur Verfügung, deren Röcke eine individuelle Länge hatten. Helgas Röcke waren kurz, von einer korrekten Kürze, würde man sagen, länger hingegen ihr Lächeln, das sie wie auf einen Knopfdruck zu verschenken in der Lage war. Und mit diesem Lächeln charmierte sie alle, ausnahmslos. Was dem Lächeln fehlte, war allerdings die entwaffnende Raffinesse, auch das Laszive, weshalb Helga auf manche etwas langweilig wirkte. Die alten Männer störte dies keineswegs. Sie mochten diese Mädchenfrau, an der sie ihre Vater-Tochter-Phantasien, und

die älteren Frauen ihre Muttergefühle ausleben konnten. So ging es allen in Helgas Nähe gut.
Bereits im Bus hatte Helga ihre Alten auf das Klarissinnenkloster aufmerksam gemacht und eine kurze Einführung in die Geschichte der Burg, des Klarissinenklosters und der Nonnenbewegung gegeben. Dann erzählte Helga ihrem staunenden und dankbaren Publikum mit großer Leidenschaft von den mutigen Taten der zierlichen kränklichen Klara von Assisi, wie sie beispielsweise den marodierenden Sarazenen, die den Nonnen ans Zeug gewollt hatten, mit erhobener Monstranz entgegengetreten war und diese vom Kloster vertrieben hatte oder wie sie mit der gleichen Taktik auch Friedrich II., als er Assisi belagerte, in die Flucht geschlagen hatte. Die Vision Klaras von der Brustwarze des Heiligen Franziskus erzählte Helga ihren Alten nicht. Sie wird gute Gründe gehabt haben.
Mit dem Aufzug waren die Alten nach oben gelangt, waren, Helga voran, der ›Route des Ostens‹ gefolgt, hatten bereits die Kirche ›S. Pietro a Pantaniello‹, die ›Straße der Kelterwannen‹, auch das Bourbonengefängnis von 1823 hinter sich gelassen, in dem, wie man weiß, die berühmten Männer aus der Zeit des italienischen Risorgimento einsaßen; hatten sich auf der ›Terrasse der Olivenbäume‹ zum Schauen Zeit gelassen, dem einstigen Garten der Burg, von wo aus der Blick über den Golf von Neapel und das türkisfarbene Meer schweifen und von wo aus man den Hauptturm der Burg besichtigen kann, in dem unter anderem die Fürstin Vittoria Colonna, Italiens größte Lyrikerin, fünfunddreißig Jahre gelebt hatte; hatten in der ›Kirche der Madonna della Libera‹ Helgas Ausführungen gelauscht, in denen sie darlegte, wie 1301 die ischitanische Bevölkerung ein Gelöbnis abgelegt hatte: Man werde der Mutter Gottes eine Kirche bauen, wenn sie die Insel von einem Vulkanausbruch des ›Epomeo‹, des höchsten Berges von Ischia, verschone.
Auch die ›Straße des Götterbaumes‹ war schon bewundert worden, die Gruppe hatte sich an der großen Barock-Kuppel der ›Chiesa dell'Immaculata‹ berauscht, in der ein bekannter italienischer Fotokünstler gerade seine schönen Wolkenbilder ausstellte.
Und nun war man in den Katakomben, die den Sitzfriedhof der Klarissinnen beherbergte. Helga hatte die Geschichte und die Bedeutung des Friedhofs dargelegt und dabei auf einem der Sitzgräber Platz genommen und ihr natürliches Lächeln herbeizitiert, was ihren Rock veranlasste, mit der größten Selbstverständlichkeit hochzuschnellen und Helgas feste nackte Schenkel preiszugeben. Dies trug dazu bei, die Stim-

mung bei den greisen Männern erheblich zu verbessern. Das blühende Leben eines blonden Engels auf einem Todesstuhl. Welch ein faszinierender Widerspruch. Auch ein Omen? Und während Helga weitere Erläuterungen gab und andere Teilnehmer mit ihrem süßen Lächeln aufforderte, es ihr gleichzutun und es sich auf den Steinsitzen ein wenig bequem zu machen, begann sie auf einmal herzerweichend zu gähnen, vielleicht ein Ausdruck der Anstrengung. Denn es war heiß draußen und drinnen im Grab zwar kühl, aber die Luft in den Katakomben, die verbrauchte, stand in bedrohlicher Stummheit im Raum. Ihr Gähnen schien ein Signal für die Alten zu sein, die nun ebenfalls munter drauflos gähnten. Überall sah man geöffnete Münder.
Unten vor dem Damm, der zur Burg führte, blickte Giovanni Strapazoni, der Busfahrer, bereits mehrmals unruhig auf seine Uhr. Die Gruppe hatte sich bereits zwanzig Minuten verspätet. Das war noch nie vorgekommen.
Jetzt würde es schwierig sein, die Fähre aufs Festland noch zu erreichen. Giovanni Strapazoni griff zum Handy, wählte Helga an, erhielt keine Antwort, versuchte es ein zweites Mal, ebenfalls erfolglos. Als auch beim dritten Mal Helgas Handy tot blieb, wurde Giovanni noch unruhiger, wählte jetzt den Kustos an und bat ihn, doch einmal nach dem ›Altenmaterial‹ zu sehen, das seiner Erfahrung nach jetzt in den Friedhofskatakomben sein müsse.
Nachforschungen wurden eingeleitet, es wurde hin und her telefoniert, geschäftiges italienisches Treiben mit großem Armeschwingen und aufgeregten Handgebärden allenthalben, alles, was laufen konnte, war auf den Beinen, so kam es Giovanni vor. Minutenlang wurde er im Unklaren gelassen, war in der Vineria eingekehrt, in der es die besten Bruschette von Ischia gab, hatte dort seinen ›caffè‹ eingenommen und seine Zigarette geraucht, als er auf zwei Hubschrauber, die gerade einflogen, aufmerksam wurde, einen Polizeihubschrauber und einen der Fernsehanstalt RAI. Da wusste Giovanni, dass etwas vorgefallen sein musste. Als dann fast zeitgleich auch noch die Feuerwehr von Ischia mit drei Wagen den Damm hinauffuhr, und Feuerwehrmänner ausstiegen, war Giovanni und dem mittlerweile zusammengelaufenen Menschenhaufen klar, dass ein Unglück geschehen sein musste.
Wer am nächsten Tag die ›Ischia-News‹ aufschlug, fand auf dem Titelblatt der deutschsprachigen Ausgabe, die ein Foto zeigte, wie Feuerwehrleute mit Plastikfolien bedeckte Leichen auf Bahren trugen. Die fettgedruckte Überschrift lautete:

»Tragödie im Castello Aragonese. Dreißig alte Menschen mit ihrer jungen Reiseleiterin erstickt.«
Der Tatbestand wurde kurz erläutert. Man stehe vor einem Rätsel. Die Katakomben seien gut belüftet gewesen und erst kürzlich vom italienischen TÜV überprüft worden. Vermutlich sei dennoch die Luft zu verbraucht gewesen, es seien dreißig Touristen sowie Helga Müller in dem winzigen Raum versammelt gewesen, der höchstens für zwanzig Menschen Platz und genügend Luft bot. Warum alle einunddreißig den Tod fanden, blieb das zweite Rätsel, das offen ausgesprochen wurde. Helga Müller, so hieß es in dem Bericht, sei eine routinierte Reiseleiterin gewesen, die über Jahre die Führung gerade auch für alte Menschen vorgenommen habe. Kritik am Reiseunternehmen wurde laut, ob die Reiseleitung nicht nachlässig gehandelt habe, da es nur eine Reiseleiterin für die doch große Gruppe vorgesehen habe. Dann wurde angedeutet, dass die Tür, die zu den Katakomben führte, geschlossen gewesen sei und offenbar einige Reiseteilnehmer einen Fluchtversuch unternommen hätten, was aus der Anordnung der Leichen hinter der Tür geschlossen werden müsse. Es werde geprüft, ob die Tür etwa von außen geschlossen worden sei und wer dafür verantwortlich gemacht werden könne. Es wurde der Kustos zitiert, der von einem merkwürdigen Geruch sprach, den genauer zu beschreiben er nicht in der Lage war, den er beim Öffnen der Tür aber wahrgenommen haben wollte. Nein, die Türe sei normalerweise nicht verschlossen, nicht einmal ein Schlüssel stecke drin. Ja, es sei bereits einmal vorgekommen, dass die Tür geklemmt habe. Daraufhin habe man die Halterung so verbessert, dass sich ein solches Unglück nicht mehr wiederholen konnte. Immerhin sei die Kriminalpolizei aus Neapel hinzugezogen worden. Auch die Gerichtsmedizin arbeite fieberhaft, hieß es in dem Bericht.

34.

Der Drehpunkt ist erreicht, wo das Geschehen sich drehen, sich ändern muss. Der Erzähler sitzt schon auf seinem Bürosessel, gramgebeugt.
›Wie soll es weitergehen mit der Erzählung?‹, fragt er sich.
Da kommt auf einmal völlig unerklärlich Fahrt in den Sessel, der zu einem Drehstuhl wird. Und plötzlich dreht sich alles um den Erzähler, und es dreht sich alles in ihm.
›Wie eine Drehscheibe‹, denkt der Erzähler. ›Ich bin eine Drehscheibe. Sie dreht sich und dreht sich.‹
Und er meint auf einmal, eine Drehorgel zu hören, die das Volkslied vom ›Butzemann‹ spielt, der, wie herbeizitiert, auftaucht und zu tanzen beginnt.

Es tanzt ein Bi-Ba-Butzemann
In unserm Kreis herum, wi di bum.
Er rüttelt sich
Er schüttelt sich
Er wirft sein Säcklein hinter sich.
Es tanzt ein Bi-Ba-Butzemann
In unserm Kreis herum, wi di bum.

Und vor so viel Drehbewegung wird dem Erzähler ganz schwindlig. Ihm rauschen die Ohren davon. Auch er hat sein ›Säcklein‹ hinter sich geworfen. Es enthält sein Erzählgepäck. Es ist erst halbvoll.

Da ist noch Platz
für Wort und Satz,
und Satz und Wort
in einem fort.

Durch die Drehbewegungen werden die Schleusen seiner Archive geöffnet, und nun strömen die Gedanken, die Spleens, die Assoziationen, die Erinnerungen, die Bilder, die Gefühle, die Wörter, die Sätze, die Figuren auf ihn ein, randalieren und querulieren in seinem Kopf, geraten aneinander, unterhalten sich laut und vulgär, werden handgreiflich und umzingeln ihn. Mit einem Wort: Der Erzähler lässt sich inspirieren. Und in dem Maße, wie alles um ihn herum fließt, überfällt den Erzähler eine freudige Gewissheit. Er ist auf den richtigen Dreh gekommen. Er hat den Dreh raus. Auf einmal weiß er, wie sein Roman weitergehen soll. Er ist sich sicher: Jetzt muss er eingreifen und die Drehbühne zum Stehen bringen.
»Halt!«, ruft er. Und noch einmal und diesmal lauter: »Halt!«
Und da steht die Bühne auf einmal still. Der Butzemann rotiert längst nicht mehr, er ist weitergewandert, so wie nun

der Erzähler in seinem Roman fortschreiten kann. Er weiß jetzt, wie die Schauplätze, wie die Figuren, wie die Handlung auszusehen haben. Vor seinen Augen hat sich bereits, wenn auch noch undeutlich, ein neuer Schauplatz aufgetan, haben sich neue Figuren für ihren Auftritt bereit gemacht.

35.

Und was sieht man auf der Erzählbühne? Die Kulissen eines modernen Nobelhotels, eines Fünf-Sterne-Hotels, versteht sich, des Hotels ›Zu den Eisheiligen‹. Dort gab es einen bemerkenswerten Menschenauflauf. Im Konferenzsaal ›Wolkenhain‹, auf der Dachterrasse des Hotels, sollte eine Konferenz des ›Kartells der gestrengen Herren und der gestrengen Dame‹ stattfinden. Die Zeit: Es war der 10. Mai, zwanzig Uhr.
Das Hotel hatte den roten Teppich für die hohen Gäste bereits ausgerollt, die Medien waren zahlreich erschienen, die Kameras waren in Stellung gegangen, die Scheinwerfer schickten ihr Licht auf die Eintretenden.
Und da kam auch schon der erste Gast, ein steinalter Mann, genau achtzig Jahre alt. Er kam auf Rollerblades hereingeschwebt. Seine Bewegungen waren trotz seines Alters noch recht geschmeidig. Sein burgunderrotes Pluviale blähte sich durch den Fahrtwind auf, sodass darunter seine Albe sichtbar wurde. Um den Hals trug er eine zum Pluviale farblich kontrastierende Stola, die sich nach hinten über die Schultern gestülpt hatte und dort wie eine Fahne wehte. Ganz und gar unzeitgemäß hatte er kostbare Handschuhe an, die in teure, mit Intarsien versehene Manschetten übergingen. Über einen Finger des rechten Handschuhs war ein großer Diamantring gestreift, der glitzerte, wenn das Scheinwerferlicht darauf fiel. Der Mann war von Natur aus eigentlich klein. Aber er wirkte dennoch groß, denn er trug eine reich verzierte Mitra von dreißig Zentimetern Höhe. Zusätzliche Größe verliehen ihm seine Rollerblades. Elegant drehte er einige Runden auf dem Trottoir, was Bewunderung unter den Zuschauern hervorrief, ehe er, ohne seine Gleitschuhe auszuziehen, den roten Teppich betrat. Irgendein Diener reichte ihm einen Krummstab, den er in die Rechte nahm. In die Linke wurde ihm ein von einem Schwert durchbohrtes dickes Buch gereicht. Von fern war nicht gleich zu erkennen, um was für ein Buch es sich handelte. Das Ganze wirkte belustigend. Bei jedem gemessenen Schritt, den er auf dem Teppich durch die Menschenmenge hindurchgleitend vornahm, wiederholte er rhythmisch die Worte:

»Fides, Spes et Caritas,
klingen gut und bringen Spaß.«

Das Hotelpersonal verbeugte sich tief. Und während sie sich krumm machten, raunten sie sich zu:
»Das ist der berühmte Monsieur Bonifaz. Du weißt doch.«
Sie nickten sich Verständnis zu.
Kaum war Herr Bonifaz im Hotel verschwunden, richtete sich die Aufmerksamkeit auf eine Frauengruppe, die barfuß daherkam. Eine große, matronenhafte ältere Dame, in einem schwarzen, langen, bis zu den Knöcheln reichenden Kleid, Madame Sophia, so nannte man sie, hatte nun ihren Auftritt. Als sie erschien, hatte sie rot verweinte Augen, die ihrer noch immer ausstrahlenden Restschönheit keinen Abbruch taten. Sie war nicht allein. Sie erschien inmitten dreier reizender junger Damen, die ihre Töchter waren. Diese trugen ebenfalls lange schöne schwarze Kleider bis zu den Knöcheln, um die kleine, mit kostbaren Steinen versehene Kettchen gelegt waren. In ihren Augen sah man keine Tränen wie bei der Frau Mama. Ausnahmslos machten die acht Füße einen äußerst gepflegten Eindruck. Einheitlich waren die Zehen aller Damen schwarz lackiert. Die Gruppe kam in grazilen, schwingenden Bewegungen daher, als tänzle sie auf einem Laufsteg. Nein, das war nicht der Trauergang, der die Menschen in solchen Fällen in der Beuge hält. Ganz und gar nicht. Allesamt waren die Frauen verschleiert. Es waren elegante, über eine schwarze Templette gezogene Schleier, wie man sie aus dem fünfzehnten Jahrhundert kennt, wo sie bei Hofe getragen wurden. Die Gesichtsschleier waren nicht sehr dicht, sodass die jungen Frauen, schamhaft zwar, Blicke von feuriger Neugier auf die Zuschauer werfen konnten, die nicht so recht zur Trauer passen wollten, eher zum Leben, das um sie brandete und das sie noch vor sich hatten.
Und die männlichen Zuschauer, die zahlreich erschienen waren, kamen ganz auf ihre Kosten. Sie warfen ebenfalls Blicke hinüber zur Frauengruppe, die diese Blicke sehr wohl wahrnahm, und nicht nur zu den frischen jungen Dingern, sondern auch zur traurigen Mama, hinter deren Trauer noch etwas anderes loderte, das entfacht sein wollte. Die schwarze Gruppe verschwand nun im Hotel.
Der jetzt folgte, stellte den wundersamen Auftritt der schwarzen Frauen noch in den Schatten. Er erschien in einem pelzgefütterten Mantel, den er offen trug, sodass man einer Tunika ansichtig wurde. Er war jung und schlank und wirkte sehr ernst und sehr sanft, auf manche eher langweilig. In der rechten

Hand trug er einen Palmwedel, um seine Hüfte hatte er ein Schwert gegürtet. Und wie er ging! Auch bei ihm hatte man den Eindruck, als übe er für den Laufsteg. Er wurde sogleich von allen Zuschauerblicken, einschließlich denen des Hotelpersonals, verschlungen. Man sah, wie einige hübsche Mädchen zu ihm hinliefen, sich vor ihm niederwarfen und seine Füße küssten, die in antiken Sandalen steckten. Auch seine Fußnägel waren manikürt und garantiert schweißfrei. Der Gang des Jünglings kam daher ins Stocken. Man sah ältere Frauen, wie sie mit geöffneten Mündern schmachtend die Hände nach dem Schönen ausstreckten. Auch sonst schwärmte alles rundherum. Selbst die hübschen jungen Männer unter den Zuschauern schwärmten. Der Kerl war, kein Zweifel, aus gutem Haus. Man erzählte sich, er bewohne in Rom die Villa ›San Pancrazio‹, eine Art Tempel, der nach ihm benannt worden war. Schließlich kam auch er heil ins Hotel, seine Sanftheit wird sich später entpuppen. Als was?

Dann kam wieder einer auf Rollerblades, der dem Ersten in seiner ganzen Aufmachung ähnelte. Auch er ein altes Haus wie Bonifaz, aber kräftiger, athletischer. Er stellte sich als Herr Servatius vor. Und zum Erstaunen aller begrüßte er das Publikum auf deutsch, englisch, galizisch, jiddisch, altgriechisch, russisch, formaldehydisch, französisch, suaheli, hebräisch, lateinisch und auf schwäbisch. Ihm ging der Ruf voraus, er spräche alle Sprachen der Welt. Zu seiner Rechten ging ein Leibwächter in weißem Engelsumhang und mit Flügeln ausgestattet, der ein sehr dickes Buch trug, zu seiner Linken ebenfalls ein Leibwächter, der wie ein Zwilling aussah und der einen Krummstab in der Rechten hielt. Und was trug Servatius in seiner Rechten? Einen riesigen silbernen Schlüssel, der äußerst fein ziseliert war und mit dem er das Publikum segnete, das in der Mehrzahl aus Ungläubigen bestand.

Der Letzte der spektakulären fünf aus dem Kartell – die drei Mädchen gehörten nicht zum harten Kern, was noch Folgen haben wird – kam höchst martialisch daher. Er trug Springerstiefel und über dem grünen Pluviale im Halfter eine Beretta. Rechts am Gürtel hing ein Handy. Er war nicht wesentlich jünger als Servatius und Bonifaz, aber wesentlich älter als Pankraz. Das sei Mamertus, einer aus dem alten Geschlecht des Mars, hieß es aus fachkundigem Mund. Ein Dickschädel sei er und ein cholerischer Draufgänger, dem das glotzende Zuschauervolk nicht so viel Interesse entgegenbrachte, was ihn nicht zu stören schien.

Jetzt waren alle drinnen verschwunden, drinnen, im Konferenzsaal ›Wolkenhain‹, wo die angekündigte Konferenz begann.

Der Alterspräsident Bonifaz eröffnete die Sitzung mit dem Toast ›Fides, Spes et Caritas‹, wünschte der Sitzung Erfolg, ermahnte die heiligen Allianzmitglieder, sich ihres Status bewusst zu sein und in angemessener Würde miteinander umzugehen. Und er verwies im Blick auf das ›junge Gemüse‹, das zum ersten Mal dabei sei, noch einmal auf die besonderen Abstimmungsmodalitäten des Kartells, wonach die drei ›hübschen Frischlinge‹ nur ein Rede-, aber kein Stimmrecht besäßen. Sie seien noch nicht achtzehn, besäßen mithin noch nicht das Wahlrecht und seien außerdem Analphabeten. Sonst zähle jede Stimme gleich, allerdings die eine mehr, die andere weniger. Dieser Satz löste ein Kopfschütteln aus. Kumulieren und Panaschieren käme nicht in Frage. Eine Tagesordnung sei für heute nicht bekannt, aber Pankraz, das Küken, habe eine Sondersitzung verlangt, und da wolle man nicht kleinlich sein.
Dann hob er eine alte Tischglocke, die einen dumpfen Klang besaß, schüttelte diese ein wenig, bis sie tremolierte, dann war die Sitzung eröffnet.
»Bonifaz, du bist nicht mehr Herr deiner selbst. Bei dir sind ein paar Schrauben locker. Ich habe dir, Mamertus ist mein Zeuge, schriftlich und per Einschreiben«, und zum Beweis hob Pankraz eine Kopie in die Höhe, »meine fünf Anträge für die Tagesordnung zukommen lassen, die ...«
»Moment einmal, nicht so schnell! Servatius, du bist jetzt mein Zeuge. Wir verwalten doch gemeinsam das Kartellbüro. Hast du irgendetwas von einem Brief, geschweige denn von einem Einschreiben gehört? Frei heraus mit der Sprache, mein Freund!«
»Nun ...«, Servatius verdrehte die Augen.
»Sag ich's doch«, fiel Bonifaz dem Servatius ins Wort, als der nach dem Augendrehen den Mund öffnete.
»Auch er weiß von nichts. Aber es besteht ja noch die Möglichkeit, jetzt nachträglich, obwohl kein Einschreiben eingegangen ist, das Versäumte nachzuholen. Bitte, Pankraz, mein Sohn, ich erteile dir das Wort, aber fasse dich kurz.«
»Ich hatte in dem Einschreiben darum gebeten, die Machtverhältnisse im Kartell neu zu ordnen und die epochale und globale Auseinandersetzung, die sich als Kampf der Jungen gegen die Alten jetzt abzuspielen beginnt, zu unterstützen.«
Bonifaz, der den Braten roch, intervenierte sofort, wurde auf einmal sehr erregt und donnerte los, viel zu laut für seine Verhältnisse, er wolle nur an das Anciennitätsprinzip erinnern, das eine Art Belohnung für die alten, gestandenen Mitglieder darstelle, die jahrzehntelang an vorderster Front, ohne sich,

die sächlichen Mittel und die Familien zu schonen, unverdrossen und stets an der Seite des Herrn für den Glauben gekämpft und dauerhaft Verzicht geübt hätten ...
Weiter kam er nicht. Bonifaz versagte die Stimme, die tränenverhangen war. Er hatte sich in einen heiligen Eifer und in eine solche Stimmungsseligkeit hineingeredet, dass es ihm erst den Atem und dann die ohnedies brüchige Stimme verschlug. Völlig entkräftet sank sein Kopf vornüber auf die Tischplatte. Er war stante pede eingeschlafen.
Der Stellvertreter, Servatius, ein altes Holz, hart wie eine Tamariske, übernahm nun die Sitzungsleitung. Er vervollständigte den Satz seines Freundes Bonifaz. Ja, es sei in der Tat so, dass die zwei Ältesten, Bonifaz und er, einen Altersbonus bei Abstimmungen besäßen. Ihre Stimmen zählten doppelt. Sie hätten also, er und Bonifaz, der nun zu schnarchen begann, Servatius stockte, machte sich an seiner Kleidung zu schaffen und holte eine Rechenmaschine hervor, an der er zu hantieren anfing, hätten also, er bediente einige Tasten, »ja jetzt habe ich's«, hätten also allein schon vier Stimmen. Da bei einem Patt die zwei Stimmen der Ältesten den Ausschlag gäben, genüge es, dass er und Bonifaz oder Bonifaz und er sich einig wären. Dann könnten die anderen labern, so viel sie wollten. Sie besäßen immer die Mehrheit. Und damit sei man gut gefahren. Bis jetzt.
»Eben das«, sprang der sanfte Pankraz unerwartet auf, und warf in einer heftigen Aufwallung seinen Pelzmantel von sich, »müsse geändert werden. Und zwar sofort!«, rief, nein, schrie er in den mit Teppichen ausgehängten Konferenzsaal.
Die Tischplatte dröhnte vom Beifallsklopfen der Frauen und von Mamertus, sodass Bonifaz durch die Tischerschütterung sofort wieder zu sich kam und den Vorsitz wieder übernehmen konnte. Er schüttelte erneut die Konferenzglocke, mit der er sich Mut zu machen versuchte.
»Um was geht es gerade?«, wollte er wissen.
»Das wagst du Schläfer auch noch zu fragen?« Es war Mamertus, der, verärgert, diesen Einwurf anbrachte und der dabei wütend aufgesprungen war und mit der Faust auf den Tisch gedonnert hatte.
»Nicht diesen Ton, Mamertuslein, bitte, nicht diesen Ton. Bisher war immer Verlass auf dich. Hast du nun etwa die Seiten gewechselt, du Wendehals, weil es gerade opportun ist?«
»Deinen Ton, Bonifaz, kannst du dir wer weiß wohin stecken. Hier geht es um die Macht. Und wir können die Privilegien, die ihr alten Leithammel euch eingeräumt habt, nicht mehr ertragen. Basta!«

Dabei war Mamertus selber schon hoch in den Jahren. Aber Bonifaz und Servatius hatten ihn politisch kaltgestellt. Und um dem, was er gesagt hatte, Nachdruck zu verleihen, riss er seine Beretta aus dem Halfter und schoss mehrmals in die Decke. Die schwarzen Damen hatten bis jetzt geschwiegen. Das war nun vorbei. Kampfeslustig warfen sie ihre Schleier in die Höhe, zeigten ihre schönen Gesichter und kampfestustigen Augen, sprangen auf und scharten sich um Bonifaz, den sie mit erhobenen Zeigefingern bedrohten.
»Was bildest du Fossil dir eigentlich ein?«, schrie ihn Sophia an. »Dein autoritäres Gehabe ist einfach lächerlich. Du verkennst offenbar die Zeichen der Zeit. Ich habe den Eindruck, dass du nicht mehr Herr der Dinge, Herr der Ringe und Herr deiner selbst bist. Deshalb beharrst du so hartnäckig auf den alten Strukturen und spielst den Formalisten. Du musst endlich lernen loszulassen, die Macht zu teilen, die nur eine geliehene ist. Du wirst sie, Gutster, hergeben müssen, da die Basis gegen dich ist. Ich kann deshalb nicht einmal mehr Mitleid mit dir haben. Ich spreche hier nicht in erster Linie für mich, sondern vor allem für meine drei jungen Töchter, die Hadrian, die Sau, mit einem Schwertstreich hinweggerafft hat, noch ehe sie leben konnten. Für die will ich als Entschädigung meinen gerechten Anteil. Ich will die volle Gleichberechtigung. Und sonst gar nichts.«
Sie holte unter ihrem schwarzen Kleid, das nun schöne Beine preisgab, die die Männer für einen Augenblick sanft werden ließen, ebenfalls einen Rechner hervor, drückte diese und jene Taste, blickte immer wieder in die stumme Runde, und gab dann das Ergebnis ihrer Rechenkünste preis.
»Drei nicht gelebte Leben meiner Töchter plus mein Leben, mal zwei, als Wiedergutmachung für die bislang hier praktizierte Benachteiligung, macht acht Stimmen.«
»Wie kommst du auf acht? Du drehst jetzt einfach den Spieß um. Soll das die neue weibliche Logik und Ordnung sein?«, fragte Bonifaz mit trielendem Mund, zitternden Händen und einer Ohnmacht sehr nahe.
»Deine Töchter sind doch gar nicht stimmberechtigt, liebe Sophia. Das habe ich doch eingangs dargelegt.«
Dann machte er eine Pause und schniefte wie ein Pferd.
»Wir könnten uns allerdings in unserer unermesslichen Güte dazu herablassen, uns mit einer halben Stimme pro Tochter zufrieden zu geben, das macht ...«, er riss Servatius die Rechenmaschine aus der Hand und betrieb wieder das gleiche Spielchen wie vorhin Servatius »... das macht eineinhalb Stimmen, plus deine eigene, eine ganze Stimme, Sophia, in

unserer Großmut, der Herr sei uns gnädig ... «, die Bonifaz wieder eintippte und zusammenzählte, » ... macht zweiundeinhalb Stimmen für die Weiber.«
»Gleich–be–rech–ti–gung«, skandierten da die Frauen und wollten nicht aufhören, bis Bonifaz sich die Ohren zuhielt.
»Mit unseren vier Stimmen haben wir doch dann noch immer die Mehrheit«, frohlockte und grinste Servatius.
»Du alter Trottel«, schimpfte Pankraz, »du hast unsere Stimmen nicht mitgezählt, die von Mamertus und die von mir. Wenn beispielsweise Mamertus und ich mit den schwarzen Damen stimmen, dann steht ihr im Regen mit eurem Altersbonus.«
»Mit solchen Halbheiten geben wir Frauen uns aber nicht zufrieden. Alles oder nichts.«
Und wieder skandierten sie: »Al–les–o–der–nichts!«
»Und was ist dann mit uns Ältesten? Dann gehören wir wohl zum alten Eisen?«, fragte Bonifaz mit zitternder Stimme.
»Ob altes Eisen oder nicht, ihr seid einfach überstimmt«, kam es im Chor.
Pankraz, der Vierzehnjährige, nutzte die Verwirrung für sich und riss das Wort an sich.
»Ich möchte etwas sagen. Es geht hier entscheidend um etwas ganz anderes. Es geht nicht um Stimmenanteile, es geht um Lebensanteile.«
»Deine Rede ist dunkel«, moserte Servatius.
»Das liegt daran, dass dein Verstand sich zu weiten Teilen schon im Schattenbereich befindet. Lass es mich dir, alter Freund, erklären.«
Pankraz legte den Palmwedel auf den Tisch und griff kurz an sein Schwert, ehe er fortfuhr.
»Ich habe nur vierzehn Jahre gelebt, wie ihr wisst, ehe mir Diokletian, dieser Wichser, die Rübe runternahm. Ich möchte die nicht gelebten Jahre zurückhaben. Ich will meine Jugend, ich will meine Lebenschance. Wenn ich diese Jahre schon nicht selbst ableben kann, möchte ich wenigstens einen anderen, angemessenen Ausgleich dafür haben. Wenn wir von einem Durchschnittsalter von siebzig Jahren ausgehen und wenn wir die Zeit dazunehmen, die seit meiner Ermordung vergangen ist, dann sind das grob gerechnet tausendsiebenhundert Jahre, die mir zustehen. Ich lege zur Bemessung des Alters wie die Bewegung FIVE-ZERO-OUT das fünfzigste Lebensjahr zugrunde. Wenn ich nun die tausendsiebenhundert durch fünfzig teile, komme ich auf vierunddreißig. Ich beanspruche vierunddreißig alte Menschen für mich als Ausgleich für das nicht gelebte Leben. Man hat uns abgespeist mit einer nach-

träglichen Heiligsprechung als Märtyrer. Ich pfeife darauf.«
Es gab Beifall von den Frauen und von Mamertus.
»Und da möchtest du am liebsten gleich bei uns alten Säcken hier anfangen. Du willst hier Abraham nachspielen, scheint mir, und da sollen wir gleich die ersten Opfer sein. Das könnte dir so passen, du Bettnässer.«
Und Servatius griff kampfbereit an sein Schwert.
Diese kleine Pause wiederum nutzte Bonifaz, um sich einzubringen. Er war jetzt hellwach.
»Und was ist das schon – Jugend? Dass ich nicht lache. Jugend ist doch keine Leistung. Jugend ist ein Anfang ohne Ende. Jugend, die müsste man im Alter haben, nachdem man weiß, wie das Leben so läuft, nach all diesen Erfahrungen und Enttäuschungen. Dann wäre sie etwas wert. Aber so. Das Leben ist sowieso falsch eingerichtet. Man muss in die Grube, wenn man am meisten weiß und kann.« Und Bonifaz blickte zur Decke.
Er war wieder außer Atem gekommen. Ein eitriger Husten machte ihm zu schaffen und drängte nach draußen. Bonifaz suchte einen Spucknapf, fand aber keinen. Da hüstelte er in sein Schnupftüchlein.
Den Hustenanfall nutzte Servatius, um wieder das Wort zu nehmen.
»Und was ich noch sagen wollte: Komische Rechnerei das. Dass du etwas mehr als fünfzig Jahre zurückhaben willst, das kann ich ja verstehen. Aber dann noch multipliziert mit den seither verflossenen Jahren, das ist irrwitzig, größenwahnsinnig, so wie der ganze Pankraz ein aufgeblasener Stenz ist. Von mir aus kannst du die fünfzig nicht gelebten Jahre haben. Das macht, umgerechnet, einen alten Menschen. Hol ihn dir. Aber, bitte schön, vergreif dich nicht an uns, sonst setzt's was!«
»Servatius hat Recht. Und übrigens, mein Sohn«, Bonifaz fuchtelte mit seinem fast steifen Zeigefinger der rechten Hand in der Luft herum, »hast du doch deine ›San Pancrazio‹-Villa in Rom bekommen, ein Prachtbau, auch noch steuerfrei. Du wurdest also entschädigt in Hülle und Fülle. Wenn wir das alle so machen wollten wie du, wo kämen wir denn da hin? Auch ich frage dich: Was soll diese alberne Aufrechnerei?«
»So kann man mit Pankraz nicht umspringen«, donnerte Sophia, und donnerten die hübschen Mädchen, was Pankraz Mut machte, sich das Rederecht zu schnappen.
»Du hast gut reden, Bonifaz. Du hast erstens lange gelebt und wurdest zweitens noch zu Lebzeiten mit einem hohen Amt belohnt. Da kann man leicht Märtyrer spielen. Was dagegen

habe ich bekommen? Nichts. Ich wiederhole: Man hat mir nicht nur meine Jugend, man hat mir die Möglichkeit eines gelebten Lebens genommen. Und nicht anders verhält es sich mit Sophias Töchtern, die nicht einmal ein Stimmrecht haben. Was für eine Schande!«

»Uns allen, Pankraz, wurde irgendwie das Leben gekürzt, allen, hörst du? Beim einen ein paar Jährchen mehr, beim anderen ein paar weniger. Was zählt, ist das Grundsätzliche, die Beschneidung der Lebenszeit zugunsten einer Idee. Und nicht solche Kinkerlitzchen, ein paar Jährchen mehr oder weniger gelebt. Auf die Qualität kommt es an.«

»Herr, erhöre uns! Christus, erhöre uns! Heilige Mutter Gottes, bitte für uns! Amen.«

Das Gebet kam vom Frauenchor.

»Herr Bonifaz«, sagte die Hübscheste unter den Hübschen, »so können Sie nicht rechnen. Sie haben mit achtzig ihr Leben gehabt. Ein langes Leben ist Qualität. Was hatte Pankraz? Im Vergleich zu Ihnen fehlen ihm sechsundsechzig Jahre. Begreifen Sie, was das heißt? Das kommt einem Qualitätsverlust gleich. Was soll da die kleine Hütte in Rom, die man ihm nachträglich geschenkt hat? Es kann doch nicht so schwer sein, das zu verstehen. Wie schon gesagt, trifft diese Berechnung auch auf uns junge Frauen zu.«

»Begreifen Sie das überhaupt, Herr Bonifaz?«, wiederholten die zwei anderen Schwestern mit einer Stimme. Pankraz wollte jetzt nicht locker lassen und schoss daher folgende Argumentation auf die Alten ab.

»Ihr wart zu lange an der Macht, Bonifaz, Servatius und Mamertus. Christus wurde schon mit dreißig abberufen. Das sei nur am Rande bemerkt. Ein Machtwechsel ist angezeigt, auch hier. Wir sind jetzt an der Reihe. Und wenn ich ›wir‹ sage, dann meine ich meine jungen Schwestern hier, mich und Sophia. Die Mütter stehen immer an der Seite ihrer Kinder. Wenn ich also nach dem neuen, dem revolutionären Zählsystem zähle, dann komme ich auf fünf Stimmen. Dies bedeutet ein Stimmenverhältnis von fünf zu drei.«

»Hohoho!«, höhnte das Alten-Trio unisono. Mamertus war jetzt wieder auf der Seite von Bonifaz und Servatius, was er auch deutlich machte.

»Hier lässt unser Jungsiegfried aber seine Muskeln spielen. In der Frauenkommune, da fühlt er sich stark«, kommentierte Mamertus.

»Noch haben wir die Macht in Händen, und wir wollen sie auch behalten. Immerhin gibt es die Möglichkeit, euch aus dem Kartell auszuschließen, dann guckt ihr in die Röhre. Also,

entweder ihr lasst euch auf unseren Vorschlag ein oder ihr steht draußen vor der Tür, aber dalli.«
Und um dem, was er sagte, Nachdruck zu verleihen, fuchtelte Mamertus an seiner Beretta herum, bekam sie aber nicht aus dem Halfter heraus.
»Wir lassen uns nicht einschüchtern«, mischte sich Sophia ein. »Die Karten liegen auf dem Tisch, die Würfel sind gefallen. Entweder ihr lasst euch auf unseren Vorschlag ein, oder wir drehen den Spieß um und schließen euch aus. Was sagt ihr nun?«
»Bravo!«, riefen die Töchter.
»Sehr gut!«, rief Pankraz.
Offenen Mundes trielten die Alten und sahen sich hilflos an. Bonifaz fasste sich als Erster.
»Meine lieben Schwestern und Brüder«, begann er salbungsvoll. »Wir müssen doch das Ganze sehen. Die Schöpfung in ihrer Vielfalt und gegenseitigen Bezogenheit. Wir sitzen alle in einem Boot, Frauen und Männer, Junge und Alte, wir werden nach und nach alle begrenzt, und bald schon droht der Schnitter mit seiner Sense. Wir kommen alle ins Alter und alle in die Grube. Also ...«
Wieder verhinderte ein Hustenanfall, dass er zu Ende sprechen konnte.
»Deinen Sermon kannst du dir sparen. Kommen wir zur Sache. Ich werde jetzt meine fünf Anträge stellen«, sagte Pankraz im Aufstehen energisch, »über die abzustimmen ist. Erster Antrag: Alle Anwesenden sind gleichberechtigt. Ich bitte um Handzeichen. Wie ich sehe, ist der Antrag mit fünf zu drei angenommen.«
»Moment mal, ihr Anfänger«, schimpfte Servatius.
»Anträge müssen schriftlich gestellt und uns drei Tage vor Sitzungsbeginn zur Einsichtnahme vorgelegt werden. Keine Ahnung, aber große Töne spucken.«
Pankraz ließ Servatius ins Leere laufen.
»Zweiter Antrag ...« Er wurde erneut unterbrochen, da Mamertus jetzt wieder seine Beretta in der Hand hatte und in die Decke schoss, was Pankraz aber nicht imponierte.
»... Zweiter Antrag: Den Vorsitz des ›Kartells der gestrengen Herren und der gestrengen Dame‹ führt ab sofort Sophia. Ich bitte um Abstimmung. Ergebnis: Fünf zu drei für den Antrag. Damit ist Sophia die Vorsitzende. Sophia, bitte, walte deines Amtes.«
Plötzlich überfiel Bonifaz ein heftiges Zittern. Der ganze Körper wurde davon erfasst. Er rang nach Luft, wollte etwas sagen, aber die Befehle an seinen Körper kamen dort nicht mehr an.

»Danke für die Übergabe der Geschäfte an mich. Ich übernehme auch sofort die weiteren Anträge von Pankraz. Dritter Antrag: Das Kartell erklärt seine Bereitschaft, an der Seite der Bewegung FIVE-ZERO-OUT mitzukämpfen. Wünscht jemand eine Aussprache darüber?«
Die Alten waren völlig überfahren worden und konnten noch gar nicht richtig fassen, was da geschah, daher meldete auch niemand einen Widerspruch an.
»Ich bitte um Handzeichen. Ich stelle fest: Fünf zu drei für den Antrag. Ich werde anschließend veranlassen, dass wir der Bewegung FIVE-ZERO-OUT eine Grußadresse mit unserem Beschluss schicken. Friede den Jungen, Krieg den Alten.«
»Jetzt biegt dieses alte Suppenhuhn auch noch den guten alten Büchner um und macht aus einem Klassenkampf eine menschliche Tragödie. Das darf doch nicht wahr sein!«
Servatius kam gar nicht dazu, sich nach dieser Einlassung gebührend lange zu ärgern, da Bonifaz nachschoss: »Hier wird jetzt schon zum zweiten Mal von einer Bewegung Dingsbums gesprochen. Kann mir einmal jemand erklären, was diese Terrororganisation will?«
»An dir geht das Leben vorbei, Bonifaz. Das hast du davon, wenn du nur auf den Heiligen Geist vertraust. Sieh doch fern, lies die Zeitung, dann bist du auch informiert«, sagte Pankraz lachend.
»Aber wieso fünfzig? Ausgerechnet fünfzig?«, ließ Bonifaz nicht locker. »Wieso fünfzig? Dann wäre ich ja schon dreißig Jahre tot!«
Sophia waltete unbeirrt ihres Amtes.
»Bonifaz' Antrag zur Geschäftsordnung: Wir haben über den Tagesordnungspunkt bereits abgestimmt und sind mittendrin in einer neuen Abstimmung, da sind Diskussionen nicht mehr möglich, basta. Damit komme ich zu Antrag vier: Wir geben uns nicht mit den mickrigen zehn Tagen im Mai zufrieden. Wir verlangen eine Ausweitung der Kältephase auf den gesamten Mai.«
»Widerspruch!«, schrie Mamertus.
»Damit bringen wir alle Monate gegen uns auf, vor allem die mächtige Juno, die zur göttlichen Trias gehört. Ihr Youngster«, und damit deutete Mamertus mit ausgestrecktem Arm auf die Frauen und auf Pankraz. »Wisst ihr nicht, dass die Juno in ihrem Tempel ›Moneta‹ ihre Münzstätte hat, aus der wir regelmäßig unsere Knete bekommen? Und diese Unterstützung bekommen wir nur, weil ich über meinen Urahn Mars ein entfernter Verwandter der Göttlichen bin. Wenn die Juno das ihrem Jupiter, der ein ziemliches Arschloch ist, erzählt, flippt

der doch völlig aus und streicht uns die Kohle. Außerdem habe ich, der große Mamertus, sehr wohl etwas dagegen, dass wir dem März zu nahe auf die Pelle rücken, da ich ihm doch verwandtschaftlich so nahe stehe.«
»Lieber Mamertus, wir, ich, der Servatius, Sophia und ihre lieben Töchter, sind echte Katholiken, wir machen uns mit den Heiden nicht gemein. Du kannst ja nichts für deine Herkunft. Aber du bist, wie soll ich sagen, kraft deines Namens ein Christ zweiter Klasse, daher bei uns eigentlich nur geduldet.«
Das sagte Bonifaz und schüttelte sich vor Lachen.
Die Frauen und Pankraz amüsierten sich köstlich und lachten sich ins Fäustchen.
»Bonifaz, du Haderlump, musst du mir in den Rücken fallen und den Spaltpilz im Kartell aussetzen? Das nenne ich unsolidarisch gehandelt. Du fällst mir in den Rücken und schwächst damit das Kartell. Ich warne dich, ich kann dafür sorgen, dass euch der Geldhahn zugedreht wird. Dann ist Sense.«
Nach dieser Philippika überfiel Bonifaz wieder das Zittern, und Servatius raste wie ein Verrückter im Konferenzsaal hin und her und schlug aus purer Verzweiflung mit seinem Kopf gegen die Wände.
Während die Frauen und Pankraz lachend Beifall klatschten, stießen Servatius und Bonifaz, die sich wieder gefasst hatten, mit ihren Krummstäben Protest in den Boden, bis ihnen ihre Mitra vom Kopf und die Krummstäbe aus der Hand fielen. Mamertus schoss derweil sein ganzes Magazin leer und warf die Beretta wütend in eine Ecke.
Dann kehrte wieder Ruhe ein, die Ruhe der Erschöpfung.
Pankraz ergriff zum letzten Mal das Wort: »Ich stelle hiermit meinen letzten Antrag, Ausschluss von Bonifaz, Servatius und Mamertus aus dem Kartell wegen vereinsschädigenden und undemokratischen Verhaltens.«
Die drei Alten waren zu erschöpft, um noch zu protestieren. Sophia leitete die Abstimmung, die wieder, wie gewünscht, ausfiel.
Damit war der legale Machtwechsel im Kartell vollzogen.
Zum Schluss gab Sophia die Verlobung ihrer drei Töchter mit Pankraz bekannt, was die alten Kartellherren nicht mehr mitbekamen – sie hatten alles vergessen.
Somit war auch einer möglichen moralischen Entrüstung der Alten der Stachel gezogen.

36.

Das Jahr hatte zugenommen, der Sommer ging langsam zur Neige, da trug sich am gleichen Ort, nur ein paar Straßen weiter, Folgendes zu.
Es war Nacht. Irgendeine Nacht von einem schwarzen Dunkel.
Es war auch schon spät, mitternächtlich spät.
Das war seine Zeit. Die Eisenbeiß-Zeit.
Eisenbeiß? Warten Sie, warten Sie nur, das wird sich klären. Haben Sie Geduld!
Schon von weitem hörte man das Klappern eines Blindenstocks auf dem Kopfsteinpflaster, der das Laternenlicht reflektierte, als wäre er aus Metall. Eisenbeiß trug eine Sonnenbrille. Die tragen Blinde oft, das weiß man aus Filmen. Ray Charles trägt zum Beispiel eine solche. Künstler tragen sie oft, weil sie viel im grellen Rampenlicht stehen müssen. Vielleicht auch als billigen Schutz, der ein Inkognito sichern soll. Dann kennen wir die Sonnenbrillen von den mafiosen Fieslingen. Auch kleine Nobodys setzen sie schon einmal auf, um ein bisschen aufzufallen, wenn ihnen sonst schon nichts einfällt.
Eisenbeiß war groß und breit. Das Alter? Schwer zu schätzen im Dunkeln. Älter, ja. Vielleicht knapp über fünfzig. Für sein Alter war er gut in Schuss, könnte man sagen. Kein Bauch, festes Fleisch, feste Muskeln, könnte man vermuten, wenn man ihn so sah.
›Jetzt müssten sie eigentlich da sein. Es ist doch ihre Zeit‹, blitzte bei Eisenbeiß ein Gedanke auf.
Die Straße war eine von den vielen unansehnlichen Nebenstraßen, die der Normalbürger nachts meidet, wo gemunkelt und gemordet wird. Tagsüber zeigte die Straße dann ein trügerisches friedliches Gesicht der Geschäftigkeit vor. Sie trug auch einen Namen: Pfistergasse. ›Pfister‹, das war eine Ableitung aus dem lateinischen Wort ›pistor‹. So hießen früher die Bäcker. Im Mittelalter waren hier denn auch Bäcker zuhauf. Jetzt war dieses Gebiet ein Armeleuteviertel.
Eisenbeiß war eingebogen und klapperte vor sich hin: Tack, tack, tack ...
›Merkwürdig! Ich höre noch nichts‹, dachte er. ›Den Oberkrakeeler nimmt man sonst doch schon von weitem wahr. Aha, jetzt kommen sie.‹
Er horchte angestrengt.
›Es sind wieder sechs. Ich höre sechs verschiedene Fußrhythmen. Jetzt kühl bleiben. Ganz ruhig. Du bist gewappnet für alle Fälle, du weißt, was du willst.‹
Er ging weiter, als wäre nichts.

›Jetzt rieche ich sie schon‹, sagte ihm seine Wahrnehmung. Da kam auch schon die konfektionierte Kohorte, sechs Stück ·JungMan· auf ihn zu.
Sie trugen den Einheitslook, den die Fabriken der Erwachsenen ihnen vorschreiben: Ausgebeulte Cargohosen, aus deren Außen-Seitentaschen Bierdosen schauten, die schlanken, etwas größeren der bekannten Billigmarke; auf dem Kopf quer gestellte oder verkehrt aufgesetzte Baseballmützen; T-Shirts, ihre Schutzschilder, vorn mit der martialischen Aufschrift ›Wir sind wir‹, auf dem Rücken ›Made in Germany‹; ohrgeringelt, die Rindviecher. Sich an aufgerissenen Bierdosen festhaltend, warfen sie, während ihre Kauwerkzeuge den Kaugummis zusetzten, ihre schlaksigen Körper in die Luft; einer trug einen dröhnenden Ghettoblaster auf der rechten Schulter, der heftig lärmte.
Ganz anders Eisenbeiß, der Einzelne, der EINE, der sie überragte. Sie sahen nicht gerade trainiert aus, die Schlakse. Aber – sie waren in der Mehrzahl, fühlten sich im Plural stark: »Wir sind wir«.
Als sie auf Eisenbeiß' Höhe waren, sagte ·Stück JungMan 1·: »Na, alte Blindschleiche! Was treibst du dich denn hier so spät noch rum in unserem Gebiet?«
Eisenbeiß schwieg. Man konnte nicht sehen, dass er lächelte.
·Stück JungMan 2· stänkerte weiter: »Du willst wohl nicht mit uns reden. Bist dir wohl zu fein, was?«
Eisenbeiß schwieg, lächelte.
·Stück JungMan 3· hatte sich in der Zwischenzeit lässig an ein Auto gelehnt, das dort parkte, hatte die Arme überkreuzt. Er prahlte jetzt: »Wie kommst du dazu, mit deinem weißen Zahnstocher nachts so einen Lärm zu machen? Du störst die Nachtruhe. Du störst uns.«
Eisenbeiß schwieg, ging ruhig weiter.
›Cool bleiben. Das verstehen sie. Das macht Eindruck auf sie.‹
»He, Krüppel«, rülpste auf einmal ·Stück JungMan 4· bedrohlich, »wir reden mit dir. Da kannst du dich nicht einfach so aus dem Staub machen und nichts sagen. Sonst werden wir böse. Sehr böse sogar. Dann werden wir ›Böze Onkelz‹.«
Eine ordinäre Lachwelle breitete sich für kurze Zeit aus.
Eisenbeiß schwieg, Eisenbeiß lächelte.
·Stück JungMan 5· provozierte weiter: »Hältst dich wohl für ziemlich cool? Hombre?«
Wieder Lachen aus sechs Bier-Kehlen. Ein hinterhältiges, ein gewollt überlegen klingendes Lachen.
Jetzt war ·Stück JungMan 6· dran: »Bist du überhaupt blind? Oder spielst du uns nur etwas vor?«

Das Schweigen hielt Eisenbeiß weiter die Treue. Das Lächeln war jetzt aber verschwunden.

Hatte das etwas zu bedeuten?

»He, Alzheimer! Wir reden mit dir!«, höhnte der Plural gröhlend.

·Stück JungMan 6· schickte hinterher: »Pass auf, Son of Parkin, sonst siehst du gleich alt aus!« Er sprang blitzschnell vor, machte erst kurz vor dem Blindenstock Halt, fuchtelte dann wild mit beiden Händen vor dem Gesicht von Eisenbeiß. Dabei berührte er absichtlich den Blindenstock, der etwas dicker aussah als ein normaler Blindenstock. Das war feststellbar, nachdem das Laternenlicht auf ihn gefallen war.

Eisenbeiß zog den Blindenstock an sich und blieb stehen. Er sagte noch immer nichts.

»Hör mal, du Miststück!«, gebärdete sich ·Stück JungMan 6· wild. »Du hast mich berührt. Das ist Körperverletzung. Willst du dich mit mir anlegen?«

Wie auf ein Kommando hatte der Plural einen Kreis um Eisenbeiß gezogen. Und noch ehe Eisenbeiß reagieren konnte, stieß ·Stück JungMan 6· ihn vor sich her.

Er stolperte, fiel aber nicht hin.

Das war das Startzeichen, jetzt ging's erst richtig los.

›Die werden doch nicht eine Kohortenkeulung mit mir vornehmen wollen?‹, löste sich ein Gedanke in Eisenbeiß' Gehirn.

Und tatsächlich: Der Plural schubste sich den Singular zu, er wurde von ·Stück JungMan 1· bis ·Stück JungMan 6· durchgereicht, fünf Mal durchgereicht. Das sah so spielerisch aus: Eisenbeiß, der Spielball. Er hielt seinen Blindenstock fest an sich gepresst.

Er hatte immer noch nichts gesagt.

›Was hat das zu bedeuten?‹, dachten die sechs ·Stück JungMan·.

Das Schubsen wurde roher. ·Stück JungMan 1· aus der Mitte des Plurals versuchte, dem Singular den Blindenstock wegzunehmen. Eisenbeiß wich geschickt aus und zog plötzlich, damit hatte niemand gerechnet, dem Angreifer eins über. Der Schlag war nicht fest, aber der Angreifer war so überrascht, dass er zusammenzuckte und dabei stolperte, sich aber noch fangen konnte.

Der Kreis um Eisenbeiß wurde enger gezogen. Jetzt spürte Eisenbeiß mehrere Hände des Plurals gleichzeitig, konnte jedoch noch einzelne Schubse auseinanderhalten. Sie erfolgten in kurzen Abständen. Plötzlich hing er an einer Hausmauer, wo sie ihn hinhaben wollten. Er hatte sich leicht gemacht, und so schlug er mit dem Rücken nicht so stark an. Das sah

lustig aus, wie er dann doch in Zeitlupe langsam in die Hocke glitt, so zur Ruhe kam. Der Plural lachte über diese Hilflosigkeit. ·Stück JungMan 3· hatte ein besonders kindliches Lachen, das eher zaghaft klang, als lache er unfreiwillig mit, nur aus einem Gruppenzwang heraus.
Eisenbeiß hatte den Blindenstock an sich gezogen.
»Hilf dir selbst, du alte Blindekuh, hast ja eine Krücke. Mal sehen, ob du auch ohne Krücke hochkommst!«, sagte einer aus dem Plural, es war der mit dem knabenhaften Lachen. Er versuchte den Blindenstock wegzutreten, traf stattdessen aber Eisenbeiß auf der Brust. Der Schmerz war nicht der Rede wert. Wieso fällt Eisenbeiß jetzt die Wendung ein: ›Kurz ist der Schmerz und ewig währt die Freude?‹
Indem das Zitat in ihn einschoss, kam Eisenbeiß blitzschnell auf die Beine und hielt dem jugendlichen Stück Fleisch den Blindenstock quer wie einen Schutzschild entgegen.
Der Plural stutzte kurz: ›Wie kam der so schnell hoch, dieser alte Sack?‹
Dann hörte man ·Stück JungMan 6· sagen: »Blinder Mann, für dein Alter bist du aber ganz schön schnell.«
Nun drang der Plural grimmig von allen Seiten auf Eisenbeiß ein. Jetzt wurde es ernst.
›Jetzt muss ich aufpassen, sonst bin ich schnell der Letzte!‹, dachte Eisenbeiß. Er hatte noch immer nichts gesagt.
Sie holten Messer aus ihren Hosenhöhlen, Schmetterlingsmesser, die sie in der Luft gekonnt schwirren ließen, das hatten sie zigmal geübt. Sie fuchtelten damit in der Luft herum. Hui, wie das pfiff! Es sollte furchterregend aussehen wie im Film.
Als ·Stück JungMan 3· auf ihn einzudringen versuchte, um den ersten Stich zu setzen, hielt Eisenbeiß ihn mit seinem Blindenstock, den er wie ein Florett handhabte, in Schach.

37.

Ja, bestätigte der Zeuge Benjamin Triefauge, er habe die Polizei gerufen, nachdem die Schüsse gefallen seien. Er habe aus der Ferne beobachtet, wie sechs Jugendliche den Blinden immer enger eingekreist und wie alle Messer gezogen hätten. Der Blinde habe zuerst seinen Blindenstock wie einen Schutzschild quer vor sich gehalten. Dann habe er den Blindenstock wie ein Florett gegen einen Angreifer verwendet und dann seien die Schüsse gefallen.
Nein, wie viele genau, wisse er nicht. Die Schüsse hätten sich angehört wie eine Salve aus einem Maschinengewehr. Wer

sie abgegeben habe, das könne er nicht sagen. Es sei alles so schnell gegangen.

Die Polizei stellte den Tod des Plurals fest: ·Stück JungMan 1· bis ·JungMan 6·. Erste Erkenntnisse deuteten darauf hin, dass die Schüsse aus nächster Nähe ins Herz abgegeben wurden. Alle Opfer wiesen den gleichen Einschusswinkel und die gleiche Einschusshöhe auf. Ausnahmslos Schüsse ins Herz. Das könne nur ein Profi zu Wege bringen: Aus kürzester Entfernung sechsmal ins Herz treffen.

Die Polizei konnte die typischen Nahschusszeichen nachweisen: Pulverschmauchablagerungen auf Kleidung und Haut, Einsprengungen von unverbrannten und teilverbrannten Pulverteilchen sowie Hautverbrennungen.

Vielleicht gebe es mehrere Killer, kommentierte einer aus der Truppe um Kommissar Keidel.

»Ein Täter oder mehrere Täter?«, fragte ein anderer.

Da müsse man wohl die Untersuchungen abwarten, meinte wieder ein anderer.

»Bloß, wo sollen die Täter oder der Täter herkommen? Hinter dem Blinden befindet sich gleich eine Mauer«, schwirrte eine Stimme durch die Nacht.

Diese Worte fielen Meternagel aus dem Mund, kullerten auf Keidel zu, der sie aufschnappte und den Wortgeber von der Seite schief ansah. Man konnte nicht ganz genau ausmachen, ob der schief gestellte Kopf ein Ergebnis war, das der Skepsis Keidels zuzuschreiben war.

»Kann sein, kann nicht sein. Kann ganz anders sein. Das ist hier die Frage«, gab Keidel schulterzuckend, fast abwesend zur Antwort.

»Wir müssen die waffentechnische Auswertung abwarten. Ich grüble gerade über zwei Dinge nach«, kam es gequält aus Keidel hervor. Er stemmte dabei die linke Hand in die Hüfte und umfasste mit der rechten sein Kinn nach Art von Nachdenkenden oder Nachdenklichen.

»Und welche wären dies?«, fasste Meternagel seine Neugier in Worte.

»Die eine betrifft den Blinden, der vorschnell als Blinder entlarvt wird. Wir haben nur eine Zeugenaussage, der Blinde selbst hat sich merkwürdigerweise aus dem Staub gemacht. Wir müssen auch der Hypothese nahe treten, ob der Blinde überhaupt blind war. Wie kann so einer, ausgerechnet so ein Langsamer, von der Bildfläche verschwinden?«

Keidel wechselte jetzt die Haltung, die rechte Hand fuhr zum Kinn und die linke ging zur Hüfte.

»Und weiter?«, ließ Meternagel nicht locker.

»Ach Meternagel, kommen Sie doch selber einmal auf etwas! Es braucht eine exemplarische Phantasie oder formidable Logik dazu.«

»Also, Herr Kommissar, streng nach Kriminalisten-Logik gefragt: Wer waren die Jugendlichen? Und in welcher Beziehung standen sie zum Blinden?«

Meternagel zuckte zusammen und korrigierte sich sofort: »Dem vermeintlich Blinden«, äffte er Keidel nach.

»Gut gebrüllt, Meternagel!«, antwortete Keidel und schmunzelte, ehe er sofort wieder nachdenklich wurde.

»Sind wir bereits wieder so weit in Deutschland, dass Krüppel wie im Dritten Reich auf offener Straße angegriffen werden? Denn die Einkreisung des Opfers muss als ein krimineller Akt betrachtet werden, ein kollektiver zudem.«

Keidel hatte seine Arme wieder in Ausgangsstellung gebracht und stand nun kopfschüttelnd vor Meternagel.

»Mir gibt noch etwas anderes zu denken!«

»Kollege Meternagel, Sie werden mir sicher nicht Ihr Denkmanöver vorenthalten wollen«, meinte Keidel und griff sich zwischen die Beine, als suche er dort nach dem Stein der Weisen.

»Es ist ein ganzes Bündel von ungeordneten Fragen, das mich umtreibt, Herr Keidel. Was war mit dem Blinden los? Welche spezfische Beziehung bestand zwischen ihm und den Jugendlichen? Ich habe das dumpfe Gefühl, dass es zwischen beiden eine wie auch immer geartete Beziehung gegeben haben muss. Dann frage ich mich, wo der Blinde geblieben ist. Hat er sich davongemacht und lebt noch? Wenn ja, warum hat er sich dann nicht gemeldet? Oder ist er ebenfalls tot? Und wurde dann weggeräumt?«

»Der vermeintlich Blinde«, knurrte Keidel.

»Das sind gleich sieben Fragen sehr unterschiedlicher Art, Herr Meternagel. Das ist im Augenblick zu viel für mich. Ich schlage daher vor, Sie kümmern sich um diesen vermaledeiten Blinden, vermeintlich oder nicht, befragen noch einmal unseren Zeugen, was der darüber weiß. Vielleicht lässt sich nach dessen Aussagen ein Phantombild des großen Unbekannten herstellen, das dann in den Medien gezeigt werden könnte. Das Übliche eben.«

Und damit wandte er sich an einen anderen, etwas behäbigen, blässlichen, auch unscheinbaren Mitarbeiter, den Kollegen Weder-Noch, einen Stotterer: »Herr Weder-Noch, Sie kümmern sich um die Fakten, Indizien und so weiter, überprüfen die Hosentaschen der Opfer sowie deren Personalien, und das Ganze ruck, zuck!.«

»Die, die, die... wurden bereits über–über–über–prüft«, unterbrach ihn der Stotterer Weder-Noch.
»Und?«
»Ni–ni–ni–nichts!«
»Wie nichts?«
»Nichts Ver–wert–bares vor–vor–vorhanden. Nur Bierdo–do–do–sen«, strahlte Weder-Noch.
»Sapperlott!«
Keidel sah Weder-Noch an, und Weder-Noch stotterte einen verlegenen Blick zurück.
Am nächsten Tag machte sich Meternagel zu Triefauge, dem einzigen Zeugen, auf den Weg. Benjamin Triefauge war ein Postbeamter, zu dem der akkurate Haarschnitt gut passte. Eine Figur, die aus Zuverlässigkeit bestand.
Er beschrieb das Opfer so: »Wissen Sie, aus der Entfernung und bei der Dunkelheit ist alles schwer auszumachen. Ja, auffallend groß war er und athletisch. Die Kleidung war dunkel.«
»Dunkel? Das ist sehr unspezifisch. Können Sie das ›Dunkel‹ etwas aufhellen?«, wollte Meternagel wissen.
»Verstehen Sie doch, Herr Meternagel! Es war dunkel. Vielleicht schwarz. Vielleicht braun. Vielleicht blau. Jedenfalls dunkel.«
Meternagel zog die Augenbrauen hoch.
»Da fällt mir noch ein: Sein Gang, ja, sein Gang war außergewöhnlich.«
»Und können Sie das wenigstens etwas genauer beschreiben?«, fasste Meternagel nach.
»Schwierig. Es kam mir so vor, als sei das nicht der typische, vorsichtige Gang eines Blinden.«
»Sondern?«, hieb Meternagel ungeduldig dazwischen.
»Eher der Gang eines Gesunden, energisch, geschmeidig, selbstbewusst. Ich weiß nicht, ob es das trifft. Sie wissen ja, die Entfernung und die Dunkelheit.«
»Sie haben den Blinden, den vermeintlichen oder auch nicht vermeintlichen, also echten, gehen gesehen?«
»Ja. Sagte ich das nicht bereits? Als ich von der Schlossallee einbog, war der Blinde noch nicht eingekreist. Er ging auf die Gruppe zu. So konnte ich seinen Gang von hinten wahrnehmen.«
»Von hinten?«
»Ja, zunächst von hinten. Dann ging ich in die Sudetenstraße, die parallel läuft, um von hier einen besseren und sichereren Beobachtungspunkt zu haben. Und da sah ich ihn von der Seite.«
»Wen?«

»Na, den Blinden, wen denn sonst?«
»Um noch einmal auf das Aussehen des vermeintlich Blinden zu kommen. Haben Sie sonst noch etwas wahrgenommen außer der dunklen Kleidung und dem merkwürdigen Gang? Etwas Auffälliges vielleicht? Trug er einen Anzug? Einen Hut? Oder…«
»Nein, einen Anzug trug er nicht. Sicher nicht. Vielleicht einen Sakko oder Lederklamotten. Eine Lederjacke, ja, das könnte es gewesen sein, ich weiß nicht…« Schweigen. Dann kam langsam ein Nachtrag Triefauges hinterher: »Auch der Stock war anders als ein normaler Blindenstock. Eher dicker, kräftiger, schwerer, so kam es mir vor.«
»Haben Sie vielleicht auch etwas gehört? Stimmen? Schreie vielleicht?«
»Ja, als die Jungs auf den Blinden zugingen, sangen sie etwas. Das heißt, es war eher so ein abgehacktes Sprechen. Einer trug auf der Schulter ein tragbares Abspielgerät.«
»War das vielleicht Rap?«
»Ja, Rap.«
»Melodie? Text? Titel?«
»Weiß ich nicht.«
»Wie wollen Sie dann einen Rap erkannt haben?«
»Wissen Sie, ich halte nichts von diesem modernen Quatsch. Ich mag Volksmusik und Musicals. Aber, ich habe eben einen Sohn und der ärgert mich immer mit seiner lauten Musik. Der ist Rap-Fan. Liebt die ›Schrägen Fünf‹ und andere, vor allem amerikanische Gruppen. Und der hat in letzter Zeit diesen Rap immer wieder gespielt, einen Ohrwurm, den ich auch die jungen Leute habe abspielen und mitsingen hören. Ich kenne den von meinem Sohn. Den könnte ich ja einmal fragen…«
»… nein, danke, Herr Triefauge, das ist jetzt nicht so wichtig. Immerhin nannten sie jetzt ein Detail, das Sie vorher nicht erwähnten: Dass sie Musik hörten, ich vermute aus einem Ghettoblaster? Aber was wir jetzt dringend benötigen, ist ein Phantombild. Wir haben da unseren ›Maskenbildner‹, so nennen wir ihn scherzhaft, der solche Phantombilder am Computer entwirft. Wären Sie bereit, ihm Ihre Informationen für ein solches Phantombild zur Verfügung zu stellen? Hätten Sie jetzt vielleicht Zeit?«
»Ein Postbeamter hat immer Zeit, Herr Meternagel.«
Das Phantombild konnte also entworfen werden. Es kam aber nur ein konturloses Nachtphantom dabei heraus, das für die Öffentlichkeitsarbeit wenig tauglich war. Hier gab es kein Weiterkommen.

38.

Katharina Furchtslos, eine bisher noch nicht in Erscheinung getretene Mitarbeiterin Keidels, war ins Rennen gegangen, um den fünfzehnjährigen Sohn des Zeugen Benjamin Triefauge, Kühnemund Triefauge, zu befragen. Kühnemund, ein Brocken Jungfleisch, das allem Anschein nach im Fitnessraum widerlich gedehnt und gezerrt wurde, war von naiver Sprechfreude getrieben, ein leichtes Spiel für jeden, der interviewt.
Als die attraktive Polizistin, der viele eine gewisse Ähnlichkeit mit der jungen Grace Kelly bescheinigen wollten und deren Fleisch ebenfalls durch Training gut in Schuss war, dem jungen Lümmel gegenüberstand, der Herr Papa war gerade in sein Büro enteilt, fühlte dieser plötzlich, wie sein Hodensack sich mächtig aufblähte. In der Pubertät will das nichts heißen. Schon der Gedanke an Titten oder ein Blick auf einen nackten Frauenschenkel verursacht dann sofort einen Aufstand im Schwanz. Nun hatte allerdings Katharina Furchtlos auch alles das, was Männer im Allgemeinen rasch aus der Fassung bringt. Und wie alle Frauen besaß sie auch noch einen vorzüglichen Seismographen für männliche Eruptionen. Kurzum, Katharina Furchtlos nahm, ohne hinzusehen, sofort wahr, was war, legte Fältchen um ihre Augenwinkel und befahl sich zu lächeln. So in Form gebracht, fragte sie den dröhnenden Koloss Kühnemund nach jener Gruppe, deren Songs die ›Jung-Man‹-Gang bei ihrem Angriff auf den vermeintlichen Blinden gespielt haben sollte. Kühnemund sprudelte und Furchtlos erfuhr, dass die Gruppe nur jene sein könne, die im Augenblick ›in‹ sei und sich den militanten Namen ›Frontsoldaten‹ gegeben habe. Sie verwickelte Kühnemund, dessen Hoden immer noch prosperierten, in ein sorgloses Gespräch, bekundete Interesse, und bekam rasch heraus, dass der mögliche Song wohl von der »neuesten Scheibe« ›FIVE-ZERO-OUT‹ stammen müsse. Kühnemund ließ nebenbei einfließen, dass er ein Sympathisant der Gruppe und deren Botschaft sei. Für den Kampf wolle er gerüstet sein, wenn man ihn rufe, schwadronierte er muskelprotzend vor Furchtlos, zog plötzlich aber eine merkwürdige Schnut, als hätte er sich bei einem Versprecher ertappt. Katharina sah ihn nun eindringlich und sehr ernst an und wollte von ihm wissen, um was für einen »Kampf« es sich denn da handelte, und was er mit seiner »Kampfbereitschaft« meine.
»Ach nichts, war nur ein Scherz«, ließ er sie wissen, ehe er sich hinter einem breit angelegten Schweigen verschanzte. Wahrscheinlich war er jetzt mit einem Schlag von seinen Hodenproblemen erlöst. Furchtlos bedankte sich bei dem

Schnösel, sah ihm in die Augen, die er schüchtern nach unten kippte, gab ihm die Hand, die sich, obwohl riesig, wabbelig anfühlte, zeigte ihm ihre Kehrseite und verschwand. Was Kühnemund danach mit sich anstellte, bekam Furchtlos nicht mehr mit.

Die CD mit den neuesten Hits der ›Frontsoldaten‹ zu bekommen, war kein Problem. Sie war im normalen Plattenhandel erhältlich. Furchtlos brachte sie ins Tagungsbüro mit, wo Keidel sogleich die Seinen um sich scharte und es nicht versäumte, um die Zusammenarbeit zu verbessern, Tee, Kaffee und schottisches Shortbread aufzutischen. Als die SOKO SENEX vollzählig versammelt war, stand dem Musikkonsum nichts mehr im Wege. Furchtlos schob die CD ein, Keidel fasste sich erst einmal – wohin wohl? – Meternagel machte Anstalten, der Gruppe eine erneute Namenserklärung zu geben, Gehrcke blickte gleichgültig auf die Handbewegung von Keidel, und Block versuchte, ihren ohnehin knappen roten Pulli noch knapper zu machen, indem sie daran zog. Nachdem auf diese Weise alles zurechtgerückt war, der Kaffee dampfte, der Tee schwitzte und das schottische Shortbread verführerisch duftete, konnte es losgehen. Und es ging auch los. Furchtlos hatte aufs Knöpfchen gedrückt und nun sah man, wie alle aßen und hörten, hörten und aßen und beim Essen und Trinken staunten. Ab und zu wurden übersetzte Wörter der englischen Texte oder ein klärendes Wort durch den Raum geworfen, die Köpfe geschüttelt oder genickt. Ganz nach Belieben.

Der Titelsong war auch der erste Song auf der CD. Er war aggressiv und voller Four-Letter-Words, die sich auf Englisch austoben durften:

> Fuck all ol' people
> FIVE ZERO OUT
> Fuck 'em if yu meet 'em
> FIVE ZERO OUT
> Get the rats out of their holes
> FIVE ZERO OUT
> Beat 'em where you find 'em
> FIVE ZERO OUT
> Cut off their pathetic balls
> FIVE ZERO OUT
> Go to hell old bastards
> FIVE ZERO OUT
> Then everything in the garden
> FIVE ZERO OUT
> Is lovely for us
> FIVE ZERO OUT

Der zweite Song war von der gleichen Qualität. Immerhin einmal ein deutscher Text. Er wollte die Gefühlslage der jungen Generation wiedergeben:

> wir wollen keine tradition
> wir sind auch so in schuss
> wir lieben's instabile
> und lieben es diffus
> wir kommen mitt'm auto
> denn wir sind nicht gern zu fuß
> wir pfeifen auf die eltern
> und sind immer zerstreut
> für uns zählt nicht das gestern
> für uns zählt nur das heut
> kultur muss populär sein
> anstrengung ist nicht fein
> wir öffnen uns für alles
> und finden alles gut
> und wer das nicht verstehen will
> der nehme seinen Hut
>
> wir sagen's laut und ohne hohn:
> wir sind jetzt an der reihe,
> wir wollen auf den thron.

Die SOKO-Mannschaft sah sich immer wieder an. Zu etwas anderem als zum Kopfschütteln war die Truppe nicht bereit oder in der Lage. »Braut sich da etwas zusammen, was wir bisher übersehen haben? Dann werden wir Arbeit bekommen«, war die Sprechblase, die Keidel gerade noch, ein Plätzchen zermalmend, nach Ende des Songs zum Besten geben konnte. Denn schon drängte sich der dritte Song der ›Frontsoldaten‹ aus der Scheibe:

Wir sind die neue Generation,
wir nehmen uns, was uns gehört,
wir fackeln nicht lange, wir schlagen jetzt zu,
und wir merken: ihr seid verstört!

Wir sind die neue Generation
wir haben die Schnauze voll,
wir wissen nicht wohin mit der Wut,
und wir fühlen uns dabei ganz toll.

Wir sind die neue Generation
was wir auch tun, das ist immer gut,
was habt ihr uns alles angetan,
ihr seid eine schlimme Brut.

Ihr beutet die Welt aus, ihr habt uns zerstört,
noch bevor unser Leben beginnt,
nun bekommt ihr die Quittung,
es ist an der Zeit, die nun allmählich verrinnt.

Wir sind für euch nur ein Unterpfand
als Arbeitskraft und Rentengarant,
so raubt ihr uns unsren Lebenssaft.
Ist das eure ganze Wissenschaft?

Wir sind die neue Generation
wir pfeifen auf eure Welt,
jetzt melden wir unsre Ansprüche an,
die Weichen dazu sind gestellt.

Wir sind die neue Generation,
wir nehmen uns, was uns gehört,
wir fackeln nicht lange, wir schlagen jetzt zu,
von uns aus seid ruhig verstört.

Keidel hielt es für angebracht, nach diesen Kostproben »moderner Unterhaltungskunst von hohem Niveau«, wie er spöttelte, die CD auszuhebeln. Man habe einen lebhaften Eindruck, was auf die Gesellschaft zukomme.

Er wollte nun wissen, ob diese Musik irgendwelche Anhaltspunkte für den ›Fall Eisenbeiß‹, den Namen hatte er soeben erfunden, liefere.
Block hatte eine Meinung parat:
»Gesetzt den Fall, es wäre so, dass die ›JungMan‹-Gang bei ihrem Aufmarsch gegen den Blinden oder Scheinblinden diese Musik gespielt und dazu gesungen hat, dann spricht alles dafür, dass die Musik eine Kampfansage darstellte.«
»Das könnte so sein, wie du sagst«, unterstützte Meternagel Block. »Ich sehe noch einen anderen Hinweis in der Musik versteckt.«
»Wie ich Sie kenne, Kollege Meternagel, wollen Sie uns jetzt sicherlich eine Inhaltsanalyse der Songs geben. Habe ich Recht?«, warf Keidel kampfeslustig ein.
»Ich bewundere Ihr Empathievermögen, Herr Keidel. Eine vollständige Inhaltsanalyse kann und will ich nicht vorlegen, das sollen andere tun. Aber so viel ist beim ersten Zuhören festzustellen, dass alle Songs, die wir gehört haben, im Grunde genommen nur ein Thema haben – den Generationskonflikt. Es geht um den Kampf zwischen Jung und Alt. Und ...« Meternagel blätterte im Protokollbuch herum, bis er eine Stelle fand, auf die er sich zu beziehen schien, »es sieht nach der Zeugenaussage von Benjamin Triefauge ganz so aus, als sei der unbekannte Blinde ein alter Mann gewesen, den die Jungen attackieren wollten. Sie waren schließlich bewaffnet. Alles nachzulesen im Protokoll.«
»Ich sehe hier auch geistige Querverbindungen zum letzten Wartburgfest. Da wurde doch mit Nietzsche gegen die Alten gewettert. Dieser Spur müsste man meines Erachtens genauer nachgehen.«
»Kann gut sein, dass hier, vielleicht jetzt noch unstrukturiert, eine Massenbewegung heranwächst. Na, dann gute Nacht. Dann können wir gleich gegen zwei Bewegungen ankämpfen.«
»Wieso gleich zwei Bewegungen, Frau Gehrcke?«
»Der Kampf gegen die Bewegung FIVE-ZERO-OUT, das ist die eine Front. Und dann kann es durchaus sein, dass wir auch bei uns, sozusagen hausintern, Auseinandersetzungen zwischen Jung und Alt zu erwarten haben. Wer weiß, ob wir nicht schon mittendrin sind in diesem Schlamassel?«
Gehrcke war jetzt hellwach.
»Krieg unter uns Bullen. Ist der Virus des Misstrauens bereits auf uns übergegangen? Die Entlassung der beiden Kollegen, die ich neulich veranlasst habe, wäre dann auf einmal in einem ganz anderen Licht zu sehen.«

Keidel blickte in die Runde, als wollte er prüfen, wo der nächste Judas säße. Seine Blicke machten Schule. Alle blickten auf einmal alle an, jeder verdächtigte jeden. Das galt nur für einen Augenblick. Vielleicht war alles auch nur Einbildung. Die Mannschaft war still, als sie den Tisch abräumte. Bevor sie sich gedankenschwer in ihre Büros verzogen, verteilte Keidel noch Aufgaben. Meternagel erhielt den Auftrag, weiterhin im Internet nach Hinweisen auf den Generationskonflikt zu surfen, auf Gehrcke kam die Durchsicht der Presse auf entsprechende Vorfälle zu und Block sollte mit Neapel Kontakt aufnehmen, was es dort Neues über das Castello Aragonese gäbe und bei der Gelegenheit sich auch im übrigen Ausland umsehen, ob dort der Generationskonflikt bereits tobe. Er selber werde sich noch einmal den Tatort vorknöpfen, wo die Jungen zu Tode gekommen seien. Vielleicht werde er fündig. Und Furchtlos sollte sich den Vorleser Wortmann einmal vorknöpfen.

39.

Ochsenziemer war zurück. Er, der Paradiesvogel unter den Kommissaren, polyglott, mehrsprachig, mit akademischer Ausbildung, seinen Doktortitel diskret verschweigend, Weinkenner und eleganter Bonvivant, war nach drei Jahren selbst gewählten Exils im Chianti, wohin er sich aus Lg, sei's aus Ermüdung, sei's aus Enttäuschung, zurückgezogen hatte, auf einmal wieder in Deutschland aufgetaucht. Die drei Jahre in Italien hatte er als Winzer bei seinem Onkel zugebracht. Nun war er wieder in der Polizeiöffentlichkeit erschienen. War es letztlich doch eine gewisse Monotonie, die Ochsenziemer veranlasste, die aufregende Tätigkeit der Verbrechensbekämpfung wieder aufzunehmen? Immerhin war er erst achtundvierzig. Bald schon allerdings würde er neunundvierzig.
Jedenfalls hatte er sich sofort bereit erklärt, die ›Internationale Akademie für Verbrechensbekämpfung (IAV)‹ in Brüssel aufzubauen. Die Kontakte zur akademischen Zunft hatte er auch als Winzer nie ganz abreißen lassen. Immer wieder einmal gab er kurze Gastspiele an renommierten Hochschulen in aller Welt.
Ochsenziemer hatte gleich drei weitere Bewerber aus dem Feld geschlagen, die sich ebenfalls für die ›Internationale Akademie‹ beworben hatten. Den Ausschlag für seine Wahl gab die Tatsache, dass er drei hervorragende Qualifikationen besaß. Erstens brachte er jahrelange polizeipraktische, zweitens auch wissenschaftliche Erfahrungen mit, und nicht zu-

letzt spielte drittens seine polyglotte Bildung eine entscheidende Rolle. Ochsenziemer sprach drei Sprachen fließend: Seine Vatersprache Deutsch, seine Muttersprache Italienisch und seine ›Onkelsprache‹ Französisch, wie er sie einmal scherzhaft titulierte. Wer konnte das schon? Doch was wären diese exzellenten Qualifikationen ohne die entsprechenden Beziehungen? Ochsenziemer hatte hervorragende Fürsprecher in verschiedenen Ländern. Allen voran seinen etwas langweiligen Kollegen und Freund Commissario Brunetti, mit dem er in Italien in permanentem Gedankenaustausch stand. Daneben legte auch sein ›lieber‹ Pepe Carvalho aus Spanien ein gutes Wort für ihn in Brüssel ein, ein ›Poet des Gaumens‹, der sich nie entscheiden konnte, ob der Whiskey oder der Rioja sein Lieblingsgetränk war. Er wurde gern als verrückt bezeichnet. Für die CIA hatte Carvalho ein kurzes Zwischenspiel gegeben, was seinen Ruhm keineswegs beeinträchtigte.
Schließlich hatte sich aus Frankreich Jean-Baptiste Adamsberg für ihn eingesetzt, der moderne Sokrates aus den Pyrenäen, der Kommissar mit der Engelsgeduld, der ohne Uhr auskam, der von sich behauptete, er wisse, dass er nichts wisse, der Anti-Analytiker, den Ochsenziemer als Menschen sehr mochte, mit dessen ›unanalytischen Ermittlungsmethoden‹ er jedoch so seine liebe Not hatte. Auch aus Skandinavien kam Zustimmung für ihn. Bereits nach zwei Jahren hatte Ochsenziemer die gestellte Aufgabe mit Bravour gelöst. Die ›Akademie‹ war aufgebaut.
Zunächst hielt Ochsenziemer noch selber Vorlesungen vor einem Häuflein handverlesener Studierender, die alle bereits im Polizeidienst ihre Erfahrungen gesammelt hatten, suchte sich Kollegen aus den verschiedensten Fakultäten und Universitäten aus aller Welt zusammen, Koryphäen, die hier Gastvorlesungen abhielten, und schuf innerhalb kurzer Zeit für die Hochschule eine bleibende Infrastruktur, wobei er auf seine erfahrenen Mitarbeiterinnen und Mitarbeiter aus vergangenen Tagen zurückgreifen konnte. So war auch sein Freund, der Prof, zu der Ehre gelangt, als Gastprofessor gegen gutes Honorar den Brüsseler Studenten Geschichte und Strukturen der Kriminalliteratur nahe zu bringen. Und wer so viel Glück hatte wie Ochsenziemer, der hatte auch, wen wundert's, Glück mit den Kollegen in Brüssel, allen voran mit dem Hauptkommissar Gilles van Coeck, der ihn in die Brüsseler Kollegenschaft, vor allem aber in die Stadt Brüssel, ihre Schönheiten, ihre derbe Küche, ihre Biere, ihre Brasserien und ihre schönen Frauen einführte.

Jedenfalls musste man ihn nach den zwei Jahren nicht lange bitten, eine andere, nicht minder schwere Herausforderung von internationalem Ausmaß in Brüssel anzunehmen, die Koordination der Verbrechensbekämpfung europaweit, die sich aus der zunehmenden Globalisierung des Kampfes gegen die Alten ergab. Ochsenziemer ließ sich von der Akademiearbeit beurlauben und hielt nur mehr eine Vorlesung über den aktuellen Stand der internationalen Verbrechensbekämpfung.
Jetzt spielte er wieder einmal für kurze Zeit den Globetrotter. Er suchte sich seine neuen Mitarbeiter zusammen, die sich zum Teil aus seinen alten Kolleginnen und Kollegen rekrutierten. Und so kam es, dass Ochsenziemer eines Tages in Lg, seiner alten Wirkungsstätte, auftauchte, um mit seinen alten Kollegen, vor allem mit Schlink, der mittlerweile zum Kommissar avanciert war, zusammenzutreffen. Ochsenziemer hatte sich für die europäische Sonderkommission EURO-SENEX große Vollmachten geben lassen, von denen er mit gutem Gespür für Menschen reichlich Gebrauch machte. Auch ein Abstecher nach B, wo die nationalen Fäden der Bekämpfung von FIVE-ZERO-OUT zusammenliefen und wo gerade ebenfalls eine Sonderkommission gegründet worden war, stand auf seinem Reiseplan. Lg war insofern von größtem Interesse, da hier im Umkreis die ersten Mordanschläge erfolgt waren und einiges darauf hindeutete, dass die Bewegung FIVE-ZERO-OUT möglicherweise hier ihren Standort oder einen von vielen hatte. Schlink würde mehr wissen, da war sich Ochsenziemer ziemlich sicher, erst recht sein Nachfolger Keidel.
Das alte Domizil der Kriminalpolizei in Lg im denkmalgeschützten Barockgebäude war vor kurzem aufgegeben und gegen ein neues, hochmodernes Domizil aus Glas eingetauscht worden, das dem aktuellsten technischen Standard entsprach. Auch waren nun alle Abteilungen unter einem Dach untergebracht, was die Kommunikation und Koordination erleichterte.
Ochsenziemer wurde bereits am Eingang von seinem früheren Assistenten Schlink empfangen, derzeit noch für die ›Sitte‹ zuständig. Die Begrüßung war herzlich. Auf dem Weg zum Polizeichef im Aufzug machte Schlink Altmeister Ochsenziemer bereits mit dem neuesten Ermittlungsstand bekannt, den ihm Keidel mitgeteilt hatte. Man hatte herausgefunden, dass die Domain *www.wort-Lg-online.de* an die Bewegung FIVE-ZERO-OUT von einer Firma vergeben worden war, die ihren Sitz in Lg habe. Die Adresse sei bekannt. Dann sah er sich einem neuen Gesicht gegenüber, einem

breitschädligen Franken aus Bamberg mit rustikalem Händedruck, der das ›R‹ so kantig rollte, dass die Wörter wie Geröll daherkamen. Es war der neue Polizeipräsident, Theodor Knurrhahn, der beim Sprechen stets die Hände wie ein Ministrant zum Gebet zu falten pflegte. Er freue sich, begrüßte er Ochsenziemer, endlich einmal den »großen Ermittler« persönlich kennen zu lernen, er habe oft schon ein großes Loblied auf ihn singen hören, der ja auch jahrelang hier höchst erfolgreich gewirkt habe, rollte der Chef die Wörter vor sich her, indem er die gefalteten Hände auf- und abschwenkte.
Ochsenziemer bedankte sich für die wohlwollenden Empfangsworte, man saß bei einem Gläschen Fürst Metternich beisammen, Lachsbrötchen, Sardellenbutterbrötchen und gebutterte Brezeln machten die Runde und fanden den Weg in viele, sehr unterschiedlich geöffnete Münder. Die einen kauten parallel, die anderen mit schiefem Maul, wieder andere wechselten die Haltung, vielleicht die Kreativen unter den Mitarbeitern, die immer noch in der Mehrzahl waren. Auch einige hübsche lebhafte Frauengesichter prägte sich Ochsenziemer gern ein. Dann begrüßte er seinerseits seine ehemaligen Kolleginnen und Kollegen, erzählte launig, wie er ganz überraschend zu der ›Ehre‹ der Koordination der Ermittlungstätigkeit in der EURO SENEX in Brüssel gekommen sei und wie ihn einige Kollegen aus dem Ausland, er sprach von Ausland, in Brüssel empfohlen hätten. Er sei gerade dabei, sich seine Mitarbeiter und Mitarbeiterinnen zusammenzusuchen. Auch hier in Lg versuche er fündig zu werden und hoffe nun, dass man ihn auch weiterhin wie gewohnt unterstützen werde. Sofort entstand Unruhe unter den Geladenen. Ein heftiges Kopfschwenken nach links und nach rechts und in die gesamte Runde fand statt, viele Blicke blieben bei Schlink hängen. Man schien zu wissen, dass beide freundschaftlich miteinander verbunden waren. Nach einem Toast auf die gute Zusammenarbeit, beugte sich Ochsenziemer zu Knurrhahn und fragte den Polizeichef, ob er »eine bestimmte Person« für die außergewöhnliche Arbeit in Brüssel abzustellen bereit sei. Knurrhahn war jetzt in einer Zwickmühle. Einerseits konnte er es sich als Verdienst anrechnen, wenn einer aus seinem ›Stall‹ auf der europäischen Bühne tanzen würde, andererseits würde dies aber auch bedeuten, einen der Fähigsten abzugeben, was den eigenen Laden schwächen würde. Klar war ihm allerdings, dass er einen Wunsch Ochsenziemers nicht ausschlagen konnte. Er fürchtete, das könnte seine Aufstiegschancen eventuell mindern. Er musste also großzügig sein.

Um Zeit zu gewinnen, fragte Knurrhahn, wieder die Hände faltend, wen Ochsenziemer denn im Auge habe? Knurrhahn konnte sich schon vorstellen, dass nur Schlink in Frage kam. Er denke da an einen ganz bestimmten Kollegen, war Ochsenziemer zu vernehmen, mit dem er bereits früher zusammengearbeitet und gute Erfahrungen gemacht habe. Er drehte sich dabei langsam zu Schlink hin, nickte mit dem Kopf, während er dessen Namen aussprach. Knurrhahn war der Erste, der, man wusste nicht, war's nur zum Schein, begeistert »Bravo!« rief und heftig klatschte, wie einige meinten, viel zu heftig. Sofort fielen alle in das Klatschkonzert ein, das der Chef vorgegeben hatte, nicht alle mit der gleichen Begeisterung. Das Lachen war plötzlich ausgestorben im Saal, Herr Ernst war eingetreten. Kein Wunder, denn an Hass und Neid stirbt Heiterkeit. Knurrhahn lobte, Knurrhahn klagte ein wenig, Knurrhahn ging dann auf Schlink zu, gratulierte diesem, Ochsenziemer klopfte Schlink loyal auf die Schulter, einige wenige andere gaben ebenfalls die Hand oder befühlten Schlinks Schulter. Einige Frauenaugen blitzten, doch nur ein weibliches Wesen, ein sehr sehenswerter Engel, fasste den Mut, ging auf Schlink zu und umarmte und küsste ihn. Für diese Aktion kam zögerlich Beifall auf. Schlink umarmte zurück und küsste zurück, in beider Augen feuchtete es. Nur einer saß still beiseite und grollte – Keidel.

Der Polizeichef hatte es als eine Ehre angesehen, Ochsenziemer, Keidel und Schlink zum Mittagessen einzuladen – auf Staatskosten. Keidel hatte sich entschuldigt. Man kann verstehen, warum. In der Trattoria VINUM war bereits ein Tisch auf der Terrasse mit dem wunderbaren Blick in die Kastanien reserviert worden. Dort saß das Trio schon bei einer Flasche ›2000er Siebeldinger‹, einem Spätburgunder Weißherbst aus der Pfalz, und hatte eine Käseplatte auf Rucola mit schwarzen Oliven auf dem Tisch.

»Es handelt sich«, ließ Fotis, der Pächter, sie wissen, »um einen weiß gekelterten Blanc de Noir mit der Frische eines Weißweins und der Fülle des Spätburgunders. Überzeugen Sie sich selbst von diesem frischen Extrakt.«

Er goss ein, man hob die Kelche, hielt sie gegen die dünnen Sonnenstrahlen, die durch das Kastaniendach drangen, ließ den Wein im Glas kreisen, schob den Zinken ins Glas, zog das Nass mit zugespitzten Lippen vorsichtig in den Mund und blickte verzückt in den Himmel. Dann kamen die Kommentare.

Ochsenziemer: »In der Nase eher verhalten.«

Schlink: »Am Gaumen sehr saftig mit nussigen Aromen.«

Knurrhahn: »Mandarine mit einem Hauch Erdbeere, auch Physalis spüre ich heraus.«
Fotis: »Donnerwetter! Sie sind alle Feinschmecker. Auf Ihr Wohl!«
Und damit trank auch er sein Schlückchen mit, ehe er schief gestellt und mit der Nase weit vorn im Anschlag in die Küche entschwand. Später kam Dorade auf den Tisch, die Fotis für Knurrhahn und Schlink filetierte, Ochsenziemer wollte »selber Hand anlegen« und den Fischkörper anschließend auszutzeln, wie es in seiner zweiten Heimat üblich war. Auch die Augen ließ er nicht aus. Dazu gab es in einer Butter-Öl-Mischung und in Knoblauch geschwenktes naturbelassenes Gemüse mit frischem Ciabatta. Zum Fisch hatte Fotis einen deutschen Chardonnay, ›2000er Mörzheimer Pfaffenberg‹, empfohlen, einen Wein »mit reichem Bukett von Zitrusnoten und mit dezenten Holzanklängen, schöner Säure, knackig und frisch«. Zwischendurch wurde natürlich immer wieder einmal gefachsimpelt, soweit die Öffentlichkeit dies zuließ. Da der Nachtisch alle langweilte, verzichteten die Polizisten darauf, tranken stattdessen einen runden, weichen Grappa aus der Toskana, stiegen dann auf einen Espresso um und verabschiedeten sich in einer glücklichen Verschwommenheit und der Gewissheit, dass sie sich um den zweiten Teil des Tages keine Sorgen mehr zu machen brauchten.
Die Internet-Firma hatte ihren Sitz in einem Backsteinbau der Jahrhundertwende nahe der ›Lunge‹ von Lg, dem Eremitage-Wäldchen. Der Bau war aufwändig renoviert und mit einer begrünten Auffahrt versehen worden. Sie hatten sich beim Chef mit der jugendlichen Stimme telefonisch angekündigt, der hier schon ahnen ließ, dass sie Schwierigkeiten bekommen würden. Jetzt saßen sie Herrn Schwenkdübel gegenüber, der sich kurz angebunden zeigte und auf wichtige Termine hinwies, die pünktlich wahrzunehmen er gezwungen sei. Ochsenziemer entschuldigte sich höflich wegen der Unannehmlichkeiten und bat um Unterstützung, was Schwenkdübel mit dem Hinweis auf den Datenschutz zunächst abwies. Schlink ließ Schwenkdübel daraufhin seine Macht spüren, indem er ihm das Stichwort »Behinderung der Ermittlungen« an den Kopf warf, das dort aber abprallte. Ob sie einen Durchsuchungsbefehl … nein, sei nicht nötig, man wolle nicht durchsuchen, sondern nur eine Adresse vom Einrichter der Domain *www.wort-Lg-online.de* … nichts zu machen … werde er seinen Rechtsanwalt einschalten, außerdem mit dem Polizeipräsidenten befreundet … »von dem kommen wir gerade« … »Sie sollten wissen, Herr Schwenkdübel«, meinte

Ochsenziemer noch immer wohlwollend, »›der Feige droht nur, wo er sicher ist‹. Goethe.«
Weniger vornehm könne man auch darauf hinweisen, schaltete sich jetzt wieder Schlink ein, dass er sich, wenn er sich bockig stelle, der Beihilfe zum Mord schuldig mache, das werde ihm auch sein Rechtsanwalt bestätigen. Das war ein wenig hoch gegriffen. Jedenfalls ging es so hin und her.
Dann war es Ochsenziemer doch zu bunt. Er stand rasch auf, sagte ohne Schwenkdübel anzusehen, dass sie mit einem Durchsuchungsbefehl wiederkommen würden. »Worauf Sie sich verlassen können«, ergänzte Schlink. Und schon waren sie an der Tür. Sie sollten bleiben, er werde nachsehen, gab Schwenkdübel nach, ging zu einem bestimmten Computer, warf die Kiste an und präsentierte den Kommissaren eine Adresse: Harald Schmitz, Lg, Marderweg 17 B, Tel.: 91 29 28. Abbuchung der Einmalgebühr über Deutsche Bank, BLZ 600 840 40, Kontonummer 14 502. Nein, er kenne Schmitz nicht, habe die Anmeldung nicht entgegengenommen, vielmehr seine Mitarbeiterin. Die aber sei im Urlaub, komme in drei Wochen wieder. Der Marderweg sei gleich um die Ecke, sagte Schwenkdübel, auf einmal seine freundliche Seite vorzeigend, leider könne er im Augenblick nicht mehr für sie tun. »Wieso im Augenblick?«, fragte Schlink zurück. Ach, das sei nur so eine Redensart.

Schauplatzwechsel.
»Nein«, sagte die Immobilienhändlerin, Frau Geldschläger, der das Haus Marderweg 17 B gehörte, »der ist vor vier Wochen ausgezogen«, habe gerade einmal acht Wochen hier gewohnt, »wollte nach B – aus beruflichen Gründen.«
Die Frau, die die Vierzig leicht überschritten hatte, war ein außerordentliches Humankapital, das prächtig in Schuss war, hatte schöne Augen und männerverschlingende Blicke von einem Liebeswetterleuchten, das einiges in Aussicht zu stellen schien. Mit ihrem ganzen Körper gab sie zu verstehen, dass sie die Liebe das Alphabet herauf und herunter aufsagen konnte. Und zwar auswendig. Ochsenziemer hatte es ihr angetan. Sie setzte sich mit einem Bein auf die Schreibtischkante, räkelte sich dort ein wenig, sodass es einiges zu beschauen gab. Schlink grinste und guckte hin, Ochsenziemer lächelte und sah weg. Sie sei jetzt im dritten Jahr Witwe, was nicht leicht sei, Männer wollten bei ihr nur das Eine oder das Andere. »Aha«, meinten übereinstimmend Ochsenziemer und Schlink.
»Die meisten wollen sowieso nur abspritzen«, offenbarte sie.

Ochsenziemer blieb der Mund offen, Schlink verkniff sich ein Lachen und Frau Geldschläger erstaunte: Natürlich, das sei nun einmal so, das wüssten sie doch auch ...

»Frau Geldschläger«, Ochsenziemer hatte wieder seinen Mund geschlossen und Worte gefunden, »können Sie uns Herrn Schmitz etwas genauer beschreiben?«

»Ja, etwa einsfünfundachtzig groß.«

Wie Sie denn ausgerechnet auf einsfünfundachtzig komme, wollte Schlink wissen.

»Wissen Sie, Herr Kommissar, mein Verstorbener war auch so groß, das vergisst man nie. Und sonst: Ach ja, normal entwickelt, dunkelblondes Haar, dreißig Jahre alt, Brillenträger, eine randlose Brille, immer korrekt gekleidet, Anzug und Krawatte, nie Beschwerden über ihn ...«

Ob sie denn besondere Kennzeichen wahrgenommen habe? Nein, sie habe ja nicht mit ihm geschlafen. »Warten Sie, ja, ein sinnlicher Mund.« Nein, eine Adresse habe er nicht hinterlassen, wollte er tun, habe dies aber sein gelassen ... Täte ihr Leid.

Zum Abschied: »Herr Kommissar Ochsenziemer, wenn ich Ihnen irgendwie behilflich sein kann, tue ich dies gern. Sie können mich im Büro am sichersten ab neun Uhr erreichen, für Sie bin ich natürlich auch über mein Handy jederzeit verfügbar, aber nur für Sie«, setzte sie mit einem gewissen Augenzwinkern hinzu.

›Jederzeit verfügbar‹? Ochsenziemer speicherte diese Sonderbotschaft. Sie reichte ihm ihr Visitenkärtchen, und Schlink sah, wie sie ihm dabei mit ihren Fingern über die Hand strich. Ochsenziemer sah sie mit einem etwas längeren Blick an, der drei Sekunden währte, und aus dem man ablesen konnte, dass ihn die Frau nicht gleichgültig ließ.

Das Einwohnermeldeamt ließ verlauten, ein Harald Schmitz sei nicht gemeldet. Ob das der vom Fernsehen, von der ›Harald-Schmidt-Show‹ sei, wollte die Dame am Telefon wissen. Ob es sein könne, dass da jemand aus dem Computer falle, vielleicht ein Computerabsturz, komme ja in den besten Familien vor, fragte Schlink.

»Aber doch nicht bei uns.« Sie seien eine staatliche Behörde, bei ihnen falle niemand aus dem Computer.

»Herr Schlink, bei uns geht alles mit rechten Dingen zu.«

In diesem Fall wohl nicht, beharrte Schlink. Denn den Schmitz habe es gegeben, und der habe sich auch angemeldet, wie man aus zuverlässiger Quelle wisse, nämlich von der Hausbesitzerin, Frau Geldschläger. Ob sie sich denn nicht zufällig an den Namen Harald Schmitz erinnern könne?

Nein, wie er sich das vorstelle, bei ihnen gehe es ›drunter und drüber‹, Menschen kämen, Menschen gingen, ob er sich vorstellen könne, wie viele sich allein täglich bei ihnen ab- und anmeldeten. Man merke sich allenfalls ausgefallene Namen.
»Einen Namen wie Ochsenziemer zum Beispiel«, unterbrach sie Schlink, »den würden Sie sich vermutlich einprägen.«
Die Dame lachte und bestätigte damit Schlinks Vermutung.
Blieben die Polizeidateien, die die zwei aufriefen. Der Name Schmitz tauchte, wie erwartet, darin nicht auf. Ochsenziemer ordnete an, Fingerabdrücke in Schmitz' Zimmer machen und unter dessen Namen speichern zu lassen. Noch einmal rief er bei Frau Geldschläger an, die mit ihrer Stimme strahlte. Nein, ein Auto habe sie bei ihrem Mieter nicht gesehen.
Er werde sich noch einmal bei ihr melden, sagte Ochsenziemer, »dann persönlich«.
»Schlink, wo stehen wir jetzt ermittlungstechnisch?«
»Am Anfang, Herr Kollege.«
»Und was haben wir in der Hand?«
»So gut wie nichts, denke ich.«
»Genauer, fast nichts, Schlink. Und worin besteht dieses ›fast‹, Schlink?«
»Wir suchen ein männliches Phantom, das einen Namen und andere Merkmale hat, das nirgends gemeldet ist, aber gemeldet war, das möglicherweise Zugriff auf die Datei des Einwohnermeldeamts hat, das uns vielleicht in die Höhle des Löwen führen könnte. Ich vermute ...«
»Ja, Schlink?«
»... ein Strohmann der Bewegung FIVE-ZERO-OUT!«
»Gut gebrüllt, Löwe, das sehe ich auch so.«

40.

An einem Abend, dem Soundsovielten, gegen zwanzig Uhr, saß Kriminalhauptkommissar Ochsenziemer in M in den ›Drei Stuben‹, von einer erwartungsvollen Unruhe ergriffen, wie der häufige Blick auf die Armbanduhr nach seinem zweiten frisch gezapften Pils aus dem Allgäu zeigte. Der elegante Herr um die Fünfzig, grau meliert, in anthrazitfarbenem Einreiher mit Weste, schwarzem glänzendem Hemd und hellgrauer Krawatte, alle Farbtöne gut aufeinander abgestimmt, wartete schon eine halbe Stunde. Als dieses Mal die Tür aufging und ein älterer Herr eintrat, lächelte Ochsenziemer, seine Sorgen schienen schlagartig alle verflogen zu sein. Er war aufgestanden und schüttelte dem Weißhaarigen die Hand.

»Guten Abend, Herr Professor Weißhaupt. Ich freue mich, Sie endlich auch persönlich kennen zu lernen.«
»Ganz meinerseits, Herr Kommissar. Ich bitte um Ihre Nachsicht, wenn ich zu spät bin, aber die dringende Sitzung, von der ich am Telefon gesprochen habe, dauerte leider länger, und dann ist mir auch noch, gemäß dem Motto: Ein Unglück kommt selten allein, die Fähre vor der Nase rausgegangen. Werten Sie dies als Entschuldigung. Nun, jetzt bin ich hier, und ich freue mich auf das Essen auf Staatskosten und auf unseren Dialog. Lassen Sie uns beginnen. Haben Sie schon gewählt, Herr Kommissar?«
Der dies sagte, war eine imponierende, wenn auch dürre Gestalt von knapp zwei Metern Höhe, hatte schlohweißes, volles, etwas ungepflegtes Haar, das jeden Figaro reizen würde. Der Oberkörper war verpackt in einen schwarzen Tweedsakko mit abgestoßenen Ärmelenden, der einen saloppen, leichten beigefarbenen Pullover mit V-Ausschnitt bedeckte. Seinen Trenchcoat, der von Columbo hätte stammen können, übergab er dem Ober. Kaum saß er, wurde ihm die Speisekarte gereicht, verbunden mit der Frage nach seinem Getränkewunsch.
»Ich kann Ihnen heute einen hauseigenen Aperitif anbieten, Champagner mit einem Rosmarin-Jus. Ansonsten haben wir die ganze Palette klassischer Aperitife. Sie können auch gern, wenn Sie dies wünschen, unsere Getränkekarte einsehen«, die er Weißhaupt hinreichte. Dieser besann sich nicht lange: »Ach, aus Sympathie mit meinem Tischnachbarn nehme ich heute ein Pils.« Der Ober, ein Irgendwer in mittleren Jahren und grauem Einreiher mit blauer Krawatte, entschwand und ließ die beiden mit ihrer Speisekarte allein.
»Wie sind Sie auf die ›Drei Stuben‹, ein Sterne-Restaurant, gekommen, von denen es in der Region hier kaum ein Vergleichbares gibt, Herr Ochsenziemer?«
»Ein Freund von mir, übrigens ein Professoren-Kollege von Ihnen, nicht an der Uni in K, aber in Lg, ein Literaturwissenschaftler und Spezialist für Kriminalliteratur, hat mir den Tipp gegeben. Er ist ein Gourmet der allerfeinsten Art. Wenn er sich zu irgendeinem Ort aufmacht, gehen seine ersten Recherchen in gastronomische Richtung. Seit neuestem ist er auch Schriftsteller und hat mittlerweile seinen ersten Krimi, genauer eine Krimi-Groteske, herausgebracht.«
»Warten Sie einmal, ja, ich erinnere mich, das wird doch nicht der Verfasser vom PROF sein?«
Ochsenziemer nickte kurz. Dann tasteten sich die zwei noch mit Allgemeinplätzen ein wenig ab. So vergingen die drei

Minuten rasch. Das Pils kam, sie stießen auf einen schönen Abend an.
»Meine Frau brachte den Roman eines Tages mit. Er war ihr von ihrer Freundin empfohlen worden. Sie ließ übrigens durchblicken, dass derselbe ein bemerkenswerter Mann und Draufgänger sein muss.«
Weißhaupt lachte.
»Prost, Herr Ochsenziemer, lassen Sie uns auf alle Draufgänger trinken, uns eingeschlossen.«
Wie Ochsenziemer das Glas abstellte und aufsah, grinste es aus allen Ecken und Enden des Lokals. Weißhaupt bevorzugte eine laute Stimme, die er offenbar nicht an die jeweilige Situation anzupassen gelernt hatte. Ochsenziemer mochte solche Feldwebel nicht. Vielleicht lag es an den Vorlesungen, die eine laute Stimme verlangten. Ochsenziemer ließ sich nichts anmerken.
Es setzte das geruhsame Studium der Menükarte ein. Weißhaupt hatte seine Nickelbrille an einem Ohr hängen und die Karte wenige Zentimeter vor seiner Nase. Irgendwelche Schnalzgeräusche kamen hinter der Karte her.
»So eine Karte verwirrt mich stets. Es sind die ausgefallenen Sachen, die man nicht kennt. Wie soll man da wählen? Wissen Sie einen Ausweg, Herr Ochsenziemer?«
»Ach, Herr Professor, lassen Sie sich doch einfach verwirren. Eine Verwirrung tut gelegentlich ihre guten Dienste. Entweder man freut sich außerordentlich oder man ärgert sich – wiederum außerordentlich. Eine Menükarte hat etwas Labyrinthisches an sich, etwas Rätselhaftes, das muss doch einen Wissenschaftler wie Sie reizen.«
Beide lachten. Auch über dasselbe?
»Machen wir doch den Ober zu unserem Übersetzer, bitten wir ihn zu uns. Dafür ist er ja da.«
Wie gerufen, stand der Gefragte da und beriet die zwei so unterschiedlichen Herren zu ihrer vollen Zufriedenheit, wie das eifrige Nicken der Köpfe vermuten ließ. Dann stand die Frage nach dem Wein an.
Beide hatten sich für eine gemeinsame Vorspeise entschieden: Für eine Kuttel-Artischockenpanzanella auf Kressepüree mit gebratenem Bodenseekretzerfilet. Dazu passte vortrefflich ein Weißer aus dem Friaul, ein aus Chardonnay, Sauvignon Blanc und Pinot Grigio gekeltertes Cuvée namens ›Breg‹ von Josko Gravner aus dem Weindörfchen Oslavia an der Grenze zu Slowenien. Ochsenziemer kannte den Wein und er kannte den Querkopf Gravner, der eine alte Weinzubereitung aus Georgien neu belebt hatte. »Herr Professor, Sie werden den

Wein mögen. Eine feine samtige Fülle zeichnet ihn aus. Er ist durchaus einen Versuch wert.«

»Ich vertraue mich Ihrem erlesenen Urteil an, schließlich bin ich ein neugieriger Wissenschaftler, der immer auf der Suche nach dem Neuen, noch nicht Entdeckten ist.«

Als der Wein probierfähig war, prosteten Sie sich zu, sie schlürften, kauten und schlossen die Augen. Mit dem Öffnen der Augen öffnete Weißhaupt auch seinen Mund:

»Zugegeben, ein milder Tropfen, aber für ein Cuvée der beschriebenen Mischung fehlen mir allerdings die primären Fruchtaromen.«

»Ja, das haben Sie richtig erkannt. Das ist der Preis für die besondere Weingewinnung, die auf die Zugabe von Schwefel und Weinzuchthefen ganz verzichtet. Die Maischegärung wird allein mit den wilden Hefen des Weins vorgenommen. Nach drei bis vier Jahren im großen Holzfass wird der Wein mitsamt der Feinhefe in Flaschen gefüllt. Nach Ansicht Gravners soll man nun den Wein vor dem Genuss schütteln, damit sich der Hefetrub auflöst.«

»Ich bin erstaunt, dass ein Mann von der Polizei ein so beschlagener Önologe ist. Wie kommen Sie zu Ihren Erkenntnissen, Herr Ochsenziemer?«

Ochsenziemer erzählte, dass er einmal Gravner kennen gelernt und sich mit diesem sehr intensiv ausgetauscht habe, was Anlass für Weißhaupt war, auf den Weinkenner und den Wein selbst erneut anzustoßen. Während die beiden nun abwechselnd aßen und tranken und tranken und aßen, begann allmählich zwischen ihnen das muntere Gespräch zu sprudeln, dessentwegen die beiden zusammengefunden hatten.

»Ja, Herr Ochsenziemer, Sie wollten sich von mir ein wenig informieren lassen über den aktuellsten Stand der Gerontologie«, sprachkaute Weißhaupt zu Ochsenziemer hin.

»Und«, kaute Ochsenziemer zurück, »ich habe Ihnen auch den Anlass genannt, dass sich da ein schlimmes, flächendeckendes kriminelles Geraune bemerkbar macht.«

Sie prosteten sich zu.

»Ja, wo anfangen? Vielleicht beginne ich wie auch Paul Wallace in seinem Bestseller ›Altersbeben‹, dem er die These der globalen Alterung bei gleichzeitiger demographischer Verlangsamung zugrunde legt. Diese Entwicklung wird nach Wallace anschaulich sichtbar in einem Metaphernwechsel, der weg von der Pyramide und hin zum Pilz führt. Gerade auch in der Bundesrepublik ist zu beobachten, dass die Geburtenrate in den letzten fünfundzwanzig Jahren deutlich unter das so genannte ›Bestanderhaltungsniveau‹ gefallen ist, mit allen auch Ihnen bekannten Folgen. Ganz generell kann man sagen, dass ja schon seit längerem ein Strukturwandel des Alters festzustellen ist, der nach zwei Richtungen hin verläuft. Einerseits stellen wir die Akzeleration, die frühere Geschlechtsreife, fest, die das Erwachsenenalter auf die Kindheit ausdehnt, andererseits eine Prolongierung nach hinten, wie sie sich in der Verschiebung des Klimakteriums zeigt.«

»Unterstützt wird dieser Trend auch durch den von Jahr zu Jahr wachsenden Anteil kinderloser Frauen«, akzentuierte Ochsenziemer den Dialog, um dann hinzuzufügen: »Deuten nicht gewisse Anzeichen dieses Altersbebens auf eine Art kulturelle Revolution hin, um es einmal vorsichtig zu formulieren? Ich sage bewusst ›vorsichtig‹, denn es gibt leider deutliche Tendenzen, dass weniger eine kulturelle Revolution sich abzuzeichnen beginnt als vielmehr ein Krieg zwischen den Generationen oder – wie ich dies neulich formuliert fand – ein neuer ›Kalter Krieg‹.«

Die Vorspeisen waren bereits gut verpackt in den Mägen, die Teller abgedeckt, der Hauptgang konnte kommen. Sie blieben beim Weißen, denn sie hatten sich für Fisch entschieden: Weißhaupt für den Thunfisch in Kaffeeöl gebraten und auf gefüllten Spinat-Pilznudeln angerichtet, Ochsenziemer hielt sich an die Region, und das hieß, an einen Bodenseezander, in frischen Kräutern gebraten, dazu Frittata und Blutwurstsauce.

»Was die Konsequenzen angeht, möchte ich mich Ihrer Hypothese von einem neuen bevorstehenden ›Kalten Krieg‹ nicht so ohne weiteres anschließen, was auf meine Zurückhaltung allen Hypothesen gegenüber zurückzuführen ist. Ich halte mich an die Fakten, soweit sie vorliegen, und die ich Ihnen, sofern man das in einem so kurzen Gespräch überhaupt kann, vortragen möchte.«

»Ich weiß, ich mute Ihnen einiges zu«, lächelte Ochsenziemer. »Jede Herausforderung ist für die Entwicklung eines Menschen von größter Bedeutung. Nur wer sich solchen Herausforderungen stellt, beziehungsweise diese sucht, entwickelt eine eigene unverwechselbare Identität. Darauf sollten wir anstoßen.«

Was die aufgeweckten, etwas näher sitzenden Tischnachbarn, die mitgehört hatten, auch taten.

»Ich setze am besten mit einigen Fakten meine Analyse, die Sie möglicherweise schon kennen, fort. Dann müssen Sie mich einfach unterbrechen.«

Weißhaupt hielt plötzlich seine Suada an. Die Tür zum Restaurant hatte sich geöffnet und es musste eine Person hereingekommen sein, die die ganze Aufmerksamkeit Weißhaupts

fesselte. Er hielt das Essbesteck, links die Gabel, rechts das Fischmesser, in die Höhe gereckt und befahl seine Augen offenbar zu einer Gestalt, die sich von hinten dem Tisch der beiden Feinschmecker näherte. Weißhaupt blickte fasziniert, nein, starrte auf Teufel komm raus diesem Wesen entgegen, beugte sich zu Ochsenziemer vor, ohne das Starren aufzugeben, und flüsterte diesem zu:
»Drehen Sie sich nicht um, da kommt ein reifes Früchtchen, dass Ihnen Hören und Sehen vergehen werden. Ein Prachtbau.«
Ochsenziemer blieb zunächst einmal ob der überraschenden Wendung, die das Geschehen nahm, die Spucke weg. Dann war ein Staunen die Antwort Ochsenziemers, ein Staunen über eine ihm unangemessen dünkende Reaktion eines Akademikers, der doch seine Blicke im Zaum und seine frechen Einschätzungen Frauen gegenüber zurückzuhalten gelernt haben sollte.
›Aber was rege ich mich auf‹, dachte Ochsenziemer. ›Auch Professoren sind nur Männer, zumal ältere.‹
Das Staunen Ochsenziemers löste nun seinerseits bei Weißhaupt ein Staunen aus, sodass jetzt beide nicht aus dem Staunen herauskamen. Das Gespräch war dergestalt ins Stocken geraten. Warum sollte auch ein Gespräch nicht ins Stocken geraten? Was war schon dabei, wenn ein Gespräch eine Pause machte? Das war doch ganz normal und kam im Leben laufend vor. Ochsenziemer war nun selber Manns genug, einen winzigen Blick, aber wirklich nur einen winzigen Blick in Richtung des Tisches zu wagen, an dem der ›Prachtbau‹ mit einem jungen Partner Platz genommen hatte, wobei die Vorsehung es so wollte, dass sie ihm schräg gegenüber saß. Jetzt war es an Ochsenziemer zu blicken und zu starren, wenn auch nur kurz. Er meinte, Cathérine Deneuve habe sich niedergelassen, die so sibyllinisch lächeln kann wie keine vor ihr und vielleicht auch keine nach ihr. Das Lächeln war das Stichwort für ihn, ein angedeutetes Lächeln von zwei Millimeter Umfang, man hätte es verschämt nennen können, an den ›Prachtbau‹ zu adressieren. Das genügte, um ein Gegenlächeln hervorzurufen, das nun drei Millimeter Umfang hatte und durch ein Überschlagen der Beine an Bedeutung gewann. Auch wenn beide Seiten nur ein kurzes, zartes Lächeln austauschten, war der sehr viel jüngere Begleiter der reifen Blondine – (War schon gesagt worden, dass es sich um eine Blondine handelte? Natürlich, ja! Der Vergleich mit Cathérine Deneuve.) – wohl irritiert, denn er drehte sich um und schickte einen amüsierten Blick in das gedrehte gierende

Gesicht Weißhaupts und das bereits weggezuckte von Ochsenziemer, der mit seinen Augen schon wieder bei seinem Teller war. Die Blondine umfasste eine Hand des Jünglings (War's die rechte oder die linke? Das ist im Augenblick nicht so wichtig.), lächelte jetzt ihrerseits ihren Begleiter mit einem längeren, der Beziehung angemessenen Lächeln an, und so hatte sich die Situation entspannt.

Schon beim Drehen seines Kopfes zu Ochsenziemer griff Weißhaupt zu seiner Serviette aus feinem Leinen und tupfte ganz vorsichtig einige schleimige Spuren aus den Mundwinkeln, als wäre nichts gewesen, und nahm das Gespräch an der Stelle wieder auf, an der es die Gesprächspartner vor kurzem verlassen hatten.

»Nun also die Fakten«, fuhr Weißhaupt fort.

»Sie werden verstehen, dass ich nicht alle ausbreiten kann, obwohl ich ein Experte bin. Aber zum Teil sind die veröffentlichten Daten nicht mehr taufrisch, geben nicht immer den aktuellsten Stand wieder. Wir Wissenschaftler kommen meistens zu spät, was die Entwicklungen angeht. Wir haben nur nachträglich eine Möglichkeit, auf diese Einfluss zu nehmen.«

»Ja«, lachte Ochsenziemer, »so ähnlich hat auch einmal mein Freund, der Prof, die Tragik des Forschers umschrieben.«

Weißhaupt überging diesen Hinweis, aus welchen Gründen auch immer, und fuhr einfach fort: »In Europa rekrutierten sich 1995 bereits 45 % der arbeitenden Bevölkerung aus der Gruppe der Vierzig- bis Fünfzigjährigen, die im Jahre 2015 einen Anteil von 55 % ausmachen dürften. 1997 hatten immerhin noch 48 % der Fünfundfünfzig- bis Vierundsechzigjährigen einen Job, in Großbritannien gar 59 % und in den USA 66 %. Wie gesagt, das mag sich jetzt bereits schon wieder ein wenig geändert haben.«

»Wie ist Ihr Thunfisch, Herr Professor?«

»Vorzüglich, um es etwas genauer zu sagen, sehr pikant durch das Kaffeeöl. Und die Spinat-Pilznudeln sind nicht minder exzellent. Der Koch muss ein verrückter Hund sein. Ich würde ihn gern einmal kennen lernen. Und Ihr Zander, Herr Ochsenziemer?«

»Sehr gut durchgebraten und durch die Kräuter von einer wunderbaren Frische. Auf die Blutwurstsauce möchte ich gern Ihr Attribut der Verrücktheit verwenden. Sie gibt dem Zander eine deftig-burschikose Note. Darauf sollten wir anstoßen.«

Und so kam es auch.

»Wie Sie unschwer erkennen werden, Herr Kommissar, ist dieser Zustand zwiespältig, wie nur etwas zwiespältig sein kann. Einerseits erleben wir heute, wenn auch nicht einheitlich in allen Ländern, dass ältere Menschen das bevorzugte Ziel von Entlassungen vor allem in der Privatwirtschaft sind. Dort gibt es heute bereits in mehr als der Hälfte der Betriebe keine Beschäftigten mehr, die älter als fünfzig sind. Wegen der hohen Renten- und Pensionsbelastungen des Staates steigt und steigt das Haushaltsdefizit ins Unermessliche und die Staatsverschuldung in allen Ländern nimmt zu. Andererseits will die OECD herausgefunden haben, ich bin kein Ökonom, sondern Gerontologe, dass alle Arbeitenden auch bis siebzig arbeiten sollten, um den Staat zu entlasten. So viel einmal dazu.«

Aus welchen Gründen auch immer, war Weißhaupt wieder unruhig geworden. Denn er ließ das Gespräch einfach stehen und drehte sich ungeniert, wie er war, zur kompakten Blondine um, um in dieser Haltung auffällig lange zu verweilen.

»Verweile doch, du bist so schön«, murmelte er, sich zu Ochsenziemer zurückdrehend.

»Nun wieder zum Phänomen des Altersbebens. Noch bis vor etwa zwanzig Jahren hatte man mit dem Alter als einem wissenschaftlichen Phänomen keine Probleme, was daran lag, dass die Wissenschaft das Alter noch gar nicht richtig als Feld der Beobachtung und Erforschung erkannt hatte. Das hat sich durch die dramatischen Entwicklungen grundlegend geändert. Früher, darf ich das einmal so platt hinstellen, früher hatte man mit dem Alter keine Probleme. Alt war man mit dem Eintritt in das Pensionsalter, und das Alter war fast ausschließlich negativ konnotiert, quasi als Krankheit eingeschätzt. Dieser Einschätzung lag eine Defizittheorie zugrunde. Das ist heute ganz anders.«

»Jetzt bin ich aber gespannt. Denn ich habe erst neulich gelesen, dass die funktionelle Kapazität der Organe ab dem dreißigsten Lebensjahr pro Jahr um 1,5 % abnimmt. Das kommt mit sechzig Jahren einem Funktionsschwund von ca. 50 % gleich. Das ist doch höchst relevant.«

»Sie sind beschlagen, wie ich sehe. Ich schätze den Sachverhalt allerdings etwas anders ein, was mit einem Paradigmenwechsel der wissenschaftlichen Vorgehensweise zusammenhängt. Es ist richtig, der Alterungsprozess beginnt bereits mit dreißig Jahren, also nicht erst mit sechzig. Zweitens belegen neuere Untersuchungen, dass diese Werte nur eine relative Größe darstellen und von einer Vielzahl von Faktoren abhängen: dem gesamten Lebensumfeld, vor allem dem Gesundheitszustand, dem Bildungsgrad, der intellektuellen Fitness, den finanziellen Möglichkeiten, mithin abhängen von objektiven und individuellen Faktoren. Es herrscht also keine Zwangsläufigkeit. Schließlich kann die Entwicklung des

Alterns medikamentös oder durch präventive Maßnahmen beeinflusst, und das heißt erheblich verlangsamt werden, wie insgesamt die Prävention eine größere Rolle auch in der Altersforschung spielt.«

»Und wie steht es um das, was man die ›Kompression der Morbidität‹, die Häufung der Krankheiten im Alter, nennt?«

»Ähnlich, Herr Ochsenziemer, ganz ähnlich sieht es da aus. Das Phänomen der Ballung von Ausfallserscheinungen ist für das Alter keineswegs typisch. Umweltbelastungen sorgen dafür, dass wir ähnliche Häufungen auch zunehmend in der mittleren und der jüngeren Generation antreffen. Übrigens gilt dies, falls Sie danach fragen sollten, auch von der Verzweiflung oder der Todesfurcht, die gern verkürzt als Altersphänomene beschrieben werden.«

Dann wieder Weißhaupts neugieriger, von seiner sexuellen Gier gesteuerter Blick hin zu der attraktiven Frau, unkontrolliert und direkt.

Nicht dass Ochsenziemer den sich demütigenden Professor hätte retten wollen. Es war pure Neugier, der Hunger nach den Fakten, der ihm das Stichwort eingab: »Nun gibt es aber doch ein alterstypisches Phänomen, die Alzheimer-Krankheit ...«

»... mit den typischen Symptomen wie Gedächtnisstörungen, Störungen des Orientierungssystems, Störungen des Kurz- und Langzeitgedächtnisses sowie der Werkzeugfunktionen bis hin zu Depression oder Paranoia im fortgeschrittenen Stadium, und so weiter. Meinen Sie dies, Herr Ochsenziemer?«

Weißhaupt war aus unerfindlichen Gründen lauter geworden, hatte seine Augen wieder unter Kontrolle, mit denen er Ochsenziemer durchdringend ansah, während die anderen Gäste erneut ihre Blicke auf Weißhaupt richteten. Um die Situation zu entschärfen, bat Ochsenziemer den Ober zu sich und verhandelte wegen eines Digestifs, bezog Weißhaupt mit ein, der wieder normal zu sein schien. Geordert wurde ein Himbeergeist. Weißhaupt blickte vor sich auf den Tisch. War kurzzeitig abwesend.

41.

›Was habe ich falsch gemacht?‹, fragte sich Ochsenziemer. ›War es das Reizwort Alzheimer, das ihn verärgert hat? Weißhaupt ist immerhin selbst in dem gefährlichen Alter, von dem wir gerade sprechen. War es das?‹

Es blieb für Ochsenziemer keine Zeit, diesem Zusammenhang länger nachzugehen. Weißhaupt kam ihm zuvor. Lächelnd fragte er Ochsenziemer, ob er den Witz von den zwei Acht-

zigjährigen kenne, die ›Mensch-ärgere-dich-nicht‹ spielten? Ochsenziemer schüttelte mit dem Kopf ein Nein.
»Dann will ich Ihnen den nicht vorenthalten. Die zwei spielen also das Brettspiel, bis nach einiger Zeit einer der beiden einen Herzbuben aus der Tasche zieht, ihn auf den Tisch legt und grinsend ›Schachmatt!‹ sagt. Der Gegenspieler blickt erst auf die Spielkarte, dann auf seinen Mitspieler. ›Moment mal‹, antwortet er ärgerlich. ›Seit wann gibt es bei Halma Elfmeter?‹«
Weißhaupt lachte, sämtliche Gäste lachten, nur Ochsenziemer verzog kaum eine Miene.
Rechtzeitig zu Witzende landete der Himbeergeist, sie prosteten sich zu, sie tranken das Glas auf einen Zug aus, und alles schien wieder im Lot zu sein. Nun räusperte sich Ochsenziemer und signalisierte, dass auch er einen Witz über einen Alten auf Lager hatte.
»Die jungverstorbene Frau des hundertjährigen Goldwein soll beerdigt werden. Die Trauerversammlung ist vollzählig. Nur Goldwein fehlt. Man sucht ihn überall im Haus. Man findet ihn schließlich in der Mansarde in den Armen des Kindermädchens. ›Wie kannst du nur?‹, stellt ihn ein Freund zur Rede. Goldwein rauft sich die Haare und schreit: ›Weiß ich, was ich tu' in meinem Schmerz?‹«
Ochsenziemer lachte und lachte, schlug sich die Schenkel, bis die Tränen kamen, blickte, sich die Tränen wischend, auf und bekam mit, wie niemand sonst lachte. Alle blickten ihn nur schweigend an. Weißhaupt lächelte wenigstens.
»Herr Ochsenziemer«, lallte Weißhaupt schon ein wenig, »jetzt ordere ich noch eine Himbeere für jeden von uns. Herr Ober, bitte nochmal zwei Himbeeren.«
Die akademische Diktion Weißhaupts war längst außer Kontrolle geraten.
Und zum Grinsen wechselnd, brachte er die Wörter heraus, als wären es schwere Felsbrocken, die er da im Mund wälzte: »Ich erzähle Ihnen jetzt den allerletzten Witz, dann wollen wir damit aufhören.« Das Grinsen Weißhaupts wurde breiter.
»Ein alter Mann kommt zum Ohrenarzt: ›Herr Doktor, ich kann auf dem linken Ohr nicht mehr richtig hören.‹«
Weißhaupt unterbrach sich. Er musste bereits im Vorhinein lachen. Noch immer kichernd fuhr er fort: »Der Arzt untersucht ihn mit der Feststellung: ›Tut mir Leid, da kann ich nichts mehr machen. Das ist das Alter.‹ Daraufhin der alte Mann: ›Ja, wie das? Ist denn mein linkes Ohr älter als mein rechtes?‹«
Jetzt hatten sie ihr Publikum. Jetzt lachte selbst die Schöne mit dem jungen Lackel, die immer wieder einmal Ochsenziemer einen in ein Lächeln eingepackten Blick hatte zu-

kommen lassen. Ochsenziemer hatte dann immer kurz mit seinen verwegenen sexuellen Phantasien zu kämpfen, die er aber wohlweislich für sich behielt.
»Herr Professor, der Nachtisch steht noch an. Der ist im Preis inbegriffen.«
»Auf Staatskosten«, lispelte Weißhaupt, der sein Grinsen nun nicht mehr abstellen wollte.
»Wenn Sie meinen, Herr Ochsenziemer, ich könnte eins und eins nicht mehr zusammenzählen, weil der Alkohol meinen Verstand getrübt hat, falls es da überhaupt noch etwas zu trüben gibt, dann haben Sie sich aber geschnitten. Ich laufe jetzt erst zur großen Form auf. Also erst einmal wählen.«
Der Ober hatte beiden die Karte bereits gereicht. Weißhaupt entschied sich für die karamelisierte Mandel-Kokos-Tarte mit Ananas-Fenchelsalat und Ochsenziemer wählte die Blaukraut-Orangen-Lasagne mit Quarkmousse und Vanille-Tomaten-Eis.
»War das Essen schon verwegen, Herr Ochsenziemer, das Dessert ist einfach meschugge«, lachte Weißhaupt. »Einfach meschugge. Mandeln mit Kokos und Ananas mit Fenchel, das sind gleich zwei Mesalliancen.«
»Ja, Herr Professor, Verrücktheiten sind Wagnisse, Schneisen ins Unbekannte. Das zeichnet den kreativen Menschen aus.«
»Ich möchte den Altersfaden wieder aufnehmen. Aufgrund der zugegebenermaßen sehr verkürzten Darstellung, die ich Ihnen gegeben habe, müssen wir Gerontologen zu der Erkenntnis gelangen, dass am Altern nichts dran ist. Anders ausgedrückt: Das Alter gibt es nicht. Es ist ein aus vordergründigen ökonomischen Interessen erfundenes Phantom. Was wir tatsächlich erleben, ist eine Verjüngung der Älterwerdenden und ein vorzeitiges Altern der Jugendlichen. Es war Herbert Marcuse, Sie wissen schon, dieser aufrührerische marxistische Jude aus den USA, der unseren achtundsechziger Studenten so mächtig eingeheizt hat, der den beschriebenen Sachverhalt einmal so formuliert hat: ›Es gibt junge Väter und alte Söhne.‹ So würde ich es auch sehen.«
Um nach einer kleinen Pause, die für einen Blick zur Blonden hin reichte, hinzuzufügen: »Das gilt natürlich auch für die Frauen.«
Und nun passierte etwas Außergewöhnliches, das Ochsenziemer und Weißhaupt völlig durcheinanderwirbelte. Die Schöne von nebenan hatte sich für beide unbemerkt ein winziges Schürzlein umgebunden und brachte »den enthusiasmierten Herren, die so vortrefflich Witze erzählen können« den Nachtisch. Sie beugte sich dabei so weit hinunter, dass die Herren weit durch die geöffneten Pforten ins Paradies se-

hen und noch weiter ahnen mochten, was alles unter dem Kostüm der von der Natur verschwenderisch Ausgeschmückten steckte. Wie sie gekommen war, so verschwand sie auch. Noch ehe sich die zwei an ihr Erstaunen gewöhnen konnten, war der Ober da und klärte sie auf: »Das Dessert geht wie auch die ›Himbeeren‹ auf die Rechnung des Hauses. Dies ist der ausdrückliche Wunsch der Chefin.«

Aha. So so. Hm hm.

Die beiden bedankten sich beim Ober und baten, den Dank an die generöse Spenderin weiterzureichen. Dann machten sie sich mit lachenden Augen und frischem Appetit über das Dessert her und ließen sich lobend über die verrückten Kompositionen aus.

»Bekömmlicher als die Wissenschaft«, mutmaßte Weißhaupt, der den Faden seiner Erläuterungen nicht verloren hatte. »Wissen Sie, Herr Ochsenziemer, wie so vieles in der Wissenschaft, hängt auch bei der Erforschung des Alters alles zunächst einmal von den richtigen Fragen und dann vor allem von den richtigen Forschungsmethoden ab. Und da hat es einige zum Teil revolutionäre Entwicklungen gegeben. So hat sich die Entwicklungspsychologie beispielsweise zur ›differentiellen Entwicklungspsychologie‹ entwickelt, so möchte ich das einmal nennen, die die aktive Rolle des Menschen bei seiner Entwicklung hervorhebt, der ja bekanntlich von seiner Geburt an ein alterndes Wesen ist, oder, wenn Sie so wollen, alt aussieht. Was regen wir uns also so künstlich auf über unser Altern? Das Leben ist sowieso ›eine Krankheit zum Tode‹. Ist ein Zitat aus dem dichterischen Dunstkreis, ich weiß nicht von wem. Und bei diesem aktiven Wesen, das der Mensch ist, spielt die Motivation eine entscheidende Rolle. Das ist auch für Sie, Herr Ochsenziemer, einleuchtend, denke ich einmal.«

»Das ist im Grunde nichts anderes, als was einige russische Psychologen, ich glaube, es war in den siebziger Jahren, das Tätigkeitssubjekt nannten.«

»Donnerwetter, Herr Ochsenziemer. Sind alle bei der Polizei so beschlagen?«

»Kommen wir auf die Motivation, von der Sie eben sprachen, Herr Professor. Da, denke ich, wird es um Bedürfnisbefriedigung, selbstbeschränkende Anpassung, schöpferische Expansion und ...«

»... um Aufrechterhaltung der inneren Ordnung gehen. Ganz recht. Und diese Stichwörter bringen uns direkt auf die Spur der ›Konflikt- oder Krisenbewältigung‹, die lebenslang den Menschen begleitet ...«

»... weshalb man die Entwicklung des Menschen als einen lebenslangen Prozess ansehen muss, der beim Alter nicht aufhört, sehe ich das richtig, Herr Professor?«
»Das ist absolut korrekt. Was wiederum heißt, dass es auch im Alter, Herr Ochsenziemer, ... nun?«
»... noch genügend Kapazitätsreserven gibt. Aber jetzt machen wir ein Päuschen, denn ein Armagnac ist da.«
Niemand wusste, wo der auf einmal herkam. Genug, er war da, um Bekanntschaft mit ihm zu schließen.
Ochsenziemer erhob sich, was Weißhaupt veranlasste, sich ebenfalls zu erheben, obwohl er nicht wusste, warum. Standen da also plötzlich zwei Schwankende, erhoben ihre Gläser. Ochsenziemer schaffte es als erster, den Mund zu öffnen: »Auf das Wohl unserer schönen Gönnerin, ihre süßen Grübchen und sonstigen körperlichen Vorzüge, von denen wir ganz intensiv träumen wollen.«
»Jawoll, zu Befehl, Herr..., wie es sich ziemt, ... Ochsenziemer.«
Dann nippten die zwei, setzten sich und im Setzen fing Weißhaupt an: »Was ich nicht verstehe, Sie sprachen von Grübchen. Wo haben Sie die denn aufgetrieben? Ich sah nur, verdammt noch mal, zwei schöne Bergkuppen ... Prost noch einmal darauf.« Erneut waren die Gläser an den Lippen und der Inhalt im Mund verschwunden.
»Ich wollte noch nachtragen, obwohl ich nicht nachtragend bin, dass auch die Leistungsmessungen, die an Alten vorgenommen wurden, äußerst fragwürdig sind. Denn gemessen wurde nur die psychometrische Intelligenz in lebensfernen Labors, Sie verstehen, vor allem Geschwindigkeit und Wahrnehmung bei der Lösung von abstrakten Aufgaben. Nun wissen wir, dass diese mechanische Intelligenz nichts mit der alltagspraktischen Intelligenz, der so genannten ›Expertise‹, oder, wie auch gesagt wird, dem ›Expertenwissen‹ beziehungsweise der ›Lebens-Weisheit‹ zu tun hat.«
»Also ein pragmatischer Forschungsansatz, wenn ich es richtig sehe, Herr Professor.«
»So ist es. Es geht um das Expertenwissen alter Menschen bei der Bearbeitung von grundlegenden Lebensfragen. ›Bewältigungsforschung‹ heißt das dann im Expertendeutsch. Oder anders ausgedrückt: Wie werden Menschen mit den Herausforderungen im Beruf und im Leben fertig?«
»Und diese Bewältigungsforschung ist«, ergänzte Ochsenziemer, »logischerweise nicht altersspezifisch. Was mich nun interessieren würde: Wovon hängt die Krisenbewältigung ab?«

»Von den ›Antezedenzmerkmalen‹. Ein fürchterliches Wort, ich weiß. Gemeint ist die Summe von Erfolg und Misserfolg, die sich so in der Vergangenheit angehäuft hat. Dabei spielen dann wieder die individuellen Faktoren eine Rolle wie Intelligenz, Bildungsgrad, Selbstkonzept, Zukunftsorientierung, Gesundheit, Geschlecht, Schichtzugehörigkeit und so weiter.«
»Demnach wären Identität und Kompetenz auch im Alter dann eher etwas Fließendes, Prozessorientiertes, Herr Professor.«
»Nicht zu vergessen der Intelligenzbegriff, Herr Ochsenziemer, der um eine plastische, flüssige Dimension erweitert wurde, bei der es um Fähigkeiten wie Umstellung, Wendigkeit, Orientierung in neuen Situationen geht.«
Man hatte nicht den Eindruck, dass der Alkohol die Gesprächsteilnehmer ermüdet hätte.
»Und wie verhält es sich mit den nachlassenden Fähigkeiten, die es nachweislich doch im Alter gibt?«
»Sie wollen vermutlich auf die nachlassenden Seh- und Hörfähigkeiten, auf die verlangsamte Informationsaufnahme und -verarbeitung, die Schwierigkeiten, die Aufmerksamkeit gleichzeitig auf mehrere Aspekte einer Aufgabe zu richten, hinaus. Dies aber sind nachweislich keine alterstypischen Veränderungen, allenfalls Trends in der Zu- oder Abnahme bestimmter Reaktionsformen, die bei noch nicht ganz so alten Menschen aber genauso auftreten können. Es bleibt also dabei, das Phänomen des Alters gibt es nicht. Wie erfreulich für uns, Herr Ochsenziemer. Wir bleiben somit jung.«
Es fehlte noch zur Abrundung des Ganzen der Espresso, der durch selbst hergestelltes Gebäck und Konfekt bereichert wurde.
»Was ich noch zum Schluss wissen möchte, Herr Ochsenziemer, ist, warum Sie als Kommissar das Alter so interessiert. Sie hatten zwar einige Andeutungen gemacht, dass es Anzeichen für einen neuen ›Kalten Krieg‹ gäbe. Ich kann mir darunter nichts Konkretes vorstellen.«
Weißhaupt schlürfte, Ochsenziemer schlürfte, Weißhaupt griff zum Gebäck, Ochsenziemer zum Marzipan-Konfekt, und dann ergriff er das Wort.
»Sie haben es korrekt wiedergegeben, Herr Professor, es gibt diese Anzeichen, weshalb ich ja auch nach Brüssel berufen wurde. Die Dinge ziehen bedrohliche Kreise. Ich muss mich mit solchen metaphorischen Umschreibungen begnügen, da ich aus ermittlungstechnischen Gründen keine weiteren Aussagen machen möchte. Ich kann da nur um Ihr Verständnis bitten.«

»Aber was ich immer noch nicht verstehe, was sollen da die Erkenntnisse der Altersforschung?«
»Sie sprachen vorhin von einem Paradigmenwechsel in der Forschung. Nicht anders verhält es sich mit den Ermittlungsverfahren bei der Polizei, die ja längst auf die Wissenschaften angewiesen ist. Ich bevorzuge hier einen integrativen oder ganzheitlichen Ansatz, den ich auch aus Ihren Darstellungen herauszuhören meinte. Für mich heißt das, dass die Kriminaldelikte umfassend ergründet werden müssen. Kein Moment darf in diesem Prozess unterschlagen werden. Jedes Detail ist von größter Wichtigkeit. So viel als Erklärung dafür, dass ich Ihre amüsante Unterhaltung in Anspruch genommen habe, und ich muss sagen, mit großem Gewinn für mich persönlich, wenn auch nicht alles sofort zu greifbaren Ergebnissen bei den Ermittlungen führt.«
Nun war es endgültig an der Zeit, Abschied zu nehmen. Ochsenziemer reichte Weißhaupt die Hand und schüttelte sie zum Dank heftig.
»Ich kann das Kompliment zurückgeben, Sie waren ein anregender Gesprächspartner, anregender als meine langweiligen Kollegen, die das Zuhören verlernt haben. Wissen Sie, die Wissenschaftlerzunft ist ein Jahrmarkt der Eitelkeiten und Borniertheiten. So viel Borniertheit wie bei der Akademikerzunft ist mir selten begegnet. Ich schäme mich dafür.« Weißhaupt schüttelte den Kopf.
»Eine Frage habe ich mir aber noch für den Schluss aufgehoben. Darf ich Sie fragen, wie Sie zu einer so umfassenden Kompetenz als Polizist gekommen sind?«
Ochsenziemer musste lächeln. Die Frage war ihm in seiner Polizistenkarriere immer wieder gestellt worden.
»Ich bin ein Quereinsteiger. Habe zunächst Literaturwissenschaft studiert. Als ich aber sah, wie der Laden an den Hochschulen läuft und die Intrigen miterleben musste, sagte ich mir, das ist nichts für dich. Sie werden jetzt sicherlich ganz neugierig darauf warten, was ich Ihnen als Erklärung für meinen Wechsel ausgerechnet zur Polizei anbiete.«
»Davon können Sie ausgehen, Herr Ochsenziemer.«
»Ich habe bereits als Schüler Kriminalromane und Detektivgeschichten gelesen und bin immer noch begeisterter Liebhaber von guten Krimis. Diese Leidenschaft behielt ich als Student bei, mehr noch, ich wählte, Sie werden nicht verwundert sein, den Schwerpunkt Kriminalliteratur, für die es eigens einen Lehrstuhl gab. Hinzu kam meine nicht minder große Leidenschaft für die Psychologie, sodass es nahe lag, auch dieses Fach zu studieren und beide zu verbinden. Ich

weiß, als Erklärung für einen Psychologen reicht das, was ich Ihnen sagte, nicht aus. Lassen wir es so stehen, wie es steht. Und es steht gut so.«

Als beide das Restaurant verließen, Ochsenziemer begleitete Weißhaupt zur Fähre, die ihn nach K bringen sollte, nahm nur Ochsenziemer wahr, dass auf einem schwarzen Motorrad zwei in schwarzem Leder gekleidete Personen saßen, die sie zu beobachten schienen. Ochsenziemer merkte sich das Kennzeichen. Später, zurück im Hotelzimmer, gab er die Nummer sofort zur Überprüfung ans nächste Polizeirevier weiter.

Ochsenziemer konnte nicht einschlafen. Die Altersfragen beschäftigten ihn, der an der Schwelle zum fünfzigsten Lebensjahr stand. Erst verhinderten die Probleme das Einschlafen, dann verfolgten sie ihn sogar in seinem dumpfen, schweren Schlaf, in den er schließlich fiel. Ochsenziemer hatte einen Traum von einem Greis, der ein Satyr war.

42.

Butzele ist achtzig. Butzele will hundert werden. Butzele ist nicht tot zu kriegen. Hält sich an den Lebensspenderinnen fest. Butzele küsst alle Frauen und vergisst, dass er küsst, damit er küssen kann fort und fort. Butzele kann nicht genug davon bekommen. Vom Küssen. Musste lange pausieren. War ausgehungert. Das ist jetzt ausgestanden. Jetzt hüpft er kampfeslustig wie Rumpelstilzchen, wie der Bibabutzemann auf Stuhl und Tisch und foppt die Frauen. Die sich sträuben. Es ist ein gespieltes Sträuben, ein erwartungsvolles Sträuben, das Sträuben der Froschköniginnen, die erlöst sein wollen vom Partnerjoch.

> Humpty Dumpty sat on a wall.

Butzele gerät schnell außer Atem und außer sich, wenn er seinen Ouzo getrunken hat. Und davon kann er nicht genug bekommen.

> Butzele, Butzele! Pass auf!
> Humpty Dumpty had a great fall.

Dann gibt es kein Halten mehr. Wo hat er das her? Jetzt ist er ein Satyr. Jetzt wachsen ihm auf einmal Bockshörner. Und jetzt bekommt er Ziegenfüße. Und es wächst ihm hinten ein Schwanz, und der Vorderlader wächst mit. Mit beiden peitscht er um sich. Hui, wie das pfeift! Die Frauen erfasst ein ergötzliches Erschrecken, das sie kirre macht, sodass sie aufschreien, nein, wollüstig kreischen, was Butzele noch wilder macht. Seine Küsse werden immer gieriger. Immer häufiger. Sie werden immer feuchter und sie dringen immer tiefer ein und wollen die Eingeweide durchbrechen, um unten wieder herauszukommen, wo wir alle herausgekommen sind, aber nicht mehr hinein dürfen.

Butzele ist schnell. Viel zu schnell für sein Alter. Die Schnelligkeit traut ihm keiner zu. Bald tanzt er vor den Frauen, dann ist er hinter ihnen und kneift sie an der Stelle, von der er meint, sie wäre dazu gemacht.

Spring, Butzele!
Spring, Butzele!
Hüpf auf das Seil,
Such dort dein Heil,
Tanz, Butzele!
Tanz, Butzele!
Schwenk deinen Schwanz,
Tanz, Butzele, tanz!

Der Satyr schnappt sich eine Frau, will einen Brautraub begehen. Aufs Pferd! Aufs Pferd! Und schon auf dem Pferd wird sie begehrt. Und weg mit ihr in die Berge und dann in der Höhle das verbotene Liebesfest feiern. Er nimmt die Frauengesichter in seine Hände wie Humphry Bogart – in, vor, hinter und nach Casablanca. Und die Frauen lassen es zu, wollen es, genießen es schließlich.

Jetzt saugt Butzele wie ein Vampir, beißt sich an einer Tonne fest, hei, wie sie schreit und sich sträubt und sich hingibt.

Butzele, Butzele! Auf dich muss man aufpassen! Sollte man aufpassen! Butzele, du bist achtzig! Ach, was!

All the king's horses and all the king's men

Er genießt die Frauen reihenweise. Er hat seinen Spaß, die Frauen haben ihren Spaß. Sie nehmen eine Auszeit von ihren festen Beziehungen. Sie necken Butzele. Das kann man konjugieren: ich, du, er, sie, es, wir, ihr, sie. Habe Spaß, hast Spaß, hat Spaß, haben Spaß, habt Spaß, haben Spaß.

Butzele tanzt jetzt auf dem Tisch wie ein Irrwisch, wirbelt die Frauen herum, sie kommen ins Schwitzen, kommen ins Gieren, kommen ins Taumeln, geraten in Trance. Auch Butzele tranct vor sich hin.

Butzele lacht, Butzele schreit, Butzele schließt seine Augen und fasst sich ans Herz.

Cannot put Humpty Dumpty together again.

43.

So wie die Träume plötzlich verschwinden, einfach weg sind, wenn wir aufwachen und Schwierigkeiten haben, sie zu erinnern, so verschwindet Ochsenziemer jetzt von der Bildfläche. Wir wissen nicht, wie er mit dem Traum umgegangen ist. Warum muss man das auch wissen? Es genügt, den Traum zu kennen. Der Erzähler kann jedenfalls im Augenblick Ochsenziemer nicht gebrauchen. Das ist sein gutes Recht. Später dann wieder. Man wird sehen.

Das geschmackvoll renovierte Fachwerkhaus, da stand es.

Es entzog sich zuerst dem Blick des Betrachters, da es zurückgesetzt gebaut war. Dann, wenn man es sah, wirkte es auf den ersten Blick anheimelnd mit seinen zahlreichen Giebeln, die es überreich verzierten. Der turmartige Vorbau hatte etwas Elegantes und Leichtes an sich. Das schmiedeeiserne Tor besaß eine elektronische Steuerung, die sich über einen Code öffnen und schließen ließ. Heute stand es offen in Erwartung von Gästen.

Bog man von der Hauptstraße aus ein, führte links ein kleiner asphaltierter Weg zu einer Doppelgarage, von der aus man rechts sogleich ins Haus gelangte. Als Vorgarten spielte ein Rasenhalbrund eine Rolle, ganz allein auf sich gestellt, lediglich zum gusseisernen Gartenzaun hin umrahmte es ein schmales Rosenbeet. Der Rasen war gentlemanlike gepflegt. Hinter dem Haus die obligate Terrasse, sparsam umrankt von Rhododendron, Hortensien und Azaleen. Ein kleiner Teich mit Rotfischigem. Das gesamte Anwesen war, ausgenommen die Straßenseite mit der Gusseisentür und dem gusseisernen Zaun, von einer etwa drei Meter hohen Natursteinmauer umgeben.

Am Eingang sorgten zwei Kameras, diskret versteckt, für erhöhte Aufmerksamkeit. Ein Hinweisschild ›Hier wache ich!‹ mit Schäferhundkopf signalisierte Wehrbereitschaft.

Es war früh am Abend. Das konstant schöne Wetter, das der Wetterbericht vorausgesagt hatte, kam mit Sonnenschein und einer Tagestemperatur von sechsundzwanzig Grad. Jetzt zeigte das Thermometer noch zwanzig Grad an.

An diesem milden Abend fuhren zur gleichen Zeit vier Wagen der gehobenen Klasse vor. Als wäre dies abgesprochen, parkten zwei von ihnen an der Straße, während die anderen beiden den Weg zur Doppelgarage nahmen, wo sie bald Halt machten.

Die Gäste, vier Männer, wurden vom Hausherrn erwartet, der sie erst mit Handschlag begrüßte, um ihnen dann männlich herb in den Rücken zu hauen. Mit der linken Hand wies er ihnen den Weg zur Tür, mit der anderen klopfte er seine Gä-

ste nochmals loyal ab. Nicht nach Waffen, denn sie hatten keine.
Wenn man die fünf so nebeneinander stehen sah, konnte man leicht erkennen, dass sie etwa gleich alt waren, die fünfzig überschritten haben dürften. Die Kleidung, die sie trugen, war von sportlicher Eleganz, Hose, Sakko und Sporthemd aus edlem, weichem Stoff. Erlesen auch die leichten Sommerschuhe der Herren. Im Flur wurden die Gäste von der Dame des Hauses empfangen, einer Fleischmasse von einsfünfundsiebzig Höhe, die talwärts und bergaufwärts außerordentlich gepolstert und um einiges jünger als der Hausherr war. Die Opulenz um die Hüften herum und etwas darüber, noch wohl eingefügt in den Körperplan, deutete auf Lebenslust und eine gewisse Sorglosigkeit hin, was die Figur betraf. Deutlich ausgeprägt waren hingegen ihre Dingsda, an denen Männer sich nicht satt genug sehen konnten. Sie zeigte diese mit unbeschwerter Würde her. Die Hausherrin war ungeschminkt und hatte Hände, dazu erfunden, Teig zu kneten oder sich in nicht gerade freundlicher Absicht um Hälse zu legen. Was kann man schon für seine Hände? Man konnte bei dieser Thusnelda vermuten, dass sie eine anständige Köchin war, der man solide Hausmannskost zutraute. Der Eindruck wird zu bestätigen sein.
Die Männer waren mittlerweile in den Salon gelangt, der stabil mit deutscher Eiche und Sitzmöbeln aus demselben Holz und Ledermobiliar ausgestattet war. Ein Bücherregal, halb voll mit Gedrucktem, zeugte bei genauerem Hinsehen von einer gesunden, kräftesparenden Halbbildung.
Die Männer saßen kaum, da kam die Hausfrau auch schon mit einem Tablett angefegt, ein exotisches Parfüm verbreitend. Die geübte Nase konnte die Düfte von Ylang-Ylang, Rose, Iris, Maiglöckchen, Sandelholz, Moschus und Vanille identifizieren, die zu einem erlesenen Duft gehörten, der bereits in seinem Entstehungsjahr 1921 eine Sensation war. Nach dem geglückten fünften Laborversuch, der zur vollen Zufriedenheit seiner Erfinder ausgefallen war, wurde die Fünf zum Markenzeichen des Parfums erhoben. Dieses Parfüm sorgte in Einheit mit der imposanten Figur sogleich für Wirkung bei den fremden Männern, die auf ihren Hosenböden unruhig herumscheuerten. Sie blickten an dem weiblichen Menschengebirge empor, als erwarteten sie von dort die Absolution von ihren unspektakulären Sünden. Die mächtig gewölbte Frau trug ein Tablett mit gefüllten Sektkelchen, die bunt verziert waren und in denen eine feine Perlung auf ein edles Tröpfchen schließen ließ. Die Männer standen auf,

ergriffen die dargereichten Gläser und erwarteten einen Toast des Hausherrn, der dann prompt kam, wenn auch kurz: »Herzlich willkommen und auf eine gute und erfolgreiche Zusammenarbeit.«

Alle hoben ihre Gläser leicht an, sahen sich für einen Augenblick in die Augen und nahmen ein kleines Schlückchen, wie es sich bei Sekt so gehört. Man setzte sich wieder, die Frau verschwand in der Küche, die Blicke der Männer ihr nach, das Parfüm als ein ungefähres Versprechen im Raum zurücklassend. Sie hatten nun ein wenig Zeit, einige Schlückchen zu nehmen, dem Hausherrn wegen seiner Frau einige nicht ganz koschere Komplimente zu machen, die er mit einem gezwungenen Lächeln quittierte, da es sich um Freunde handelte. Dann wurde ein wenig palavert, so das Übliche, Nebensächliche, das man kennt, bis aus der Küche eine kraftvolle Stimme vermeldete: »In fünf Minuten ist das Essen gerichtet.«

Man hätte auch die Formulierung »in fünf Minuten gibt es Essen« wählen können. Das wäre schon gegangen. Indes diese Umschreibung wäre zu nichtssagend, zu neutral gewesen und hätte vor allem die Mühe und Kunstfertigkeit unterschlagen, die die Kochkunst und die Tischdekoration der Dame abgefordert hatten. »In fünf Minuten Essen fassen«, wäre eine andere sprachliche Ankündigungsmöglichkeit gewesen. Allein, dieser militärische Unton schied für die sich fein dünkende Hausherrin und Küchenmamsell aus. Auf äußerliche Etikette wurde so viel Wert gelegt. Genug. Es war, wie's war.

Die Männer vertrieben sich also noch fünf Minuten die Zeit mit Sekttrinken und weiterem Palavern über Fußball und die hohe Politik aus der Stammtischperspektive.

Dann der energische Befehl aus der energisch geöffneten Küchentür, man könne jetzt »zur Tat schreiten«. Als Erster schritt der Hausherr zum nahe gelegenen Speisezimmer, das über eine Schiebetür zu erreichen war, die er öffnete. Vornehm blieb er an der Tür stehen, um die Gäste einzulassen, ehe er dann die Tür wieder schloss. Sie setzten sich an den rustikalen Eichentisch, der nach allen Regeln der bürgerlichen Konvention gedeckt war. Die Gäste waren mit der Einladung auf Kürbis eingestellt worden, denn es war Kürbiszeit.

Als die Gentlemen, die wie auf einen Knopfdruck plötzlich aufgestanden waren, Anstalten machten, ihr zu helfen, verbat sich die Gastgeberin dies höflich, aber entschieden. Sie seien ihre Gäste und es mache ihr Spaß, »sie zu verwöhnen«.

Die Männer, immer noch stehend, sahen sich vielsagend an, was nicht lange währte. Dann setzten sie sich wieder und sahen vier Tellern entgegen, die auf den strammen Armen der Hausfrau gekonnt aufgeschichtet waren. Sie setzte diese von rechts den Gästen vor, wobei sich das Parfüm wieder von ihr loszulösen begann, was wieder Unruhe unter den Männern auslöste. Als alle bedient waren und auch Madame ihren sehenswerten Hintern platziert hatte, konnten die Männer ein Kürbis-Zucchini-Carpaccio in exotischer Ingwer-Vinaigrette bewundern und zu sich nehmen. Dazu wurde Baguette gereicht. Die Gäste lobten die Hausfrau ein wenig zu überschwänglich, der Hausherr dagegen gar nicht, woraus man schließen konnte, dass beide schon lange verheiratet waren. Schließlich hatte der Hausherr auch Wichtigeres zu tun. Er servierte nämlich vom Bottwartäler Weingut Graf Adelmann ein Weißwein-Cuvée, den ›Löwen von Schaubeck‹, den er als einen Tropfen von dezentem, elegantem Bouquet vorstellte. Nach den ersten Tast- und Testversuchen schnalzten alle mit der Zunge Beifall, was den Gastgebern sehr gefiel. Die Frau mit den großen Händen entschwand wieder in die Küche, die Männer erzählten sich Witze, unter anderem diesen Witz über einen Weinschmarotzer:

»Als bei einem internationalen Gastmahl einmal«, erzählte der aus der Männerrunde mit dem starken Mundgeruch, »einem Texaner eine Weinfliege in den Wein flog, holte er diese mit seinem fetten Zeigefinger heraus, sagte ›Shit!‹, wickelte sie in seinen Kaugummi, den er dann unter den Tisch klebte. Als dem neben ihm sitzenden Franzosen, einem famosen Mann aus der Gascogne, ebenfalls dieses Missgeschick mit der Fliege passierte, ergriff er seine Gabel, fischte den Weinsauger vorsichtig aus dem Glas und wischte die Gabel, ›quel malheur!‹ murmelnd, diskret an seiner Serviette ab. Ein dritter Tischnachbar, ein behäbiger Schwabe, griff, als eine ›Mugg‹ sich an seinem Wein zu berauschen versuchte, beherzt ins Glas, holte den Schmarotzer heraus, fasste ihn an beiden Flügeln, hielt ihn über das Weinglas und fuhr die Fliege an: ›Jetz gibsch's glei her, abber älles!‹«

Das Lachen fiel nicht enden wollend aus, weil die Tischrunde aus lauter Schwaben bestand.

Als ein anderer aus der Runde gerade die neueste Zote über Jesus loswerden wollte, ertönte rechtzeitig ein Glöcklein aus der Küche, das den Hauptgang ankündigte. Sofort war der Hausherr auf den Beinen, um einen Prädikatswein, einen ausdrucksvollen Riesling, ›Brüssele'r Spitze‹ mit Namen, zu kredenzen.

Währenddessen mühte sich Madame mit neuen großen Tellern ab, die mit gebratener, vorher mit einem Salz-Rosmarin-

Gemisch eingeriebener Entenbrust sowie glasierten Kürbiswürfeln beladen waren. Der Gast, der rechts von der Hausherrin saß, brachte einen Toast auf die vorzügliche Kochkunst der »Dame des Hauses« aus, indem er die Gelegenheit wahrnahm, diese mit seinem Knie zu berühren, was aber zu nichts führte. Der links von ihr saß, lobte zum wohltuenden Ausgleich den Hausherrn für die »gut auf die Speisenfolge abgestimmte Weinauswahl«. Und so lobte man, aß man und trank und redete eher wenig.

Zum Fettausgleich entschieden sich die Männer für einen Traminer Tresterschnaps, der »drei Jahre im Eichenfass gelagert hatte«. Als Nachtisch erfreute die Hausherrin die Tischgesellschaft mit einer Kürbis-Preiselbeer-Tarte, die warm mit halbsteifer Schlagsahne serviert wurde. Den fälligen Espresso, gut cremig und heiß, gab es wieder im Salon, aus dem sich die Dame des Hauses schnell zurückzog. Nun waren die Männer endlich allein, vortrefflich gestärkt, äußerst vergnügt, also gut gelaunt, denkbar gute Voraussetzungen für das wichtige Gespräch, das nun stattfand.

Der Mittlere, das war der Hausherr, eröffnete den Dialog, sofern man überhaupt von einem Dialog wird sprechen können, indem er fünf Mappen herumgehen ließ: »Ich habe euch eine Dokumentation zusammengestellt, die alle in der Presse mitgeteilten und im Internet auffindbaren Fakten über FIVE-ZERO-OUT enthält. Ich möchte euch bitten, diese zu Hause sorgfältig durchzulesen. Es zeichnet sich wohl ab, dass wir es mit einer gefährlichen Bewegung zu tun haben, die massenhaft zu werden droht und der wir deshalb entschieden, wenn auch mit unseren bescheidenen Mitteln, entgegentreten wollen.«

Alle: »Bravo! Sehr richtig!«

Der Linke: »Wir können uns das nicht gefallen lassen.«

Der Rechte: »Schließlich haben wir etwas aufgebaut ...«

Der Obere (leicht lispelnd): »... das wir nicht verlieren wollen.«

Der Untere: »Jawohl. Stimmt.«

Der Mittlere: »Aufgrund unserer beruflichen Erfahrung bei der Verbrechensbekämpfung und unserer guten Beziehungen ...«

Der Linke: »... und da wir gut in Schuss sind, sind wir auch in der guten Lage ...«

Der Rechte: »... über ein reichhaltiges Arsenal von ...«

Der Obere: »... letalen und nicht-letalen Waffen zu verfügen,...«

Der Untere: »... um einen gerechten Ausgleich zu schaffen und ...«

Alle: »... die Welt wieder ins Lot zu bringen, ins Lot zu bringen.« (Lachen und Bravorufen

Der Mittlere schenkte nach. Sie stießen an und ließen sich hochleben.

Der Mittlere: »Wir sind die allmächt'gen Nestoren …«

Der Linke: »… und haben uns alle geschworen,…«

Der Rechte: »… wir kämpfen in kleinen Schritten,…«

Der Obere: »… aber mit großen Herzen …«

Der Untere: »… gegen die Jungen mit Tritten …«

Alle »… die schmerzen, schmerzen, schmerzen.«

Sie stießen wieder und immer wieder an, bis die Zungen gelöst waren und sie sangesfreudig wurden. Da erinnerten sie sich an die alten Landsknechtslieder, die sie als Pennäler und als Studenten in der Verbindung gesungen hatten. Einer fing an.

Der Linke: »Wir zogen in das Feld,…«

Der Rechte: »… wir zogen in das Feld.«

Der Obere: »Da hätt'n wir weder Säck'l noch Geld …«

Der Untere: »… Stram–pe–de–mi.«

Alle: »A la mi presente, al vostra signori.«

Jetzt kamen sie in Fahrt, jetzt waren sie kampfeslustig, jetzt hieß es »Hussa und Juchhei!«, und jetzt lachten und grölten sie und tanzten dumpfe Kriegertänze.

Der Mittlere: »Es lebe die Gegenbewegung FIVE-ZERO-PLUS, sie lebe …«

Alle: »… hoch, hoch, hoch!«

Dann kam ein kleines Zwischentief. Die Tischgesellschaft wurde ein wenig müde, sodass Zeit für einen kleinen Dialog blieb, der folgende Form annahm.

Der Untere: »Aus dem Hinterhalt schießen,
bum bum bum,
aus dem Hinterhalt.«

Der Obere: »Es lebe der bulgarische Schirm. Er lebe …«

Alle: »… hoch, hoch, hoch.«

Der Rechte: »Wir sollten ein Manifest, ein Gegenmanifest aufsetzen. Ich werde ein paar Stichworte formulieren: Gerechtigkeit, Menschlichkeit, Frieden und dann rein ins Internat.«

Der Linke (kichernd): »Internat? Hi, hi, hi! Du meinst Internet, hi, hi, hi.«

Und dann fing er an zu reimen und steckte damit alle anderen an:

»Rein damit ins Internet,
wenn ich nur einen Anschluss hätt'.«

Er fiel ohne Vorwarnung vom Stuhl.

Alle lachten.

Der Untere: »Rache, Rache, Rache,
das ist 'ne feine Sache.«

Er fiel ohne Vorwarnung vom Stuhl.

Der Rechte: »Bulgarisch ist der Schirm,
gewirkt aus feinem Zwirn.
Damit kann man schön schießen,
und ein wenig Blut vergießen.«
Er machte die entsprechende Handbewegung dazu und fiel ohne Vorwarnung vom Stuhl.
Alle lachten.
Der Obere: »Wir zahlen es den Jungen heim,
so muss es sein,
das muss so sein.«
Er fiel ohne Vorwarnung vom Stuhl.
Der Mittlere klatschte Beifall, stellte sich auf seinen Stuhl und verkündete dann mit Imperatorpose:
»Oh, ihr großen Kämpfer,
was ist das für ein Dämpfer,
dass ihr alle fallt vom Stuhl?
Das ist gar nicht cool.«
Er fiel ohne Vorwarnung wie vom Blitz getroffen vom Stuhl.
Der Linke hob noch einmal den Kopf und lallte:
»When shall we five meet again?«
Sein Kopf fiel wieder mit großem Knall herunter.
Der Rechte hob seinen Kopf: »Um Mitternacht, um Mitternacht!«
Sein Kopf fiel mit großem Knall herunter.
Der Untere hob den Kopf: »Ich komm mit mit festem Schritt!«
Sein Kopf fiel mit großem Knall herunter.
Der Obere hob seinen Kopf: »Auch ich komme mit!«
Sein Kopf fiel mit großem Knall herunter.
Der Mittlere hob seinen Kopf: »Ich nenn euch die Zahl, wir sind ›Die siegreichen Fünf‹.«
Wie auch sein Kopf mit großem Knall herunterfiel, kam die Matrone herein. Sie wollte nach dem Rechten sehen. Sie fand eine schnarchende, selig lächelnde Männermeute zwischen umgeworfenen Flaschen und umgeworfenen Gläsern auf den beigefarbenen Fliesen, auf denen sich Rotwein in Pfützen breitgemacht hatte, liegen. Da dachte sie sich: ›Das Chaos will ich voll machen‹. Die Resolute schritt auch sogleich zur Tat: Sie ließ ihr winziges Unterhöschen herunter, keines Mannes Auge konnte es sehen, öffnete ihre Schleusen, die von beträchtlichen Ausmaßen waren, und verteilte das bernsteinfarbene Nass gleichmäßig auf die schlafenden Helden, deren Nasenflügel zu zucken begannen, ohne dass sie etwas zu unternehmen in der Lage waren.

44.

Die ›Rockfabrik‹, ein finstres Loch, in einer finstren Gegend, lag im alten Industriegebiet von Lg, in einem der hässlichsten Viertel der Stadt, von denen es einige gab. Hier kam keine Menschenseele hin, wenn sie nicht musste. Als die Besatzungskräfte aus den USA die Kasernen noch okkupiert hatten, waren es amerikanische Soldaten, die mit gefüllter Börse und prallen Hoden in die ›Rockfabrik‹ einfielen. Deutsche Mädels mit mutterseligen Augen und gebärfreudigen Hüften aus den sozialen Sümpfen ließen sich hier gern sehen und anbaggern. Dies geschah aus einer Versorgungshoffnung heraus. Die Nachfrage nach lauter Lust und Drogen stieg, und die Drogendealer machten das Geschäft des Jahrhunderts mit den kaugummikauenden Texanern. Die deutschen Jungs, die sich wegen der deutschen Mädels prügelten, zogen meistens den Kürzeren. Wenn's einmal Stich auf Stich ging und ein juristisches Nachspiel anstand, hieb die Besatzungsmacht ihre Jungs über gute Anwälte raus. Dann kam mauerstürzend die Wende, und mit ihr verschwand die texanische Soldateska auf ihre langweiligen Ranches in den großen Tiefebenen jenseits des ›Großen Teichs‹.

Plötzlich war es still geworden um die ›Rockfabrik‹. Die Dollars flossen nicht mehr, die Drogendealer schnupften selber ihr eigenes Zeug, die Mädels mit ihren dicken Bäuchen und ihrer Tränenseligkeit, die ihre Mutterseligkeit ablöste, suchten vergeblich nach ihren Dickmachern, die nun ›drüben‹ waren und keine Adresse hinterlassen hatten. Sie waren an den amerikanischen Herd zu ihren legalen Frauen und Kindern heimgekehrt. Und die deutschen Disco-Jungs fanden das alles ziemlich fad. Zwar hatten sie nun ihre nicht mehr ganz taufrischen Mädels für sich allein, dafür aber mussten sie sich nun mit ihresgleichen prügeln. Man kann nicht alles haben. Nach einer kurzen Zeit des ökonomischen Umdenkens entschied man sich dafür, das Niveau der ›Rockfabrik‹ anzuheben, aus einer Schmuddelbude ein einigermaßen brauchbares Etablissement zu machen, um die Kids von der Straße wegzuholen. Und so gab es denn ein neues Konzept für die ›Rockfabrik‹. Sie wurde aufgemotzt, bekam mehr Farbe, mehr Licht, mehr Lautstärke, nahe der Schmerzgrenze, und sie bekam Sozialarbeiter, Streetworker zur Krisenbereinigung. Auch der Parkplatz wurde für das schnelle und grelle Discovergnügen erweitert und begrünt. Schließlich nahm sich eine regionale Sendeanstalt der ›Rockfabrik‹ an. Sie holte neben jungen Nachwuchsbands bekannte Musikgruppen in das Programm. Und so kam wieder Leben in die Bude. Sensible

Nachbarn mit noch intaktem Ohrwerk gab es an dieser Stelle längst nicht mehr. Also musste auch keine Rücksicht genommen werden.
Nur einen schien die Lärmanstalt ›Rockfabrik‹ aus irgendeinem Grund zu stören. War's der Lärm? Oder war es etwas anderes? Wer ihn hätte sehen wollen, wie er tagsüber dort vorüberstrich mit adlerscharfem Auge, wenn die ›Rockfabrik‹ ihren Rausch ausschlief, der hätte ihn auch sehen können. Er wurde aber nicht gesehen. Von wem auch? Warum auch? Der unbekannte Mann war mehrmals um das Gebiet herumgestrichen, manchmal mit einem Begleiter, ebenfalls einem Mann. Sie waren auch einige Male in der Disco eingekehrt, fossile Fremdkörper in einem Meer von Jungsein.
Wieder einmal fuhren die Unbekannten am Vormittag des Soundsovielten in einem Wagen mit amtlichem Kennzeichen an die Lärmanstalt heran, hielten auf dem leeren Parkplatz an einer strategisch günstigen Stelle im Hintergrund, in unmittelbarer Nähe einer Nebentür der ›Rockfabrik‹. Sie öffneten die Tür des Kofferraumes und holten fünf, in unförmige Ledertaschen gepackte längliche Gegenstände, die nach oben hin spitz zuliefen und die ihr Gewicht hatten, heraus. Jeder schulterte zwei dieser schweren Gegenstände, der fünfte musste später nachgeholt werden. Mit ihrer Fracht gingen sie auf die erwähnte Nebentür zu. Dort stellten sie ihre Pakete ab. Einer von ihnen ging um die Ecke auf den Haupteingang zu, der andere holte den fünften Gegenstand nach und ging damit zum Nebeneingang. Und nun begann ein Klinkendrücken, eines vorne und eines hinten, mit dem Ergebnis, dass beide Türen verschlossen waren. Der an der Haupteingangstür kam nach hinten zum Nebeneingang zurück, nickte seinem Kumpel zu, der mittlerweile den Hintereingang geöffnet hatte. Beide trugen nun ihre schwere Fracht hinein und zogen die Tür hinter sich zu ohne abzuschließen.
Nach einer kleinen Weile fuhr ein Getränkewagen an die Nebentür heran. Ein junger kräftiger Bursche im blauen Anton, etwas kleiner als die zwei, aber besser gebaut, ging auf die Tür zu, drückte die Klinke herunter und stand im Türrahmen, wo er mit einem von den Unbekannten zusammenstieß.
»Ich bringe die bestellten Getränke.«
»Geht in Ordnung«, sagte der Unbekannte im Türrahmen und fügte lässig hinzu: »Du kennst ja den Weg.«
Er kannte den Weg.
Er ging zum Wagen zurück und wollte gerade die erste Getränkekiste ausladen, als Joe, der Pächter, von weitem auf die ›Rockfabrik‹ zugerannt kam.

Nach Atem ringend und äußerst aufgebracht fragte Joe den Jungen, wer ihn denn hereingelassen habe?
»Der Alte da.«
Und der Junge zeigte mit dem Daumen auf die offen stehende Tür, wo er den Fremden wähnte. Zum Beweis folgten auch noch seine Augen dem Daumen und gingen ins Leere.
»Komisch, der war eben noch da. Ein großer, älterer Mann«, der Junge hielt die Hand hoch und zeigte die Größe an.
»Hatte eine schwarze Lederjacke an. Ich dachte, der gehört zum Laden.«
Und als könne er den Unbekannten zurückholen, rief er laut: »Hallo?« Und noch einmal: »Hallo?« Kein Echo. Der Unbekannte blieb wie vom Erdboden verschwunden.
Joe blickte um sich und sah dann den Jungen lange und skeptisch an.
»Du glaubst mir wohl nicht«, sagte der Junge ängstlich.
Joe schüttelte den Kopf. An der Zuverlässigkeit des Burschen zu zweifeln, gab es keinen Anlass. Er untersuchte das Schloss der Nebentür, fand aber nichts, was auf irgendeine Manipulation hätte schließen lassen. Dann ging er hinein, blickte flüchtig um sich, sah in alle Nebenräume, konnte nichts entdecken, ging zum Bürotisch, schloss die Schublade auf, warf einen prüfenden Blick hinein. Alles noch an seiner Stelle. Dann nahm er seine Pistole heraus.
»Merkwürdig, sehr merkwürdig«, murmelte Joe und warf von innen erneut einen kritischen Blick auf den Jungen.
›Ich kann nicht glauben, dass der die Tür selber aufgeschlossen hat und nun einem Unbekannten die Schuld in die Schuhe schiebt‹, ging ihm ein Gedanke durch den Kopf. Joe betätigte nun alle Lichtschalter. Licht schoss in die dunklen Nebenräume. Joe entsicherte die Pistole und ging mit ihr durch alle Räume auf der Suche nach dem Fremden. Der Unbekannte blieb verschollen. Joe schüttelte den Kopf. Er sah noch einmal in dem verwinkelten Putzraum nach, blickte nach rechts, blickte nach links in die Ecken, hob hier ein an die Wand gelehntes Brett an, schob dort einen leeren Karton mit dem Fuß weg, immer die Pistole im Anschlag. Nichts.
›Der Alte kann sich doch nicht in Luft aufgelöst haben? Und wenn der Alte nur ein Hirngespinst von dem Jungen ist, was dann?‹, fasste Joe sein Nachdenken in einem Satz zusammen.
Joe war plötzlich böse.
Er überlegte kurz, ob er die Polizei anrufen sollte. Aber – was konnte er der erzählen? Nichts wurde gestohlen, nichts zerstört, niemand gefunden. Nein, da würde er sich nur lächerlich machen. Aber merkwürdig blieb die Sache schon.

Da stand der Junge wieder vor ihm. Er hatte die Ware abgeladen und hielt ihm den Lieferschein hin. Joe unterschrieb und sagte etwas abwesend: »Ich prüfe alles nachher nach.« Der Junge grüßte und verschwand. Bald darauf hörte Joe, wie der Getränkewagen angelassen wurde und langsam wegfuhr.
Joe sah sich noch einmal flüchtig im Raum um, dann steckte er die Pistole weg, schaltete die Lichter aus, verließ den Raum, schloss zweimal ab und drückte zur Sicherheit noch einmal auf die Klinke.
Wie er sich auf den Weg zu seinem Wagen machte, sah er am anderen Ende des Parkplatzes, wie ein unbekannter Wagen, den er vorher nicht wahrgenommen hatte, wegfuhr. Er überlegte noch, ob er vorlaufen sollte, um sich das Kennzeichen zu merken, entschied sich dann aber anders und stürzte zu seinem Wagen, um dem Flüchtigen hinterherzufahren. Joe legte einen Kavaliersstart hin, die Reifen quietschen, er fuhr dem Unbekannten nach. Ein vergebliches Bemühen.
Die Unbekannten parkten längst ums Eck. Joe bekam es nicht mit. Sie warteten noch einen Augenblick, fuhren dann an die Kreuzung vor, äugten links und rechts, fuhren wieder zurück zur ›Rockfabrik‹, parkten dieses Mal in einer Parallelstraße, gingen wieder zur Hintertür, öffneten sie und waren nun für den Beschauer aus dem Blickfeld verschwunden. Nach einer Stunde sah man sie wieder, wie sie die ›Rockfabrik‹ durch die Hintertür verließen.

45.

Der Tag darauf. Ein Samstag. Gegen drei Uhr frühmorgens in der ›Rockfabrik‹. Joe hatte den Vorfall mit dem Unbekannten schon wieder vergessen, bis ...
Kam eine Jungtierkohorte. Einheitslook. Stimmungsgeil. Jugendsprachte einer: »Äh, volle Dröhnung hier. Super, echt geil.« Drei Discomädchen, jungfräulich dem Schein nach, kräftig düftelnd, frauenraffiniert kostümiert, Nabelzone frei und gepierct, halbtittenentblößt, pobackeneng, auf Stelzen. Sie tänzelten jungstutenhaft vor den Jungs, die Schärfe der Hengste witternd, reihum, Schrillschreie ausstoßend:
»Volle Dröhnung, echt wahr.«
Nichtlesend das Schild: ›Geschlossene Gesellschaft‹. Ein dämliches Mädchengesicht muhte Wichtiges: »Niemand da. Was is'n los, äh? Hat's doch hier noch nie gegeben.«
Ein männliches Eitergesicht, rotwangig wie Hipps Möhrensaftreklame, röhrte hirschig: »Hintenrum!«

Jungtiermasse ihm nachlatschend, synthetische Billigparfümwolke dalassend. Hinten nichts. Nochmals ausgequetschtes Erstaunen von einer jugendlichen Nullnummer:
»Volle Dröhnung, echt wahr. Super. Schade. Sage nur: Club 69. Nichts wie hin.« Jugendmatsch rein in Autos, Mädchengekreisch, geilgriffige Jungenhände in zwischenbeiniger Feuchtzone, Knutschversuche, Kreischen, Quietschen, Pferdestärken auf volle Pulle. Weg.
Bildwechsel. Rückblick.
Sie traten immer zu zweit auf bei ihren Aktionen. Wie Zwillinge. Manus und Pes. Ihre Schritte fest und elastisch. Waren so um die einsachtzig, plus/minus, machten einen trainierten Eindruck. Von einem Bauch nichts zu sehen. Manus blickte energisch wie Charles Bronson, Pes nachdenklich wie Columbo. Man traute ihnen durchaus zu: Was sie anpackten, dürfte Hand und Fuß haben. Tatsächlich planten sie ihre Aktionen stets minuziös, recherchierten sorgfältig, überprüften alles mehrmals. Kein Wunder, das war früher ihr tägliches Brot. So etwas vergisst man nicht, auch wenn man nicht mehr offiziell schnüffeln darf.
Auch dieses Mal gingen sie wieder die geplante Schrittfolge im Auto noch einmal durch, überprüften vor der Fahrt alle notwendigen Werkzeuge: Die Schlüssel, die Pistolen, die sie nicht brauchen würden, die Seile, die sie ganz sicher brauchen würden, das Klebeband, keine Frage, würde nötig sein für die Mundstille, das Schild mit der Aufschrift ›Geschlossene Gesellschaft‹ ebenso. Die Flaschen hatten sie bereits bei ihrem ersten Besuch im Bauch der ›Rockfabrik‹ gut versteckt.
Inzwischen spielte sich drinnen in der Disco Folgendes ab:
»Joe, was ist los? Ich komme mit meinem Handy nicht raus!«
»Das gibt's doch nicht!«
Joe griff nach seinem Handy, wählte eine Nummer, merkte sofort an den Störgeräuschen, dass nichts lief. Da er seinen Posten hinter der Theke nicht verlassen konnte, rief er Franz, der gerade nicht bediente, zu:
»Kannst du mal versuchen, mit deinem Handy nach draußen zu kommen? Es ist wichtig.«
»Wieso, was ist los? Brennt's?«
»Na, mach schon. Ruf irgendwen an.«
Franz versuchte sein Glück. Es kam kein Kontakt zu Stande. Störgeräusche auch bei ihm.
Joe ging zum Festtelefon, wählte eine Nummer, wartete kurz, hob die Schultern:
»Da stimmt etwas nicht. Ich versuch es noch einmal vom Autotelefon aus. Gleich.«

Er wird nicht mehr dazu kommen.
Inzwischen draußen im Wagen.
Während der Fahrt hatten Manus und Pes ihre Uhren verglichen. Warum eigentlich? Alte Gewohnheit. Es war drei Uhr. Drei Uhr morgens. Die Straßen, die sie befuhren, waren ausgestorben. Ein Polizeiwagen kam ihnen entgegen, darin ein Paar, eins zu eins, Mann und Frau, die sahen sie aus müden Augen an, Kontrollaugen konnte man die nicht mehr nennen. Es gab keine Kontrolle.
Als sie auf den Parkplatz der ›Rockfabrik‹ einschwenkten, sahen sie von weitem, dass er zu zwei Dritteln leer war. Das war zu erwarten nach ihren Beobachtungen.
Normalerweise passten in den Lärmschuppen vierhundert Personen. Um diese Zeit schätzten sie die Besucherzahl auf noch über hundert. Das hatten sie alles ausgekundschaftet – wieder und wieder. Sie hatten sich Zeit gelassen.
›Gut Ding braucht Weile‹, dachte Manus. Und Pes fasste sein Nachdenken in dem Satz zusammen: »Die Zeit – eine geräuschlose Feile«.
Sie passten eben zusammen.
Das Duo ließ den offiziellen Parkplatz rechts liegen und parkte aus taktischen Erwägungen, wie die alten Spürnasen meinten, in einer Straßenbucht in der Nordstraße, die parallel zur ›Rockfabrik‹ verlief.
Als sie ausstiegen, war es morgenfrisch. Es dämmerlichterte bereits. Discolärm. Automatisch blickten sie auf die Wolkendecke, die ihnen regenverdächtig vorkam. Nur jetzt kein Regen. Sie zogen die Luft ein, atmeten mehrmals durch, streckten sich. Bei Manus knackte es. Das waren die Verspannungen. Sie sahen sich an, hoben die rechte Hand und klatschten sich ab. Schon im Gehen zog Manus seine Handschuhe an. Jetzt kam die Phase der Sondierung aus gesicherter Position, dann der resolute Gang.
Zur ›Rockfabrik‹ war es nicht weit. Sie nahmen den öden Querweg, der die Parallelstraßen verband. Sie stießen auf die Begrenzung aus Büschen, die den Parkplatz einrahmte. Er bot Schutz.
Vor der Tür der ›Rockfabrik‹ die bekannten Aufpasser, der Bodybuilder, der wie Bud Spencer aussah, und der berufslose Garnichts, der wie niemand aussah. Nur fett war. Beide, wie man sich Aufpasser dieser Etablissements vorstellt: Groß, kräftig schon, mit deutlichem Fettansatz in der Weichzone. Gesichter, die alles über den Intelligenzquotienten sagten. Sie unterhielten sich, sie rauchten, sie blickten ab und zu um sich, bis der Garnichts dem Bud Spencer etwas sagte,

dann ums Eck verschwand, wo Büsche warteten, die Hand griffbereit an der Hose.
Das war der günstige, der passende Augenblick. Auch das hatten die zwei observiert. Wie oft?
Manus hatte sich vorher schon abgesetzt, war jetzt da, wo Garnichts hinwollte. Pes sprach in dem Augenblick in seinen Walkman, als Garnichts sich zu gehen anschickte:
»Er kommt. Viel Erfolg.« Er flüsterte die Botschaft.
Ausschalten. Pes wartete einige Sekunden. Garnichts kam nicht zurück. Alles gut gelaufen. Das war die im Rollenspiel durchkalkulierte Zeit, die für die Außergefechtsetzung nötig war. Wie er gerade losgehen wollte, kam aus der Disco ein Blässling, schweißnass, und bat den Restposten um eine Zigarette, steckte sie in Brand, klopfte dem Aufpasser auf die Schulter, verschwand wieder in der Disco. Nun steckte auch Pes sich eine Zigarette an, ging durch einen Durchlass an den Büschen vorbei, schwenkte auf den Weg zur ›Rockfabrik‹ ein, ging auf Bud Spencer zu, zog sein Portemonnaie, tat so, als wolle er zahlen. Der Fettsack winkte ab, ließ ihn so rein. Warum? Zwischen beiden fielen ein paar belanglose Sätze. Der Dicke hatte sich Pes zugewandt und sah deshalb nicht, wie Manus sich ihm von hinten in böser Absicht näherte. Er spürte einen dumpfen Schlag auf den Kopf. Gekonnt der Schlag. Professionell. Geübt ist geübt. Dann war es Nacht für Bud Spencer. Pes zog sich die Handschuhe an.
Nun waren sie wieder vereint, Manus und Pes. Manus griff in seine Hosentasche, holte einen Schlüssel hervor und schloss die Discotür von außen ab. ›Viel Spaß da drinnen!‹ Währenddessen klebte Pes das Schild ›Geschlossene Gesellschaft‹ an die Tür. Dann machten sie sich an die Entsorgung des Fettsacks, schleppten ihn nach hinten bis zu der kleinen Nebentür, die Pes öffnete, schwer auch sie. Sie zogen Bud Spencer in den Flur, legten ihn neben Garnichts, den bereits wohl verpackten, der von Teneriffa träumte. Manus schloss die Außentür ab. Dann verschränkten sie Spencers Arme auf dem Rücken, fesselten ihn mit geübtem Griff. Wie oft hatten sie das früher gemacht? Früher. Fehlte noch die Mundfesselung. Das Klebeband. Jawohl. Beide Menschenpakete durften sich dann in der Besenkammer, wo sie hingeschleppt wurden, ausruhen und anschweigen.
Jetzt kam die Hauptaktion. Manus schloss den Nebenraum ab. Sie standen jetzt wieder im Flur und wandten sich den Luftschächten da hinten zu, wo sich der Flur in einen großen Raum hinein öffnete. Da hörten sie, wie einer aus der Disco gegen die Wand donnerte und schrie:

»Lasst mich raus, ich muss unbedingt raus. Was ist hier überhaupt los?«
Die zwei hielten einen Augenblick inne. Gefahr? Keine!
Die Verbindungsrohre zu den Luftschächten, die die Außenluft ansaugten, waren von ihnen bereits bei ihrem ersten Besuch mit Verbindungsstücken für die Ankoppelung der Flaschen manipuliert worden. Jetzt waren nur noch die Gasflaschen mit sicherem Griff zu den Luftschächten zu schleppen und anzuschließen. Danach drehte Manus nacheinander langsam die Flaschen bis zum Anschlag auf, während Pes eine CD auflegte. Auch die Manipulation der Musikanlage hatten sie tags zuvor gründlich vorbereitet. Sie warteten, bis sie die Ouvertüre zu Wagners ›Fliegendem Holländer‹ hörten, die sie eingespielt und auf Wiederholung eingestellt hatten. Aus den schwirrenden leeren Quinten der Streicher löste sich scharf betont das Holländermotiv, dann entfaltete sich kakophonisch die Sturmmelodie, der Chor der Seeleute folgte: »Steuermann, lass die Wacht!«
Was sie nicht sehen konnten, wie drinnen, in der Disco, die Jugendmasse sich irritiert zeigte, wie sie stutzte, als plötzlich die Technorhythmen ausfielen, wie sie zu den Boxen hochschaute, die weit, weit weg und vergittert waren, wie sie sich mit den Händen ihre Schallkabinen zuhielten, zum Teil ihre Finger in die Gehörgänge steckten, als die völlig andere, ungewohnte, nicht minder laute Musik eingeblendet wurde. Das sah lustig aus. Sie blickten Hilfe suchend auf den Discjockey, der nur die Schultern und die Arme heben konnte, Hilflosigkeit symbolisierend, und mit seinem Zeigefinger auf den Nebenraum mit der Schaltzentrale hindeutete. Dorthin eilte er denn auch, rüttelte an der Tür, die verschlossen war und sich nicht rührte. Er zerrte an ihr. Aber was vermochte er schon gegen Stahl? Er gab auf. Da stand Joe neben ihm, wollte helfen. Aber wie? Er suchte in seinen Taschen. Wo waren die Schlüssel? Er lief wieder weg, kam nicht wieder. Wird auch nicht wiederkehren.
Manus und Pes hörten, wie allmählich Schreie durch die dünne Wand drangen, Hilferufe, die von heftigen Hustenanfällen unterbrochen wurden und die schließlich durch diese völlig ersetzt wurden. Es begann ein Anstürmen auf die Haupteingangstür, wo sich rasch eine Menschentraube aus schlagenden, tretenden Ungeheuern zu bilden begann. Schläge gegen die Tür, unrhythmisches Trommeln. Andere liefen zu den beiden Notausgängen, die verschlossen waren. Dort das gleiche Chaos. Schreie, Husten, einzelne Hilferufe. Man konnte sich lebhaft vorstellen, was da drinnen alles vorging, wie das

Jungvieh um sich schlug, wie es stieß, wie es stolperte, wie es aufstehen wollte, aufeinander herumtrampelte. Wer konnte da noch einen klaren Gedanken fassen? Wo war Rettung? Die Fenster? Ja, die waren vorhanden, aber ganz hoch oben an den Wänden, kleine lukenartige Fensterlein wie im Gefängnis, die sich nur elektronisch kippen ließen. Jetzt waren sie auf einmal geschlossen. Die waren doch vorher noch offen. Und öffnen ließen sie sich nur vom Schalterraum aus, der wiederum abgeschlossen war. Längst schon war die Panik da, pechschwarz, denn auch die Lichter waren auf einmal erloschen. Sie schlug ihre Pranken, ihr zahngewaltiges Maul in das jugendliche Fleisch, schwenkte die Pranken wie Kräne, ihr Blutdurst war unstillbar. Und noch etwas breitete sich aus, das mit der Nase aber nicht wahrgenommen werden konnte und auch nicht wahrgenommen werden sollte. Dann war es so weit, dass das Wahrnehmungssystem nicht mehr funktionierte. Erst kam das Ohrensausen, dann das Flimmern vor den Augen, dann war es ganz weg, das Licht, dann die Kopfschmerzen, die verfluchten Kopfschmerzen, dann der Schwindel, vorher schon das Herzklopfen, schließlich die Krämpfe und endlich die Atemlähmung. In dieser Abfolge muss man sich die Katastrophe vorstellen.
Manus und Pes verließen die ›Rockfabrik‹ wieder durch die Nebentür auf der Rückseite. Sie vergaßen nicht abzuschließen. Aus gesicherter Position beobachteten sie ein letztes Mal den Schauplatz ihres genialen Einfalls. Und während sie hörten, wie das Klopfen gegen die Stahltür schwächer wurde, der Husten nachließ und auch die Schreie ausblieben, zogen sie gelassen ihre Handschuhe aus und steckten sie in ihre Jackentaschen. Die Wagnermusik aber – das war Dramatik pur – die wogte und wogte weiter: »Steuermann, lass die Wacht!«
Oh ja, das hörte man weit. Aber die Menschen, die hätten helfen können, waren auch weit weg.
Die zwei waren mit sich zufrieden. Als sie zu ihrem Wagen aufbrachen, war es heller geworden.
Die Wolken weinten zwar, aber für sie hieß es: »What a wonderful day.«

46.

Als die Polizei eintraf, war die Wagnermusik nach wie vor höchst präsent. Reihum Erstaunen über die »ungewöhnliche Discomusik«, mit der niemand etwas anzufangen wusste. Polizisten sind nicht für klassische Musik, sie sind für andere Dinge da.

Warum sah man niemanden?
Warum hörte man niemanden?
Die Türen waren verschlossen. Da auf mehrmaliges Klopfen niemand reagierte, brach man die Eingangstür auf. Das ging nur sehr schwer und sehr langsam. Die Leichenhaufen blockierten die Tür. Drinnen bot sich den Eintretenden ein Bild des Grauens. Zu Bergen gehäufte Menschenkörper, auch einzeln verstreut viele junge Leute. Als die ersten Polizisten und eine Polizistin zusammenbrachen und über Schwindel klagten, war klar, dass man mit Gasvergiftungen rechnen musste. Man rief die Feuerwehr und gab Gasalarm. Auch ein Toxikologe, ein gewisser Glabbach, ein spindeldürres Männlein, war sofort zur Stelle, setzte eine Gasmaske auf und begann mit seiner Arbeit.
Wenig später war auch Keidel am Tatort, als kein Zweifel mehr bestand, dass ein Giftgasanschlag vorlag. Auch er setzte, wenn auch widerwillig, eine Gasmaske auf. Nun konnten alle ihre Nasen in die ›Rockfabrik‹ stecken und das Bild des Grauens in Augenschein nehmen. Wo man hinblickte, liegende Körper. Bewegungslos. Einige Opfer hielten sich umarmt, andere an den Händen. Sie lagen friedlich da. Die Gesichter waren zum Teil entstellt. Veränderungen der Haut waren seltsamerweise nicht erkennbar, ein wichtiges Indiz für den Toxikologen.
Keidel, der sich mit seiner Gasmaske herumquälte und immer wieder an ihr hantierte, gab Befehl, nur ja nicht die Leichen anzurühren, damit die Spurensicherung nicht gefährdet werde. Die Fenster durften dagegen bald geöffnet werden, nachdem der Tatbestand protokolliert worden war. Bald schon stießen die Kollegen Keidels auf die Gasbehälter im Nebenraum. Das war doch etwas. Ein erster Hinweis auf »vorsätzliche Vergiftung durch fremde Hand«. Glabbach wurde hinzugezogen.
»Kein Geruch, keine Hautveränderungen. Was sagt unser Fachmann dazu?« Diese Frage war Keidel gerade eingefallen.
Der spindeldürre Mann, ein passionierter Kaugummikauer, der so versiert den Kaugummi zwischen den Zähnen herumschieben konnte wie Rod Steiger in ›In the Heat of the Night‹, grinste unverschämt, was hinter der Gasmaske furchterregend aussah: »Bravo, Herr Kommissar, Sie haben ein feines Näschen. Soll ein Witz sein.« Dabei war ihm der Kaugummi in den Filter der Gasmaske gefallen, was zu einer kurzen Irritation und Arbeitsunterbrechung führte.
Keidel drehte ab, wandte sich den Leichen zu, sprach mit den Kollegen und Kolleginnen von der Spurensuche.

Die Zeit verging mit Routinearbeit und zog sich hin.
Plötzlich kam Unruhe auf, auch heftiges Gestikulieren machte sich bemerkbar. Keidel wurde hergewinkt. Unter den Opfern gab es einige, die noch schwache Lebenszeichen von sich gaben. Eine Überführung in die Unfallklinik wurde veranlasst. Keidel ging wieder nach draußen. Glabbach, der ohne Kaugummi hilflos, auch irgendwie abgelenkt wirkte, gesellte sich bald zu ihm. Er setzte die Gasmaske ab, holte sich einen neuen Kaugummi aus seiner Hosentasche, der sehr ramponiert aussah, entblätterte ihn und schubste ihn mit einer plumpen Bewegung des Mittelfingers in den Mund. Keidel war angewidert. Glabbach sah es und grinste.
»Das ist der ›Stinkefinger‹, wie der Volksmund sagt. Sie werden diesen sprechenden Namen sicher kennen, Herr Kommissar.«
Und er hielt ihn Keidel demonstrativ vors Gesicht und grinste weiter. Keidel mochte diesen Schmuddeltyp überhaupt nicht. Er fand ihn ganz und gar unausstehlich. Aber er war ein Ass auf seinem Gebiet und ein viel gefragter Experte im Ausland. Und so musste Keidel gute Miene zum bösen Spiel machen und mit Glabbach zusammenarbeiten.
»Mein Vater«, nuschelte Glabbach kauend, »erzählte mir, und er erzählte es oft, und er erzählte es gern mit einem diebischen Vergnügen, dass für seine Generation der Stinkefinger noch jene reale Bedeutung hatte, die der Name anzeigt. Da es in der Kriegs- und teilweise auch noch in der Nachkriegszeit kein Klopapier gab, behalf man sich mit dem Stinkefinger bei der Entsorgung, Sie verstehen, was ich meine. Diesen reinigte man anschließend entweder mit einem Blatt oder einem Stückchen Papier oder einem Lappen. Konnte man auf keine der genannten Möglichkeiten zurückgreifen, musste Mutter Erde aushelfen. Die Seife, sofern man welche besaß, besorgte die Endreinigung. Unser blonder Fußballidiot Effenthaler wird diese Zusammenhänge kaum gekannt haben, als er das Publikum mit seinem Stinkefinger verhöhnte. Das hat ja im Fußball mittlerweile Schule gemacht.«
Noch immer grinste Glabbach frech.
Keidel fand diese aus der Not geborene Hygienemaßnahme Ekel erregend und verstand auch gar nicht, wieso Glabbach ausgerechnet jetzt und angesichts der Leichen solche Scherze machte. Andererseits sagte er sich: ›Als Toxikologe braucht er vielleicht solche makabren Geschichten zur Entlastung. Jedenfalls ein weiterer Grund ihn nicht zu mögen.‹
Keidel, nicht wissend, welcher Teufel ihn ritt, fragte Glabbach, ob er nicht einen Kaugummi für einen idealen Ver-

schlussstöpsel des Afters halte? Daraufhin spuckte Glabbach sofort seinen Kaugummi wieder aus. Er zeigte Anzeichen von Widerwillen.
Als wäre nichts gewesen, gab er folgenden Sermon von sich: »Offensichtlich handelt es sich bei dem verwendeten Gas um Kohlenmonoxyd. Dieses CO hat eine große Affinität zum Hämoglobin, eine größere als die des Sauerstoffs. Es kommt nun zu folgender chemischer Reaktion: Das Kohlenmonoxyd verdrängt den Sauerstoff aus der Hämoglobinverbindung, was heißt, dass die Sauerstoffversorgung des Blutes dramatisch verschlechtert wird. Die nun auftretenden typischen Symptome sind: Kopfschmerzen, Ohrensausen, Flimmern vor den Augen, Schwindel, Herzklopfen. Sind bereits etwa vierzig Prozent der Sauerstoff-Bindungsstellen blockiert, wird der Vergiftete bewusstlos. Beträgt der Sauerstoff-Hämoglobingehalt sechzig Prozent und mehr, kommt es zu Krämpfen und Atemlähmungen.«
»Mich würde interessieren, ob Ihrer Meinung nach das Gas richtig dosiert wurde.«
»Es sieht ganz so aus. Warum fragen Sie, Herr Keidel?«
»Wenn es so wäre, wie Sie sagen, dass die Gasvergiftung genau dosiert wurde, dann muss man davon ausgehen, dass hier Profis am Werk waren.«
»Davon können Sie nach den ersten Erkenntnissen ausgehen.«
»Wie viele Gasflaschen wären dann vonnöten?«
»Das hängt ganz von der Größe der Flaschen ab. Wenn Sie von einer ganz normalen Flaschengröße ausgehen, dann schätze ich einmal, werden vier bis fünf ausreichen.«
»Interessant. Genau so viele haben wir in einem Nebenraum auch gefunden.«
Glabbach hielt inne, stellte fest, dass er die Gasmaske noch unter dem rechten Arm hatte, sah erst sie, dann Keidel an, und warf sie widerwillig und achtlos auf die Erde.
»Na, na, Herr Kollege. Sie gehen aber sehr sorglos mit dem Gemeineigentum um.«
»Ach, wissen Sie, Herr Kommissar, was ist eine weggeworfene Gasmaske im Vergleich zu einer Steuerhinterziehung in Millionenhöhe oder einer Bestechung in gleicher Höhe, die sich so mancher unserer Politiker hin und wieder leistet. Oder denken Sie nur an die Subventionen, die an die Industrie oder die Bauern vergeben werden. Da kann man sich bei solchen Belanglosigkeiten wie einer Gasmaske schon einmal einen laxen Umgang erlauben.«
Glabbach, der wie eine aufgezogene Uhr geredet hatte, rülpste erst einmal vernehmlich und fuhr sich dann gedankenver-

loren mit dem rechten Zeigefinger in das rechte Ohr, rüttelte und rotierte mit dem Finger, als wolle er in sein Kopfinneres eindringen, zog ihn heraus und betrachtete ihn wohlgefällig. Dann fuhr er mit dem Finger in die Hosentasche.
Keidel hatte alles fasziniert beobachtet und überlegte jetzt, ob er Glabbach ankotzen solle. Bei der Überlegung blieb es. Auf einmal hörte Keidel Glabbach wieder dozieren:
»Fast immer beobachten wir bei akuten Gasvergiftungen das Phänomen des gestörten Blutkreislaufs. Die Ursache im vorliegenden Fall ist die Unterdrückung des Bewegungszentrums, der Blutgefäße, eine Funktionsstörung der Nebennieren sowie erhöhte Durchlässigkeit der Blutgefäßwände.«
Glabbach legte den Zeigefinger, der eben noch das Ohr sondiert hatte, zum Zeichen des Nachdenkens an seine Lippen. Wollte er noch etwas sagen?
Keidel zog es vor, die Notbremse zu ziehen. »Danke für Ihre Aufklärungsbemühungen, Herr Glabbach. Ich habe einen lebhaften Eindruck von Gasvergiftungen bekommen. Was mich aber noch interessieren würde, ist, wie lange die Opfer leiden mussten.«
»Im Allgemeinen ist die Zeit des Leidens kurz, was relativ ist. Sie müssen von drei bis fünf Minuten ausgehen. Doch dies hängt von den individuellen Voraussetzungen ab, etwa der Konstitution des Opfers, der Menge des eingeatmeten Gases, hängt ab von der Art und Weise, wie die Vergiftung gesetzt wird. Sie kann in einem solch großen Raum wie der Disco nicht so gezielt gesetzt werden, wie etwa ein Narkosegas im Operationssaal unter fachkundiger Supervision.«
Keidel bedankte sich bei Glabbach, rief die bleichgesichtige Neue zu sich, die ihrem Namen alle Ehre machte.
»Frau Nonnenmacher, wie schätzen Sie das Ganze ein?«
»Mord.«
»Aha! Und wie kommen Sie darauf?«
»Gasanschlag.«
»Kann ich von Ihnen ausnahmsweise vielleicht eine Begründung erhalten? Das ist bei uns so üblich.«
»Gasbehälter.«
»Es sind fünf gezählt worden, das vergaßen Sie zu sagen. Die jedoch kann auch der Diskothekenbesitzer für sich zum Gebrauch da hingestellt haben.«
»Unwahrscheinlich.«
»Unwahrscheinlich, unwahrscheinlich«, grantelte Keidel.
»Frau Nonnenmacher, ich glaube, Sie verwechseln emotionale Schießübungen, bei denen Sie jeweils einen Schuss aus der Bauchgegend abgeben, mit der objektiven Beschreibung er-

mittlungsrelevanter Sachverhalte, die mit Ein-Wort-Antworten nicht zu leisten ist. Würden Sie in Zukunft Ihre Einschätzungen also begründet und differenziert darlegen? Das ist das Mindeste, was man von einer Kollegin erwarten kann«, kanzelte er ›die Nonnenmacher‹ ab.
»Komme vom Land. Aus dem Gebirge. Dort wird wenig gesprochen.«
»Auch wenig gedacht? In diesem Fall reichen Ihre Talente vielleicht gerade noch für das Kühehüten.«
Keidel schlug in Gedanken die Hände über dem Kopf zusammen: ›Das sollte Deutschlands Nachwuchs sein? Wenn sie wenigstens noch attraktiv wäre.‹ Er setzte sich in den Wagen, stieß erst einmal die Luft und mit der Luft den Gedankenseufzer aus: ›Lauter kaputte oder schwachsinnige Typen bei der Polizei. Wenn die Öffentlichkeit wüsste, was für ein Schrott sich hier zusammenfindet.‹ Und er fragte sich besorgt: ›Und wie weit habe ich mich schon anstecken lassen?‹
Keidel holte sein Diktiergerät heraus, stellte es an und hörte sich bilanzieren:

»**1.** Die Türen waren abgeschlossen, als die Ermittlungsbehören auf der Bildfläche erschienen. Erster Hinweis auf ein Verbrechen.

2. Der Täterkreis. Wer sind die Täter? Einer allein ist kaum in der Lage, einen solchen Anschlag auszuüben. Also mindestens zwei Personen. Bis jetzt keine Hinweise.

3. Wem galt der Anschlag? Dem Diskothekenpächter, einem gewissen Joe, der ebenfalls unter den Todesopfern ist? Wohl kaum, das hätte man gezielter und mit weniger Lärm erledigen können.

4. Lassen die Besonderheiten des Anschlags Rückschlüsse auf die Täter und die Tat zu?

Ad eins: Wir haben ein musikalisches Indiz. Wagners ›Fliegenden Holländer‹, eine nicht gerade leichte Unterhaltungsmusik, bombastisch und triumphal zugleich. Wir hatten vor einiger Zeit einen ähnlich gelagerten Fall: Beethovens Vertonung von Schillers Ode ›An die Freude‹.

Ad zwei: Über was oder wen soll triumphiert werden? Eine Antwort fällt mir hier noch schwer. Beim Anschlag auf das Seniorenheim ›Klara‹ liegt der Fall klar auf der Hand: Es sollen Alte ausgelöscht werden. Vermutliche Täter sind im Umfeld der Bewegung FIVE-ZERO-OUT zu suchen. Aber hier in der ›Rockfabrik‹?

Ad drei: So viel lässt sich über die Täter sagen: Immerhin sind sie gebildet. Sie kennen sich in der klassischen Musik aus, und sie verfügen über chemische Kenntnisse.

5. Wenn ein gezielter Massenmord vorliegt, wem hat er dann gegolten? Auf den ersten Blick sind es vornehmlich Jugendliche, die die Opfer sind. Wer aber hat ein Interesse daran, Jugendliche umzubringen? Ein Psychopath, der auffallen will? Hat ein selbst ernannter apokalyptischer Reiter zugeschlagen? Oder hat der Anschlag einen gesellschaftlichen Hintergrund? Wenn ja, welchen? Zu untersuchen wäre, ob es andere Anschläge dieser Art gibt.

6. Das Gas ist ein Hinweis. Warum Giftgas? Und wer kann sich in den Besitz von Giftgas bringen? Wo sind die Täter zu suchen?«

Aus.

Keidel steckte seinen Sprechapparat in die Jackentasche und holte aus der anderen sein ›Logbuch des Lebens‹. Jetzt, ausgerechnet jetzt, inmitten der Arbeit, war ihm ein Gedicht eingefallen, das er rasch zu Papier brachte:

ein blatt fällt,
schwebt,
torkelt vergnügt,
bleibt liegen.
ein windstoß
hebt es auf,
trägt es weg.
warum
werde ich unruhig?

47.

›Das ist wie aus einem Guss‹, dachte Keidel. ›Das ging ohne Zögern, ohne Widerstand. Leicht. So leicht wie der Inhalt des Gedichts. Federleicht.‹

Er schlug das ›Logbuch‹ zu.

Die Toten haben es gut. Sind sie einmal tot, bleiben sie auch tot. Anders die Halbtoten, die Glück gehabt haben, wenn sie aus dem Scheintod, in den sie gefallen sind, durch was auch immer, wieder ins Leben zurückkehren. Nur – manchmal braucht es seine Zeit. Dann muss man ihnen Zeit lassen. Im Fall der Vergifteten aus der ›Rockfabrik‹ dauerte es drei Tage, bis sich zwei Überlebende zum Leben durchgekämpft hatten.

Keidel wollte mit der Zeugenbefragung beginnen, vorausgesetzt die Ärzte ließen dies zu, was sie gegen strenge zeitliche Auflagen auch taten. Er ließ sich von seinem Kollegen Schongang, einem pyknischen Menschen, der sich im Gleichmaß des Lebens eingerichtet hatte, assistieren. Auf dem Türschildchen des Krankenzimmers hatte er flüchtig die Namen überflogen. Er hatte nur den Vornamen Franz in seinem Gedächtnis markiert, warum, wusste er selber nicht. Den wollte er befragen. Nach den konventionellen Floskeln, die sie austauschten, kam Keidel gleich »zur Sache«.
Franz, neunzehn Jahre alt, unkompliziert, ließ sich nicht lange bitten. Er habe mitbekommen, wie Joe über das Handy habe telefonieren wollen, was aber nicht gegangen sei. Joe habe von »Störgeräuschen« gesprochen. Er habe es dann noch einmal vom Festtelefon aus versucht. Auch das sei gestört gewesen. Dann habe er ihn, Franz, gebeten, es ebenfalls zu versuchen. Ohne Erfolg. Dann wollte Joe vom Autotelefon aus nach draußen telefonieren. Er habe gesehen, wie auch andere Discobesucher später, als das alles passierte, mit dem Handy hantiert, wie sie es geschüttelt hätten, als habe es einen Wackelkontakt. Dies bestätigte auch der andere jugendliche Kranke im Nebenbett. Nein, sonst hätten sie nichts Besonderes bemerkt.
»Doch«, hüstelte der vom Nebenbett.
Als er ausgehustet hatte, fasste er nach: »Die Türen waren abgeschlossen. Von außen. Und Joe hat seine Schlüssel vergeblich gesucht.«
»Halten wir fest: Der Telefonkontakt war gestört, die Türen waren von außen abgeschlossen worden, und der Pächter vermisste seine Schlüssel.« Keidel hatte diese Wiederholungen ins Gesicht von Schongang gesprochen. »Kollege Schongang, was fangen wir mit diesen Aussagen an?«
»Ja, nun!«
Typisch Schongang, alles langsam und bedächtig angehen lassen. Dann auch noch langsam sprechen:
»Vielleicht ist das jetzt weit hergeholt, aber es kommt mir so vor, als wären hier nicht legale Waffen, Mikrowellen beispielsweise, im Spiel gewesen, mit denen sich Handys außer Gefecht setzen lassen. Wie gesagt, eine gewagte These.«
»Und warum nicht? Sie kennen doch das Sprichwort, Schongang: ›Wer nicht wagt, der nicht gewinnt.‹ Lassen Sie uns daher das Gewagteste wagen.«
»An und für sich sind solche delikaten Waffen nur im Besitz des Militärs, der Mafia oder der Terroristen.«
»Ja, und?«

»Kollege Keidel, ich kann mir nicht vorstellen, dass unsere Bundeswehr-Kollegen oder die Terroristen oder...«
»... die Mafia zugeschlagen haben«, ergänzte Keidel.
»Ja, warum denn nicht die Mafia, Kollege Schongang? Diskothek und Drogenkonsum, das passt doch zusammen. Das ist doch unser Tagesgeschäft. Das könnte doch leicht der Hintergrund sein.«
Schongang schonte zunächst einmal seine weiteren Äußerungen. Erst einmal nachdenken. Dann ließ er sich zu folgender Bemerkung hinreißen:
»Nach unseren Erkenntnissen laufen die Auseinandersetzungen unter den Drogenhändlern anders ab, ich meine, die Abrechnung erfolgt archaisch, von Mann zu Mann oder von Clique zu Clique. Die legen sich gegenseitig um, wenn Sie verstehen, was ich sagen will.«
»Na, lassen wir das einmal so stehen. Wer könnte aber Ihrer Meinung nach dann für den Anschlag infrage kommen, was meinen Sie?«
»Da habe ich keine Ahnung. Wir sind vermutlich auf langwierige Ermittlungen angewiesen. Man müsste einmal systematisch das ›Umfeld umpflügen‹, wie Sie, Herr Keidel, immer so schön zu sagen pflegen.«
»Ich fürchte, Sie haben Recht, Herr Schongang.«
Nun war es an Keidel, einen Moment nachdenklich zu werden. »Ich möchte noch einmal das technische Detail, auf das Sie vorhin aufmerksam gemacht haben, aufgreifen. Sie vermuteten nicht legale Waffen hinter der Außergefechtsetzung der Handys. Ich verstehe ja nicht viel von dieser Technik. Aber könnte dafür nicht eine ganz normale Ursache vorliegen? Ich denke da an die dicken Mauern der ›Rockfabrik‹ und den irren Lärm. Wie soll da einer noch telefonieren können?«
Da meldete sich der vom Nebenbett.
»Normalerweise kann man raustelefonieren. Das geht von bestimmten Ecken aus, auch von den Klos. Aber an diesem Morgen ging es auf einmal nicht mehr.«
»Aha, interessant!«, hörte man Schongang und Keidel synchron sprechen.
»Ist Ihnen sonst noch etwas aufgefallen an diesem Morgen?«, wollte Keidel wissen.
Die Bettlägrigen achselzuckten, sahen sich an, schüttelten ihre Köpfe.
Keidel erhob sich, Schongang erhob sich, die Jungs blieben in ihren Betten liegen.
Keidel bedankte sich mit Handschlag, Schongang bedankte sich mit Handschlag, die Jungs sagten brav »Bitte!« Dann

brachen die Vertreter der Kriminalpolizei auf. Keidel wünschte gute Besserung, Schongang wünschte noch einen schönen Tag.

Kaum waren sie draußen, wandte sich Keidel sofort an Schongang, indem er ihn am Arm festhielt, was auf einen Einfall schließen ließ.

»Ihr Hinweis auf die Mikrowellen scheint mir ein wichtiger Anhaltspunkt zu sein, Herr Schongang. Mir gehen aber immer wieder die fünf Gasbehälter durch den Kopf.«

»Richtig. Aber was haben die mit den Mikrowellen zu tun, Herr Keidel?«

»Nichts, Sie haben vollkommen Recht, nichts. Mir schwirren nur ganz ungeordnet so viele Gedanken gleichzeitig durch den Kopf. Eigentlich wollte ich darauf hinaus, dass es diese Gasbehälter ja nicht bei ALDI zu kaufen gibt.«

»Natürlich nicht, Herr Keidel. Ich verstehe. Wo bekamen die Täter das Kohlenmonoxyd her? Ist es das, was Sie sagen wollten?«

»Sehr gut, Herr Schongang. Nur war ich schon einen Gedanken weiter. Ich wollte Sie bitten, dieser Spur nachzugehen. Wo erhält man das Giftgas? Kann man es selber herstellen? Was für chemische Kenntnisse sind dann notwendig? Und dann können Sie sich selber noch ein paar Fragen, auf die Sie von allein kommen, ausdenken.« Sie fuhren zurück ins Polizeirevier, wo sich Schongang sofort auf die Socken machte, während Keidel sein Büro ansteuerte.

Dort wollte die Zeit nicht vergehen, sie zog sich in die Länge und in die Breite. Keidel war unschlüssig, sie zu beschleunigen. Da rief sein Verleger an, welch ein Glück, um sich nach neuem »lyrischem Stoff« zu erkundigen, und wie es wäre, wenn er vor seinen Kolleginnen und Kollegen einmal eine Lesung veranstalten würde. So käme man auf einen Schlag zu einer größeren Menge verkaufter Exemplare.

›Oh je‹, dachte Keidel und sagte es auch seinem ›Silberlöckchen‹.

Ob sie sich zum Mittagessen treffen könnten, schlug ›Silberlöckchen‹ vor. Sie verabredeten sich im ›Kochlöffel‹, einem Suppen-Restaurant, das ein ehemaliger Dozent der Hochschule betrieb, der sich wegen eines besonders schweren Falls von Müßiggang – er schwänzte seine Seminare oder verlegte diese in die anliegenden Bistros und Restaurants, wo er dem Wein zu- und die Studentinnen ansprach – um seinen Beruf brachte. Der gute Mann arbeitete in der weiblichen Unterwelt ganz ohne die segnende Wirkung der kleinen Sicherheitsgurte. Alimenteforderungen stellten sich denn auch prompt ein. Sie bewegten sich schließlich in einem so Schwindel erregenden Ausmaß, dass er sich außer Stande sah, diese zu begleichen. Nach einigen Abmahnungen und Gehaltskürzungen wurde er schließlich mit Schimpf und Schande aus dem Hochschuldienst geschasst. Ohne Bezüge und mit minimalem Pensionsanspruch.

Wäre der Satz nicht so verbraucht und kitschig, könnte man sagen, das Schicksal meinte es dennoch gut mit dem unehrenhaft entlassenen Dozenten. Jedenfalls konnte er sich den ›Kochlöffel‹ nur durch einen Glücksfall leisten, genauer gesagt durch eine Glücksfee. Eine liebe weibliche Hand, die hier nicht näher beschrieben zu werden braucht; es genügt, dass sie da war und ihm nebst ihrer Sinnlichkeit mit harter Währung aus der Patsche half.

Der ›Kochlöffel‹, ein »Handtuch« in der Fußgängerzone, mit fünf Tischen, einer Bar und zehn Barhockern, war das sowohl heimliche als auch unheimliche gastronomische Zentrum der Stadt. Es hatte von zwölf Uhr mittags bis drei Uhr nachmittags und dann erst wieder von zehn Uhr abends bis ein Uhr morgens geöffnet. »Oblomov«, wie sich unser lebenslustiger Dozent gerne nennen ließ, hatte sich die Idee einer Suppenküche von der griechisch-türkischen ›Batsas‹ abgeguckt. Das Suppenrepertoire war eher bescheiden. Es gab täglich nur sechs Angebote, aber dafür jeden Tag andere, manchmal wechselten die Suppen auch an einem Tag. Aber das war selten der Fall. Oblomov hätte für eine Terrine Suppe mit einem frischen Brötchen jeden Preis verlangen können. Tatsächlich verlangte er, und das schon seit Jahren, für eine volle Suppenterrine immer denselben Preis. Trinkgeld verbat er sich. Zu trinken gab es Mineralwasser und ein bekanntes bayerisches Pils vom Fass, für das ein Fußballrüpel Reklame machen durfte. Das war's auch schon. Segafredo, eine Art italienischer Tchibo, sponserte ihm später eine Kaffeemaschine, sodass sich sein Getränkerepertoire unwesentlich erweiterte. Zu essen gab es so lange etwas, wie der Vorrat reichte. Er reichte meistens nicht sehr lange, was die Nachfrage umso mehr anheizte, Oblomov selber aber nicht. Vorbestellungen gab es nur für den Vierertisch. Mit den Bedienungen hatte er immer ein glückliches Händchen. Es waren ausnahmslos Frauen, ausnahmslos hübsch und sie arbeiteten ausnahmslos für ein geringes Salär. Ob das zu Spekulationen Anlass gab? Nein! Es wurde nichts ruchbar.

Im Angebot waren vor allem längst vergessene Eintöpfe und Suppen aus der Region. Als sich einmal der Landesvater mit seinem Mitarbeiterstab ansagte, verhinderte Oblomov dies da-

durch, dass er einfach für diesen Tag einen Ruhetag einlegte, den er in der nächsten Woche sogleich wieder abschaffte. Auch den zweiten Versuch des Landeschefs schmetterte er dadurch ab, dass er vorgab, der WKD habe seinen ›Kochlöffel‹ vorübergehend geschlossen. Solche und andere Abenteuer waren natürlich wie geschaffen, den Ruhm Oblomovs und seines ›Kochlöffels‹ in die Höhe zu treiben. Hier also trafen sich Keidel und ›Silberlöckchen‹ »uff ä Supp un ä Biersche«. Bei dem Gespräch kam nicht viel heraus. Keidel blieb ein Dickkopf und ›Silberlöckchen‹ – bei einem Galliersspross nicht weiter verwunderlich – hatte ein dickes Fell.
Als Keidel am nächsten Morgen ins Kommissariat kam, wartete bereits ein junger Mann auf ihn, der ihn dringend zu sprechen wünschte. Er wisse nicht, ob das wichtig sei, was er zu sagen habe, aber vielleicht helfe es, die Täter zu finden.
»Woher wissen Sie denn, dass das, was in der ›Rockfabrik‹ passiert ist, auf Täter zurückgeht? Wie kommen Sie darauf, dass ein Verbrechen vorliegt?«
»Ich habe alles aus der Zeitung. Dort steht doch, dass die Polizei von einem Verbrechen ausgeht. Und wenn die Polizei so etwas sagt, wird das doch wohl stimmen.«
»Wissen Sie, junger Mann, die Polizei sagt viel, wenn der Tag lang ist, und sie nichts weiß. Und sie sagt nicht immer das Richtige. Aber lassen wir das. Haben Sie etwas dagegen, dass ich ein Aufnahmegerät laufen lasse, das das, was Sie sagen, gleich aufnimmt? Das erleichtert uns erheblich die Abfassung eines Protokolls, das Sie dann nur noch zu unterzeichnen brauchen. Vorausgesetzt, Sie sind einverstanden.«
Der Junge, mit einem süßen Milchbart ausgestattet, war einverstanden. Er sei der Fahrer Soundso, der für die Anlieferung der Getränke in der ›Rockfabrik‹ zuständig sei. Als er einen Tag vor dem Anschlag auf die Disco die Getränke gebracht habe, fand er nicht den Pächter, sondern einen fremden Mann vor. Den habe er nach Joe gefragt, weil der für alles zuständig sei, die Ware überprüfe und dann den Lieferschein abzeichne. Der Unbekannte sagte, Joe werde sicher gleich kommen. Was dann auch der Fall gewesen sei. Joe habe ihn auf einmal sehr erregt und misstrauisch gefragt, wer ihm eigentlich geöffnet habe? Und da sei etwas Merkwürdiges passiert. Er, der Soundso, habe mit dem Daumen auf den Fremden in der Tür zeigen wollen. Doch der sei auf einmal wie vom Erdboden verschwunden gewesen. Joe habe dann drinnen nachgesehen, habe den Fremden aber nicht gefunden. Dann habe Joe ihn wieder misstrauisch angesehen, als habe er gelogen. Ja, das sei eigentlich schon alles, was er zu Protokoll geben könne.

»Vielleicht hilft Ihnen das weiter, Herr Kommissar«, beendete der junge Mann seinen Bericht.
Keidel bat den jungen Soundso, einen Augenblick zu warten. Er sei gleich wieder da. Er wolle die Sekretärin bitten, rasch ein Transkript vorzunehmen. Er könne sich dann das Protokoll noch einmal in Ruhe durchlesen und seine Unterschrift darunter setzen.
Dem Getränkefahrer, einem körperlich gut ausgestatteten jungen Mann, dem man ohne weiteres zutraute, dass er ausdauernd Getränkekisten schleppen konnte, wurde wenig später von Keidel, der mit dem Protokoll und Karsch erschienen war, die Abschrift des Protokolls zur Durchsicht vorgelegt. Der kräftige Bursche, erstaunt ob solcher Aufmerksamkeit, die ihm von der Polizei gezollt wurde und die er in seinem Leben offenbar nicht so oft erfahren hatte, fühlte sich geschmeichelt. Er begann auch brav das Protokoll durchzulesen. Keidel merkte sogleich, dass ihm das Lesen Schwierigkeiten machte und seine intellektuelle Kraft offenbar nicht Schritt gehalten hatte mit der Entwicklung seiner Körperkräfte. Nach jedem Abschnitt blickte er Keidel und dessen hübsche Sekretärin an, so, als wolle er sich vergewissern, ob die Aufmerksamkeit, die man ihm entgegenbrachte, noch vorhanden sei. Frau Karsch lächelte ihm ermunternd zu, der Junge las weiter. An der bezeichneten Stelle setzte er, der Schreibungeübte, in ungelenken Lettern, wie sie Grundschüler zuwege bringen, seine Unterschrift hin und blickte Karsch erneut an, als habe er eine große Leistung vollbracht. Keidel bedankte sich nochmals und fragte den braven Jungen, ob er einen Kaffee, eine Schokolade oder eine Cola wolle, schließlich habe er sich ein Dankeschön verdient.
»Frau Karsch wird Ihnen gerne behilflich sein.«
Keidel nickte ihr zu, Karsch nickte zurück. Sie stand erwartungsvoll in der offenen Tür, eine schöne Erscheinung in dunkelblauem Kostüm, sodass der Junge die schönen Stützen ihres Körpers bewundern konnte. Er blickte etwas hilflos erst Keidel, dann Karsch an, als fiele es ihm schwer sich zu entscheiden. Als dann sein Blick wieder auf die Beine der Frau fiel, stand auf einmal sein Entschluss zugunsten eines Kaffees »mit viel Milch und viel Zucker« fest. Was die Entscheidung ausgelöst hatte, blieb unklar. Als Karsch sich zum Weggehen umdrehte, klebten die Augen des Jungen auf ihrem sehenswerten Kostümstoff.
Keidel sorgte dafür, dass der Junge wieder seine Augen kontrollierte. Er trat zu ihm, legte ihm väterlich schmunzelnd die Hand auf die Schulter und meinte, wenn er schon da sei,

könne er doch versuchen, den »Unbekannten von der Diskothek« aus dem Gedächtnis möglichst genau zu beschreiben, sodass ein Fahndungsbild hergestellt werden könne. Er solle sich Zeit lassen und in Ruhe in seinem Bilderinventar ein wenig herumkramen. Man werde, nachdem er seinen Kaffee ausgetrunken habe, zum »Maskenbildner« der Polizei, Herrn Markus Stiftzahn, gleich nebenan, gehen – Keidel sprach von ihm als von »unserem einfühlsamen Künstler« –, um dort eine Fahndungsskizze zu entwerfen. Er würde so die Ermittlungsarbeit der Polizei gewiss fördern und die Suche nach dem Täter sehr erleichtern.
Der Soundso strahlte, als Karsch mit einem Tablett zurückkam, auf dem eine Tasse Kaffee, Zucker und Milch standen. Und er strahlte noch mehr, als sie an seine Seite trat, das Tablett abstellte und ihm ihren Körperduft daließ. Karsch wollte dem Soundso in nichts nachstehen und strahlte ebenfalls. Und Keidel, was machte der? Da er noch etwas von dem Einfältigen wollte, strahlte er mit. So strahlten alle um die Wette. Und es wurde auf einmal etwas heller im dunklen Raum.
Nachdem Soundso sich den Kaffee in seinem Sinn gemischt hatte, umfasste er mit seiner großen rechten Pranke die nicht mehr ganz heiße Kaffeetasse, beugte sich zu ihr hin oder zog sie zu sich her, bis Tasse und Mund Kontakt aufnahmen und ein Schlürfen sich breit machte, das sowohl Karsch als auch Keidel amüsierte. Der Junge trank den Kaffee, als sei es Bier, und hatte die Melange in fünf Zügen intus. Keidel forderte ihn nun auf, ihm zu folgen. Der Junge verabschiedete sich brav von Karsch, reichte ihr seine drucklose rechte Patschhand hin, die sie energisch drückte, bedankte sich bei ihr für den Kaffee, reichte auch Keidel die Hand, der sie nicht nahm, nur »später« sagte, und den Jungen, der penetrant auf eine bestimmte Stelle von Karsch starrte, vor sich her aus dem Zimmer schob. Sie überquerten einen Gang und gelangten zu einem gewöhnlichen Behördenzimmer, wo Keidel anklopfte, dann eintrat und dem Jungen den Kollegen Stiftzahn vorstellte.
Keidel eröffnete die Prozedur mit gezielten Fragen.
»Wie alt war der Unbekannte? Was schätzen Sie?«
»Er war älter.«
»Heißt das, er war nicht mehr jung?«
»Ja.«
»Hm. Geht das etwas genauer? Ich will Ihnen helfen. War er zwischen zwanzig und dreißig?«
»Nein, älter.«
»War er zwischen dreißig und vierzig?«

»Nein, noch älter.«
»War er zwischen vierzig und fünfzig?«
Der Junge zögerte, was sich Keidel als ein gutes Zeichen deutete. Der Vater des Jungen war Mitte vierzig, was Keidel nicht wusste.
»Über fünfzig. Schätze ich. Ich weiß nicht genau. Er hatte volles, aber schon graues Haar, aber nur zum Teil. Sein Bart war noch ganz schwarz.«
»Aha, da haben wir ja auf einmal etwas ganz Konkretes: graue Haare und einen schwarzen Bart. Und? Was war das für ein Bart? Ein Oberlippenbart oder…?«
»Nein, so drum herum.«
»Wie, drum herum?«
»Na, eben so«, und der Soundso beschrieb ungelenk mit kleiner Geste einen Kreis um seinen Mund.
»Na also, das sieht ganz und gar wie ein Kinnbart aus. Können Sie über sein Gesicht sonst noch etwas sagen?«
»Noch gut in Form, würde ich sagen, glatte Haut. Er erinnerte mich überhaupt etwas an den Schwarzenegger.«
»Wie der Film doch bildet. Die Nase des Unbekannten?«
»Wie die vom Schwarzenegger halt.«
Stiftzahn hob hilflos seine Arme.
»Hat der Unbekannte vielleicht eine Brille getragen?«
»Ja, eine Sonnenbrille.«
»Und wie sah diese aus? Farbe, Form der Gläser, Aussehen des Gestells?«
»Was meinen Sie mit Gestell?«
»Alles das, was die Gläser hält und trägt, einschließlich der Bügel. Nun?«
»Farbe blau. Die Gläser waren viereckig. Die Halterung aus Draht.«
»Na, da wollen wir einmal sehen, was unser Künstler uns zusammengebastelt hat. Am besten, Sie rücken jetzt etwas näher zu Herrn Stiftzahn hin, der hat schon eine Vorgabe gemacht, die jetzt nur noch zurechtgerückt werden muss. Das wird dann unser Fahndungsbild sein. Ich lasse Sie jetzt kurz allein mit Herrn Stiftzahn, denn ich muss noch rasch telefonieren. Ich bin gleich wieder da.« Damit verließ Keidel das Zimmer. Er kam nach etwa zehn Minuten wieder zurück und war mit dem Soundso, dem Kollegen Stiftzahn, dem Fahndungsbild und mit sich selbst höchst zufrieden. Da fehlte nur noch die Verabschiedung. Jetzt reichte Keidel dem Soundso die Hand, die einen drucklosen rechten Lappen zu fassen bekam.
›Aus diesem Holz sind Mörder geschnitzt‹, dachte Keidel.
Er wusste auch nicht, wieso ihm gerade dies einfiel.

48.

Die Filmleinwand war aufgezogen und das ehrenwerte LUX-Kollektiv in aufgeräumter Stimmung davor versammelt. Käsegeruch lag in der Luft, der von den französischen Käsen stammte, die auf dem Tisch standen. Es glänzte der ›Beaufort d'Alpage‹, der aus den Sennhütten der Provinz Savoyen stammte und der mit seiner feuchten, blassbraunen Rinde ins Auge stach. Er bestand aus einem geschmeidigen, feuchten, leicht fett aussehenden Teig, der mild und klar nach Milch, Butter, Blüten und Honig roch. Der ›Beaufort‹ konkurrierte mit dem ›Bleu de Costaros‹ aus der Auvergne, der auch als ›Wurmkäse‹ bekannt ist, in dem die Käsemilbe Ciron sich herumtreibt. Es handelte sich um einen etwas härteren, klebrigeren, mit kleinen Löchern durchsetzten Käse, der nicht nur nach Schimmel roch, sondern auch danach schmeckte. Ihm zur Seite lag der ›Caussedou‹, ein zarter, milder Fermier-Käse aus der Region Quercy. Natürlich durfte ein ›Camembert‹ aus der Normandie nicht fehlen, mit den rötlichen Streifen und Flecken, die den gelben Camembert auszeichnen, der von sahniger Konsistenz war. Ihm zur linken Seite der berühmte »Eifelturm«, wie die Franzosen den Ziegenkäse, den ›Pouligny-Saint-Pierre‹ nennen. Seine Rinde aus einer natürlichen blauen Schimmelschicht; seine Konsistenz war gleichermaßen fein, feucht, weiß und krümelig. Aromen von Stroh und Ziege entstiegen ihm. Auf der Zunge schmeckte er erst salzig, dann süß. Hervorzuheben war noch der ›Gruyère du Comté‹, der beliebteste Käse Frankreichs, wie man an vielen Stellen nachlesen kann, mit ockerfarbener Rinde, fest und gleichzeitig elastisch, der auf der Zunge zerging. Sein Geschmack war ausgewogen, leicht nussig und süß im Nachgeschmack, der richtige Käse zum Aperitif.

Dazu gab es einige französische Rotweine, die der Mundschenk Barthel Most kurz vorstellte: »Die Rotweine wurden passend zu den Käsesorten ausgewählt. Alle sind in den Ranking-Listen auf neunzig Punkte und mehr gekommen. Beginnen möchte ich«, Barthel nahm eine Weinflasche, legte sie sich auf den linken Arm und streichelte sie mit der rechten Hand wie ein Baby, »mit einem ›Margaux‹ vom Château-Cantenac, ein Tröpfli von verhaltenem Duft, mit harmonischen Tanninen und einem würzigen Abgang.« Und wie zum Beweis hielt er die Flasche hoch, küsste sie zärtlich und stellte sie auf den Tisch. So verfuhr er jedesmal.

Auf diese Weise lernten die Lichtbrüder und die eine Lichtschwester folgende edle Weine kennen: Einen ›Pomerol‹ vom Château La Croix, dessen Bukett sich aus »Anklängen von

Marzipan« und einer »feinen Süße« zusammensetzte, mit einem insgesamt recht »saftigen Körper«. Dann nahm Barthel einen ›Saint-Emilion‹ auf den Arm, dem er einen »herzhaften Körper« bescheinigte, der sehr »holzbetont« schmecken und nach »Minze« duften würde. Außer Judith und Jus langweilten sich alle bei der Vorstellung der Weine und waren daher froh, als der letzte Wein dran war, ein ›Médoc‹ des Château Greysac – wer wusste schon damit etwas anzufangen –, »ein Fläschchen mit einem ansprechenden Duft, einer guten Balance, aber einem etwas blassen Abgang, weshalb man mit dem nicht beginnen sollte.«

Damit war das Symposion eröffnet. Alle drängten zum Käse, zu den Weinen, zum Weißbrot. Als sich alle bedient hatten und wieder auf ihren Plätzen saßen, wurde schnabuliert, getrunken, geplaudert und Judith in Augenschein genommen. Die war in einem schwarzen langen Hemdblusenkleid mit einer bordeauxfarbenen Seidenbluse erschienen. Ein ebenfalls bordeauxfarbener breiter Gürtel betonte ihre Hüfte. Da von den zehn Knöpfen des Kleides tatsächlich nur sechs auch zugeknöpft waren, war es ein Leichtes, darunter schwarz bestrumpfte Beine und schwarze Stiefeletten auszumachen.

Jus bat Thomas, nun endlich den lange erwarteten Videofilm zu zeigen und einige Erläuterungen dazu zu geben. Thomas ließ sich so vernehmen: »Die Phase der Tierversuche ist erfolgreich in unseren Labors abgeschlossen worden. Wir sind nun in das Stadium der Versuche ad hominem eingetreten, die ›Erlösungsphase‹. Ich zeige euch jetzt den ersten Versuch mit einem älteren Ehepaar, den wir mit verschiedenen Kameras aus verschiedenen Blickwinkeln gefilmt haben. Verwendung findet eine Virus-Pistole, mit der man eine in einer spitzen Plastikkapsel eingeschlossene klebrige Flüssigkeit mit den Viren verschießen kann. Wir haben eigens den ›OPV‹, den ›Old-People-Virus‹, für unsere Bedürfnisse entwickelt. Ihr werdet den Erlösungsversuch vornehmlich aus zwei Perspektiven sehen, aus der Perspektive der Erlöser und aus der Perspektive der Erlösten. Mehr muss ich im Augenblick nicht sagen. Bitte, Film ab!«

Die Jüngerschaft bekam zunächst ein älteres Ehepaar zu sehen, sagen wir einmal Hermann und Dorothea, aufgenommen in einer Fußgängerzone. Die alten Leutchen waren einfach gekleidet, sie hielten sich die Händchen. Dorothea ging humpelnd an einer Krücke. Beide in gebeugter Haltung. Das Gehen fiel beiden schwer. Hermann hatte in der freien Hand eine schwarze Einkaufstasche.

Dann erfolgte der erste Kameraschwenk.

Ein Straßencafé kam nun ins Bild. Stühle und Tische waren zweireihig angeordnet. An den zwei letzten Tischen der vorderen Reihe saßen zwei junge Männer in sommerlicher Kleidung. Sie trugen Sonnenbrillen, obwohl sie im Schatten waren, und lasen den lokalen Stadtanzeiger. Die Kamera glitt langsam über die einzelnen Tische. Einer war besetzt mit zwei ansehnlichen Frauen, die sich mit Blicken liebten, daneben ein junges Pärchen mit fortdauerndem Lippenkontakt, zwei Mütter mit ihren plärrenden Kleinkindern, die sie nicht im Griff hatten und daher heftig hin- und herschüttelten, an einem anderen Tisch ein älterer Mann, mit einem Füllfederhalter in einer Kladde schreibend.
Die Kamera zoomte, holte den Schriftsteller näher heran. Man sah die schreibende Hand, dann den ersten Satz. Er lautete: »Die Kamera fängt ein älteres Paar ein ...«
Dann konnte man sehen, wie eine blonde Serviererin dem Schriftsteller einen Milchkaffee, ein Croissant und einen frisch gepressten Orangensaft servierte. Sie flirtete ein wenig mit ihm, sie sprachen kurz miteinander, sie lächelten sich kurz an. Als sie ins Bistro zurückging, blickte der Schriftsteller der Serviererin nach, diese blickte über die Schulter zu ihm hin. Die Kamera fing nun wieder die beiden jungen Männer ein, die nach wie vor in die Zeitungen vertieft zu sein schienen, aber immer wieder einmal hochguckten und kurz sondierten.
Ein erneuter Kameraschwenk: Hermann und Dorothea trippelten weiter vor sich her, blieben ab und zu stehen, ruhten sich aus, holten Luft. Schließlich kamen sie auf das Straßencafé zu, waren auf gleicher Höhe mit den jungen Männern. Eine andere Kamera, die hinter den jungen Männern installiert war, übernahm jetzt die Bildführung. Man sah nun ein zweites Mal, wie die Alten in kleinen zögerlichen Schritten immer näher kamen. Jetzt sah man noch deutlicher, wie ihnen das Gehen schwer fiel. Sie holten immer wieder beim Stehenbleiben tief Luft. Dabei hob sich der Brustkorb, die Augen wurden weit aufgerissen. Sie blieben jetzt vor den Jungmännern stehen. Die Kamera hielt fest, wie diese kleine, flache Pistolen, die wie Spielzeugpistolen aussahen, aus ihren Jackentaschen zogen. Die Kamera zoomte: Die Jungmänner entsicherten die Pistolen und hielten sie an eine bestimmte Stelle der Zeitung, die ein kleines Loch enthielt. Dann drückten sie ab. Es gab einen kleinen Rückstoß. Danach wickelten sie vorsichtig ihre Pistolen in die Zeitung ein. Der eine von ihnen stand auf und ging in das Café, der andere verließ es gemächlich in die Richtung, aus der die Alten kamen.

Es erfolgte ein erneuter Kameraschwenk.
Die Kamera erfasste jetzt wieder Hermann und Dorothea, zoomte sie heran. Die Alten gingen zunächst noch einige Schritte weiter, als wäre nichts geschehen. Plötzlich hielt sich Dorothea an Hermann fest – die Kamera war jetzt ganz dicht dabei –, krallte sich in seinen Arm, schnappte nach Luft, rutschte langsam an Hermann herunter, sackte in sich zusammen. Sie riss den Alten mit, der sein Gleichgewicht verlor und ebenfalls zu Boden ging. Auf dem Boden angelangt, fassten sich beide mit den Händen an den Hals, versuchten, die Kleidung am Hals aufzuknöpfen. Man sah die aufgerissenen Augen der Opfer. Mehrere Leute sprangen hinzu, versuchten zu helfen, dann ein merkliches, starkes Zucken, das durch den ganzen Körper ging, dann lagen die Körper plötzlich still da.
Der Film war zu Ende.

49.

Die Lufthansamaschine landete pünktlich um 15.45 Uhr. Die Landung war ausnahmsweise einmal weich, dafür der Himmel bedeckt. Das Thermometer zeigte sich mit immerhin noch knapp vierundzwanzig Grad freundlich. Als Ochsenziemer die Gangway betrat, sah er hinter der Glasfront, hinter der sich nur Ausnahmegäste aufhalten durften, Gilles winken, in der einen Hand eine Tüte, allem Anschein nach mit Brüsseler Pralinen angefüllt, aus der er sich bediente. Ochsenziemer musste lächeln. Gilles pflegte seine Pralinenleidenschaft meistens mit den Schokoladekunstwerken von Frank Duval zu befriedigen, der seine Konfiserie mit dem klangvollen Namen ›Planète Chocolat‹ in der ›Rue du Midi‹ hatte, wohin Gilles fuhr, selbst wenn dies einen Umweg bedeutete. Dort konnte man, wenn man Glück hatte, die Entstehung der Pralinen miterleben. Zu Frank Duval hatte Gilles Ochsenziemer bei einer der ersten Touren durch Brüssel mitgenommen. Für diese Art Süßigkeiten konnte sich Ochsenziemer nicht erwärmen. Aber aus Höflichkeit ließ er sich immer wieder von Gilles zu einer Kostprobe verleiten. Gilles war Ochsenziemers Reiseführer durch Brüssel gewesen, nicht nur in der ersten Phase des Eingewöhnens, sondern auch später immer wieder. Das ließ er sich nicht nehmen. Mit flämischer Ausdauer, mit erstaunlichem Kenntnisreichtum und mit wallonischem Witz erklärte Gilles Stadtkonzepte, erläuterte große und kleine Dokumente der Geschichte. Selbst auf die entlegensten Details machte er mit großer Begeisterung und Fabulierlust aufmerksam, die man

dem gemütlichen und behäbig wirkenden Mann mit dem runden Bäuchlein gar nicht zugetraut hätte.
Plötzlich fiel die Erinnerung über Ochsenziemer her.
Ja, Brüssel machte es dem Besucher am Anfang, wenn Augen und Ohren auf höchste Sensibilität eingestellt sind, nicht leicht. Die Stadt wirkte zunächst eher abweisend, erschlug einen mit ihrem bürgerlichen und imperialen Bombast, erschlug einen mit Breite, Höhe und Überladenheit. Ochsenziemer kam die Europametropole beim ersten Mal wie ein Gemischtwarenladen vor, ein Grau in Grau, das erst nach und nach seine beschwingten und lichten Seiten preisgab. Als eine »Stadt mit einem versteckten Charme« hatte Ochsenziemer einmal Brüssel Dritten gegenüber beschrieben. Mit Gilles lernte er die blutdurchtränkten Machtzentren, aber auch die Bastionen des Widerstands, etwa die ›Marollen‹, kennen. Allen voran der Justizpalast, dieser die Stadt verunstaltende Protz, der sie überragte, setzte die blutige Tradition fort, die der ehemalige Galgenberg, auf dem er gebaut war, bis dahin symbolisierte. Hier verweilten sie seinerzeit lange.
»Wer Brüssel verstehen will«, meinte Gilles, »der muss den Justizpalast begreifen lernen.«
»Stimmt, Gilles! Ein Wahrzeichen der Gigantomanie«, hatte er damals ergänzt. Dreiundzwanzig Jahre hatte sich die Stadt Zeit gelassen, um dieses mit hundertfünf Metern Höhe größte Gebäude Europas des neunzehnten Jahrhunderts in die Welt zu setzen, das umgerechnet etwa zweihundertundfünfzig Millionen Euro gekostet hatte. Am Ende war ein Konglomerat von unterschiedlichsten Versatzstücken aus griechischer und römischer Antike, ägyptischer Architektur und freimaurerischen Elementen herausgekommen.
»Der Architekt, ein gewisser Joseph Poelaert, war der Erbauer dieses Monstrums. Er hat die Fertigstellung nicht mehr erlebt. Das babylonische Bauwerk hat ihn seinen Verstand gekostet, er starb an der babylonischen Verwirrung. Ein angemessenes Schicksal, findest du nicht auch?«
Er hatte Zustimmung genickt, den Kopf gereckt, gedreht, verschraubt.
»Die Bevölkerung dieses ehemaligen Handwerker- und Arbeiterviertels, der ›Marollen‹, wie das Areal um den Justizpalast auch heute noch heißt, wurde ohne Entschädigung vertrieben, viele von ihnen landeten in Armenhäusern, der Rest blieb und rebellierte. Die Leute haben immer wieder einmal aufbegehrt, und dieser Kampf ging bis in die neueste Zeit. Immerhin hat die Bevölkerung durchgesetzt, dass die ›Marollen‹ entgegen dem politischen Willen der Herrschenden

nicht abgerissen, sondern in mühevoller Kleinarbeit restauriert wurden. Um den Preis, dass die sozial Schwachen immer mehr verdrängt werden, auch wenn heute noch sehr viele Ausländer hier wohnen und arbeiten, wie du am Erscheinungsbild hier draußen leicht erkennst.«
Gilles hatte ihn leichten Schrittes in das Lokal ›De Skieven Architek‹ gelotst, eine Kombination aus Brasserie, Teestube und Café. Gilles ließ sich auch hier nicht bremsen.
»Die Bevölkerung hat den Architekten Poelaert schon früh mit dem Schimpfwort der ›schiefe Architekt‹ belegt. Und danach ist auch dieses Etablissement benannt.«
Während Gilles trotz eines kritischen Augenaufschlags Ochsenziemers ›Une Grande Blonde‹ bestellte, war Ochsenziemer nach einem frischen Croissant und Tee zumute. In die Pause des Schlürfens hinein ließ Gilles verlauten: »Einen Steinwurf weit weg von hier, in der ›Rue d'Alliance 5–7‹, wir werden anschließend dort vorbeigehen, wenn du möchtest, haben die zwei deutschen Emigranten gelebt, die die politischen Verhältnisse vom Kopf auf die Füße stellen wollten. 1848 haben sie ein rotes Gespenst in die Freiheit entlassen, das mit dem Schlachtruf ›Unité fait La Force‹ durch die Länder zog und für Furore sorgte. Wir haben es 1989 begraben.«
Gilles hatte geschwiegen, lange Zeit, und zart lächelnd an Ochsenziemer vorbei in die Ferne gesehen. Sie hatten das Haus der deutschen Giganten tatsächlich besucht und in Wehmut davor gestanden. Ein paar Häuser weiter hatte sich Ochsenziemer später eine hübsche Dreizimmerwohnung eingerichtet, die er auch jetzt noch bewohnte.
Ein anderes Mal, erinnerte sich Ochsenziemer, hatte Gilles ihn, als es wie aus Kübeln goss, auf den Friedhof der Kirche ›Notre-Dame de Laeken‹ geschleppt, wo sich das Patriziertum ein Denkmal gesetzt hatte. Nicht den Friedhof an sich hatte Gilles dabei im Sinn, sondern ein spezielles, berühmtes Dokument bürgerlicher Kunst. Er führte Ochsenziemer mit dem sicheren Schritt des Fremdenführers durch den Regen zu einer mittlerweile begrünten Bronzestatue, zu Auguste Rodins ›Der Denker‹, der das Grab eines Freundes Rodins, des Brüsseler Kritikers Jeff Dillens, bewachte.
»Die Figuren Rodins«, dozierte Gilles, »das sieht man auch hier, behalten alle Bodenhaftung. Sie bleiben erdhaft auch dort, wo der Geist, das Immaterielle, das Sagen hat wie beim ›Denker‹, der auf dem Block, auf dem er sitzt, zu kleben scheint.«
»Mir ist dieser Denker zu wuchtig«, warf Ochsenziemer ein. »Als Zehnkämpfer ließe ich ihn durchgehen. Aber als Den-

ker... Außerdem stilisiert mir Rodin zu sehr, setzt zu sehr auf die Gebärde, was auf mich exaltiert und künstlich wirkt, zu theatralisch. Da fällt mir der eine deutsche Autorennfahrer ein. Der hat in dieser Pose für irgendein lächerliches Auto geworben. Du hättest ihn einmal sein gestelztes Deutsch reden hören sollen, zum Kotzen.«

Ochsenziemer verschränkte die Arme und ließ seine Blicke über den grünen Mann laufen.

»Und ich muss dir gestehen, die Bedeutung, die Rodin durch Stilisierung dem Intellektuellen andichtet, entspricht nicht entfernt der Bedeutung, die diese im tatsächlichen Leben hatten und haben.«

»Ja, was die Stilisierung angeht, da muss ich dir Recht geben. Das sehe ich auch so. Die Gebärde ist bei Rodin alles. Aber, mein Lieber, man darf natürlich nicht vergessen, dass Rodin ein Kind seiner Epoche ist, und das heißt, ein Vertreter des prosperierenden, selbstbewusst gewordenen Bürgertums, das sich in solchen Kunstwerken selbst feierte. Daher der Hang zum Monumentalen, zur Übertreibung ...«

»... die letztlich lächerlich wirkt«, führte Ochsenziemer Gilles Gedanken zu Ende.

»Ich denke, die Parallele mit dem Justizpalast drängt sich geradezu auf.«

Der Regen hatte aufgehört, wenn auch die Regenwolken oben weiter drohten.

»Dir ist sicher auch aufgefallen«, fuhr Gilles fort, während er den Regenschirm zusammenfaltete, »dass die Gestalt des Denkers nackt ist. Das kommt nicht von ungefähr. Rodin hat ihn befreit von allem zeitgebundenen Dekor. Diese Abstraktion dient der Stilisierung zum Typus. Der Denker ist das menschliche Wesen par excellence, ist der Prototyp der Menschlichkeit, der reinen Beseelung und die Verkörperung des Denkens. Natürlich spielen noch ästhetische Gründe hinein: Die Dialektik von Nacktheit und Licht.«

»Du sagst es. Und genau das ist es, was ich an Rodin nicht mag. Die Stilisierung zum Typus an sich ist das Produkt einer Lüge, der Lüge vom zweckfreien Handeln des Intellektuellen, der scheinbar frei über sein Denken und die Produkte seines Denkens verfügt. Diese Lüge hat mehr zu tun mit bürgerlicher Ideologie, hat zu tun mit einem falschen Bewusstsein. Das Bürgertum denkt stets im Verwertungszusammenhang. Und da soll auf einmal ausgerechnet der Denker frei davon sein? Die Realität sieht anders aus. Die Intellektuellen wurden bisher immer noch dem Zweckdenken unterworfen, oder schlimmer noch, sie haben sich selbst

diesem Denken freiwillig ausgeliefert. Und das heißt, sie haben den Herrschenden als Geistes-Sklaven gedient. ›Tuis‹ hat Brecht die Intellektuellen deshalb genannt. Sie kauen dem Volk vor, was es zu denken hat, und legalisieren das Handeln der Herrschenden. Die herrschenden Gedanken sind stets die Gedanken der Herrschenden in der jeweiligen Epoche, heißt es sinngemäß einmal bei dem einen der zwei großen Deutschen, bei denen wir neulich waren.«
Ochsenziemer war in eine Begeisterung geraten, die Gilles schmunzeln ließ. Und er hatte noch etwas auf dem Herzen.
»Du sagtest zu Recht, Gilles, der Denker Rodins sei befreit von allen Beschwernissen, sei in seinem Denken frei – frei, ja, so weit das Denken folgenlos bleibt. So, wie er aussieht, denkt der Denker Rodins folgenlos.«
Ochsenziemer merkte, dass er sich mit seinen Reflexionen vielleicht ein wenig zu weit vom Denker entfernt hatte.
»Tut mir Leid, ich wollte dir nicht zu nahe treten.«
»Aber, aber, was soll denn diese Empfindlichkeit, lieber Freund?«
Gilles hatte seinen Arm um die Schulter Ochsenziemers gelegt. So ließ sich das Folgende leichter sagen.
»Das stimmt im Großen und Ganzen schon, was du gesagt hast. Der Denker ist durch und durch geballte Form, sonst nichts. Aber ich schlage dir jetzt vor, wir suchen einen Gaumentempel auf. Ich kenne da eine kleine Brasserie ein paar Schritte von hier. Wir haben uns eine Belohnung verdient.«
Und freundschaftlich umschlungen, verließen die Freunde, sehr zum Erstaunen der wenigen Besucher, den Friedhof von ›Notre–Dame de Laeken‹ und gingen ins volle Leben hinein.
Das war damals.
Jetzt standen sich die Freunde erneut gegenüber. Für die herzliche Umarmung hatte Gilles die Tüte in die Rocktasche gesteckt, die Rechte hatte er freundschaftlich Ochsenziemer um die Schulter gelegt. Gilles hatte wie immer vorgesorgt. Auf dem Weg zum Auto – »Dort wartet eine Überraschung auf dich!« – schlug er Ochsenziemer vor, ihm sogleich zwei ausgewählte mögliche »Hauptquartiere« zu zeigen, in ›Ixelles‹ oder ›St. Gilles‹ gelegen. Beide Standorte seien mit Bedacht sowohl nach polizeistrategischen als auch nach müßiggängerischen Gesichtspunkten ausgesucht worden: Nähe zum Stadtzentrum, grüne Ruhe vor und hinter dem Haus, schließlich Genuss-Anstalten, die zu Fuß zu erreichen seien.
Auf dem Flughafenparkplatz wartete ein Gendarmeriewagen, aus dem eine Offenbarung stieg, keine geheime, sondern

eine höchst öffentliche und anschauliche: Die rothaarige Jeanne Houbion, Enkelin des berühmten Brüsseler Jugendstilarchitekten, mit sehenswertem, naturbelassenem Inventar, Zähnen wie Perlen, in knapp sitzender blauer Gendarmerieuniform und dem – das klingt jetzt kitschig – süßesten Lächeln, das Ochsenziemer je zu Gesicht bekommen hatte, dem die harte Polizeiarbeit offenbar nichts anhaben konnte. Sie reichte Ochsenziemer ihre weiche Hand hin, bat ihn, sie »einfach Jeanne« zu nennen, sie freue sich auf eine gute, »europäische« Zusammenarbeit. Ochsenziemer wusste sofort, die durfte nicht in das Mitarbeiterteam, das würde nur Komplikationen bedeuten, mit anderen und mit ihm.

›Halt sie dir fern, dann bleibt sie dir nah!‹, dachte er.

Im Auge behalten wollte er sie schon. Das ja! Aber – das nicht nur.

Schon stiegen sie in den Wagen, schon hatte Jeanne am Steuer und schon Gilles neben ihr Platz genommen, schon hatte sich Ochsenziemer auf dem vorteilhafteren Beobachterplatz im Fond breit gemacht. Der Flughafen ›Zaventem‹ geriet bald aus dem Blickfeld. Wie er nach draußen schaute, sich auch im Wagen umsah, nahm er wahr, dass Jeanne ihn im Spiegel unauffällig-neugierig musterte. Mein Gott, dieses Haar. Er lehnte sich zurück und summte vor sich hin:

> »Ich hab mich in dein rotes Haar verliebt ...«

»Was brummst du da vor dich hin?« Es war Gilles, der sich fragend Ochsenziemer zugewandt hatte.

»Ein Liebesgedicht über die rothaarige ›Jeanne‹ von François Villon:

> »Du bleibst im Winter auch mein rotes Reh
> und wenn es hundert schönere gibt ...
> Ich hab mich in dein rotes Haar verliebt.«

Jeanne tat so, als sei sie unbeeindruckt, blickte aber immer wieder kurz in den Rückspiegel. Sie nahmen die bekannte Ausfallstraße ins Zentrum, fuhren eine weite Strecke durch unwirtliche Vororte, die auch im Ruhrgebiet hätten stehen können, und kamen schließlich auf die ›Rue Royale‹.

Die erste Ampel kam.

Die zweite Ampel kam.

Die dritte Ampel kam auf der Höhe der ›Rue Montagne du Parc‹, in die sie einbogen, da Gilles rasch noch am ›Gare Centrale‹ etwas zu erledigen hatte. Er war rasch zurück, sodass sie weiterfahren konnten.

Ochsenziemer, voll des Bildes der rothaarigen Jeanne, mochte nicht zu oft zu ihr hinsehen und warf daher in gespieltem Interesse einen Blick nach links aus dem Fenster. Da bekam er mit, wie von hinten langsam eine schwarze Honda neuesten Datums an den Polizeiwagen heranrollte, Fahrer und Beifahrer in schwarzer Lederkluft und ebensolchen schwarzen Helmen. Ochsenziemers Wahrnehmung war diffus, so sehr beschäftigte ihn Jeannes Erscheinung. Er dachte nicht entfernt daran, seine Augen auf besondere Kennzeichen einzustellen. Warum auch. Aufmerksam wurde er erst wieder, als sich der Beifahrer, der auch eine Beifahrerin sein konnte, auffällig deutlich vorbeugte und offensichtlich Gilles ins Visier nahm, so kam es Ochsenziemer jedenfalls vor. Die Ampel sprang auf Grün. Das Motorrad war pfeilschnell verschwunden. Ochsenziemer, jetzt ganz wach, wollte sich routinemäßig das Motorradkennzeichen einprägen. Das sollte ihm nicht gelingen, denn das Nummernschild war verschmiert. War's Zufall, war's Absicht? Jeanne behielt ihn über den Rückspiegel im Auge und fragte ihn, ob etwas sei. Er blicke so »polizeiermittlerisch«.

»Nein, nein! Nichts von Belang.«

Sie kamen gut voran. Jeanne fuhr souverän, spritzig, dabei äußerst aufmerksam, mit verhaltener Kraft. Er traute ihr durchaus zu, dass sie auch bei hohem Tempo die Nerven nicht verlor.

›St. Gilles‹ kam in Sicht. Als sie in die ›Avenue de la Jonction‹ einbogen, wiederholte sich, was vorher bereits geschehen war. Dasselbe Motorrad – Oder war es nicht dasselbe? – jedenfalls eine Honda mit zwei Schwarzen drauf, fuhr auf einmal für vielleicht zwei bis drei Sekunden, mehr auf keinen Fall, auf gleicher Höhe links vom Polizeiwagen. Erneut blickte die schwarze Person auf dem Rücksitz mit gedrehtem und leicht gesenktem Kopf penetrant auf den Beifahrersitz, auf Gilles.

Der Motorradfahrer beschleunigte, die Maschine bog kurz vor der ›Avenue Brugmann‹ nach links in eine kleine Straße ab. Vorbei war der Spuk. Nun war allen klar, dass das kein Zufall mehr war. Sie wurden beschattet. Während Jeanne auf die ›Avenue Brugmann‹ zufuhr, gab sie ihre Beobachtungen preis: »Die zwei müssen sehr groß sein, was man an den Beinen, der Schuhgröße und am Oberkörper ablesen kann. Die Person hinten musste sich herunterbeugen, auch das ein Hinweis auf, ich schätze einmal eine Größe um einsachtzig. Aus dem Helm lugte blondes Haar, das hochgesteckt zu sein schien.«

»Das Nummernschild war unkenntlich gemacht, mit Dreck verschmiert, sehr geschickt. Falls sie nämlich in eine Polizeikontrolle geraten, könnten sie auf eine von außen kommende Verschmutzung verweisen, bei dem Wetter kein Wunder«, ergänzte Ochsenziemer.
In der Zwischenzeit hatte Gilles sich dem Handy zugewandt, er wollte eine Fahndung auslösen, ließ das Vorhaben aber sofort wieder fallen. Was sollte er den Kollegen sagen? Die würden ihn für verrückt erklären, ihn, den großen, alten Fuchs, Gilles de Coeck. Und Ochsenziemer steckte seine Smith & Wesson wieder ins Halfter zurück, was bei Jeanne ein Schmunzeln auslöste.
»Das steht jetzt fest: Wir werden beobachtet«, bestätigte Jeanne. Die drei im Auto waren sich einig.
»Bloß, wer steckt dahinter, Gilles, Jeanne? Was meint ihr?«
»Die Bewegung natürlich, FIVE-ZERO-OUT, wer sonst?«
»Ja, ich sehe es auch so wie Gilles«, pflichtete Jeanne bei, während sie bereits die ›Chaussée de Waterloo‹ entlangfuhr. Dann bog sie in die ›Rue Tenbosch‹ ein, umfuhr die ›Place A. Leemans‹ und lenkte den Wagen in die ›Rue Washington‹. An einer Straßenbucht hielt sie auf einen Wink Gilles' hin an. Eine Beratung war fällig.
»Was haben die vor?«, warf Ochsenziemer wieder eine Frage in den engen Raum.
»Sie wollen ein Zeichen setzen, ein Zeichen der Macht.«
»Genau, Jeanne. Sie wollen uns sagen: ›Wir wissen Bescheid, wer ihr seid und was ihr wollt.‹«
»Gleichzeitig eine Drohgebärde: Wir könnten euch jederzeit umlegen, wenn wir dies nur wollten«, sprach Gilles kopfdrehend zu Ochsenziemer hin.
»Wir sollten eine Gegenstrategie überlegen, aber nicht hier.«

50.

Auf dieses Stichwort hatte Gilles nur gewartet. Schon während er die Tür öffnete, stieß er hervor: »Mir nach!«, war draußen und hatte sogleich die Tür kräftig zugeschmissen, sodass Jeanne zusammenzuckte. Gilles marschierte zielstrebig auf eine, wie sich herausstellte, feine Brasserie zu, das ›Fin de Siècle‹. Keine Frage, den Pächter kannte er. Man merkte es am Schulterklopfen. Man rückte in eine geschützte Zone, in eine freie Ecke, die wie in vielen Brüsseler Brasserien mit Wandspiegeln ausgestattet war. Außer ihnen waren noch zwei Personen im Lokal, ein diskrepantes Pärchen, vom Paar-Paradigma Chef und Sekretärin, das turtelte und fingerspielte.

Das macht ein Ehepaar nicht. Oder nicht mehr. Es war früh am Mittag. Der Patron erwartete die Bestellung.
»Was wünschen die Herrschaften zu trinken?«, tönte er. Gilles wies fragend mit der Hand auf seinen »Gast und lieben Freund« Ochsenziemer, der erst einen Bordeaux nehmen wollte, es sich dann aber anders überlegte, schließlich war man in der Bierstadt Brüssel. Er verlangte »Une Grande Blonde« der Firma »Stella Artois«.
»Une Grande Stella«, korrigierte der Patron lächelnd die Bestellung Ochsenziemers. Jeanne brauchte nicht lange zu wählen. Für sie standen ein Orangensaft und ein »Mineralwässerchen« schnell fest. Ochsenziemer war, was Jeanne anging, wieder ganz hin. Er guckte und guckte, bis es Jeanne zuviel wurde, und sie, nicht übel nehmend zwar, zurückguckte und guckte.
Derweil bestellte Gilles »wie immer« seine ›Gueuze‹. Ochsenziemer hatte dieses »Gesöff«, zu dem ihn bei seinem ersten Brüsselbesuch Gilles eingeladen hatte, damals mit Todesverachtung, aber tapfer, ausgetrunken, untermalt von Gilles' Ausführungen. Die ›Gueuze‹ sei ein ungewöhnliches Bier, ungewöhnlich deshalb, weil man ihm, anders als in Deutschland, keine Hefe als Treibmittel zusetze. Die Gärung erfolge »spontan« über Mikroorganismen. Er nannte damals den lateinischen Namen, den Ochsenziemer längst vergessen hatte. Diese Mikroorganismen seien ausschließlich in Brüssel heimisch, in den Balken, den Holzfässern und den Bodendielen der Brauereien. Heute gäbe es andere Möglichkeiten, Mikroorganismen zuzusetzen. Gebraut werde in der Winterzeit, dann könne das Bier auf natürliche Weise auf die richtige Temperatur abkühlen. Früher musste das Bier dann noch drei Jahre in Holzfässern reifen, heute, durch moderne Techniken verkürzt, einen Monat. Die ›Gueuze‹ werde auf Flaschen gezogen, verkorkt und dann mit Draht versehen. Dann lasse man die in der Flasche gezogene ›Gueuze‹ noch einmal einige Monate reifen.
Wie der Patron mit dem bestellten Nass ankam, wies Jeanne auf die Glastür des Eingangs: »Da sind sie wieder!«
Sie sprang auf und wollte nach draußen. Aber Ochsenziemer war ihr im Weg. Sie fiel auf seinen Schoß, wo er sie hielt und es sehr genoss. Für einen Augenblick legte er den Arm leicht um sie und half ihr, ganz Kavalier, dann wieder zu ihrem Sitz zurück. Jeanne sah ihn für einen festgezurrten Augenblick tief an. Dann ging das Prosten los. »Auf uns und unseren munteren Gegner«, lachte Ochsenziemer. Dann floss Flüssigkeit die Kehlen hinunter, am längsten bei Ochsenziemer und Gilles.

Als Menü bestellten alle in schöner Eintracht Fasan nach Brabanter Art, gebraten mit geschmortem Chicorée, dazu Pommes frites auf Brüsseler Art, zweimal frittiert.
»Die Schwarzen sind ganz schön frech«, setzte Ochsenziemer den verloren geglaubten geschäftlichen Dialog fort.
»Noch wissen wir nicht, wen wir tatsächlich vor uns haben. Also müssen wir mit unseren Vermutungen vorsichtig sein. Aber eines steht fest: Wir müssen auf der Hut sein.«
Die zwei stimmten Ochsenziemer durch Nicken zu. Eine kleine Stille entstand, die man durch Trinken ausfüllte. Jeanne blieb unruhig. »Ich weiß nicht. Ist es nur ein Gefühl? Aber ich schätze, wie schon gesagt, die Bewegung FIVE-ZERO-OUT steckt dahinter. Wer sonst?«
Gilles legte seine Hand auf Jeannes rechten Arm:
»Mach dir meinetwegen keine Sorgen, ich bin zwar nur noch einen Augenblick neunundvierzig und damit der Älteste unter uns. Aber, wie sagte schon mein Großvater mütterlicherseits: ›Unkraut vergeht nicht.‹« Er lachte ein schiefes Lachen. Jeanne und Ochsenziemer blickten auf ihr Glas.
Es herrschte für einige Augenblicke eine tiefe Nachdenklichkeit am Tisch. Dann zerstreute sich das Gespräch. Man sprach hierhin und dorthin. Eine zweite Runde war fällig. Und dann kam das Essen, das von der Nachdenklichkeit begleitet war, die anhielt, bis sie das Lokal verließen.
Gilles fragte Jeanne, ob er sie beim Fahren ablösen solle, was sie verneinte. Nein, sie fahre gern, das halte sie wach. Sie kamen über die ›Avenue Louise‹ nach einem Linksschwenk nach ›Ixelles‹, wo Gilles in der ›Avenue Général de Gaulle‹ ein »kuscheliges Hauptquartier« ausgemacht hatte. Sie hielten auf Vorschlag von Jeanne aber nicht direkt vor dem Haus, sondern ums Eck in der ›Rue Vilain XIV‹. Zu Fuß machten sie sich dann auf den Weg zur Nummer 47. Ochsenziemer war sofort »hellauf« begeistert, erst von der Umgebung, dann von dem Haus selbst, dessen Fenster auf die mit alten Weiden ausgestatteten ›Etangs d'Ixelles‹ hinausgingen.
»Wunderbar die Gegend! Herrlich geeignet für Verdauungsspaziergänge und philosophierendes Flanieren, bei dem man seine diffusen Gedanken ordnen kann. Und die Luft erst.« Ochsenziemer schloss seine Augen und ließ den Kopf der Nase folgen in die frische Luft hinein. Jeanne und Gilles sahen sich an und taten's ihm gleich. Ein Bild für Götter: Drei ermittelnde Polizeifiguren suchen die Wahrheit mit ihren Nasen in der Luft. Dann betraten sie das Haus. Ochsenziemer strahlte und schlug Gilles wiederholt auf die Schulter. »Das Haus hat alles, was wir brauchen. Vor allem Flair.« Dabei nickte er mehrmals.

»Im dritten Stock ist eine Wohnung, die du, wenn du willst, übernehmen könntest. Du hast Zeit, dir das zu überlegen. Sie wäre mietfrei zu haben. Alle Voraussetzungen übrigens für die polizeitechnische Ausstattung sind gegeben. Es bedarf nur eines Anrufs, und die dafür zuständige Firma ist da. Wir werden auch zum Schutz des Hauses einen Wachtposten bekommen. Die EUROPOL lässt sich nicht lumpen.«
Dann fragte Gilles, ob sie bereit seien, den anderen Standort anzuschauen. Nur ein paar Minuten von hier zu Fuß.
»Hier hat übrigens der Jugendstil überall seine Duftmarken gesetzt. Das gilt auch für die ›Galérie Waterloo‹ an der Ecke der ›Chaussée Waterloo‹, durch die wir bereits gefahren sind, und auf die wir jetzt wieder zusteuern werden. Drum herum alles ›Art nouveau‹. Ich kann dich gern herumführen, ich spiele regelmäßig in meiner Freizeit die Fremdenführerin, habe ein Faible für Jugendstil. Das liegt in der Familie. Ich habe eigens Kurse besucht, mir eine Menge Bücher besorgt, um mich im Selbststudium weiterzubilden. Das Gehalt einer Polizistin, die alleine lebt, reicht kaum aus. Mein Angebot steht«, wiederholte Jeanne und lächelte.
»Gern! Nur zu gern. Und wann soll's losgehen?«
»Das liegt eher bei dir als bei mir. Ich habe immer Mittwochnachmittag frei.«
Ochsenziemer ließ sich Jeannes Telefonnummer geben, und dann marschierten sie los, durch den ›Jardin du Roi‹, kamen in die ›Rue de Craye‹, von dort in die ›Rue de Mélèzes‹, ehe sie die ›Chaussée Waterloo‹ ins Visier nahmen.
»Die ›Galérie Waterloo‹ gehört zu einem 1912 errichteten Straßenhof mit stark gegliederten Backsteinfassaden, wie man leicht erkennen kann«, übte sich Jeanne als Fremdenführerin. Sie gingen durch den Torbogen und kamen in eine paradiesische Wohnidylle. Rechts und links hübsche kleine Einfamilienhäuser aneinandergereiht mit nicht minder hübschen Vorgärten. Das hinterste rechts war unbewohnt. Darauf steuerten sie zu. Ochsenziemer breitete den Stadtplan aus, fuhr mit dem rechten Zeigefinger darauf herum, bis er zu der Erkenntnis kam: »Sowohl was die Wohnqualität des Arbeitsplatzes als auch was die strategische Qualität angeht, bin ich für den ›Général de Gaulle‹, obwohl ich ihn für einen Chauvinisten hielt und noch nie mochte.«
Er blickte hoch in die zwei Gesichter, die seinen Fingerbewegungen gefolgt waren und die ihn anlächelten. »Wir haben darauf gewettet, wie du dich wohl entscheiden würdest.«
»Und zu welcher Entscheidung seid ihr gekommen, Gilles?«
Jeanne antwortete: »Wir waren der gleichen Meinung.«

Am frühen Abend desselben Tages konnte man Jeanne mit Ochsenziemer vergnügt in dessen Lieblingslokal ›A La Mort Subite‹ sitzen, trinken und die europäische Einigung auf eigenwillige Weise feiern sehen. Gilles war nicht dabei. Er hatte Familienpflege zu betreiben, was Ochsenziemer sehr recht war.

Das Lokal hat man sich als ein »schmales Brett« vorzustellen, wie Gilles es einmal tituliert hatte. Früher war an derselben Stelle ein Gemüseladen gewesen. Das Lokal war von außen einsehbar. Die Eingangstür, eine Pendeltür, wurde von zwei riesigen Glasfenstern flankiert, die vom Boden bis zur etwa fünf Meter hohen Decke reichten. Sobald man die Pendeltür aufstieß, stand man mitten im Raum, der durch vier gusseiserne Säulen symmetrisch aufgeteilt war. Rund um die Wände zogen sich riesige Holzverschalungen, in die unterschiedlich große viereckige Spiegel eingelassen waren, die dem Raum eine fiktive Größe verliehen und das Beobachten geradezu herausforderten.

Vor den durchgehenden Bankreihen links und rechts an der Wand standen kleine viereckige Bistrotische mit Eisenbeinen und schwarzen Marmortischflächen, die jeweils zwei Holzstühle zum Gegenüber hatten. Durch einen kurzen Handgriff konnten diese Tische, wenn es die Situation verlangte, zusammengeschoben werden, um den Massenandrang zu regulieren. Die Mitte des Raumes zwischen den Säulen wurde von Zehnertischen ausgefüllt, an denen größere Horden, als welche meistens besoffene Engländer und Holländer einfielen, Platz fanden, die durch Grölen den Stand ihrer mentalen Entwicklung andeuteten.

Erst sehr viel später, als sie das dritte ›Stella‹ intus hatten, war ein Ecktisch frei geworden, was das noch flinke Auge Jeannes sofort erkannt hatte. Ohne lange zu fackeln, fasste sie Ochsenziemer bei der Hand und ›halb zog sie ihn, halb sank er hin‹ ins heimliche Eck. Dort umschlang sie ihn, küsste ihn, den Überraschten, auf den Mund, bis er glühte, um ihn sogleich höchst kühl zu fragen, ob er wisse, wie das Lokal zu seinem Namen gekommen sei? Es blieb offen, ob Jeanne es bereits wusste und Ochsenziemer nur auf die Probe gestellt werden sollte. Den rechten Arm hatte sie auf Ochsenziemers Schulter gelegt, den roten Haarschopf an seine Schulter gelehnt, während sie mit dem rechten Oberschenkel unter dem Tisch sehr direkte Freundschaftsbande knüpfte und dabei lächelte.

›Ich liebe deine roten Haare‹, frohlockte Ochsenziemer, sagte aber: »Der Name geht, wie mir Gilles erzählte, auf das ›Spiel

421‹ zurück, das er mir aber auch nicht näher erklären konnte, das jedenfalls die Bankangestellten der belgischen Nationalbank früher in der Mittagspause in der Nähe der Börse in einem Lokal gespielt haben sollen. Kam die Zeit des Aufbruchs, wurde rasch noch ein schnelles letztes Spiel vereinbart, das dem Verlierer die Bezeichnung »Mort Subite« einbrachte. Als der Pächter das Lokal an der Börse aufgeben musste und hier ein neues Domizil fand, nannte er sein Lokal sinnigerweise ›A La Mort Subite‹. Voilà!«
Jeanne klatschte ganz leise Beifall, zwinkerte mit den Augen und küsste Ochsenziemer wieder mit feuchter Inbrunst. Man kann sich vorstellen, wie der Abend weiter verlief. An Autofahren war bei der Bierseligkeit der beiden nicht zu denken. Das Auto konnte warten, musste warten. Jeanne gab in dieser Nacht die Führung nicht mehr ab. In der kleinen ›Rue Zinner‹ am ›Parc de Bruxelles‹, wenige Minuten vom ›A La Mort Subite‹ entfernt, hatte sie ihr kleines Appartement mit einem großen französischen Bett und einer gekühlten Flasche Sekt. Beide, das Bett und der Sekt, warteten darauf, dass die zwei Verliebten ihre europäische Vereinigung vertieften.
Und so kam es denn auch. Jeanne hielt auch nackt in der Wärme des Bettes das Steuerruder die ganze Nacht über fest in der Hand und gab es erst im Morgengrauen wieder her. Sie inspizierte Ochsenziemers Körper von oben bis unten mit temperamentvoller Neugier, befand ihn für europatauglich, turnte auf ihm herum und zeigte ihm, was man mit den Zähnen und Fingernägeln alles anstellen kann. Sie wies Ochsenziemer auch auf die vielseitige Verwendbarkeit des Kopfes hin, was sie dadurch zum Ausdruck brachte, dass sie ihn sofort ins Zentrum des Liebesgeschehens dirigierte und dort festhielt, sodass ein Entkommen aussichtslos war.
Man mag dagegen einwenden, dass der Kopf, Gottes erhabenstes Geschenk, dort nicht hinpasse. Die Kritiker sind schnell zu beruhigen: Wir sind kopfunter, jedenfalls im Allgemeinen, auf die Welt gekommen. Und – der Ausgang? Er war und ist immer noch – da unten.
Ochsenziemer, nachdem er festgestellt hatte, dass Jeanne weder nach Fisch noch scharf nach Pfeffer roch, sondern Mandelgeruch verströmte, machte aus seinem Nachteil einen Vorteil, indem er, der Marzipan sehr mochte, seinem Mund freien Lauf ließ, was dazu führte, dass Jeanne dermaßen außer sich geriet, dass sie im Augenblick des höchsten Glücksgefühls die bürgerliche Litanei aufsagte. »Fraternité, Égalité, Liberté!« – schallte es aus ihr und aus dem Fenster im Crescendo heraus. Und Ochsenziemer antwortete von unten aus

dem Gebüsch in seinem gurgelnden Bass: »Gut ist die Herrschaft der Liebe.«
Sie schliefen den Schlaf der Erschöpften. Und so ging die Nacht. Und es kam der Tag – mit frischen Küssen und mit Milchkaffee, Croissants und der Zeitung, alles zusammen auf einem großen Tablett, serviert von Jeanne in einem weißen Morgenrock, der mehr preisgab als er verhüllte.
›So lässt es sich leben‹, dachte Ochsenziemer. ›Das Zusammenleben kann wunderschön sein, jedenfalls wenn es nicht auf Dauer angelegt ist‹, das wusste der Zweierbeziehungsgeschädigte nur zu gut. Jeanne, das rote Köpfchen keck gereckt, machte Ochsenziemer Komplimente: »Du machst deinem Namen alle Ehre, ›mon petit nerf de bœuf‹. Ja. So sollst du fortan bei mir heißen: ›Mon petit nerf‹«, sagte sie in ein Lachen hinein. Ochsenziemer biss sie statt einer Antwort zart in die rechte Brustwarze, die ihm irgendwie neugierig entgegengerutscht war, was Jeanne zum Anlass nahm, ihm sogleich auch noch die andere Brust hinzuhalten.
»Herrliche Brüsseler Spitzen«, nuschelte Ochsenziemer, ehe er seinen Lippen das Denken überließ.

51.

Es muss nicht erwähnt werden, dass das Frühstück bei Jeanne nicht sehr lange währte und sehr erschöpfend war, was man Ochsenziemer unschwer anmerkte, als er offiziell seine Mitarbeiter im ›Général de Gaulle 47‹, wie man das Hauptquartier intern getauft hatte, zur ersten Sitzung begrüßte. Es roch noch nach frischer Farbe im Sitzungssaal, die Handwerker hatten gestern letzte Hand angelegt. Die technische Apparatur war installiert und bereits überprüft worden, und nun sollte das Startzeichen gegeben werden.
Schon um zehn Uhr hatte Ochsenziemer zum Tête-à-Tête gebeten. Und alle waren gekommen. Es waren nicht viele. Noch waren nicht alle Länder vertreten. Die EUROPOL hatte, nicht zuletzt aus finanziellen Gründen, eine national begrenzte Sonderkommission unter der Leitung von Dr. Ochsenziemer ins Leben gerufen. Belgien war, wie bekannt, durch Gilles van Coeck vertreten. Für Deutschland war Schlink gekommen. Frau Montalban repräsentierte Spanien. England hatte einen zugeknöpften, langweiligen Diplomaten, Richard Pittance, geschickt, der stets im gleichen korrekten englischen Dress, einem gestreiften braunen Harris-Tweed-Sakko mit den berühmten Lederflecken am Ärmel, brauner Cordhose und in ebensolcher Cordweste gekleidet war. Prompt

hatte er seinen Spitznamen »Butler« weg. Wer hatte ihm den noch gegeben? Pittance legte schon bei seinem ersten Beitrag großen Wert auf sein Bekenntnis als Royalist.
Frankreich hatte einen blutjungen Schnösel von dreißig, Jean-Claude Mouchard, in die Schlacht geschickt, Typus Karrierist, mit Oberlippenbart, in feinem Tuch von Yves Saint-Laurent und diversen, schnell wechselnden Duftwässerchen von diesem und jenem. Er fiel ferner dadurch auf, dass er feine, parfümierte Taschentücher benutzte, um seinem Waschzwang nachzugeben. Er ging allen sogleich auf den Wecker, weil er wie ein Teenager ununterbrochen an seinem Handy hantierte, SMS empfing und SMS verschickte.
»Typischer Fall einer Zangengeburt«, raunte Gilles Ochsenziemer ins Ohr.
Ochsenziemer, der nach und nach die einzelnen Kommissionsmitglieder mit kurzem Lebenslauf vorstellen wollte, riss plötzlich die Hutschnur, als er Mouchard, während er sprach, sein Handy benutzen sah. Er verbitte sich, schäumte er, »en générale« Handys in den Sitzungen. Das war vielleicht in einem allzu scharfen Ton gesagt worden, was auch prompt zu Gegenreaktionen führte.
»Monsieur Ochsenziemer, vergreifen Sie sich hier nicht ein wenig im Ton und in der Sache? Sie sind zwar hier der Chef, aber nur als Primus inter Pares. Ich möchte deshalb von Ihnen nicht in meiner persönlichen Freiheit eingeschränkt werden. Als Vertreter Frankreichs muss ich ständig auf dem Posten sein. Sie wissen doch: ›Hold the line!‹«
»Monsieur Mouchard! Ich muss an mich halten, dass mir nicht die Hand ausrutscht. Das wäre eine angemessene Antwort für Flegel. Wie dem auch sei. Ich möchte doch ein für alle Mal mit Nachdruck klarstellen, dass Sie nicht hier sind, um sich wie ein ungezogener Junge Ihrer persönlichen Handy-Leidenschaft hinzugeben, sondern Arbeit zum Wohle der Europäischen Gemeinschaft zu leisten und diese Arbeit nicht zu stören. Sie sind zudem hier als Vertreter einer großen kultivierten Nation, ich betone, kultivierten Nation, die über lange Zeit auf vielen Ebenen den guten Ton vorgegeben hat, und der Sie sich würdig erweisen sollten. Ihr Handy können Sie bis zum Überdruss nach und vor den Sitzungen benutzen. Schließlich muss ich Sie darauf hinweisen, dass Sie mir unterstellt wurden, ›subordonné à mon ordre‹, und ich hier die Kommandos gebe. Stellen Sie sich also darauf ein.«
Und Ochsenziemer schickte sogleich einen Appendix hinterher: »Und verlieren Sie Ihre Karriere nicht aus dem Auge. Ich bin gehalten, nach Abschluss unserer Mission von jedem Ein-

zelnen ein Gutachten an die Hohe Kommission zu schicken. Es gibt also keine Veranlassung, hier den Rüpel zu spielen. Ich hoffe, wir haben uns verstanden!«

Den Schlusssatz unterstrich Ochsenziemer dadurch, dass er etwas lauter wurde.

Mouchard steckte brav sein Handy weg, wischte sich mit seinem Taschentuch die feucht gewordenen Hände und zupfte anschließend nervös seinen Oberlippenbart. Gilles grinste und legte als Ausdruck des Einverständnisses und vielleicht auch zur Beruhigung seine Hand auf den rechten Arm von Ochsenziemer. Später lobte Gilles seinen Freund: »Das war ein bühnenreifer Auftritt. Ein notwendiger zudem.«

Das sah Pittance nicht so. Er intervenierte im Namen der Krone und des Commonwealth.

»Sir«, sagte er kühl an die Adresse Ochsenziemers, »Ihr Auftritt war doch wohl ein wenig ›against the etiquette‹, einen wenn auch sehr jungen Kollegen vor allen so abzukanzeln. Auch entspricht Ihr Verhalten keineswegs dem europäischen Umgangsstil. Wir sind, und das sehe ich ebenso wie Herr Mouchard, hier alle präsent ›on equal terms‹, als gleichberechtigte Mitglieder.«

Pittance streckte sich und hielt Ochsenziemer den gereckten Kopf hin. Er war mit sich sehr zufrieden, wähnte er doch, die Krone gut vertreten zu haben. Mouchard winkte lässig mit seiner Hand wie ein römischer Imperator zu Pittance hinüber, was aussah, als beschwöre er die englisch-französische Allianz gegen Deutschland aus alten Tagen.

»Mister Butler, Pardon, Mister Pittance, Sie als Vertreter eines Landes, das zusammen mit den Yankees überall, wo sich ein Krisenherd auftut, den Weltgendarmen spielt und den europäischen Einigungsprozess, wo es nur geht, behindert, sollten uns hier keine Lektionen darüber erteilen, was europäischer Common Sense ist. Auch Ihnen sage ich: Sie mögen zwar englischer Beamter sein, doch hier gebe ich den Ton an. ›It's me who sets the tone!‹«

Das hatte gesessen. Während Mouchard immer noch an seinem Oberlippenbart zupfte, rückte Pittance sein Jackett zurecht und zuckte mehrmals Tic-artig mit Augenbrauen, Mund, Hals und Kopf.

›Der wird doch nicht am Tourette-Syndrom leiden?‹, machte sich Ochsenziemer Sorgen. Jedenfalls wusste er jetzt: Der Machtkampf war eröffnet. Und er würde weitergehen.

»Kann ich jetzt weiter verfahren?«, fragte er ruhig und gelassen in die Runde, als sei nichts gewesen. Er konnte. Aber es herrschte eine gespannte Stille.

Und, nachdem er alle Anwesenden vorgestellt hatte, entwickelte er in aller Ruhe, aber sehr knapp, seinen Vier-Phasen-Plan.
In der ersten Stufe gehe es darum, die nationalen Fakten möglichst vollständig zusammenzutragen. Stufe zwei bleibe der Auswertung der Fakten und der Herausarbeitung von Zusammenhängen vorbehalten. Hier sei insbesondere zu prüfen, inwieweit die verschiedenen Anschläge auf alte Menschen von der Bewegung FIVE-ZERO-OUT gesteuert würden und welche Bedeutung ihr als geistig-strategischem Zentrum zukomme. Überprüfung und Vertiefung der Fakten komme auf Stufe drei. Die Stufe vier beinhalte die Erstellung eines Maßnahmenkatalogs mit alternativen Handlungsstrategien für Polizei und Politik.
Der Zeitplan sehe vor, spätestens in vier Wochen einen ersten Bericht vorzulegen. Selbstverständlich unterlägen alle Erkenntnisse, wenn nicht anders ausgemacht, der Geheimhaltung.
Pittance intervenierte sofort, was Ochsenziemer hatte kommen sehen.
Er, Ochsenziemer, sei wohl ein »Phantomjäger«. Man habe noch nicht einmal eindeutig identifizierte Opfer und viel zu wenige Fakten über die Täter und die Hintergründe der Taten, wolle aber schon Fang-den-Dieb spielen. Denken sei immer noch eine Angelegenheit des Kopfes und nicht der Faust. Soweit er sehe, könne von einem organisierten Verbrechen, das einer Bewegung zuzuschreiben sei, überhaupt nicht die Rede sein.
Ochsenziemer konterte kühl, die Engländer sollten doch einmal lernen, über den nationalen Tellerrand hinauszusehen. Es gäbe da doch eindeutige Erkenntnisse, er denke nicht allein an die Bundesrepublik, die er auch gern vorlegen könne und die gewisse Schlüsse nahe legten. Er empfehle dem Kollegen aus England, gelassen abzuwarten, bis alle Fakten auf den Tisch kämen.
Und nach einer Pause, als Pittance sich düpiert zeigte und wieder zu zucken anfing, wollte Ochsenziemer diesem ein wenig Angst einjagen: »Mister Pittance, haben Sie das Gefühl, beschattet zu werden?«
Empört wies Pittance dies zurück. Ein Engländer kenne keine Angst. Und fragte spitz, was eine solche Unterstellung solle und was sie mit dem Auftrag der EURO SENEX zu tun habe?
Wie es denn sein könne, mischte sich Gilles süffisant ein, dass er hier in Brüssel noch keine Wahrnehmung für eine Beschattung entwickelt habe? Ob dies am Sherry liegen könne, in den er offensichtlich sehr verliebt sei?

Pittance hob die Schultern und zuckte weiter mit Augenbrauen, Mund und Hals, ehe er fragte, wie die Kollegen denn darauf kämen, dass er eventuell beobachtet werde?
»Wir haben aus persönlichen Erfahrungen Anlass zu dieser Annahme«, warf Ochsenziemer ein.
»Und ich möchte, dass alle Kollegen und unsere liebe Kollegin aus Spanien sich in Acht nehmen. Immerhin sind doch einige der Teilnehmenden schon über fünfzig.«
Ochsenziemer vermied es bewusst, an dieser Stelle Namen zu nennen.
Nun wurde Pittance doch unruhig und sagte: »Wenn das so ist ...«
Dieser Satz wurde während der gesamten Sitzung nicht mehr vervollständigt. Gilles empfahl den Anwesenden, auf Motorräder zu achten, die sich in der Nähe ihrer Fahrzeuge auffällig verhielten.
»Inwiefern?«, wollte Pittance wissen.
»Indem sie dicht auffahren und äußerst provozierend die Autoinsassen mit den Augen kontrollieren. Das sieht dann so aus, dass sich der Beifahrer hinunterbeugt und penetrant ins Fenster stiert, so, als versuche er jemanden zu identifizieren«, ergänzte Ochsenziemer Gilles.
Die Diskussion ging nun an dieser Stelle munter weiter.
»Ich verstehe den Hinweis auf die Zahl fünfzig nicht. Was soll das?«, ärgerte sich Mouchard.
»Unsere Erkenntnisse, über die Sie offenbar noch nicht zu verfügen scheinen, Herr Mouchard, sagen uns das. In der Bewegung FIVE-ZERO-OUT kursiert die Zahl fünfzig, die als eine symbolische Zahl zugleich eine letale Zahl ist. Salopp gesprochen: Mit fünfzig ab ins Grab. Möglicherweise geht diese symbolische Zahl auf den blutrünstigen Kaiser Nero zurück, von dem behauptet wird, dass er ebenfalls alle Männer ab fünfzig habe umbringen lassen wollen. Ich habe diese Nachricht nicht überprüft, wir haben andere Sorgen. Ich hoffe, dass Ihnen jetzt der Ernst der Situation deutlich geworden ist. Unsere Warnungen haben leider einen ernsten Hintergrund.«
Der Name fiel schon einmal – Montalban. Spanien hatte die bekannte und sehr erfolgreiche Spürnase Elvira Montalban geschickt, eine schrumpelige Alte, die wie Donna Leon mit hundert aussah und eher breit als hoch geraten war. Sie hatte stes ihren langen, bis zum Boden reichenden Rock an, dessen Saum kleine Glöcklein zierten, die ein allerliebstes, zartes Läuten verbreiteten. Sie wurde von vielen wegen ihrer ungewöhnlichen, ganz auf ›emotionale Intelligenz‹ setzenden

Ermittlungsmethoden, mit denen sie erstaunliche Erfolge erzielt haben sollte, entweder milde belächelt oder überschwänglich gelobt.
Montalban wackelte sich auf dem Stuhl, der ihrer Breite unterlegen war, zurecht, blickte Ochsenziemer verstört an und krächzte: »Señor Ochsenschwanz ...«
»... Ochsenziemer ist mein korrekter Name ...«
»Pardon, Herr Ochsenziemer, was macht eine wie ich, die Metro fährt? Ich habe keine Chance, auf einen Beobachter auf einem Motorrad zu stoßen und energisch zu reagieren, denn solche Fahrzeuge dürfen nicht in die Metro, wie Sie wissen. Jedenfalls ist es vorteilhaft, nicht beobachtet zu werden, meine Herren: Fahren Sie doch einfach Metro!«
Ein Lachen von den Ausmaßen eines Orchesters brach aus ihr heraus, ihr Gebiss begann zu klappern und wollte gar nicht mehr aufhören. Montalban versuchte, mit der Hand das Gebiss zu stoppen, das sich selbstständig gemacht hatte. Als das nichts half, schrie sie:
»Schluss jetzt!«
Das Gebiss gehorchte sofort. Montalban wurde ernst, während in der Runde ein unterdrücktes Kichern herumlief. Dann machte sich ein schmerzhaftes Lächeln in ihrem Gesicht breit, das sie in den Satz mitnahm: »Im Übrigen«, sie hob dabei ihren Spazierstock und legte ihn auf den Tisch. »Sie sehen, das ist unverkennbar ein Spazierstock. Einer der besonderen Art. Ich habe eigentlich noch keinen zum Gehen nötig. Aber den trage ich im Dienst immer bei mir. Und wissen Sie warum? Aufgepasst!«
Sie drehte den Spazierstock, wies dann mit dem rechten Zeigefinger auf einen Abzugshahn unterhalb des Rundgriffs, hob ihn langsam wie zu Demonstrationszwecken etwa auf Brusthöhe, zielte auf Ochsenziemer – und drückte ab. Ein kurzer, trockener Knall war die Folge. Ein Wölklein stieg auf. Alle waren unter dem Tisch in Deckung gegangen, nur Ochsenziemer hatte diesen Reflex vergessen. Er griff sich dafür ans Herz.
»Herr Ochsen ..., keine Angst. Das war nur eine Platzpatrone für Demonstrationszwecke. Die scharfe Munition habe ich hier.«
Und sie zeigte in die Gegend ihres mächtigen Hängebusens, wo in einer Tasche ihrer schwarzen Bluse ein Munitionskästchen versteckt war.
»Der Spazierstock stellt eine Sonderanfertigung dar. Darin ist eine Kalaschnikow eingebaut. Mit Schalldämpfer. Unsere älteren Kollegen in Zivil nehmen sie mit auf Streife, weil immer

mehr Fußgänger, vor allem auch alte Menschen, überfallen werden. Anfangs mokierten sich nicht nur die Kriminellen über die komischen Alten, nahmen sie nicht ernst. Dann aber verging ihnen das Lachen. Denn unsere alten Kollegen verkleideten sich auch schon einmal als alte, gebrechliche Leute. Wurden sie angegriffen, und es kam zu Handgreiflichkeiten, ballerten sie mit ihren Spazierstöcken los. Seitdem wird niemand mehr angegriffen, der einen Spazierstock trägt. Selbst, wenn dieser Spazierstock keine umgebaute Kalaschnikow enthält.«

Wieder gackerte Montalban und fuchtelte elegant mit dem Krückstock in der Luft herum. Mouchard war wieder abgetaucht.

»Die anderen Kollegen decken uns meistens, wenn es Opfer gibt. Sie verstehen. Wir haben auch einen vorzüglichen Rechtsanwalt, der auf unserer Seite steht.«

Und dabei fuchtelte Montalban wie wild mit dem Spazierstock in der Luft herum. Alle hielten die Luft an und schüttelten den Kopf. Pittance am längsten.

Ochsenziemer hielt den Zeitpunkt für gekommen, die Sitzung zu unterbrechen und die Kollegin und die Kollegen zum Mittagessen zu ›Chez Léon‹ in die ›Rue des Bouchers‹ einzuladen, wo er einen Tisch im ersten Stock in einer Ecke reserviert hatte. Das ›Chez Léon‹ war ein beliebtes, wegen seiner moderaten Preise volksnahes Lokal, wo es Muscheln in allen Variationen mit den für Brüssel und Belgien typischen Frites gab. Niemand widersprach.

Während die Kollegenschaft sich nach dem Essen bis zum Wiederbeginn der Konferenz die Zeit vertrieb, saß Ochsenziemer über verschiedenen Dokumenten in seinem Büro, die seine deutschen Kollegen, vornehmlich die aus Lg, im Internet gefunden haben und ihm hatten zukommen lassen. Er sah den Stapel flüchtig durch.

›Das wäre etwas für meine Laberärsche, die die Bewegung in Zweifel ziehen und alles verharmlosen wollen. Warum machen die das?‹, grübelte Ochsenziemer. ›Ich werde beide, vor allem Mouchard, im Auge behalten müssen.‹

Er begann, zunächst noch zerstreut, zu lesen, wurde dann aber immer aufmerksamer, weil er erneut auf ein ›Jugend-Manifest‹ gestoßen war.

52.

Jugend-Manifest

1. Die Schwachen und Missratenen sollen zu Grunde gehen.

2. Halte dir immer vor Augen, dass du ein Held bist, ein großer Vorkämpfer für eine humane Welt.

3. Du leistest einen moralischen Beitrag zur Besserung der Menschheit. Du bist ein Samariter, der kranken und schwachen Menschen Trost spendet, indem er sie erlöst.

4. Deine Tat ist daher gut. Du bist als Erlöser durch sie gerechtfertigt.

5. Vergiss nicht, deine Tat muss schön, sie sollte elegant sein und mit größter Leichtigkeit ausgeführt werden. Erst dann stellst du sicher, dass die Wirkung deiner Erlösertat ihr höchstes Niveau erreicht hat und dein Erlösungswerk etwas Außerordentliches sein kann.

6. Diese Eleganz kommt nicht von selbst. Du erreichst sie durch Körperbeherrschung und geistiges Training. Beides kannst du dir über die von uns angebotenen Trainingsseminare aneignen.

7. Wenn du dich so vorbereitest, ruhst du in dir selbst und hast es nicht nötig, deine Tat groß herauszustellen. Der Lohn liegt wie die Rechtfertigung in der Tat selbst. Die Bewegung belohnt dich und sie hält dich.

8. Vergiss nicht, wir haben nur zwanzig Jahre Zeit. Wir brauchen dich. Geh an deine Leistungsgrenze. Strebe nach dem Optimum. Melde uns deine Erfolge und wie du sie erreicht hast.

9. Als Opfer kommen alle in Frage, die das Alter fünfzig erreicht haben: FIVE-ZERO-OUT.

10. Trage dazu bei, dass auch dein Umfeld für die Bewegung aufgeschlossen wird. Wirb für die gute und gerechte Sache unter Bekannten und Freunden. Aber sei vorsichtig.

Halte die Augen offen. Prüfe vorher genau und lange dein Gegenüber. So verhinderst du, dass du enttäuscht wirst und die Bewegung Schaden nimmt.

11. Wenn du im Einsatz für die gerechte Erlösungsarbeit bist, trage bequeme Kleidung, damit du deine Mission nicht gefährdest.

12. Wähle die Kampfmittel, die dir am angemessensten sind. Wenn du mit dem Messer gut umgehen kannst, wähle das Messer. In jedem Fall versuche dich erst einmal mit den einfachen, aber wirksamen Mitteln wie Bodycheck oder Krückstockwegschlagen.

13. Bevor du zu einem Erlösungsschlag ausholst, lies immer wieder unseren großen Propheten Nietzsche, lies in ›Ecce Homo‹, lies im ›Antichrist‹! Die Lektüre wird dir Mut machen und dafür sorgen, dass dein Geist die nötige Anspannung erhält.

Es lebe die junge Welt!

53.

Ochsenziemer nickte. Ja, das war ein vortreffliches Dokument. Das dürfte alle überzeugen. Er trat auf den Kopierer zu, schaltete ihn ein und gab den Auftrag zum Kopieren.

Als man sich am Nachmittag wieder zusammensetzte, gab es Tee, Kaffee, Croissants und Brüsseler Pralinen, über die sich sogleich Madame Montalban hermachte, was Gilles mit traurigem Blick wahrnahm. Jeanne hatte sich bereit erklärt, die ›Küchenmamsell‹ zu spielen. Sie hatte auch alles augengerecht auf dem Tisch arrangiert. Dann hatte sie sich verabschiedet. So hatte es Ochsenziemers Regie vorgesehen. Für den Abend hatten sie sich wieder verabredet.

›Ich hab mich in dein rotes Haar verliebt‹, summte es in Ochsenziemers Kopf.

Ochsenziemer verteilte das ›Jugend-Manifest‹, ließ Zeit zum Lesen, zum Kopfschütteln und zum Gedankenaustausch. Dann bat er Schlink, die neuesten Fakten aus Deutschland vorzutragen.

Schlink, bald an der Leinwand agierend, bald am PC hantierend, zeigte das jüngste Todesopfer, die fast verkohlte Leiche einer vierundsechzigjährigen Frau, die von ihrem dreißigjährigen Sohn nach heftigen Auseinandersetzungen, die die Nachbarn links und rechts mithörten, in ihrer Wohnung zuerst mit Benzin übergossen, dann angezündet worden war und schließlich den Verbrennungstod starb. Zeugen wollten genau gehört haben, wie der Sohn seine Mutter eine »alte Vettel« nannte, die »endlich abtreten« solle, um ihm Platz zu machen. Die Zeugen sagten weiter übereinstimmend aus, der Sohn habe ausdrücklich davon gesprochen, dass ihre »Zeit abgelaufen« und jetzt die »Jugend dran« sei. Sie solle endlich verschwinden. Die Mutter habe entgegnet, das könne ihm so passen, »sich ins gemachte Nest zu setzen«, ohne eine eigene Leistung zu vollbringen. Er sei ein schlechter Sohn und sie habe jetzt »die Schnauze voll« und werde ihn »enterben«. Nach diesem Stichwort sei der Sohn ausgerastet. Man habe Laufen und Poltern gehört, dann Schreie, schließlich Hilferufe. Man sei auch zu Hilfe gekommen, aber die Wohnung sei von innen abgeschlossen gewesen. Man habe die Polizei gerufen, dann, als man Feuer gesehen habe, auch die Feuerwehr. Der Sohn habe sich widerstandslos festnehmen lassen.

Nach dieser Beschreibung schaltete Schlink das Bild aus und erläuterte, was die Ermittlungen ergeben hätten. Man habe Schriftmaterial beim Sohn sichergestellt, darunter den Jugendaufruf der Bewegung FIVE-ZERO-OUT, den Kollege Ochsenziemer soeben ausgeteilt habe, auch weitere Kampfschriften, schließlich Nietzsches ›Gesammelte Werke‹, in denen bestimmte Stellen – bei diesem Stichwort hob Schlink ein Blatt ein wenig vom Tisch hoch – angestrichen gewesen seien.

Schlink las nun einige Schlagworte vor: der »Übermensch«, das »Höhersein des höheren Typs«, die »Gründung einer Oligarchie über den Völkern«, der »Wille zur Macht«, der »Egoismus« als Triebkraft, Liebe als »Selbstliebe«, das »Verlangen nach Zerstörung, Wechsel«. Schlink machte dann eine Pause, sah in die Runde, um dem, was nun folgte, Bedeutung zu verleihen:

»Und dann möchte ich Ihnen den zentralen Satz aus dem ›Antichristen‹ vorlesen, der ebenfalls markiert war:

›Die Schwachen und Missratenen sollen zu Grunde gehen: Erster Satz unserer Menschenliebe. Und man soll ihnen noch dazu helfen.‹ Und ein letztes, nicht minder schwerwiegendes Zitat, das den Höhepunkt darstellt und Aufschluss über die Motive des mörderischen Attentats auf die Mutter geben könnte: ›Leben selbst ist wesentlich Aneignung, Verletzung, Überwältigung des Fremden und Schwächeren, Unterdrückung, Härte, Aufzwängung eigner Formen, Einverleibung und mindestens, mildestens, Ausbeutung ...‹ usw.«

Schlink legte das Blatt in den Aktenordner zurück, während sich Betroffenheit in der Runde breit machte. Er ließ den Teilnehmern erst einmal Zeit, sich bei Tee und Kaffee ein wenig zu entspannen. Dann fuhr er fort: »Wir hatten in den letzten zwei Monaten gehäuft Anschläge in Seniorenheimen festzustellen, die in unmittelbarer zeitlicher Nähe zum Jugendaufruf der Bewegung FIVE-ZERO-OUT verübt wurden, zehn an der Zahl. So viele Vorfälle gab es in den vergangenen zwanzig Jahren nicht. Diese Häufung dürfte schwerlich Zufall sein. Allerdings muss man zugeben, dass die Beweislage schwierig ist, da wir keine Bekennerschreiben gefunden haben.«

Schlink pausierte, trank einen Schluck Kaffee, biss in eine Praline, zerdrückte sie vorsichtig mit der Zunge und ließ sich dann wieder vernehmen: »Die Frage, die sich hier stellt, ist die, inwieweit wir von einem bereits vorhandenen Terrornetz mit gezielten Aktionen ausgehen können und ob ein ausgeklügeltes Konzept dahintersteckt. Wie schon gesagt, gibt es keine Bekennerbriefe. Kann sein, dass sich die Bewegung keine Blöße geben will und daher auf ein Bekenntnis verzichtet. Andererseits haben wir Hinweise gefunden, eher diskret, wenn auch nicht in allen Fällen. In zwei Fällen sind wir am Tatort ...« – Schlink stand jetzt auf und betätigte den Projektor, der mehrere Bilder an die Wand warf – »hier sehen Sie dies ganz deutlich, auf eine zweimal diagonal durchgestrichene 50, die umkreist wurde, gestoßen.«
Schlink vergrößerte den Ausschnitt, sodass das Indiz jetzt fast die gesamte Leinwand ausfüllte.
Dann schaltete sich Ochsenziemer ein:
»An dieser Stelle sehe ich Handlungsbedarf. Wir haben erneut noch einmal sehr sorgfältig die Tatorte zu untersuchen, ob wir nicht noch weitere solche Embleme ausfindig machen, die, weil sie so diskret ausgefallen sind, bisher übersehen wurden. Es kommt auf einen Versuch an. Das wäre zunächst auf deutscher Seite zu klären. Inwieweit auch die anderen Länder davon tangiert sind, wäre zu überprüfen. Der Blick sollte jetzt jedenfalls auch international geschärft sein.«
Schlink hatte gewartet, bis Ochsenziemer am Ende war. Dann brachte er sich wieder ins Gespräch.
»Anders sieht der Fall bei dem Brandanschlag in Lg aus, wo ein Seniorenstift einem Brandanschlag mit schlimmen Wirkungen zum Opfer fiel und der durch Beethovenmusik, die über Lautsprecher übertragen wurde, also durch eine demonstrative musikalische Geste, die zynisch genannt werden muss, begleitet wurde. Nebenbei bemerkt: die Logistik war bei diesem Fall exzellent. Keine Spuren.«
Pittance machte auf sich aufmerksam: »Einen ähnlichen Brandanschlag auf ein Seniorenheim hat es vor kurzem in East Anglia, in B, gegeben. Von den dreihundert Insassen kamen zweihundert ums Leben. Ich erinnere mich genau, auch da gab es eine Begleitmusik, ich meine, es war der Anfangschor aus dem Bach'schen ›Weihnachtsoratorium‹ ›Jauchzet, frohlocket!‹. Auch dieser Fall verlief merkwürdigerweise im Sande nach einem anfänglichen großen Wirbel. Man müsste ihn, nach dem, was Sie ausgeführt haben, Mister Schlink, noch einmal aufrollen. Ich werde der Sache nachgehen.«
»Tun Sie das, Sir«, trompetete Ochsenziemer.

»Kommen wir noch zu jenen spektakulären Vorfällen, die wir unter dem Stichwort ›Virusanschläge‹ aufgelistet haben, deren ermittlungstechnische Einschätzung Sie bitte als Vermutung verstehen wollen.«

Und damit blätterte er gezielt im Aktenordner, hatte nach zwei Anläufen die aktenkundigen Fälle parat und auch entsprechende Fotos, die wieder an die Wand geworfen wurden.

»Ich erläutere Ihnen diese vier Fälle kurz, die einen identischen Ablauf hatten und die fast zeitgleich erfolgten, schließlich auch in unmittelbarer zeitlicher Nähe zum Jugendaufruf stehen. Die Folgen für die Altenheimbewohner sahen, von kleinen Unterschieden abgesehen, immer ähnlich aus: In einem Seniorenheim erkrankten plötzlich alle Insassen, es traten Brechdurchfall und Fieber auf, was die Ärzte zunächst an eine Salmonelleninfektion denken ließ. Innerhalb weniger Tage haben sich Sanitäter, Pflegepersonal und Ärzte angesteckt. Es gab viele Tote. Die Untersuchung der Nahrung sowie des Stuhls brachte keine eindeutigen Erkenntnisse, zumal sich Symptome wie Krämpfe, Ödembildung, Nervenzellendegeneration, Muskelstarre und plötzlicher Atemstillstand mit letalem Ausgang einstellten. Auch ein sonst für den Krankheitsverlauf typisches Merkmal wie die Inkubationszeit trat nicht auf. Die Ärzte standen vor einem Rätsel, bis man herausfand, dass man von einer Virus-Bakterien-Symbiose auszugehen hatte, einer Kombination von mehreren Bakterien und Viren, und das heißt auch, einer Kombination von extrem schwerwiegenden Symptomen. Die ideale Kreation eines Killervirus. Ärzte und Wissenschaftler arbeiten bereits an der Entschlüsselung. Dann haben wir einen nicht minder merkwürdigen, noch ungelösten Fall, bei dem ein älteres Ehepaar durch einen Virusangriff auf offener Straße zu Tode kam.«

»Well, ladies and gentlemen, was Mister Schlink darlegte, ist doch ›very vague‹«, plusterte sich Pittance auf.

»Das hat mit sorgfältiger Analyse nicht viel zu tun. Ich als Pragmatiker halte mich an Fakten und nicht an abstruse Vermutungen. Nur weil etwas zeitgleich passiert, ist es noch lange nicht identisch. Wie stehen wir denn da, wenn das in die Öffentlichkeit kommt? Es wäre ein Skandal.«

Pittance schüttelte sich und lehnte sich selbstgefällig im Stuhl zurück. Ochsenziemer fragte sich: ›Geht es jetzt wieder mit den Tics los?‹ Aber Pittance hielt still.

»Mister Pittance, ohne Hypothesen kommt der geschulte Ermittler nicht aus. Auch Sie als Pragmatiker nicht. Wer das Gegenteil behauptet, ist dumm oder bösartig oder beides. Es spricht doch für den Kollegen Schlink, der auf Grund seiner exzellenten Ausbildung und seiner Erfahrung im logischen Denken fit ist, dass er seine Hypothese auch ausdrücklich als eine solche qualifiziert hat. Wären nur die Politiker und die Militärs, natürlich auch viele von uns, ähnlich vorsichtig, sähe es in der Welt ganz anders aus.«

Ochsenziemer sah Schlink an, lächelte und gab die Marschroute wieder vor:

»Ich möchte nun den Kollegen Schlink bitten, uns auch die noch fehlenden weiteren Fakten auf den Tisch zu legen.«

Das tat Schlink denn auch.

»Ich referiere Ihnen jetzt kurz aktenkundige Fälle, die das ›Kriminologische Forschungsinstitut (KF)‹ in N vorgelegt hat. Der Bericht macht deutlich, dass, wiederum zeitgleich mit dem Auftreten der Bewegung FIVE-ZERO-OUT, immer mehr ältere Menschen, die pflegebedürftig sind, unter Übergriffen, innerfamiliärer Gewalt sowie solcher in Pflegeheimen zu leiden haben. Unter den untersuchten aktenkundigen sechshunderttausend alten Menschen wurden zweihundertundvierzigtausend Opfer körperlicher Gewaltanwendung. Auch die Fälle schwerer körperlicher Gewalt sowie Tötungsdelikte haben um fünfzig Prozent zugenommen.«

Schlink war kaum zu Ende, da trumpfte Montalban mit ihrem Krückstock auf, Pittance ging mit dem Ruf ›The Germans to the front‹ wieder in Deckung, während Montalban sprudelte:

»Wohin kommen wir, wenn wir alle Fälle körperlicher Gewalt gegen alte Menschen gleich einer gezielten Kampagne einer Bewegung unterschieben wollen. Man kennt doch die Situation in solchen Familien, man kennt auch die Situation in den Pflegeheimen. Da sind mannigfaltige Motive im Spiel: Wut, Überforderung vor allem und ganz selbstverständlich auch psychologische Motive. Natürlich wissen wir, dass viele den Alten, Eltern oder deren Stellvertretern heimzahlen, was sie in ihrer Kindheit und Jugend an Schikanen und Unterdrückung erleiden mussten. Der Spieß dreht sich sozusagen um: Jetzt sind die Jungen die Mächtigen. Aber gleich von einer gelenkten Aktion zu sprechen, scheint mir ein wenig abwegig zu sein.« Und als alle dachten, die alte Vettel sei fertig, fragte sie süffisant: »Oder, Señor Schlink, haben Sie bei den Tätern Nietzsche und Aufrufe der Bewegung FIVE-ZERO-OUT gefunden?«

»Herr Mouchard, wollen Sie Ihren Senf auch noch dazugeben?«

»Ich verbitte mir Ihre Hochnäsigkeit, Monsieur Ochsenziemer. Ich will sachlich bleiben. Ich will gar nichts von dem bezweifeln, was Kollege Schlink ausgeführt hat. Aber mir scheint,

dass das, was er vortrug, eine spezifisch deutsche Erscheinung ist, die man nicht generalisieren kann. Wir in Frankreich ...«
»Sie in Frankreich haben ähnliche Probleme, Monsieur Mouchard. Kennen Sie den neuesten Vorfall aus T? Sie sollten ihn kennen, wo Sie doch so eifrig ihr Handy benutzen. Der Bericht traf heute früh bei mir ein. Sie schütteln den Kopf. Trotz ›Hold the Line‹ haben Sie offensichtlich keine Ahnung, was in Ihrem Heimatland passiert. Ich will es Ihnen sagen; in T ging ein Altenheim in Flammen auf, Brandstiftung nach den ersten Erkenntnissen. Es gab 200 Tote. Und jetzt kommt's: Als Polizei und Feuerwehren eintrafen, kam von irgendwoher aus dem Heim über Lautsprecher die ›Marseillaise‹. Was sagen Sie jetzt, Monsieur Handy?«
Ochsenziemer ließ die Betroffenheit eine Zeit lang wirken, ehe er fortfuhr: »Wie es aussieht, sind wir an jenem gefährlichen Punkt der Entwicklung angelangt, dass wir von einem europäischen Flächenbrand ausgehen müssen. Wenn wir resümieren, können wir eines als gesichert feststellen: Bei den Anschlägen auf die Alten wird zynischerweise Triumphmusik gespielt: In Lg wurde Beethovens ›Neunte‹ eingespielt, als das Seniorenheim abbrannte. In England kam das ›Weihnachtsoratorium‹ zum Zuge und in Frankreich jetzt die ›Marseillaise‹. Das ist ohne Zweifel ein Phänomen der Ästhetisierung des Grauens. So etwas habe ich in meiner nicht gerade kurzen Karriere noch nie erlebt.«
Er pausierte, nahm einen Schluck Wasser und fuhr fort.
»Ich gehe einmal davon aus, dass alle Teilnehmer und die spanische Kollegin es ebenso sehen, dass sich hier etwas höchst Gefährliches zusammenbraut. Bitte forschen Sie mit uns nach, wo welche Anschläge auf alte Menschen erfolgt sind und wie sie angelegt wurden. Untersuchen sie vor allem, ob irgendwelche Symbole am Tatort hinterlassen wurden, die auf die Bewegung FIVE-ZERO-OUT hindeuten. Wir müssen weiterhin verstärkt im Internet surfen, um herauszubekommen, ob es irgendwelche neuen Informationen der Bewegung gibt. Ob vielleicht auch schon andere Parallelbewegungen aufgetreten sind. Schließlich, wo dies noch nicht erfolgt ist, sollten, wie ich bereits erwähnte, die Tatorte erneut auf Spuren hin überprüft werden.«
Dann wandte sich Ochsenziemer an die Kollegin Montalban, die gedankenversunken auf ihrem Stuhl saß, Nüsse kaute und ihre Hände über ihrem Spazierstock gekreuzt hielt.
»Ich möchte Sie, verehrte Kollegin Montalban, bitten, uns die Adresse Ihres Waffenschmiedes zu nennen, der auf so wunderbare Weise Spazierstöcke in Waffen verwandeln kann.

Wir haben bei uns einen Fall, der durch Ihre Hinweise in der Aufklärung weitergebracht werden könnte. Sodann brauchen wir genauere Daten über diese Waffenlieferungen: Wo gingen sie hin? Wer waren die Kunden? Und uns Deutsche interessiert vor allem, ob auch Spazierstöcke nach Deutschland geliefert wurden und an wen. Wenn wir das wissen, sind wir einen großen Schritt weiter. Das wär's für heute. Ich wünsche Ihnen einen erholsamen Abend. Wir treffen uns morgen früh wieder um zehn Uhr hier. Ich danke Ihnen. Au revoir! Bye-bye! Auf Wiedersehen. Hasta la vista!«

Ochsenziemer fühlte sich müde. Die Überzeugungsarbeit hatte ihm vor allem zugesetzt. Darum freute er sich auf Jeanne, die heute Abend sein Gast war. Er lehnte sich im Polizeiwagen zurück, schloss die Augen und dachte darüber nach, wie er Jeanne kulinarisch verwöhnen könnte. Für ein weit gefächertes Menü mit mehreren Gängen fehlten ihm die Utensilien und fehlte ihm vor allem die Muße.

Ihm fiel ein einfaches Gericht aus der Toskana ein – ›Pane e Aqua‹. Er überlegte, welches Gemüse er benötigte, ließ sich vom Chauffeur einen guten Gemüseladen empfehlen, ließ anhalten und kaufte ein: Tomaten, Frühlingszwiebeln, Knoblauch, Zucchini, Petersilie, Pepperoni und Eier. Er wurde auf einen italienischen Roten aufmerksam gemacht: Einen ›Avignonesi‹ aus der Toskana, den er bereits bestens kannte. Ochsenziemer nahm gleich zwei Flaschen mit und frischen Käse, einen würzigen, in Weißwein geschwenkten Bergkäse aus dem Larzac, dann zwei Baguettes und einen Blumenstrauß.

Als er zu Hause in den Marollen ankam, schlug seine gefüllte Blase Alarm. Er ließ alles auf dem Boden stehen und liegen und stürzte ins Klosett, wo er sich sitzend dem Blasenstrom hingab, der zu wünschen übrig ließ. Als er fertig war, blickte er routinemäßig in die Schale, begutachtete seinen Urin, fand ihn zu dunkel und wusste, dass er mehr trinken und eine Brennnesselkur machen sollte. Es war noch Zeit für eine Mütze voll Schlaf. So entspannt, mit leerer Blase, schlief es sich gut, dachte er, und so war es denn auch.

Er träumte, er stünde in der ›Rue d'Etuve‹ vor ›Petit Julien‹, dem ›Männeken Pis‹, um sich herum kichernde Japaner und Japanerinnen, die den freudig vor sich hinpinkelnden Jungen filmten, dann zur Überraschung anderer Schaulustiger, unter denen auch er sich befand, ihre Hosen runter ließen und unter großem Gelächter lange anhaltend in die Gegend pissten, bis er von einem Martinshorn geweckt wurde. Besorgt sah er an sich herunter, untersuchte Hose und Bett. Nein, er hatte nicht mitgepinkelt.

Er duschte, zog den bequemen Hausanzug an, griff zu einer der mitgebrachten Flaschen ›Avignonesi‹, den er früher schon einmal versucht hatte, ein eleganter, mit neunzig Punkten hoch bewerteter Roter mit Potenzial: Subtile Art, Frische und gute Fruchtkonzentration sowie nicht minder interessante Aromenpalette, die viel Himbeer- und Heidelbeerfrucht enthielt, die dann auch interessante Nebenaromen von Vanillepudding, Minze und Veilchen aufwies.
Mit wem hatte er den damals getrunken? Natürlich, mit dem Prof in Lg bei Fotis im VINUM. Er stellte den geöffneten Wein auf den Küchentisch, ließ ihm Zeit, sein Bukett zu entfalten. Dann machte er sich an die Vorbereitungen, reinigte das Gemüse, schnitt die Frühlingszwiebeln in kleine Röllchen, teilte die Tomaten, befreite sie vom Strunk und dem weißen Fleisch, schnitt sie in kleine Würfel, ebenso schnitt er die glatte Petersilie fein, die erst zum Schluss zum dünstenden Gemüse kommt, würfelte die Zucchini, zerkleinerte zuletzt drei Knoblauchzehen und gab in die beschichtete Pfanne vier Esslöffel Olivenöl sowie einen Butterwürfel. Die kleine Pepperonischote hatte er vergessen. Er wusch sie und parzellierte sie in kleine Stückchen. Im Kühlschrank wartete noch ein Rest Champagner zum Ablöschen. Jeanne konnte kommen. Und tatsächlich meldete sich jemand auf dem Handy. Es war Jeanne, die anfragte, ob sie schon etwas früher kommen dürfe, sie bringe auch eine Flasche Schampus mit.
Sie kam, sie umarmte, er umarmte, sie küssten sich und schworen sich Liebe, sie tranken Sekt, sie küssten sich wieder und wieder und exerzierten ein wenig die Liebe durch. Aber nur ein wenig. Jeanne bestand auf dem kulinarischen Vorspiel. Sie saß mit verführerisch übereinandergeschlagenen Beinen auf einem sauberen Eck des Küchentisches und sah zu, wie Ochsenziemer das Öl-Butter-Gemisch anheizte, mit dem Handrücken immer wieder die Temperatur überprüfte, ein Zucchinistück in das Ölgemisch tat, und als es aufzischte, sämtliche Zutaten außer den Tomaten und der Petersilie in die Pfanne gab. Jeanne stand auf, umfing ihn von hinten, küsste und leckte ihm den Hals und versuchte ihn mit allerhand Tricks außer Fassung zu bringen. Immer, wenn Ochsenziemer Anstalten machte, ihr nachzugeben, verwies sie ihn auf seine Kochpflichten. Ochsenziemer mochte dieses alte Spiel.
Er behielt dennoch beim Kochen die Kontrolle, vergaß nicht mit zwei Holzwendern das Gemüse vorsichtig umzudrehen, bis es allmählich knusprig braun wurde. Dann hatte der Champagner seinen Auftritt, mit ihm wurde gelöscht. Schließlich kam die Zeit der Tomaten. Sie durften nun zum Gemüse,

mit dem sie fünf Minuten dünsteten. Danach kam die Pfanne vom Herd und unter den Wasserhahn, etwas Wasser sollte die flüssige Qualität erhöhen. Nach wiederum fünf Minuten und mehrmaligem vorsichtigem Wenden kam das Würzen mit Salz und frischem Pfeffer aus der Mühle. Schließlich wurden vier Eier über dem Gemüse aufgeschlagen, die unter dem Pfannendeckel stocken sollten.
In der Zwischenzeit wurden mehrere aufgeschnittene Baguettescheiben in einer anderen Pfanne geröstet und dann auf zwei großen flachen Tellern ausgelegt. Die gestockten Eier lächelten, als Ochsenziemer den Deckel abhob und mit vorsichtig-sicherem Griff die Gemüsebeete mit jeweils einem Ei in die Teller zirkelte. Jeanne hatte den Tisch gedeckt, Ochsenziemer brachte die Teller, goss dann den Wein ein, der fachkundig analysiert und genossen wurde. »Chapeau!«, rief Jeanne, nickte Ochsenziemer zu und strahlte, nachdem sie den ersten Bissen gekostet hatte.
Das Essen ging in ein Liebesspiel über, die Grenzen verwischten sich, der Käse kam mit Liebesspiel, ehe das Liebesspiel überhand nahm und die Korrespondenz der Liebenden dann unter der Bettdecke beherzt und geräuschvoll fortgesetzt wurde.

54.

Die Schrottstraße in S bog von der Industriestraße links ab, wenn man von Lg die Ausfallstraße nahm. Die wie mit dem Lineal gezogene Straße hatte eine Länge von gut zwei Kilometern. Der Straßenbelag war zwar nicht mehr der Neueste, aber noch relativ gut in Schuss. Keine Schlaglöcher. Keine breiten Risse. Lediglich einige Unebenheiten. Die Schrottstraße gehörte zum alten, mittlerweile verwaisten Industriegebiet etwas außerhalb des Stadtkerns, dem Westen zu, einer der unwirtlichsten Stadtteile, an deren Sanierung sich weder die Stadt noch Unternehmen heranwagten, weil man eine heillose, und das heißt hohe Kosten verursachende Umweltverschmutzung vermutete, die von einer mittlerweile verwaisten Tankstelle, einer verwaisten Autowerkstatt und einer verwaisten Filiale eines großen Stahlkonzerns ausgegangen war. Erste Messungen der Stadt hatten zu dieser Vermutung Anlass gegeben. Links und rechts der Schrottstraße abweisende Betonwände, dicht an dicht, die im Sommer die Hitze horteten und im Winter der Kälte Schutz boten.
Lediglich am untersten Ende der Schrottstraße, wo die Fabrikgebäude aufhörten, stand hilflos und von der letzten Fabrik-

wand fast erdrückt ein villenartiges Zweifamilienhaus, umrahmt von einem Garten mit altem Baumbestand und einem kleinen Vorgarten vorne heraus, dessen Baujahr man, nach einigen Fassadenverzierungen zu urteilen, sowie der Gestaltung der Eingangstür nach auf die Wende vom neunzehnten zum zwanzigsten Jahrhundert datieren konnte. Hinter der Villa, die der Verfall der Umgebung eingeholt hatte, lief die Schrottstraße auf einer kleinen Insel aus, auf der sich einige nicht mehr benutzte Gleise in rostiger Tönung kreuzten. Einige Tonnen waren dort in Kreisform aufgestellt worden. Keiner wusste, von wem. An die Tonnen-Insel, quer zur Schrottstraße, lehnte sich eine vierspurige Ausfallstraße an, nach einem deutschen Kriegstreiber und General benannt, die den Verkehr zur Autobahn leitete und nur zu Rushhour-Zeiten von Autokolonnen verstopft wurde. Sonst Ruhe. Gegenüber neuere Fabrikgebäude, dazwischen einige Wohnblocks aus den fünfziger Jahren, Behausungen von den sozial Schwachen aller Nationen, ein permanentes Spannungsfeld.

Tagsüber wirkte die Schrottstraße wie ausgestorben. Schlösse man die Augen und stellte die Ohren auf, man hätte meinen können, man wäre in einem Vogelparadies. Die Natur hatte begonnen, sich die Straße zurückzuerobern. Neben dem gemeinen Vogelvolk sollte es hier sogar Kiebitze geben, was man aber nicht glauben musste.

Wer konnte, mied das Gebiet. Nur hin und wieder wählte ein Fußgänger tagsüber die Schrottstraße als Abkürzung, als ein notwendiges Übel. Die Verlassenheit nutzten am Wochenende spätabends Jugendliche für ihre Motorradrennen. Bis auf den Besitzer der Villa, der sich aber bis jetzt noch nicht gerührt hatte, störte niemanden der Motorenlärm. Die Vögel schliefen in ihren Verstecken. Der Spuk war meistens auch schnell nach den Rennen, es fanden in der Regel drei statt, zu Ende, wenn die Sieger ermittelt waren. Dann zogen sich die Jugendlichen auf ein Fabrikgelände zurück, wo sie sich ungestört wähnten, um sich dort ihren Motorradbräuten, dem Alkohol und der Kakophonie aus irgendwelchen Autoradios hinzugeben. Die Polizei hatte man hier noch nie gesehen. Warum auch? Es gab bisher keinen Anlass für ihre Präsenz.

Eines kühlen Spätsommerabends geschah etwas, das für kurze Zeit für Gesprächsstoff in der Stadt und in den aufgeregten Medien sorgte, bis das schnelle Vergessen das traurige Ereignis ins schwarze Nichts mitnahm.

Ein Motorradtrupp von etwa zwanzig Jungs zwischen sechzehn und zwanzig Jahren, laut, ordinär, verwahrlost, ein Trupp kleiner Machos und kleiner Mädchenvamps, umlagerte und elektrisierte die Schrottstraße mit seinen Fans. Junge, euphorisierte Stimmen schrien Banales und Obszönes in den Himmel, Mädchenstimmen kreischten, weil freche Jungengriffe sie dazu aufforderten, Motoren heulten im Leerlauf auf, was das Zeug hergab, das Gasgeben der frisierten Maschinen wurde durchdekliniert. Einige Maschinen rangierten rechts auf dem Bürgersteig, andere drehten schnelle Runden gegenüber. Die Fahrer, deren Helme lässig um die Lenkstangen baumelten, waren nervös. Oder taten nur so. Bierflaschen machten die Runde, wurden, wenn sie leer waren, durch einen gekonnten Wurf, begleitet durch manchen Fluch, irgendwohin entsorgt. Auf der Straße waren zwei breite Linien gezogen. Eine beim Start, die andere beim Ziel, dazwischen etwa zwei Kilometer schnurgerade Straße. Das Roadmovie konnte beginnen. Ein junger, etwas dicklicher Kerl mit quergestellter Baseballmütze auf dem Kopf, pickelhässlich, mit Ansatz zum Bauch, in einem T-Shirt mit einem Markennamen drauf und in einer weiten Hose steckend, wie sie die Rapper tragen, spielte wichtigtuerisch mit einer kleinen roten Fahne. Wie sich herausstellen sollte, war er der Starter. Breitbeinig ging er auf der Straße auf und ab und schwang sich mit der Fahne ein. Die Frauenaugen, die er erwartet hatte, hingen anderswo. Noch stand er neben den Fahrern, die sich an der Startlinie aufgestellt hatten. Dann ein energischer Antritt und er stand vor den acht Fahrern, die sich, wie wenn eine geheimnisvolle Hand sie gelenkt hätte, in einer Phalanx an der Startlinie aufgestellt hatten. Die anderen Fahrer hatten in der Zwischenzeit ihre Maschinen abgestellt und reihten sich unter den Zuschauern ein. Der Dicke ging hierhin, ging dorthin, korrigierte hier den Abstand, gab dort Zeichen mit ungelenken Handbewegungen, weiter nach vorn zu kommen. Dann ertönte ein Pfiff. Er kam vom Ziel. Der Dicke blickte hin, während er sich von den Fahrern am Start einige Schritte, so an die zwanzig Meter, entfernte und auf die Straßenmitte zuhielt. Die Motoren heulten lauter auf. Der Dicke drehte derweil den Fahrern den Rücken zu, nahm Kontakt mit den Zeitnehmern am Ziel und den zwei Kameramännern mit ihren Videokameras am Straßenrand auf. Als er sah, dass ihm ein weißes Fähnchen grünes Licht zuwinkte, drehte er sich zu den Fahrern hin, hob die rote Fahne und riss sie, soweit Gewicht und Umfang dies zuließen, nach unten. Die leicht geschürzten Mädchen nahmen das Startzeichen zum Anlass, sich kreischend dazu zu äußern. Der Dicke wandte sich rasch von der Straße ab, sprang auf den Bürgersteig und schlug den angewinkelten Arm über die Augen, als Abgase ihn ein-

wolkten. Das heulende Gebrause begann sich auszutoben, was niemanden zu stören schien.
Man muss in Erinnerung behalten: Die Rennstrecke ist knapp zwei Kilometer lang. Da muss man gleich aufs Ganze gehen. Die Fahrer hielten bis zu etwa zweihundert Metern die geschlossene Phalanx ein. Danach bekam allmählich und noch unmerklich diese Uniformierung einige Risse. Links außen wagte sich ein rotes Gefährt nach vorne, in der Mitte bildeten zwei schwarze Maschinen eine Speerspitze, flankiert von einem Fahrer mit einer weißen Maschine zu ihrer Rechten. Es kam mittlerweile die Fünfhundertmetermarke, es kam die Sechshundertmetermarke, es kam die Siebenhundertmetermarke, als wie auf ein geheimes, verabredetes Zeichen Unruhe in die Motorradphalanx kam. Die Fahrer wurden plötzlich gleichzeitig aus ihren Sitzen gehoben, ach was, gerissen, wirbelten durch die Luft, gebückt zunächst, während die Motorräder sich verselbstständigten, auf den Straßen flach wie Torpedos entlangschossen, sich ineinander verkrallten, Betonwände streiften oder dort aneckten, Feuer fingen, und einige von ihnen explodierten. Andere kreiselten noch eine Weile auf der Schrottstraße herum, wo sie bald erschöpft aufgaben und als Schrotthaufen an die Vergänglichkeit gemahnten. Für einen Augenblick trat die Ruhe des Schreckens ein, der sich allmählich in den aufgerissenen Augen und Mündern der Freunde und Fans breit machte. Die Straße, die lichterloh brannte, weil das Teer-Benzin-Gemisch das Feuerspiel mitspielte, beleuchtete den panischen Schrecken auf den Gesichtern, in die Hände und Finger geschlagen waren, ehe das Schreien, das Gekreische und das Stöhnen »Mein Gott, oh Gott, verdammte Scheiße« , und was sonst noch so in den Himmel geschrien wurde, losbrach. Man sah einige nervös mit ihren Handys hantieren. Nach fünf Minuten der übliche Katastrophenlärm. Die ersten Polizei-, Notarzt- und Feuerwehrwagen waren da und illuminierten die Szene zusätzlich gespenstisch blau.
Licht. Schreie. Aus.
Die ›Morgenpost‹ in S meldete am nächsten Tag unter der Überschrift:

»Inferno auf der Schrottstraße. Sechs junge Motorradfahrer tot!
Am späten Abend des gestrigen Tages kam es zu einer Katastrophe, die ganz S für lange Zeit in Atem halten dürfte. Als Polizei und Feuerwehr gegen 21 Uhr über mehrere Handys in

die Schrottstraße gerufen wurden, bot sich ihnen ein Bild des Schreckens. Über die Straße verteilt lagen sechs gekrümmte Leichen. Einige waren vorher auf die Betonwände der stillgelegten Wehrhahnfabrik, einer ehemaligen Munitionsfabrik, aufgeprallt, wie die Blutspuren nahe legten. Zwei der acht Jugendlichen kamen schwer verletzt ins Unfallkrankenhaus. Sie wurden noch auf der Fahrt dorthin von einem Unfallarzt behandelt. Sie schweben in Lebensgefahr. Wie die Ermittlungen der Polizei ergaben, handelt es sich bei den Opfern um Jugendliche, die sich ein Wettrennen mit ihren Motorrädern lieferten, ehe sie aus noch ungeklärter Ursache von ihren Maschinen in die Luft gewirbelt wurden und dann so unglücklich auf die Wände prallten oder auf die Straße stürzten, dass sechs von ihnen sofort tot waren. Wie die Polizei weiter erfuhr, war die Schrottstraße schon über einen längeren Zeitraum eine begehrte Rennstrecke der Jugendlichen, die dort Wochenende für Wochenende ihre Rennen austrugen. Es stellt sich die Frage, warum die Polizei nichts von diesen Rennen wusste, die sich ja nicht in von der Außenwelt abgeschotteten Räumen zutrugen. Möglicherweise hätte durch ein frühzeitiges Eingreifen der Polizei die Schrottstraße abgesperrt und so die Katastrophe verhindert werden können. Polizeiwachtmeister Schlendrian verwehrte sich gegen diesen Vorwurf mit dem Hinweis, die Polizei könne nicht überall sein. Sie sei unterbesetzt und könne daher mit ihrem Streifendienst nicht an allen Punkten präsent sein. Als sie durch Handyanrufe zum Einsatz aufgefordert worden sei, sei sie auch sofort zur Stelle gewesen. Durch die explodierenden Motorräder, die als brennende Torpedos auf der Straße dahinschossen, wurden der Straßenbelag und einige Fabrikwände, gegen die sie geprallt waren, entzündet. Die Feuerwehr hatte in kürzester Zeit das Feuer unter Kontrolle. Es entstand ein Sachschaden in einer geschätzten Höhe von 100 000 Euro.

Tobias lag rechts, Peter links im Bett. Beide waren nach einer Woche auf der Intensivstation in dieses Zimmer verlegt und von ihren Freunden mit Fernseher, Gameboys, Handys, CD-Player, Comics und Pornovideos versorgt worden, während ihre Bräute für sie ihre viel zu kurzen und viel zu engen Röckchen hoben und unter ihren Bettdecken mit geübten Händen Nüsse zu schütteln versuchten. Neben den Betten warteten derweil geduldig jene Stühle, in denen sie wohl für immer durch das Leben rollen würden.
So fand Keidel die beiden vor, als er den Zeitpunkt für gekommen hielt, sie zum Unfall zu befragen. Er wusste, er würde

viel Einfühlungsvermögen und Geduld, sehr viel Geduld, aufbringen müssen, um diesen tief Gedemütigten, die am Rande des Kaum-Noch lebten – ›Konnte man das noch Leben nennen?‹, fragte er sich – und genug mit sich zu tun hatten, etwas zu entlocken, was mit jenem Ereignis zu tun hatte, das ihnen nicht nur das Genick gebrochen, sondern auch ihren Lebensnerv getroffen hatte.
»Peter«, er fragte mit sanfter Stimme, »Peter, schön, dass du dich bereit erklärt hast, uns bei der Aufklärung des Unfalls behilflich zu sein. Ich weiß, dass es dir schwer fällt.«
›Wie willst du Arschloch wissen, was uns wie schwer fällt?‹ Man konnte leicht ahnen, wer das dachte. Peter, der wie auch Tobias eine Halskrause trug, sah Keidel mit Augen an, aus denen sich das Leben zurückgezogen hatte.
»Versuche bitte, dich noch einmal an das«, dann fiel ihm das passende Wort nicht ein, »na, du weißt schon, was ich meine, zu erinnern.«
Keidel verstummte plötzlich. Ihm kam seine Befragung auf einmal sinnlos vor, ja mehr noch, er empfand sie als eine Zumutung, als eine Beleidigung der Opfer. ›Das Schicksal hat ihm genug zugesetzt und da komme ich, um ihm erneut zuzusetzen. Nein, so wollte ich nicht weiterleben, so wie Peter.‹ Als die Attacke seiner Gedanken vorüber war, zwang sich Keidel dazu, die Normalität des Fragens wieder anzuerkennen: »Alles, was dir einfällt, sei es noch so gering, kann für die Aufklärung des Unfalls ungeheuer wichtig sein.«
Schweigen. Pause. Nach innen gewandte Augen Peters: »Da war ein Ruck, ein starker Ruck, der mich hochgeworfen hat.«
»Ja, hochgeworfen«, kam das Echo von gegenüber, von Tobias.
»Du, Tobias, hast also auch diesen Ruck gespürt?« Er nickte.
»Könnt ihr diesen starken Ruck, wie ihr sagt, etwas genauer beschreiben? War da vielleicht ... «
»Als hätte jemand ein dickes Seil gespannt, ein Stahlseil«, warf Tobias mit leiser Stimme ein. Beide fassten sich an die Stirn und zogen die Stirn zusammen. Wie ein Blitz war ein Schmerz in sie gefahren und hieß sie stillhalten. Die Krankenschwester war hereingekommen, nickte Keidel zu. Er hatte verstanden, stand auf, drückte beiden die Hand: »Ihr habt uns sehr geholfen, ich wünschte, ich könnte euch ein wenig helfen. Danke. Alles Gute euch beiden.« Später konnte er sich nicht mehr erinnern, ob die zwei den Abschied erwidert hatten. Aber das war auch egal. Keidel meinte, einen Hinweis gefunden zu haben. Er verließ zusammen mit der Schwester, einer Nonne, das Krankenzimmer.

Draußen fragte er sie: »Schwester, wurden die Patienten umfassend untersucht?«
Und als Schwester Agnes die Augenbrauen hochzog, verbesserte sich Keidel: »Ich wollte wissen, inwieweit auch der Thorax untersucht wurde und was bei dieser Untersuchung herauskam.«
»Herr Kommissar Keidel, unser Herr Professor Schneidmann ist ein äußerst verantwortungsbewusster und sorgfältiger Mediziner. Ich kann mir nicht vorstellen, dass er sich auch nur eine Kleinigkeit hat zu Schulden kommen lassen.« Das war in liebevoller Strenge geäußert worden.
»Aber, Herr Kommissar, fragen Sie doch den Herrn Professor selber, er kommt gerade wie gerufen. Sie entschuldigen mich.« Und damit wandte sie sich mit einem sonnigen Lächeln dem Professor zu: »Guten Tag, Herr Professor. Wir haben hier Besuch von einem auch in medizinischer Hinsicht sehr neugierigen Kommissar. Herr Kommissar, das können Sie ja alles selber vorbringen.«
Weg war sie, hinter einer Tür verschwunden, die offen stand.
»Herr Kommissar, wenn Sie sich kurz fassen wollen. Ich vermute, Sie wollen etwas über den Gesundheitszustand unserer jungen Patienten Tobias und Peter wissen, die Armen.«
»In der Tat, Herr Professor. Ich mache es kurz. Die beiden haben übereinstimmend ausgesagt, es sei ihnen vorgekommen, als seien sie von einem starken Seil aus dem Motorradsattel gehoben worden. Gibt es medizinische Anhaltspunkte, die diese These unterstützen?«
Professor Schneidmann blickte an Keidel vorbei, schien abwesend und sprach schließlich ohne ihn anzusehen: »Es hat in der Tat identische Verletzungen gegeben, bedingt durch den Unfall, das ja, aber nicht die, die Sie im Auge haben, Herr Kommissar. Ja, Schwester, ich weiß, ich komme sofort, Sie entschuldigen, wenn ich mich kurz fassen muss. Die zwei jungen Leute sind querschnittsgelähmt, C-7-Querschnitt mit Paraparese, wie wir Mediziner sagen. Der Wirbelsäulenbruch erfolgte beim siebten Halswirbel und verusachte die beidseitige Lähmung der Beine. Der Rollstuhl ist die Folge. Es hätte schlimmer kommen können, es hätte auch eine Paraplegia, eine vollständige, doppelseitige Lähmung dabei herausspringen können. Zum anderen gibt es bei beiden eine Contusio Cerebri, eine Hirngewebsquetschung, Gott sei Dank in dezenter Form, mit einem Epiduralhämatom, das zwischen der Tabula interna und der Tabula Dura erfolgte. Die Folge ist eine Massenverschiebung, eine Verlagerung von Hirnteilen, verbunden mit Irritationen von Hirnnerven und Gewebe-

schädigungen. In dem einen Fall unserer Jungen muss von einer Störung des Sprachzentrums ausgegangen werden. Er hat, vielleicht haben Sie das bereits bemerkt, Wortfindungsprobleme. Er kann das passende Wort weder aussprechen noch aufschreiben. Ich weiß, das ist für den Laien schwer nachzuvollziehen. Wissen Sie, die Motorradfahrer, das sind nicht nur potentielle Selbstmörder, sondern auch unsere besten Organspender. Das ist das einzig Tröstliche an ihnen.«
Als Professor Schneidmann den letzten Satz aussprach, zog ein schiefes Lächeln in sein Gesicht. »Leider habe ich jetzt keine Zeit, Ihnen alles zu übersetzen und auch das gesamte Problemfeld zu behandeln. Die Pflicht ruft, ich muss mich verabschieden, ich hoffe, ich habe Ihnen wenigstens etwas helfen können, ich empfehle mich. Wenn Sie mich noch brauchen, wissen Sie, wo ich zu finden bin, dann aber bitte vorher anmelden.« Mit einer dezent angedeuteten Verbeugung setzte sich Schneidmann rasch in Bewegung.
›Was fange ich mit diesen medizinischen Erkenntnissen an? Und wie lassen sie sich mit den Aussagen der beiden Patienten zusammenbringen? Ich sehe schon, wir werden weitere Nachforschungen anstellen müssen.‹
Gedankenverloren machte sich Keidel auf den Weg.

55.

Im ›Général de Gaulle 47‹ trafen sich erneut die Spitzenkräfte der europäischen Polizei, die in der EURO SENEX zusammengefasst waren. In der letzten Sitzung war ausgemacht worden, dass dieses Mal Pittance für seine Berichterstattung ausreichend Zeit eingeräumt werden sollte. Als Thema war die Geschichte des ›bulgarischen Schirms‹ vorgesehen.
Die Teilnehmer erwarteten einen typisch englischen Vortrag, »short and to the point«. Pittance hatte sich eine Flasche Sherry und passend dazu ein wenig geschmackvolles Sherryglas mitgebracht. Mit dem Sherry pflegte er seine Kehle geschmeidig zu halten. Dies hatte zur Folge, dass er seinem Vortrag Ruhepausen einräumte. Der Vorfall mit dem bulgarischen Schirm hatte sich tatsächlich in England zugetragen, hörte sich aber an, als stamme er aus einem Spionage-Krimi oder einem Sciencefictionroman.
Da Ochsenziemer die Angelegenheit höchst amüsant und aufschlussreich fand und bei Pittance noch etwas gutzumachen hatte, da er den Engländer immer wieder in den Sitzungen recht ruppig zurechtgewiesen hatte, wollte er sich bei dessen Vortrag zurückhalten und nur im äußersten Fall interve-

nieren. Doch es kam ganz anders. »Miss Montalban! Gentlemen!«, wandte sich Pittance an das Auditorium. »Zum besseren Verständnis des Corpus Delicti möchte ich der schönen pragmatischen Tradition der Engländer folgen und mich an die Fakten halten.«

Pittance blickte in gelangweilte Gesichter, was ihn keineswegs irritierte, da er diesen Gesichtsausdruck hinlänglich aus der englischen Kultur kannte.

»Wer sich als Sprachwissenschaftler mit dem Begriff ›Schirm‹ befasst, stößt auf das germanische Wort ›skerma, skermi‹, was so viel bedeutet wie Fellüberzug der Schilder, mit denen die germanischen Krieger sich gegen Speere, Pfeile oder Schwertschläge abschirmten. Schon im Ursprung des Wortes taucht die militärische Bedeutung auf, die sich zunächst verlieren, dann später aber wieder einstellen wird.«

Die Langeweile wich nicht aus den Gesichtern, sie nahm gefährlich zu.

»Immer noch in der Spur der Fakten unterscheiden wir Sonnen, Regen-, Stock-, Taschen-, Augen-, Lampen-, Mützen- und Metallschirme, denen wir die Funktion des Schutzes zuschreiben, was das Bestimmungswort auch jeweils anzeigt. Die ersten zivilen Schirme, die gegen Sonnenstrahlen eingesetzt wurden, stammen aus dem Orient, beziehungsweise aus Ägypten. Dort leisteten sich die vornehmen Damen, erstmals bezeugt im fünften Jahrhundert vor unserer Zeitrechnung, den Sonnenschirm als Luxusartikel, der ihnen von Sklaven nachgetragen wurde. Auch für kultische Zwecke gebrauchte man bereits im Altertum den Schirm. Diese Tradition lebt heute noch in der katholischen Kirche im Baldachin weiter, der bei der Fronleichnamsprozession getragen wird und Monstranz und Priester schützen soll. Es gibt neben den Schirmen mit Schutzfunktion noch andere Schirme mit anderen Funktionen. Es kommen in Betracht: Leucht-, Bild- oder Röntgenschirme, die auf einer Projektionsfläche irgendwelche Zeichen, zum Beispiel Buchstaben, Bilder, Zahlen, sichtbar machen. Und dann gibt es noch den Fallschirm, mit dem man Menschen, Tiere oder Dinge weich fallen lassen kann, sofern man rechtzeitig den Schirm öffnet. Fallen lassen sollte man sich allerdings nicht, sonst wacht man nicht mehr auf.«

Pittance lachte. Als Einziger.

»Monsieur Le Petit ...«

Mouchard kam nicht weit.

»Ich bitte um political correctness«, regte sich Pittance auf, »und fordere Sie hiermit auf, mich mit meinem verbürgten

Namen anzusprechen, der immerhin eine bestimmte Bedeutung hat.«
»Monsieur Le Petit, genau das tue ich. Le Petit ist die exakte französische Entsprechung für den englischen Namen. Ich habe also keineswegs die Bedeutung Ihres Namens sabotiert, sondern sie lediglich für mich ins Französische übersetzt. Ich wollte Sie als Pragmatiker bitten, im Stil aller englischen Pragmatiker kurz und bündig zur Sache zu sprechen und nicht …«
Weiter kam er nicht weit.
»Mister Mustard …«
Nun kam Pittance nicht weit.
»Ich muss mir, Monsieur Le Petit, in aller Form die Verunglimpfung meines Namens verbitten. Mich als Vertreter Frankreichs in einem so renommierten Gremium bloßzustellen, stellt eine Beleidigung dar. Sie sind ein bösartiger Banause, der nicht weiß, dass Mouchard nichts mit ›moutarde‹, Senf, zu tun hat. Wegen dieser offensichtlichen Beleidigung fordere ich Sie hiermit zum Duell auf. Waffen und Zeitpunkt überlasse ich Ihnen zur Wahl. In Frage kommen Säbel, Florett, Degen oder Pistole. Mein Adjutant ist ab sofort Ihr Ansprechpartner.«
Und damit stand Mouchard auf, warf Pittance eine Visitenkarte an den Kopf und wollte wutschnaubend die Sitzung verlassen. Montalban hielt ihn mit ihrem Spazierstock auf und drohte ihm an, ihn zu exekutieren.
»Meine Herren«, es war an der Zeit, dass Ochsenziemer eingriff und für eine Schadensbegrenzung sorgte.
»Ich bitte um die Contenance, die wir uns und dem Land, das wir vertreten, schuldig sind. Schließlich haben wir eine Mission zu erfüllen, wir haben einen äußeren Feind zu bekämpfen, da können wir keine Bruderkämpfe in den eigenen Reihen brauchen, die uns nur schwächen. Ich möchte Sie, Monsieur Mouchard, bitten, wieder Platz zu nehmen, und Sie, Mister Pittance, bitten, fortzufahren. Allerdings wie gewohnt in den geordneten Bahnen polizeilicher Ermittlungsarbeit. Wir sind alle sehr gespannt wie ein aufgespannter Schirm, was Sie uns zum bulgarischen Schirm, mit dem offenbar ein Verbrechen verbunden ist, zu sagen haben.«
Montalban unterstützte das von Ochsenziemer Gesagte, indem sie dreimal mit ihrem Stock auf den Boden stieß und diese Aktion mit »Olé«-Rufen untermalte! Pittance nahm die Gelegenheit wahr und goss sich einen weiteren Sherry hinter die Binde, während Mouchard beleidigt an seinen Fingern zu kauen begann.

Völlig ungerührt von den Bitten Mouchards nahm Pittance den Faden seines Vortrags wieder auf, als sei nichts gewesen: »Nachdem ich die Schutz-, die Abbildungs- und die Rettungsfunktion des Schirmes herausgestellt habe, möchte ich nur erwähnen, um nicht erneut Ihren Unmut zu riskieren, dass es daneben noch Schirmgitter, den Schirmherrn, die Schirmherrschaft, den Schirmling, den Schirmmacher, den Schirmpilz, die Schirmqualle und den Schirmständer gibt.«

Pittance blickte um sich. Entzückt stellte er fest, dass die Langeweile noch immer präsent war. Ermuntert fuhr er daher fort.

»Die militärische Funktion des Schirmes, genauer gesagt des Regenschirmes, ist erst wieder im zwanzigsten Jahrhundert nachweisbar. Auch in diesem Falle, wie so oft in den bewegenden Augenblicken der Weltgeschichte, ist das Empire, ist London, der Schauplatz dieser umwälzenden Innovation.«

»Nun, Mister Pittance, wir alle kennen die kolonialen Höchstleistungen der Engländer. Was aber England ausgerechnet mit einem bulgarischen Schirm zu tun haben soll und warum dieser bulgarischer und nicht englischer Schirm heißt, begreife ich nicht. Es sei denn, Bulgarien gehörte oder gehört noch als Kolonie zum Empire. Sie sehen, Mister Pittance«, und mit einer Drehbewegung wandte sich Ochsenziemer direkt an den Engländer, der mittlerweile eine rote Nase bekommen hatte, »hier herrscht Klärungsbedarf.«

»Mister Ochsenziemer, Sie haben mich, was allen Regeln der Kommunikation zuwider spricht, nicht ausreden lassen, sodass zwangsläufig Missverständnisse entstehen mussten. Sie als der Begründer und Verfechter der so genannten ›ganzheitlichen Analytik‹ sollten doch am ehesten verstehen, dass das Ganze mehr ist als die Summe der Einzelteile, dass das Ganze eine Koalition darstellt, wenn ich mich einmal dieses politischen Begriffs bedienen darf, in welcher sich eine Fülle von Partialleistungen gegenseitig ergänzen. Schon die Griechen ...«

»Karamba!«, donnerte Montalban mit ihrer krächzenden Stimme los, »Karamba, wo bleibt der bulgarische Schirm? Kommen Sie endlich zum bulgarischen Schirm, Sie Weitschweifer.«

Pittance war aufgestanden, packte seine Sherryflasche und wollte den Raum verlassen, als Montalbans Spazierstock, der wieder auf den Boden gekracht war, ihm Einhalt gebot.

»Feigling«, schrie sie Pittance an, »hier geblieben und sich dem Kampf gestellt. Seien Sie ein Mann, der seinen Schwanz nicht einzieht! Olé!«

Ein Schmunzeln wurde herumgereicht, das um Pittance einen Bogen machte, weil es in dessen Mund, der sperrangelweit offen stand, allmählich zu schäumen begann.
»Ich lasse mich hier nicht in aller Öffentlichkeit einen ›coward‹ nennen, von niemandem, schon gar nicht von Kontinentaleuropäern, und erst recht nicht von einem ›dirty clothes bag‹ aus Spanien. Wer mich angreift, der greift England an, und wer England angreift, greift das Empire an, und wer das Empire angreift, der legt sich mit der englischen Krone an.«
Und ehe man sich's versah, war Pittance auf den Tisch gestiegen, die rechte Hand auf dem Herzen, und stimmte die englische Nationalhymne an. Das Störfeuer von Montalban, die mit ihrem Stock und ihren Schuhen Flamencorhythmen in den Boden stieß, bis er zu zittern begann, konnte Pittance nichts anhaben. Ochsenziemer musste warten, bis das Spektakel vorüber war. Als Pittance sich wieder vom Tisch bequemte, warf er sich ganz erschöpft in seinen Stuhl.
Ochsenziemer war wieder einmal um Schadensbegrenzung bemüht. Daher unterbrach er kurz die Sitzung, die längst schon keine mehr war, um in Einzelgesprächen mit Montalban, Pittance und Mouchard die Wogen zu glätten. Ochsenziemer erinnerte dabei an die gemeinsame Aufgabe, die keine beliebige sei, sondern eine ernste, lebensbedrohende Gefährdung von globalem Ausmaß zum Gegenstand habe, der gegenüber alle Eitelkeiten und Animositäten zurückgestellt werden müssten. Alle nickten eifrig, und sei es, dass es sich mit leeren Köpfen leichter nickt.
Danach konnte die Sitzung wieder in geregelten Bahnen fortgesetzt werden. Pittance blieb die ganze Zeit während seines Vortrags äußerst diszipliniert und erzählte nüchtern und punktgenau die Geschichte vom bulgarischen Schirm.
»Lady and gentlemen, die Geschichte des bulgarischen Schirms ist ein Stück weit auch die Geschichte des ›Kalten Krieges‹. Wir müssen in das Jahr 1978 zurückgehen. Hier sind die exakten Fakten. Am 8. September 1978 wurde der Bulgare Georgi Markow um 13.30 Uhr an der Haltestelle ›Waterloo-Brücke‹ in London ermordet«, setzte Pittance seine Geschichte wie ein Musterschüler fort, der nach dem sechsfachen W – wer, was, wann, wo, wie und warum – einen Aufsatz zu schreiben hat.
»Dieser Georgi Markow war kein gewöhnlicher Sterblicher, vielmehr ein bulgarischer Emigrant, der in der bulgarischen Propaganda-Sektion des BBC Gegenpropaganda betrieb. Seine Mörder wurden übrigens niemals entdeckt. Der Mordanschlag gegen ihn verursachte einen schleichenden, schmerz-

haften Tod. Noch am Tag des Anschlags legte sich Markow ins Bett, weil ihm übel war. Es stellte sich bald hohes Fieber ein, sodass er sich um vier Uhr morgens des nachfolgenden Tages entschloss, ein Krankenhaus aufzusuchen. Im Krankenhaus stieg das Fieber weiter, hinzu kamen mehrere Phasen von Bewusstlosigkeit. Die Ärzte standen vor einem Rätsel.«
Pittance, mit sich und seinem Vortrag zufrieden, holte die Sherryflasche wieder hervor, goss sich ein und nahm langsam einen Schluck. Er hatte, wie ihm ein Blick in die Runde zeigte, das aufmerksamste Auditorium, das er sich nur wünschen konnte. Er gab seinem Gehirn einen Befehl, ein diskretes Schmunzeln hervorzurufen. Das Gehirn folgte, Pittance schmunzelte: »Die Nachforschungen brachten Folgendes zum Vorschein. Markow war an der ›Waterloo-Brücke‹, er wusste zunächst nicht, war es Zufall, war es Absicht, mit einem Regenschirmträger zusammengestoßen, wobei er einen kleinen stechenden Schmerz im linken Bein verspürte, dem er keine Bedeutung beimaß, da er bald schon wieder nachließ. Daraufhin ließen sich die Ärzte sein Bein zeigen.«
Zur Spannungssteigerung setzte Pittance erneut die Erzählung aus und nahm einen Schluck.
»Die Ärzte staunten nicht schlecht. Sie entdeckten am linken Unterschenkel eine Einschussstelle und eine Kugel, die einen Durchmesser von einem Millimeter und vier Öffnungen von jeweils einem Zehntelmillimeter aufwies. Die Ärzte vermuteten sogleich, der außergewöhnliche Krankheitszustand müsse von dieser Verwundung stammen. Scotland Yard und Toxikologieexperten wurden sofort eingeschaltet. Was erbrachten die fieberhaft durchgeführten Untersuchungen?«
Wieder blickte Pittance genüsslich in die Runde. Ihm wurden geweitete Augen entgegengehalten.
»Die tödliche Kugel bestand aus einer Legierung seltener Metalle und war mit einer Zuckerhülle umgeben, die sich allmählich im Blut aufgelöst hatte. Eine Überraschung bot der Inhalt der Kugel. Sie enthielt Reste des Giftes Rizin, das aus der Rizinpflanze gewonnen wird. Es war übrigens ein Landsmann von Ihnen, Mister Ochsenziemer, Paul Ehrlich, der aus dem Rizin das Toxoalbumin isolieren konnte. Bereits ein Mikrogramm stellt die Dosis letalis dar. Die Ballistiker fanden übrigens heraus, dass die Kugel über einen Luftdruckmechanismus abgeschossen wurde, der in den Regenschirm des Mörders integriert war.«
Pittance lehnte sich in seinem Stuhl zurück, blickte seine Sherryflasche an und befreite den letzten Rest Sherry aus seiner Gefangenschaft.

»Nun, Lady and Gentlemen, das ist aber noch nicht alles. Als der Fall des bulgarischen Schirms Schlagzeilen machte und auch nach Paris drang, kam von dort die Nachricht, dass im August desselben Jahres eine ähnliche Mordattacke verübt worden sei. Wieder traf es einen bulgarischen Emigranten, Wladimir Kostow, einen Journalisten, der für den Sender ›Freies Europa‹ arbeitete. Kostow konnte gerettet werden, die Umstände seiner Rettung können hier übergangen werden. Jedenfalls begann Kostow nach seiner Genesung zu recherchieren und schrieb seine Ergebnisse in einem Buch nieder, das den Titel ›Der bulgarische Schirm‹ trägt. Die Hintermänner der Mordanschläge, wen wundert's, saßen in Bulgarien.«
Es herrschte einen Augenblick Stille im ›Général de Gaulle 47‹. Dann meldete sich Pittance noch einmal zu Wort.
»Der bulgarische Schirm besitzt nach wie vor Aktualität. Ich möchte an dieser Stelle von einem Vorfall berichten, der einige Wochen zurückliegt und sich wiederum in London an einer Metrostation zutrug, wo vier ganz junge Menschen auf mysteriöse Weise zu Tode kamen. Sie kamen ins Krankenhaus, wo sie heftig fieberten, wurden immer wieder einmal bewusstlos und starben wie auch Markow nach dem dritten Tag. Dreimal dürfen Sie raten, zu welchem Ergebnis Polizei, Ärzte und Toxikologen kamen. Der Tod war das Ergebnis eines Anschlags mit Hilfe eines bulgarischen Schirms. Wieder führte das Gift Rizin in einer Kugel zum Tode. Nur, dieses Mal waren junge Menschen Opfer. Warum, konnte bis jetzt nicht aufgeklärt werden. Offenbar ist jemand im Besitz der Waffe, der kein Bulgare ist. Die Jungen nämlich waren keine bulgarischen Exilanten. Die Polizei hat nachgeforscht. Bulgarien zeigte sich nach der Zäsur von 1989 kooperationsbereit, und so konnte herausgefunden werden, dass die Besitzer einer kleinen Waffenfabrik sich nach dem Zusammenbruch des Sozialismus nach Paris abgesetzt hatten. Die Namen der Besitzer waren bekannt, bis sich ihre Spur in Paris verlor. Vielleicht leben sie dort oder an anderer Stelle mit einer neuen Identität.«
Mouchard wollte von Pittance wissen, ob das Rizin etwas mit dem Abführmittel Rizinusöl zu tun habe, was für Pittance ein willkommener Vorwand war, die Frage etwas weitschweifig zu beantworten.
»Das Gift Rizin und das Rizinusöl werden aus ein und derselben Substanz gewonnen, dem Samen des Rizinusbaumes, der auch, vielleicht in Anspielung auf den Tod Jesu Christi, Christpalme heißt und vor allem in Afrika vorkommt. Das Rizinusöl ist ein klares, gelbliches, unangenehm riechendes und

schmeckendes Öl, dessen Bestandteile das Glycerid, daneben Tristearin und Dihydrooxystearin sind. Das Rizin ist darin nicht enthalten. Das ebenfalls aus dem Samen gewonnene Rizin ist dagegen ein hochgiftiges Alkaloid, ein eiweißartiger Giftstoff, der stärker wirkt als Strychnin und Blausäure, wenn er, auf welche Weise auch immer, unter die Haut gespritzt wird. Das Rizin führt im Blut sofort zur Agglutination, zur Verklebung der roten Blutkörperchen, die den Tod auslöst. Die Krankheitssymptome, die sich nach und nach einstellen und die auch bei den erwähnten Opfern auftraten, sind Übelkeit, Brechreiz, Erbrechen, heftige Magen- und Darmschmerzen, blutiger Durchfall, unstillbarer Durst, kalte Schweißausbrüche, steigende Körpertemperaturen, erhöhter Puls, Atemnot, Bewusstlosigkeit und dann der Kollaps.«

Alle waren beeindruckt von den ausgezeichneten Kenntnissen des englischen Kommissars, den sie wohl alle unterschätzt hatten. Er hatte zudem seine Rede frei gehalten und sämtliche Fakten aus dem Kopf rekapituliert.

Auch Montalban war tief beeindruckt von Pittances Vortrag, der sie wieder mit ihm versöhnt hatte.

»Was Kollege Pittance, der dem spanischen Sherry sehr zugetan ist, ausführte, hat mich überzeugt und zu zwei Erkenntnissen gebracht. Denn es gibt auch in Spanien einen ähnlichen Fall, der sich in San Sebastian zugetragen hat. Dort wurde im Blut der jungen Opfer, es waren sechs ganz junge Leute, das Rizin nachgewiesen. Die besagten Kügelchen fand man allerdings im Po der Jugendlichen. Ich muss mich über die genaueren Umstände noch informieren. Für mich jedenfalls steht schon jetzt fest, dass es offenbar einen Zusammenhang zwischen dem Rizinangriff auf die englischen und die spanischen Jugendlichen geben muss.«

Montalban holte tief Luft. Ihr Redebeitrag hatte sie sehr erschöpft. Ochsenziemer ließ sie schnaufen, bis sie wieder zur Ruhe gekommen war, ehe er sich an sie wandte: »Signora Montalban, sie sprachen soeben von zwei Erkenntnissen, zu denen Sie gekommen seien. Eine haben Sie uns mitgeteilt. Besteht die Möglichkeit, dass wir auch noch in den Genuss der anderen Botschaft kommen?«

»Sie müssen nicht so gespreizt daherreden, Herr Ochs ...«

Sie hatte sich verschluckt, hustete heftig einmal, zweimal, dreimal, viermal, sodass man befürchten musste, sie würde gleich krepieren. Aber nein, sie war zäh.

»... Pardon, Dings ... -ziemer. Was wollte ich sagen? Ja. Da ich meinen Stock aus Spanien habe, wie ich Ihnen schon erläuterte, der, da können Sie unbesorgt sein, keine Rizinkugeln enthält, Herr Mouchard, hören Sie mir überhaupt zu? Sie kauen auf Ihren Fingernägeln herum und wirken abwesend. Wenn Sie mein Sohn wären, würde ich Ihnen für Ihre Unaufmerksamkeit ein paar überziehen, dass Ihnen Hören und Sehen ...«

Sie japste, blickte starr, als habe ihr letztes Stündlein geschlagen, kam dann aber doch wieder zu sich.

»... Entschuldigen Sie bitte. Ich wollte sagen, da ich meinen Waffenstock in Spanien erstanden habe, dort jetzt auch der bulgarische Schirm offenbar bei den Anschlägen in San Sebastian aufgetaucht ist, könnte es sein, dass die bulgarischen Waffenschmiede sich in Spanien niedergelassen haben.«

»Dieser Spur, liebe Kollegin, sollten Sie nachgehen, sodass Ihre Hypothese vielleicht bald verifiziert werden kann«, warf Ochsenziemer ein und schloss die Sitzung.

56.

Einige Monate waren vergangen, seit sich ein Geruch von Benzin, Brand und Blut in der Schrottstraße breit gemacht hatte. Die Düfte hatten sich mittlerweile verzogen, die Tränen, die vergossenen, die laut und die leise geweinten, waren getrocknet, vertrocknet auch die Blumen und Kränze, abgelegt an der Unglücksstelle, die Toten zu ehren und ihrer zu gedenken. Der Teer hatte sich aufgeworfen und Blasen gebildet, die aufplatzten und alle Erinnerungsspuren verschluckten. Verdorrt waren auch die Herzen, in die die graue Gleichgültigkeit wieder Einzug gehalten hatte. Wenig beeindruckt von den tödlichen Unfällen zeigte sich auch das Unkraut. Es war gleichgültig wie eh und je in die Höhe geschossen. Und die Betonwände blieben, was sie immer schon waren, stumme Zeugen. Daran änderten auch die kunstvoll aufgesprayten Namen der Toten nichts, die mit hübschen Herzchen und Kreuzchen versehen worden waren. Das Vergessen hatte die Schrottstraße erobert und mit ihm kamen die Jungs mit ihren heißen Öfen und ihren kalten Herzen, kamen die alten Bräute zurück, die längst ihre Liebhaber gewechselt hatten. Anfangs zögerten alle noch ein wenig, hielten kurz an der Todesstelle an, sahen auf die Namen an den Wänden und gedachten der verstorbenen Kumpels. Doch bald war auch das Gedenken vergessen. Das laute Leben forderte seinen Tribut. Gas geben, der Schnellste und der Liebling der Mädchen sein, darauf kam es an. Längst war die Absperrung der Straße verschwunden, worüber sich die Jungs freuten und nur einer sich ärgerte. Und die Polizei konnte nicht überall sein, wie auch.

Die Jungs, bevor sie losfuhren, testeten das Gas, stellten hier Schrauben nach, prüften dort die Reifen, fuhren, gaben sich professionell. Für die Bräute hatten sie keinen Blick. Später wieder, wenn sie von der Ziellinie zurückgekehrt und artistisch auf den Hinterreifen gefahren waren. Das Rennen konnte beginnen. Die Plätze waren verteilt, der Starter bereit mit der erhobenen Flagge, die Motoren in Ekstase. Dann der Start und die Gefährte schossen wie Raketen auf das Ziel zu.
Am nächsten Tag konnten die Leser von S im ›Stadtanzeiger‹ Folgendes lesen:

Zum zweiten Mal wurde S von einem tragischen Unfall erschüttert, der wie schon der Unfall vor einem Vierteljahr in der Schrottstraße an der gleichen Stelle wie das erste Mal erfolgte. Freitagabend waren wieder acht Fahrer zwischen sechzehn und achtzehn Jahren zu einem Motorradrennen gestartet, von denen keiner gesund am Ziel ankam. Zwei Fahrer waren sofort tot, zwei weitere starben auf dem Transport ins Krankenhaus, zwei schweben noch in Lebensgefahr, die restlichen zwei werden überleben. Überleben mit Schädeltrauma und Querschnittslähmung. Der Rollstuhl wird ihr trauriger Gefährte sein.

Der Fall wirbelte erheblichen Staub auf. Nicht nur die besorgten Eltern fragten sich, ob Stadt und Polizei richtig gehandelt hatten, als sie die Schrottstraße wieder für den Verkehr freigaben. Nach dem schlimmen Unfall, der gerade einmal drei Monate zurücklag, hätten Vorkehrungen getroffen werden müssen, damit sich das Grauen nicht wiederholte. Es hatte sich in den letzten Wochen gezeigt, dass die Jugendlichen wieder ihre Rennspiele aufgenommen hatten. Der Lärm war kaum überhörbar. Von Polizeikontrollen aber keine Spur. Die Eltern überlegten sich, ob sie gegen die Verantwortlichen gerichtlich vorgehen sollten. Die Kriminalpolizei ging davon aus, dass ein Fahrfehler einer der Rennfahrer die Katastrophe ausgelöst hatte. Einige Zeugenaussagen deuteten darauf hin. Die Auswertungen dauerten noch an.
Da S zum Einzugsbereich von Lg gehörte, war auch Kommissar Keidel an der Unfallstelle. Zwar fiel das Verkehrsdelikt mit Todesfolge nicht in sein Ressort, aber er hatte etwas in der Nase, hatte einen Verdacht, der auch nahelag. Der Fall erinnerte ihn fatal an den ersten Unfall, bei dem man leider nicht weitergekommen war. Er sprach daher mit seinem Kollegen Schwerdtfeger, einem ehrgeizigen jungen Mann, der sich Einmischungen in sein »Revier« verbat. Wenn er von

Keidel Amtshilfe brauche, werde er sich bei ihm melden. Vorläufig aber gäbe es keine Veranlassung dazu. Schwerdtfeger, der lange schwankte, erlaubte Keidel schließlich eigene Recherchen, nachdem dieser versprach, sich nicht einzumischen und die Spurensuche nicht zu behindern, sondern unauffällig am Rande eigene Beobachtungen anzustellen. Keidel wollte sich nach Dienstschluss bei Schwerdtfeger mit zwei, drei Bieren »revanchieren«. Er hielt sich prompt an die Absprache, vermied alles, was nach einer Einmischung aussehen mochte und machte um die Absperrung der Unfallstelle zu Anfang einen großen Bogen.

Keidel nahm sich zunächst die Bürgersteige vor, ließ seine Augen hierhin und dorthin schweifen, kickte ein Stück Papier weg, drehte ein altes Blatt um. Nichts. Eher zufällig suchten seine Augen die Betonwände ab. Er konnte auch hier nichts entdecken. Er blickte hinüber zur Spurensicherung, als ihm plötzlich einfiel, noch einmal die Betonwände etwas genauer unter die Lupe zu nehmen. Was ihn zu dieser Aktion veranlasst hatte, darüber war er sich selber im Unklaren. Jedenfalls ging er wieder auf die Wand am linken Bürgersteig zu, bückte sich und entdeckte dort eine Kerbe, die ihm schon beim ersten Mal aufgefallen war, der er aber keine Bedeutung beigemessen hatte. Er schätzte die Breite auf fünf Zentimeter und die Länge auf siebzig Zentimeter. Die Kerbe ging unterhalb des Bürgersteigs noch einige Zentimeter weiter.

Allem Anschein nach war die Kerbe jüngeren Datums. Keidel konnte sich keinen Reim auf diese Furche machen. Nachdenklich umging er die Absperrung, um auf die andere Straßenseite zu kommen. Dort ging er gezielt auf die Betonwand der leer stehenden Fabrik zu und gab seinen Augen den Befehl, unten an der Mauer nach einer Kerbe zu suchen. Die Augen gehorchten und wurden fündig. Etwa auf gleicher Höhe befand sich wiederum eine Kerbe in der Mauer von gleicher Länge und Breite. Keidel zischte durch die Zähne und ging geradewegs auf das abgesperrte Gebiet zu und bat einen Kollegen von der Spurensuche, ihm mit einem Meterband auszuhelfen.

Er maß erst links, dann rechts nach, seine Vermutungen stimmten fast auf den Zentimeter genau. Er nahm sein Diktiergerät, stellte es an und teilte ihm seine Beobachtungen mit. Dann rollte er das Meterband zusammen, und wie er auf die Gruppe der Spurensicherung zuhielt, sah er, dass Schwerdtfeger ihn beobachtete. Er nickte kurz zu ihm hinüber, drehte ab und verschwand. Im Wagen, auf dem Weg ins Polizeipräsidium beschloss er, den Besitzer des Fabrikgeländes ausfin-

dig zu machen. Da kam ihm eine Idee. Er drehte mitten auf der Straße, es gab kaum Gegenverkehr, und hielt erneut auf die Unfallstelle zu.
Ob Schwerdtfeger etwas dagegen habe, wenn er die Motorräder vermesse. Nein, ob er umgekehrt den Grund erfahren dürfe, wollte Schwerdtfeger wissen. »Noch nichts Greifbares, Herr Kollege, nur eine Vermutung.« Keidel sprach die Messergebnisse wieder auf Band. Und noch während er sprach, war er sich sicher, dass sich seine Vermutung zu einem Indiz zu verdichten schien.
Lächelnd winkte er Schwerdtfeger zu, stieg ins Auto und fuhr ins Präsidium. Dort angekommen, gab er sofort einem Kollegen den Auftrag für eine Recherche beim Grundbuchamt. Er ging in sein Büro, suchte die kleine Kassette mit den Aussagen von Tobias und Peter heraus und hörte sie ab. Als er an die Stelle kam, die er suchte, nickte er selbstgefällig und machte sich Mut: »Wo man es am wenigsten vermutet, springt ein Fuchs heraus.«
Er war mit sich zufrieden. Sehr zufrieden sogar. Nicht zufrieden hingegen mit seinen Kollegen, die beim ersten Unfall schlampig recherchiert hatten.

57.

An dem Tag, an dem alle Regierungen der Welt den moralischen Notstand ausriefen, begab es sich, dass in Brüssel, im ›Général de Gaulle 47‹, morgens um zehn Uhr die Mitglieder der EURO SENEX beim Morgenappell gezählt wurden.
Ochsenziemer führte wie üblich den Vorsitz. Montalban erschien in ihrem Glöckchenkleid und mit ihrem umgearbeiteten Spazierstock, ihrem »Taktstock«, wie sie ihn zu nennen pflegte. Sie wird das eine und andere Mal damit energisch den Takt angeben. Gilles, heute im Anzug mit Weste und bordeauxroter Krawatte aus Seide, hatte bereits eine Praline im Mund und weitere in einer hübschen, bunten Schachtel, wie sie in Brüssel zu Geschenkzwecken verwendet wurden. Schlink trug zur Abwechslung Mittelscheitel zu grauem Anzug mit Weste, dunkelgraue Krawatte und einen Pack Unterlagen unterm Arm. Pittance trug, was er immer trug, und roch, wie er immer roch, nach Sherry. Nur Mouchard fiel aus dem Rahmen. Er hatte, obwohl es kühl war, ein weit geöffnetes Poloshirt an, das vier dunkle Härchen und ein Goldkettchen preisgab. Untenherum steckte er in schwarzen Lederhosen.
»Frankreich hat uns seinen letzten Gigolo beschert«, spöttelte Gehrcke leise, dass es nur Ochsenziemer hören konnte.

Gehrcke und Block waren zu dieser Sitzung als »externe Expertinnen«, wie Ochsenziemer betonte, hinzugezogen worden. Für die nächsten Sitzungen hatten sich die Länder Italien, Griechenland und Portugal angesagt.

»Je mehr kommen, desto schwieriger und unüberschaubarer wird alles. Diese idiotische Quotenregelung. Alles nur Scheindemokratie. Nicht mehr die Besten zählen, es zählt die Quote wie beim Fernsehen, wie bei den Bestsellern im Buchhandel. Die Kommission wird einen Blähbauch bekommen«, hatte Ochsenziemer auf der Fahrt ins ›Hauptquartier‹ gestöhnt. Gehrcke, an die er die Botschaft adressiert hatte, sah ihn an, lächelte und ermutigte ihn wie folgt: »Das werden Sie schon schaffen. Die Mischung aus Konzilianz und zupackendem Durchsetzungsvermögen im rechten Moment, das kann keiner so gut wie Sie.«

Als sie im ›Général de Gaulle 47‹ ankamen, dampfte und duftete es bereits. Eine Melange von Kaffee, Tee und frischen belgischen Waffeln sorgte im ›Club‹, wie Pittance die SOKO despektierlich nannte, für eine anheimelnde Atmosphäre. Gilles empfing Ochsenziemer mit der Feststellung, von den »zwei Schwarzen« auf der Honda wären die Mitglieder lange nicht mehr belästigt worden, was Ochsenziemer eher sorgenvoll stimmte und veranlasste, seinen Mitarbeitern noch dringlicher sein »Seid wachsam!« einzuimpfen, damit nur ja nicht die Aufmerksamkeit nachließe. Dann musste er plötzlich an Jeanne denken. Er würde sie am Abend sehen.

Sie waren bei Gilles eingeladen. Am Telefon hatte sie ihm von einem schwarzen Piratenhemd aus Seide und engen schwarzen Schnürhosen vorgeschwärmt, die sie extra für ihn angeschafft habe. »Du wirst staunen, Chéri!«

Ochsenziemer vibrierte jetzt schon, wenn er nur an die aufregende Erscheinung Jeannes dachte.

Das Kleineuropa saß um den großen runden Konferenztisch vereint, aber nicht einig. Ochsenziemer hielt ein Fax von Keidel in Händen, das gerade eingetroffen war und das ein ›Handling für die Erlösungsarbeit‹ der Bewegung FIVE-ZERO-OUT enthielt. Bei Keidel war die Anweisung als eine E-Mail hereingeschneit. Sie hatte keinen Absender. Die Bewegung FIVE-ZERO-OUT war jedenfalls munter am Werk. Unten am Rand hatte Keidel handschriftlich einen Zusatz verfasst:

»Absender nicht zu ermitteln. Wahrscheinlich, weil ein Anonymisierer benutzt wurde.«

»Bitte schön, was ist das, ein Anonymisierer? Und wie funktioniert er?« Mit dieser Frage wandte sich Ochsenziemer, assistiert von seinen neugierigen Blicken, an Schlink.

»Ganz einfach. Der Anonymisierer basiert auf einem so genannten Remailer. Das heißt, dass man die Absenderadresse eines Wiederversenders aus einer E-Mail entfernt, um eine Rückverfolgung unmöglich zu machen. Diese Art der Spurenvernichtung wurde nach meinen Erkenntnissen erstmals von Belgrads Dissidenten benutzt, um vor der Geheimpolizei Milosevics sicher zu sein.«
»Aha, und das soll funktionieren? Gibt es tatsächlich keine Möglichkeit der Rückverfolgung mehr?«
»Kollege Ochsenziemer! Dem CIA und dem FBI traue ich alle höllischen Aktivitäten zu, die sich nur ausdenken lassen. Neulich kam in den Nachrichten, dass unsere amerikanischen Kollegen für die E-Mail-Überwachung ein System hätten, ›Carnivore‹ nennen sie es, glaube ich. Dieses System ließe sich in jedes Netzwerk eines jeden Providers einspeisen. Die Frage ist nur, ob unsere Freunde über dem Großen Teich auch willens sind, uns zu unterstützen.«
»Man müsste einmal bei der Spionageabwehr der Amerikaner in Bad Aibling vorstellig werden und auf deren globale Verantwortung hinweisen.«
»Herr Ochsenziemer, solange sich bei denen im eigenen Land nichts tut, und nach ihren Aussagen haben die kein Problem mit der ›Erlösung‹ alter Menschen, was ich, nebenbei bemerkt, nicht glaube, machen die keinen Finger krumm.«
»Es kommt auf einen Versuch an, Herr Schlink. Was halten Sie davon, wenn Sie einmal einen Vorstoß wagten? Ich kann Ihnen eine Telefonnummer geben, die Ihnen eine Tür zu einem gewissen Herrn Nussbaum öffnet, dem Sohn eines ehemaligen deutschen Juden, der in der schwarzen Zeit nach Amerika exilierte.«
Schlink nickte. Was sollte er anderes tun. Ochsenziemer war der Chef. Und außerdem interessierte ihn die Sache schon ein wenig. Solche Kontakte waren unter Umständen nicht schlecht für die Karriere.
Gilles, der seine Tüte mit Trüffeln fast geleert hatte, ließ sich die ›Anweisung‹ reichen, um einen Blick hineinzuwerfen.
Es war an der Zeit, die Sitzung zu eröffnen.
Mitten in die Nebengespräche hinein, die im Vorfeld der Konferenz überall am Tisch rege geführt wurden, eröffnete Ochsenziemer offiziell die Sitzung.
»Liebe europäische Kolleginnen und Kollegen, darf ich um Aufmerksamkeit bitten? Heute sehen wir einer Zwischenbilanz entgegen. Es sind neue, zum Teil schreckliche Nachrichten eingetroffen, die unsere schlimmsten Befürchtungen übertreffen und die die Politiker in höchste Alarmbereitschaft

versetzen dürften, wenn sie nicht schon alarmiert sind. Und das Datenmaterial nimmt täglich und stündlich rapide zu, da die Anschläge europaweit zunehmen.«

»Das wage ich energisch zu bezweifeln«, bellte Mouchard frech in den Raum, ohne sich gemeldet zu haben, und bellte weiter: »Das kann nur sagen, wer unzulänglich informiert ist oder bestimmte politische Absichten mit einer solchen Einschätzung verfolgt, mit der man Frankreich schaden möchte.«

Der Überfall kam überraschend, die meisten waren noch damit beschäftigt, ihre Gedanken zu ordnen. Jedenfalls war es auf einmal mucksmäuschenstill im Raum. Montalban war die Erste, der die Stimme zurückkam, und die sich rüde an Mouchard wandte: »Herr Mouchard, Sie sind und bleiben ein ehrgeiziger Parvenü, der unter einer krankhaften Selbstüberschätzung leidet. Ich empfehle Ihnen als eine Frau, die mühelos Ihre Großmutter sein könnte, den Schnabel nicht so weit aufzureißen, sondern erst einmal zuzuhören, was unsere Experten zu sagen haben, wenn Sie dazu überhaupt in der Lage sind.«

Und sie stieß mit ihrem Spazierstock auf den Boden, was Pittance schreckhaft in die Höhe fahren ließ und ihn veranlasste, den Schrecken durch einen Schluck aus dem Flachmann zu minimieren.

»Danke, Kollegin Montalban. Ich lasse mich auf dieses kleine Störfeuer unseres französischen Gigolos nicht weiter ein und fahre einfach fort. Ich wiederhole: Wir sehen besorgniserregenden Entwicklungen entgegen. Und der Ruf der Politiker nach Handlungsbedarf wird laut und vernehmlich erhoben werden. Bezogen auf die Anschläge auf alte und neuerdings auch auf junge Menschen sind in diesem Fall wir die Adressaten oder Prügelknaben. Im Deutschen gibt es ein bezeichnendes Sprichwort: ›Den Letzten beißen die Hunde.‹ So müssen wir uns vorkommen.«

Ochsenziemer zwang sich zu einem Lächeln, blickte in die Runde und entdeckte zustimmendes Kopfnicken.

»Ich begrüße zwei deutsche Expertinnen, die zunächst nur für diese Sitzung eingeladen wurden. Ihre Einladung erklärt sich aus der Tatsache, dass nach unserem vorläufigen Wissensstand die Keimzelle der Bewegung in Deutschland zu liegen scheint, wo die ersten Anschläge stattfanden. Mittlerweile sind große Teile von Europa mit einbezogen worden. Ob hier eine Terrorzelle mit einem Netzwerk agiert oder ob wir von einer simultanen Erscheinung auszugehen haben, die auf eine identische gesellschaftliche Situation zurückzuführen ist, muss noch genauer untersucht werden.«

»Hätten Sie, Herr Ochsenziemer, sich um eine bessere Ausstattung bemüht, hätten wir mehr und bessere Medien und zahlreichere Internet-Anschlüsse anschaffen lassen, stünden wir, was die Informationslage angeht, heute besser da.«
Ochsenziemer war nun nicht mehr verwundert, dass Mouchard diese Vorwürfe erhob. Diesen Mann durfte er nicht unterschätzen, was er leider aber immer wieder tat, indem er ihn für einen aufgeblasenen, lächerlichen Ehrgeizling hielt, der er zweifelsohne war. Aber was schwerer wog und worauf ihn Gilles, der gute Freund, immer wieder aufmerksam machte, war die Tatsache, dass Mouchard gefährlich war. Auch jetzt drückte Gilles seine Unzufriedenheit aus, indem er die Augen hob und Ochsenziemer fragend ansah.
Ochsenziemer überging die Attacke Mouchards, was Gilles schleierhaft war. Später würde er Ochsenziemer deshalb zur Rede stellen, aber nicht jetzt, das wäre eine Bloßstellung.
»Ich darf nun unsere Expertinnen recht herzlich willkommen heißen und sie bitten, uns mit den aktuellsten Daten, Fakten, vielleicht auch ersten Einschätzungen Rede und Antwort zu stehen.«
Ochsenziemer blätterte in seinen Unterlagen, holte eine Graphik heraus und legte sie auf.
»Zunächst aber erst einmal eine kurze Gesamteinschätzung von mir. Ich habe einmal überschlagen. In den letzten Wochen und Monaten stieg die Rate der Anschläge auf alte Menschen gespenstisch um über zweihundert Prozent. Überzeugen Sie sich selbst anhand der Graphik. Die Zahl der Toten stieg ebenfalls überdurchschnittlich um einhundertundfünfzig Prozent. Man muss nichts von Statistik verstehen, um die alarmierenden Zahlen einschätzen zu können. Auch das sagen die Zahlen unmissverständlich aus: Die Anschläge sind kein Werk von kranken Einzelgängern. Allerdings müssen wir differenzieren. Wir haben sowohl auf der Seite der Taten von Einzelgängern eine relevante Zunahme als auch auf der Seite flächendeckender Anschläge, die auf Tätergruppen verweisen. Wenn die Täter so weitermachen, wird sich die demographische Situation bald radikal geändert haben.«
»Gibt es lokale Kumulationen?«, wollte Montalban wissen.
»Da kann ich meine geschätzte Kollegin Gehrcke direkt ansprechen.«
»In der Tat. Es deutet vieles darauf hin, dass in Lg die Wiege der Bewegung FIVE-ZERO-OUT steht. Hier fanden die ersten Anschläge statt und hier häufen sich auch die Anschläge. Wen es interessiert, der kann einen Blick auf die Graphik werfen, die ich Ihnen jetzt auflege.« Alle Augen wanderten zur Leinwand.

»Auch das steht vorläufig fest, dass in Deutschland mit Abstand die meisten Anschläge erfolgten, wenn Sie kurz hierher blicken wollen.«

»Danke, Frau Gehrcke. Frau Block, wie sieht es in den anderen Ländern aus?«

»Mit geringer Verspätung gab es in Italien, genauer gesagt auf der Insel Ischia, den ersten großen Anschlag auf alte Menschen, die das Castello Aragonese besuchten. Soweit wir bis jetzt wissen, war dies ein Gasanschlag mit Kohlenmonoxyd, das, wie wir noch sehen werden, bei den Anschlägen eine markante Rolle spielt. Dann gab es in England fast zeitgleich Anschläge auf zwei Altenheime mit vielen Toten. Auch bemerkenswert viele Einzeltaten in diesem Raum mit überdurchschnittlich hoher Arbeitslosigkeit. Dann verspätet Anschläge in Spanien und Portugal. Es muss überraschen, dass ausgerechnet in den romanischen Ländern, wo man ja immer noch intakte archaische Familienstrukturen vermutet, solche Anschläge auf Alte möglich sind. Das wäre im Einzelnen genauer zu untersuchen, ich bin keine Soziologin.«

»Ich muss erneut Einspruch erheben, da Sie auf die Situation in Frankreich überhaupt nicht eingegangen sind. Wenn Sie schon vollmundig von einer flächendeckenden Ausbreitung sprechen, dann verstehe ich nicht, dass Sie Frankreich aussparen. Und ich glaube auch, den Grund zu kennen. In Frankreich stellt sich nämlich dieses Problem gar nicht.«

»Wollen Sie etwa behaupten, in Frankreich gäbe es keine Angriffe auf alte Menschen? Wie erklären Sie sich dann die Anschläge auf Altenheime in T, in M oder in P, die kurz hintereinander erfolgten? Wollen Sie die etwa alle leugnen und zum Ruhme Frankreichs die Statistik fälschen?«

Mouchard intervenierte heftig.

»Madame Gehrcke, ich bestreite nicht die Anschläge. Ich bestreite allerdings vehement den Zusammenhang, den Sie konstruieren. Die Anschläge in Frankreich sind ganz normale kriminelle Anschläge, die keiner Bewegung angelastet werden können. Einzig und allein darum geht es mir.«

»Herr Mouchard, und in welchem Licht sehen Sie die Tatsache, dass plötzlich wie aus heiterem Himmel gehäuft solche Anschläge, und zwar parallel zu Anschlägen in anderen Ländern, in Frankreich stattfinden? Haben Sie darauf eine Antwort, die mich überzeugt?«, wollte die lächelnde Block wissen.

»Mademoiselle, sehen Sie, das eben muss untersucht, nicht aber behauptet werden. Sie haben doch noch gar keine Täter und faseln etwas von signifikanten Tatbeständen herum. Das geht doch nicht, das ist unseriös, begreifen Sie das nicht?«

Gilles, der merkte, dass Gefahr im Verzug und Ochsenziemer offenbar im Zugzwang war, wechselte das Thema, indem er Block fragte, wie sich denn die Situation in den USA darstelle.
»Offiziell gibt es keine Daten, die auf Anschläge auf alte Menschen hindeuten. Die amerikanischen Statistiken führen solche Anschläge nicht gesondert als Anschläge auf Alte, sondern nur innerhalb der allgemeinen Kriminalität. Hinzu kommt, dass in den Vereinigten Staaten die Seniorenheime zu Bunkern ausgebaut wurden und streng bewacht sind. Es ist daher nicht verwunderlich, dass sich im Bewusstsein der Amerikaner so etwas wie eine Bunkermentalität breit macht. Offenbar ist es in so einer Situation dann für Bewegungen schwierig, an die Alten heranzukommen. Das sage ich mit großem Vorbehalt.«
Ochsenziemer hatte in der Zwischenzeit jene Akten herausgesucht, auf die er nun eingehen wollte.
»Die Auseinandersetzungen haben dadurch eine neue Qualität erhalten, dass es offenbar eine Gegenbewegung zur Bewegung FIVE-ZERO-OUT gibt. Ich habe hier eine Akte, die Akte Eisenbeiß, für die Kollege Schlink zuständig ist. Der kann uns mehr dazu sagen. Bitte sehr, Kollege Schlink.«
»Die Akte Eisenbeiß war für uns zunächst ein Buch mit sieben Siegeln. Eisenbeiß steht für ein Phantom, für einen sechsfachen Mord, den ein oder mehrere Täter begangen haben. War es Zufall oder war es Kalkül? Wir sind heute zu dem Schluss gekommen, dass nur ein Täter für den Mord in Frage kommt.«
»Ich sehe da keinen Zusammenhang mit den Bewegungen. Sie sprachen gleich von zwei Bewegungen, Monsieur Ochsenziemer, ich sehe nicht einmal eine einzige.«
»Herr Mouchard, Ungeduld hilft dem Übel nicht ab«, warf Ochsenziemer jetzt schon sichtlich genervt ein.
»Sie sind ein Heißsporn und wären sicher ein glänzender Musketier geworden. Aber hier...«
»... hier sind Sie nur unausstehlich, haben weder Fingerspitzengefühl noch Contenance. Ich bewundere die Geduld, die Señor Ochsenziemer mit Ihnen hat«, echauffierte sich Montalban.
»Kollege Schlink, fahren Sie einfach fort und achten Sie nicht auf unseren notorischen französischen Nörgler«, regelte Ochsenziemer wieder die Berichterstattung.
»Also, wir standen zunächst vor einem Rätsel. Wir hatten sechs junge Opfer, Jungen im Alter zwischen vierzehn und sechzehn, und wir hatten ein anderes Opfer, das flüchtig war und dies

noch immer ist, einen Blinden. Dieser Blinde wurde von den Jungen, so die Aussagen eines Zeugen, offenbar bedroht. Wir haben immer noch keinen Täter. Also, ein ganz normaler Fall.«
Man merkte, die Runde hatte aufmerksam zugehört und schwieg jetzt. Schlink blickte in dieses Schweigen und genoss seinen Coup.
»Lange waren wir hilflos. Die Untersuchung des Tatortes zeigte, dass hinter dem Blinden, der von den Jungen angegriffen wurde, eine Mauer ist, die weder eine Tür noch sonst eine Öffnung hat, aus der die Schüsse hätten abgefeuert werden können. Von oberhalb der Mauer haben die Schüsse auch nicht kommen können, dagegen sprach der Einschusswinkel. Danach konnte nur der Blinde die Schüsse abgegeben haben. Aber ein Blinder und schießen? Da half zunächst eine winzige Bemerkung des Zeugen weiter, der angegeben hat, der Blindenstock habe nicht wie ein normaler Blindenstock ausgesehen, er sei dicker gewesen. Aber der Zeuge war sich nicht ganz sicher. Dafür waren wir uns in dem Augenblick sicher, in dem Kollegin Montalban mit ihrem Krückstockgewehr hier auftauchte und berichtete, dass ihre älteren Kollegen mit solchen Dingern Jagd auf die Verbrecher machten. Von da an war uns klar, dass der Blinde kein Blinder war, sondern nur den Blinden simulierte. Aber damit war das ganze Rätsel immer noch nicht gelöst.«
»Sehr spannend und amüsant, Herr Schlink, was Sie da erzählen. Spannend das Was, vor allem aber spannend das Wie. Sie haben das Talent zu einem Märchenerzähler. Wie Sie einen Spannungsbogen aufbauen können, das verdient Anerkennung. Ich bin jetzt neugierig, was die Auflösung des Resträtsels uns beschert.«
»Da möchte ich Sie nicht lange auf die Folter spannen, Herr Pittance. Dem Geheimnis des Resträtsels kamen wir näher, nachdem die Anschläge auf die Discos und Jugendhäuser erfolgten und wir im Internet auf das Manifest der Bewegung FIVE-ZERO-PLUS stießen. Auf einmal war uns zweierlei klar ...«
»... erstens, dass der Mordanschlag von der Gegenbewegung ausging, und zweitens, dass der Täter im Umfeld von Polizisten zu suchen ist«, vollendete Montalban den Satz.
»Darauf kann auch nur eine Frau kommen«, motzte Mouchard.
»Eine Frau, die kenntnisreich ist und über eine hervorragende Kombinationsgabe verfügt. Von beidem, Herr Mouchard, scheinen Sie nicht viel zu besitzen«, ergänzte Schlink.
»Um zum Ende zu kommen. Wir suchen den Täter, wissen, wo er zu finden ist, wissen aber nicht, wie wir ihn finden können.

Denn mit der Gegenbewegung tut sich das nächste Rätsel auf: Wir wissen so gut wie gar nichts über diese Bewegung, die sich im Augenblick jedenfalls noch sehr bedeckt hält.«
»Einen Hinweis möchte ich noch ergänzend dazu beitragen«, meinte Gehrcke. »Wir haben ein Emblem unter dem Manifest der Gegenbewegung gefunden, eine fünfzig mit einem hochgestellten Plus-Zeichen versehen, die beide eingekreist sind.« Gehrcke belegte ihre Ausführungen mit einer neuen Folie, die auf den Wandschirm geworfen wurde.
»Wir werden also in Zukunft auf zwei Embleme zu achten haben, das von FIVE-ZERO-OUT und das der Gegenbewegung. Und das heißt, wir müssen die alten Tatorte noch einmal einer eingehenden Untersuchung auf diese Embleme hin unterziehen«, würdigte Ochsenziemer abschließend die Ausführungen seiner Mitarbeiter und gab gleichzeitig das Zeichen für eine kleine Pause. Er zog sich in sein Büro zurück, versuchte, mit Jeanne zu telefonieren, was ihm nicht gelang. Jeanne war nicht da. Ochsenziemer seufzte tief. Einige Seufzer hießen Jeanne, einige Mouchard.
Nach der Pause war Montalban begierig zu wissen, was für eine Bewandtnis es denn mit den Anschlägen auf die Discos habe. Sie würde gern mehr darüber wissen.
Das bedeutete wieder Redezeit für Block.
Block, die diesmal in einem Strickpullover in Altrosa mit schönem Ajour-Muschelmuster und kurzem Reißverschluss sowie einer lässigen Krempelhose mit Tunnelzug und Bindeband im gleichen Farbton erschienen war, legte eine Graphik mit bunten Blöcken auf, in die Zahlen eingebunden waren und die Stichworte enthielt, die eine die Wahrnehmung lenkende Funktion hatten.
»Die Statistik erfasst hier links die Anschläge auf die Discos und hier rechts die Anschläge auf Jugendhäuser und Kinderpflegeheime, jeweils bezogen auf den aktuellsten Stand und jeweils bezogen auf die deutsche Situation.«
»Frau Block, darf ich fragen, warum Sie Kinderheime und Discos zusammengefasst haben? Das sind nach meinem Empfinden doch zwei verschiedene Paar Stiefel.«
»Sie können davon ausgehen, Herr Pittance, dass ich mir dabei etwas gedacht habe. Ich war dabei, Ihnen dies auch zu erläutern. Zwei Phänomene zeigt die Graphik zweifelsfrei, einmal die exorbitante Zunahme der Anschläge auf Discos innerhalb von drei Monaten um knapp vierhundert Prozent. Die Zunahme der Anschläge auf die Kinder-, Waisen- und Pflegeheime für Jugendliche ist unwesentlich niedriger mit exakt dreihundertundfünfzig Prozent. Sie müssen sich das ein-

mal vorstellen. So viel Gewinn haben selbst die Konzerne in ihren besten Zeiten nicht gemacht. Was den Zeitfaktor angeht, sehen Sie auf einen Blick hier in dieser Spalte, dass es nur eine geringe Verzögerung von gerade einmal drei Wochen gibt. Ich überlasse es Ihnen, Zusammenhänge herzustellen. Ich halte mich zurück.«

»Können Sie etwas zum Stadt-Land-Gefälle sagen?«, fragte Gilles.

»Da zeichnet sich gewissermaßen eine Umkehrung der Situation der Anschläge auf Altenheime ab. Die Anschläge auf Discos und ›Kinderverwahranstalten‹, wenn ich das einmal so pauschal auf einen Nenner bringen darf, erfolgten eher in Land- als in Stadtgebieten. Dies liegt nach den uns vorliegenden Informationen, wir haben die Tatorte besichtigen und Profile anfertigen lassen, daran, dass die Tatorte auf dem Land sowie in Klein- oder mittelgroßen Städten isoliert am Rande der Wohngebiete liegen. Strategisch ausgedrückt, sie sind relativ ungeschützt und eignen sich daher für Anschläge besonders gut.«

»Und die Täter, was können Sie über die Täter sagen, Frau Block?«

»Frau Montalban, hier sind wir auf ein Konstrukt angewiesen. Gefasste Täter gibt es bis jetzt keine. Es gibt vage Spuren. Was wir haben, sind eindeutige Beweise aus dem Internet, die die Existenz der Bewegung FIVE-ZERO-OUT sowie der Gegenbewegung FIVE-ZERO-PLUS belegen. Für den Zusammenhang mit den Anschlägen müssen wir die Wahrscheinlichkeit bemühen. Auch müssen wir leider zugeben, was ich hier, wo wir vor der Öffentlichkeit geschützt sind, offen darlegen kann, dass man schlampig recherchiert hat und dass Spuren einfach übersehen worden sind. Sodass wir vor der schwierigen und delikaten Aufgabe stehen, nachzurecherchieren.«

»Nun, Sie haben uns über die deutschen Verhältnisse aufgeklärt, wie steht es um die anderen Länder, was die Anschläge auf Discos und Kinderheime angeht?«

»Hier liegen kaum Fakten vor, was unsere Arbeit erschwert, deshalb wurde ja auch die EURO SENEX innerhalb der Europol gebildet. Aber wir müssen zugeben, dass die Bewegungen zunächst noch einen erheblichen Vorsprung haben. Nun zu den konkreten Daten. Es liegen fünf Anschläge in England, vier in Frankreich und drei in Italien vor, was einer erheblichen Zuwachsrate entspricht. Fehlanzeigen bis jetzt aus Spanien und Portugal.«

Von Pittance kam eine Wortmeldung.

»Mister Pittance, it's your go«, gab Ochsenziemer seine Einwilligung.

»Mister Ochsenziemer, es muss heißen ›it's your turn‹ oder ›you are next‹. Die Redewendung ›it's your go‹ verwendet man bei uns nur beim Spielen, wenn jemand mit einem Zug dran ist. Das nur ›by the way‹.«

»Danke Mister Pittance, Sie haben meinen sprachlichen Horizont wesentlich erweitert. Deshalb entziehe ich Ihnen auch nicht das Wort. Sie haben es, machen Sie Gebrauch davon.«

»Zunächst kann ich die Zahl der Anschläge auf Discos in England bestätigen. Aber das Erklärungsmuster, das Sie vorgelegt haben, Frau Block, trifft meines Erachtens nicht auf die englischen Verhältnisse zu. Lassen Sie mich dies kurz erläutern. Zunächst gab es die Anschläge in den Großstädten, den Industriezentren mit einer extrem hohen Arbeitslosenquote. Sodann muss man berücksichtigen, dass diese Anschläge in Gebieten erfolgten, in denen viele Ausländer der ersten und der folgenden Generationen wohnen. Es muss hier ein anderer Zusammenhang, nämlich ein rassistischer angenommen werden. Ich sage dies mit aller Vorsicht, weil es ja trotzdem sein kann, dass ...«

Pittance wurde mitten im Satz von Mouchard beschnitten.

»Ich muss zugeben, dass in diesem Fall die Situation in Frankreich ähnlich ist. Von einer Gegenbewegung der Alten wie auch immer kann aber hier nicht gesprochen werden, weil die Anschläge ähnlich wie in Großbritannien in Großstädten, und zwar in sozialen Brennpunkten, erfolgten. Frau Block, Sie sollten sich daher nicht so weit aus dem Fenster lehnen, obwohl das für Männer sicher eine Augenweide wäre.«

Mouchard ließ sich nicht von dem drohend gegen ihn erhobenen Spazierstock Montalbans abhalten fortzufahren.

Er wolle nicht missverstanden werden, betonte Mouchard, natürlich gäbe es auch in Frankreich eine hohe Kriminalitätsrate. Aber eine Korrelation zwischen Gegenbewegung und Anschlägen auf Jugendzentren komme für Frankreich nicht in Betracht.

»So, so. Wie erklären Sie sich dann aber«, intervenierte Ochsenziemer und kramte in seinen Unterlagen, »die Anschläge auf die Disco ›Alpha‹ in T, die fast ausschließlich von Jugendlichen besucht wird, den Anschlag auf die Discothek ›Omega‹ in M und die Disco ›Delta‹ in P, auch sie überwiegend von Jugendlichen besucht, mit insgesamt zweihundertvierunddreißig Todesopfern sowie sechsundachtzig Schwerverletzten?«

»Herr Ochsenziemer, ich bewundere Ihre Phantasie, Sie hätten Schriftsteller werden sollen. Zunächst fanden die Anschläge, wie ich schon sagte, anders als in Deutschland in Großstädten statt. Außerdem befinden sich die Discos in sozialen Brennpunkten, wo viele Kanaken, pardon, ausländische Mitbürger wohnen. Die Wahrscheinlichkeit ist größer, wenn man wie auch in England einen rassistischen Hintergrund vermutet. Und dass die Simultaneität für einen Angriff der Bewegung FIVE-ZERO-PLUS spräche, kann ich als nüchtern denkender Mensch nicht sehen.«

»Herr Mouchard«, trat Gehrcke dem französischen Kollegen mit strenger Miene entgegen, »Sie kennen offenbar nicht die neuesten Ermittlungsergebnisse ...«

»... die Sie mir sicher nicht vorenthalten werden, wie ich Sie kenne.«

»Was ich mit dem größten Vergnügen tue. Die französische Polizei hat an den Wänden der Discos das Emblem der Gegenbewegung FIVE-ZERO-PLUS gefunden. Nun, was sagen Sie jetzt, Herr Mouchard?«

Mouchard lachte.

»Was besagt das schon, schöne Frau? Gar nichts. Das kann doch leicht ein Red Herring sein, eine falsche Fährte.«

»Haben Sie dafür Beweise, Herr Mouchard?«

»Beweise, Beweise. Beweise sind Schall und Rauch.«

Alle Augen waren auf einmal auf Mouchard gerichtet, der nun wieder nervös an seinem Oberlippenbart zu zupfen begann.

»Wie denn, Kollege Mouchard? Wir müssen Ihre Kompetenz bezweifeln, wenn Sie nichts von Beweisen ad rem oder ad veritatem halten. Auf welche Beweise, bitte sehr, stützen Sie sich denn dann? Bevorzugen Sie vielleicht das Argumentum ad ignorantiam, jene sich auf die Unkenntnis des Gegners stützende Beweisform? Oder wie wäre es mit dem Argumentum ad misericordiam, dem Beweis, der sich auf Mitleid und Gefühle stützt? Oder halten Sie es gar wie ein antiker Volkstribun mit dem Argumentum ad populum, das sich auf die billigen Gefühle einer Volksmenge stützt? Schließlich möchte ich das Argumentum e consensu gentium nicht außer Acht lassen, eine Beweisform, der es genügt, sich auf allgemein als wahr anerkannte Behauptungen zu stützen. Nun, Herr Mouchard? Mit welchem der genannten Beweise gehen Sie ins Bett?« Ein skandiertes, gedämpftes Lachen begleitete die eloquenten Bemerkungen Schlinks.

»Schlink«, mischte sich Ochsenziemer lächelnd ein, »man merkt Ihnen doch die vorzügliche juristische Ausbildung und die geschliffene Rhetorik an, die auch in polizeilichen Ermittlungsbemühungen, wie diesen hier, von großem Wert sind.«

Mouchard fühlte sich gar nicht wohl. Das Zupfen am Oberlippenbart konnte ihn nicht beruhigen, und das Handy zu benutzen, traute er sich nicht. Da kamen ihm seine Flatulenzen zur Hilfe. Sie zwangen ihn auf einmal, fluchtartig den Saal zu verlassen. Kaum hatte er die Tür hinter sich geschlossen, war wie zum Beweis ein Donnergrollen vernehmbar, das alle im Saal lächeln ließ.

»Darf ich die Situation dazu nutzen, ein Ergebnis mitzuteilen, das meine Recherchen bei meinen Kollegen in Spanien betrifft? Es geht noch einmal um den bulgarischen Schirm. Ich hatte versprochen, mich ein wenig umzuhören, was ich dann auch getan habe. Unsere älteren spanischen Kollegen haben, soweit ich in Erfahrung bringen konnte, keine Kenntnis von irgendeiner Bewegung, geschweige denn, dass sie selbst einer angehörten.«

Und zum anschaulichen Beweis trumpfte Montalban mit ihrem Spazierstock auf.

»For heaven's sake, not again«, schrie der sich schon bückende Pittance, der plötzlich ganz blass geworden war.

Montalban sah Pittance streng an, als wollte sie sagen: ›Diese Memme hat hier nichts zu suchen!‹

Da kam auch schon Mouchard zurück. Dass er beleidigt war, stand ihm noch ins Gesicht geschrieben.

›Der wird jetzt Schlink zum Duell herausfordern‹, dachte Ochsenziemer. Und wieder musste er daran denken: ›Auf den muss ich aufpassen. Der funkt dazwischen.‹

Und auf einmal fielen ihm die zwei Kollegen in Lg ein, die kurz nach ihrer Einstellung aus der SOKO SENEX hinausgeschmissen worden waren, weil sie als Sympathisanten der Bewegung FIVE-ZERO-OUT Daten gelöscht hatten, wie er von Schlink wusste.

›Muss auch ich jetzt wegen derselben Befürchtung auf der Hut sein? Ich werde auf der Hut sein und gleich die abgespeicherten Daten auf der Festplatte … Judas Mouchard. Der sieht mir nicht so aus, als würde er sich nach dem Verrat erhängen.‹

Und seine Befürchtungen drängten ihn in die Enge: ›Bin ich am Ende von lauter Judasfiguren umgeben? Sind alle Jungen auf einmal meine Feinde? Am Ende auch Jeanne? So viele junge Kolleginnen und Kollegen, so viele Verräter?‹

Ochsenziemer erschrak.

›Die Sorge bleibt mein ständiger Begleiter.‹

58.

An diesem Tag, der Ochsenziemer einen so großen Schrecken eingejagt hatte, suchte der Vorleser Wortmann Novellen aus Boccaccios ›Decamerone‹ für seine neue Vortragsreise aus; »erlösten« die jugendlichen »Helden« von FIVE-ZERO-OUT weiter alte Menschen; bekamen die Anhänger von FIVE-ZERO-PLUS Zuwachs, schlugen zurück und glichen mit jungen Opfern aus; bekam die Polizei derweil wieder einmal einen eisigen Wind zu spüren, weil ein Erfolg ausblieb; stiegen dafür die Arbeitslosenzahlen, stieg auch die Sonne und ließ den Zenit des Sommers hinter sich; stiegen viele Alte mühsam Treppen hoch, von denen einige durch menschliche Einwirkung schnell wieder hinunterpurzelten und nicht mehr aufstanden; purzelten auch die Kurse an den Börsen.

Keine Purzelbäume schlug dagegen der Prof, den der Leser schon einige Male kurz kennen gelernt hat. Der saß problemgebückt bei geöffnetem Fenster, trank seinen Tee, es war seine Teezeit, und dachte darüber nach, wie er seinen neuen Krimi, der nahezu abgeschlossen war, enden lassen sollte.

Mit seinem guten, alten Freund Ochsenziemer war er immer wieder einmal der Frage nachgegangen, warum denn eine Kriminalgeschichte immer ein Ende, und dann auch noch ein positives haben müsse, wo doch das Leben ganz anders ausgehe. Und Ochsenziemer hatte auf die Polizeipraxis verwiesen, bei welcher sich die gelösten und die ungelösten Fälle die Waage hielten, und beide von den neuen Fällen aufgefressen würden.

»Weißt du«, hatte Ochsenziemer hinzugefügt, »im Grunde genommen stehen wir immer wieder am Anfang. Es kommt mir so vor, als sei unsere Arbeit ein einziges Beginnen, für die wenigen Sensiblen unter uns Bullen eine deprimierende Erfahrung.«

Und der Prof erinnerte sich noch genau, was er geantwortet hatte: »Verhält es sich denn mit dem Leben anders? Wo wir hinblicken, überall nur Anfänge, verheißungsvolle Aufbrüche, fröhliches Beginnen, wenn's hochkommt. Manchmal nicht einmal das. Auch Anfänge können misslingen. Der Rest des missglückten Anfangs: Abstürze, Tragödien oder im besten Fall ein Dahindämmern in Mediokrität, was im Grunde genommen ebenfalls auf eine Tragödie hinausläuft. Sieh dir daraufhin nur einmal die Beziehungen an. Unsere eigenen und die vielen fremden. Was lernen wir daraus, mein Freund? ›Das Leben ist gefährlich. Wer lebt, stirbt‹.«

»Moment mal. Das kommt mir bekannt vor«, hatte Ochsenziemer erwidert und hinzugesetzt:

»Bei dir muss man immer auf der Hut sein, man weiß ja nie, was stammt von dir und was ist Zitat. Also ich tippe einmal auf Jerzy Lec.«
»Stimmt. Von dem stammt auch der folgende Aphorismus: ›Der Mensch? Ein Abfallprodukt der Liebe‹.«
Sie mussten lachen.
»Das ist ein Grund, auf das Abfallprodukt anzustoßen, in der Hoffnung, dass aus dem Menschen noch einmal ein menschenähnliches Wesen wird.« Sie ließen den Wein im Glas rotieren, erhoben es, stießen an, verneigten sich, tranken, kauten und genossen einen Merlot aus dem Friaul.
Wann war das gewesen? Vor etwa einem Vierteljahr? Oder war es nicht so lange her?
Nun saß der Prof allein, trank Tee statt Wein – gemäß seiner Devise: Alles zu seiner Zeit. Der Wein ist ein geselliges Getränk, der Tee ein kontemplatives.
Die Gedanken über das Krimi-Ende bereiteten ihm nach wie vor Kopfzerbrechen. Nicht so seinem Verleger. Für den stand zweifelsfrei fest, das Massenpublikum will einen Schluss, einen positiven. Es leide schon genug unter dem beschädigten Leben, unter dem Misslingen. Wenigstens, wenn es lese, wolle es darum versöhnt werden. Für den Verleger stand auch der Profit im Vordergrund. Was hatte er einmal lachend gesagt: »Nur was die Masse will, bringt auch wieder Masse – in Form von Geld.«
›Was würde mein Verleger sagen, wenn mein Krimi dem Motto folgte: Wie der Anfang, so das Ende?‹
Während der Prof sich mit seinen Gedanken abmühte, stieg sein Freund Ochsenziemer nach Sitzungsende in Brüssel in den Polizeiwagen, den Jeanne herchauffiert hatte. Sie sah verführerisch aus in ihrem schwarzen Piratenhemd und den schwarzen Schnürhosen. Sie hatte ihm nicht zu viel am Telefon versprochen. Zur Abwechslung saß diesmal Ochsenziemer neben ihr, während Gilles es sich hinten auf dem Rücksitz bequem gemacht hatte. Er lächelte und schien mit seinen Gedanken bereits bei seiner Geburstagsfeier zu sein. Jeanne und Ochsenziemer waren zur Feier »im kleinen Kreis« bei Gilles zu Hause eingeladen worden.
»Ein halbes Jahrhundert trage ich jetzt mit mir herum. Das verdient gefeiert zu werden.« Gilles wohnte, wie es sich für einen mit seinem Vornamen gehörte, in ›St. Gilles‹ in der ›Rue de Parme‹, in unmittelbarer Nähe des ›Parc Jacques Franck‹. Dort bewohnte er eine Haushälfte, die noch mit Jugendstilelementen ausgestattet war. Seine zwei Söhne, der eine Jurist, der andere Restaurator, waren bereits außer Haus. Man sah

Gilles die Vorfreude an. Er saß die ganze Zeit still lächelnd auf seinem Sitz. Jeanne unterhielt sich mit ihm eine ganze Weile auf flämisch. Sie lachten viel, was Ochsenziemer nicht weiter störte, was aber dazu führte, dass sich die alten unruhigen Gedanken wieder bei ihm einschlichen. Ochsenziemer wähnte sich auf einmal überall von grinsenden Judasfiguren umstellt. Die warme Hand Jeannes verscheuchte schlagartig die ›schwankenden Gestalten‹.

»Ich fahre jetzt einige kleinere Umwege, ich habe das eben mit Gilles abgesprochen, er ist einverstanden, um dir Brüssel noch näher zu bringen.«

Sie fuhren auf die ›Abbaye de la Cambre‹ zu, das ehemalige Zisterzienserkloster von 1201, in dem nach der Enthauptung des Grafen Egmont dessen Frau Sabina mit ihren elf Kindern Unterschlupf gefunden hatte. Jeanne war eine kundige Reiseführerin. Sie bogen dann in die ›Avenue E. Duray‹ und im großen Schlenker auf die ›Avenue de Mot‹ ein, ehe sie auf der ›Avenue Louise‹ entlangschossen. Jeanne plauderte munter, Gilles unterstützte sie, sodass die Zeit wie im Fluge verging. Schließlich war die ›Rue Châtelein‹ an der Reihe, und dann war auch schon die ›Rue Bailli‹ in Sicht. Jeanne fuhr achtzig. Das Verkehrsaufkommen war auf einmal größer geworden. Jeanne musste herunterschalten, fuhr jetzt fünfzig. Sie hatte nun immer wieder Zeit, Ochsenziemers Knie zu suchen. Dann waren sie auf der Höhe der Kirche ›St.-Trinité‹. Jeanne war in diesem moderaten Tempo etwas weiter auf den Mittelstreifen zugefahren. Und so sahen sie nicht die Schwarzen auf der Honda, vor denen Ochsenziemer zu warnen nicht müde geworden war.

Dann ging alles sehr schnell.

Es wurden mehrere Schüsse aus nächster Nähe auf Gilles abgegeben, Ochsenziemer griff nach dem ersten Schrecken zur Waffe, ließ das Seitenfenster herunter, zielte und schoss. Er traf den Todesschützen auf dem Rücksitz der Honda, die gerade in die ›Rue Janson‹ abbog. Er sah noch wie der Angeschossene sich, nachdem er getroffen worden war, im Kreuz hochreckte, wie der Fahrer nach ihm fasste, ihn festhielt, zu sich hinzog und dann abbog. Jeanne fuhr sofort rechts ran. Ochsenziemer drehte sich um, kümmerte sich um Gilles, der noch röchelte und ihm zuflüsterte: »Das war's wohl. FIVE-ZERO-OUT. Grüß meine Frau.«

Ochsenziemer sprang aus dem Wagen, riss die Hintertür auf und nahm den Freund in den Arm.

»Nein, Gilles, halt durch! Wir kümmern uns um dich. Wir brauchen dich.«

Jeanne kam von der anderen Seite des Wagens, öffnete die Tür, beugte sich über Gilles, strich ihm über die Stirn, zog das obere Augenlid hoch und erkannte sofort, dass da nichts mehr zu machen war. Während Ochsenziemer mit seiner Trauer um den Freund beschäftigt war, ihn wie ein kleines Kind in den Armen wiegte, seine rechte leblose Hand hielt und das Blut, das aus Gilles Körper drang, sich auch auf ihm breit machte, rief Jeanne die Kollegen von der Kripo, bestellte den Krankenwagen, was, wie sie wusste, sinnlos war, telefonierte mit Gilles' Frau, schaltete dann das Blaulicht ein, versuchte, so gut es ging, den Verkehr umzulenken und vertrieb die Neugierigen. Dann hatte sie Zeit, sich wieder um Ochsenziemer und den Toten zu kümmern. Wie sie in den Wagen blickte, fand sie die Freunde eng umschlungen. ›Das Leben umarmt den Tod‹, dachte sie.
Ochsenziemers Gesicht war mit Blut und Tränen verschmiert. Völlig unangemeldet löste sich auf einmal ein Schrei aus ihm, der nicht anzuhalten war.
»Nein!« brüllte er seinen Schmerz hinaus. Jeanne umarmte ihn, konnte ihn aber nicht beruhigen.
Als die Kollegen am Tatort erschienen, trafen sie eine in Blut und Tränen getränkte Pietà an: Ochsenziemer hielt Gilles in den Armen und Jeanne hielt ihre ausgebreiteten Arme über beide.
Schlink, der auch sofort zur Stelle war, wurde wie alle von der allgemeinen Erschütterung erfasst. Wie er den Kopf schüttelte und sein routinierter Blick auf den Boden fiel, entdeckte er eine weiße Postkarte neben dem rechten Hinterrad des Wagens. Er hob sie auf, wendete sie und las:
»11. Juli.«
Dahinter die Jahreszahl, darunter drei Kreuze und darunter wieder, in kleinem Abstand, das Emblem FIVE-ZERO-OUT.
Schlink hielt die Karte einen Augenblick in Händen, während sein Gesicht energische Züge annahm.
Dann zerriss er sie und steckte die Schnipsel in eine seiner Taschen.
Ochsenziemer würde nächstes Jahr im Juli fünfzig werden.

5
OUT

5
PLUS

Eine verwilderte Criminal-Groteske

Albrecht Schau

DER PROF

nachlässig erzählt

Peter Valentin Verlag

CRIMI BAROQUE in der EDITION BAROCCO

Anna Romas: Wenn die Schatten länger werden.
Crime Stories. Mit Fotoarbeiten von Ralf u. Nicole Preusker. 192 S.
ISBN 3-932290-14-3 • 14 €

Albrecht Schau: Der Prof. Eine verwilderte Criminal-Groteske, nachlässig erzählt. Mit einem Holzschnitt von Hermann Burkhardt.
296 S., ISBN 3-932290-15-1 • 18 €

Albrecht Schau: FIVE–ZERO–OUT. Mit fünfzig bist du draußen. Blitzlichter auf einen nicht enden wollenden Kriminalfall. 344 S.
ISBN 3-932290-23-2 • 18 €

BIOGRAPHIEN in der EDITION BAROCCO

Paul Allmendinger: Erwin Lehn, Bandleader.
Eine Biographie, schwarz-weiß bebildert. 180 S.
ISBN 3-932290-20-8 • 18 €

EDITION BAROCCO

Gerhard Burzan: Wege, die ich ging.
Aus meinen Tagebüchern 1942–2000. 148 S.
ISBN 3-932290-09-7 • 14 €

Helmut Fritz: Denk mir die Nachtspur.
Gedichte. ca. 150 S.
ISBN 3-932290-26-7 • 18 € (erscheint 10/02)

Gundel S.C.: Weil die Zeit ständig fließt. Kunstband.
Auszüge aus einem BilderTagebuch mit Gedichten und Essays seelenverwandter Autoren. 96 S.
ISBN 3-932290-16-X • 18 €

Katja Hajek: Die Tränke meiner Farben.
Reise-Impressionen. 105 S.
ISBN 3-932290-07-0 • 14 €

Katja Hajek: Rutsch nicht auf meinen Tränen aus.
Geschehen in Maientagen. Gedichte. 256 S.
ISBN 3-932290-19-4 • 18 €

Helmut Hannig: Nichts verliert die Erde. Gedichte.
Mit Fotoarbeiten von Helmut Hannig. 78 S.
ISBN 3-932290-11-9 • 14 €

Eugenie Pia Lerach: Gedichte. | **Klaus Bushoff:** Zeichnungen
Silber nur für dich. 160 S.
ISBN 3-932290-21-6 • 18 €

Ralf Preusker: Ein Leib erinnert sich. Gedichte.
Selektion 1988–1999. Mit Bildern von Marlis Albrecht. 97 S.
ISBN 3-932290-10-0 • 14 €

ANTHOLOGIEN

Ludwigsburg mit einem Lächeln. Geschichten aus unserer Stadt.
Mit Federzeichnungen von Trude Schüle. 160 S.
ISBN 3-932290-00-3 • 12 € (vergriffen)

Ludwigsburg tanzt. Geschichten und Gedichte.
Mit Fotoarbeiten von Jürgen Weber. 160 S.
ISBN 3-932290-01-1 • 12 €

Märchenhaftes aus Ludwigsburg.
Geschichten u. Gedichte. Mit Federzeichnungen von Andreas Seifert.
200 S., ISBN 3-932290-06-2 • 14 €

EREMITAGE 1

Spaziergänge. Geschichten und Gedichte.
Mit Federzeichnungen von Andreas Seifert. 198 S.
ISBN 3-932290-12-7 • 12 €

EREMITAGE 2

Begegnungen. Geschichten und Gedichte.
Mit Illustrationen von Andreas Seifert. 190 S.
ISBN 3-932290-18-6 • 12 €

EREMITAGE 3

Traum und Wirklichkeit. Geschichten und Gedichte.
Mit Fotos von Michael F. K. Nether. 188 S.
ISBN 3-932290-22-4 • 12 €

EREMITAGE 4

Aggression: Gewalt und ein Ausweg. Geschichten
und Gedichte. Mit Fotos von Pierre Freitag. Ca. 180 S.
ISBN 3-932290-24-0 • 12 € (lieferbar ab 6/02)

SCHWÄBISCHE REIHE

Heinz Bauer: Des send no Zeita gwä. Kindheits- und
Jugendjahre in Ludwigsburg 1922–1948. Mit Fotos. 160 S.
ISBN 3-932290-13-5 • 14 €

Sigrid Reichardt: Nix Genaues weiß mr net. Alt-Hohenecker
Geschichten. Mit 9 Federzeichnungen von Andreas Seifert. 96 S.
ISBN 3-932290-04-6 • 12 €

Brigitte Wolter: Kauf deine Wecka woanders.
Ludwigsburger Geschichten 1938–1998. Mit Fotos. 68 S.
ISBN 3-932290-05-4 • 12 €

Brigitte Wolter: Was mr net in dr Hand hat …
Ludwigsburger Geschichten. Mit Fotos. 88 S.
ISBN 3-932290-08-9 • 12 €

Brigitte Wolter: Darf's a bissle mehr sei?
Schwäbische Geschichten. Mit Fotos. 118 S.
ISBN 3-932290-17-8 • 12 €